甘肃省文化资源名录

（第四十七卷）

文化人才Ⅳ

体育人才、网络文化人才、动漫人才、民间文化人才

总 主 编：陈　青　王福生

副总主编：马廷旭

总 校 对：刘玉顺

本卷主编：马东平

中国书籍出版社
China Book Press

图书在版编目（CIP）数据

甘肃省文化资源名录. 第四十七卷 / 陈青, 王福生总主编; 甘肃省社会科学院编. — 北京 : 中国书籍出版社, 2018.1

ISBN 978-7-5068-6709-2

Ⅰ. ①甘… Ⅱ. ①陈… ②王… ③甘… Ⅲ. ①文化遗产－甘肃－名录 Ⅳ. ①K294.2-62

中国版本图书馆CIP数据核字（2018）第027834号

甘肃省文化资源名录　第四十七卷

陈　青　王福生　　总主编

甘肃省社会科学院　编

责任编辑	张　文
责任印制	孙马飞　马　芝
封面设计	东方美迪
出版发行	中国书籍出版社
地　　址	北京市丰台区三路居路 97 号（邮编：100073）
电　　话	（010）52257143（总编室）　（010）52257140（发行部）
电子邮箱	eo@chinabp.com.cn
经　　销	全国新华书店
印　　刷	三河市顺兴印务有限公司
开　　本	787毫米×1092毫米　1/16
字　　数	548千字
印　　张	24.25
版　　次	2018 年 1 月第 1 版　2018 年 1 月第 1 次印刷
书　　号	ISBN 978-7-5068-6709-2
定　　价	286.00元

甘肃省文化资源普查
和分类分级评估工作领导小组

组　长　连　辑

副组长　张广智

成　员　俞建宁　张建昌　范　鹏　武来银　伏晓春　赵海林
王智平　周继尧　史志明　李宗锋　阿　布　李　堋
曹玉龙　陈　汉　梁文钊　陈德兴　妥建福　樊　辉
肖立群　王兰玲　肖学智　宋金圣　拜真忠　卢旺存
石生泰　柳　民　吴国生　火玉龙　车安宁　马少青
王福生　张智若

甘肃省文化资源普查
和分类分级评估工作领导小组办公室及下设机构

主　　任　范　鹏

常务副主任　王福生

副 主 任　李　堋　王兰玲　柳　民

执行副主任　侯拓野　马廷旭　陈月芳　廖士俊

成　　员　杨文福　丁　禄　田锡如　李含荣　路晓峰　刘效明
张建胜　徐麟辉　马志强　张春锋　梁朝阳　方剑平
黄国明　王银军　刘志忠　李拾良　王登渤　赵艳超
席浩林　王　钢　刘　晋　李军林　王景辉　邵　斌
杨彦斌　李素芬　李才仁加　王　旭　王治纲

综合协调组

组　长　王灵凤
成　员　庞　巍　马争朝　吴绍珍　巨　虹　王彦翔　唐莉萍
段翠清

普查业务组

组　长　谢增虎
成　员　马东平　侯宗辉　马亚萍　戚晓萍　魏学宏　李　骅
买小英　梁仲靖　王　屹　海　敬

技术保障组

组　长　刘玉顺
成　员　胡圣方　王　荟　谢宏斌　张博文　宋晓琴

专家联络组

组　长　郝树声　马步升
成　员　金　蓉　赵　敏

甘肃省文化资源名录
编纂委员会

主　　任　陈　青　郝　远

副 主 任　范　鹏　彭鸿嘉　俞建宁　王福生

委　　员　朱智文　安文华　刘进军　马廷旭
　　　　　王俊莲　王　琦　陈双梅

总 主 编　陈　青　王福生

副总主编　马廷旭

总 校 对　刘玉顺

成　　员　谢增虎　马东平　侯宗辉　马亚萍　戚晓萍
　　　　　魏学宏　赵国军　谢　羽　金　蓉　买小英
　　　　　巨　虹　吴绍珍　胡圣方　李　骅　鲁雪峰
　　　　　梁仲靖　王　荟　王　屹　海　敬　段翠清
　　　　　李志鹏　尹小娟　姜　江

前　言

丝绸之路三千里，华夏文明八千年。甘肃是华夏文明的重要发祥地之一，是中华民族重要的文化资源宝库，是国务院认定的“华夏文明传承创新区”。为了保护和传承甘肃恢宏的历史与当代文化资源，使之能够汇总展示给世界，并永久流传，甘肃省从 2013 年 4 月启动了全省文化资源普查工作。在甘肃省文化资源普查和分类分级评估工作领导小组组织下，动员全省各市（州）县（区）、31 个厅局及省直单位的专业人员，数十位专家学者，历时两年，完成了普查和数据录入工作。对于全省文化资源普查成果，甘肃省社会科学院又经过两年时间整理完善、分类编辑、拾遗补阙、校对编排，现在终于有了《甘肃省文化资源名录》的付梓出版。

《甘肃省文化资源名录》集中展现了甘肃历史悠久、丰富多样的文化资源。甘肃历史文化遗存位列全国前茅，民族民俗文化特色鲜明，现代文化颇具实力。伏羲文化、大地湾文化、马家窑文化、齐家文化、寺洼文化、彩陶文化、周秦早期文化、长城文化、汉简文化、三国文化、五凉文化、敦煌文化、石窟文化、黄河文化等历史文化资源积淀深厚；道教文化、西夏文化、伊斯兰文化、藏传佛教文化等民族宗教文化资源星罗棋布；大革命文化、根据地文化、长征文化、抗日文化、解放区文化等红色文化资源耀眼夺目；工业文化、科技文化、歌舞文化、大众文化等现代文化资源特色鲜明。可以说，文化资源是历代生活在甘肃的华夏儿女留给这块大地的永不磨灭的最辉煌印记。

就甘肃省文化资源的精华而言，截至 2017 年初，全省馆藏可移动文物为 195.84 万件，各类不可移动文物 16895 处。有世界文化遗产 7 处，全国重点文物保护单位 131 处，省级文物保护单位 556 处，国家级非物质文化遗产代表性项目 68 项。有国家级历史文化名城 4 座，国家级历史文化名镇 7 座，中国历史文化名村 2 座，中国传统村落 36 个。莫高窟、嘉峪关、伏羲庙、麦积山、炳灵寺、阳关、玉门关、锁阳城、崆峒山、拉卜楞寺、中山桥……，都是甘肃文化的历史见证；敦煌汉简、悬泉汉简、铜奔马、牛肉面、剪纸、花儿、皮影、羊皮筏子、黄河水车……，都是甘肃永恒的文化名片；腊子口、哈达铺、会师楼、南梁……，都是甘肃代表性红色文化遗产；酒泉卫星发射中心、刘家峡水电站、玉门油田、《读者》《丝路花雨》《大梦敦煌》……，都是甘肃之所以为甘肃的鲜明标志；祁连山、雪山冰川、河西走廊，大漠戈壁、高原草原、天池梅园……，都是如意甘肃的生动写照。众多的历史、自然和现代文化资源犹如满天繁星，镶嵌在广袤的甘肃大地上熠熠生辉。

《甘肃省文化资源名录》汇总甘肃省文化资源的精华，完成了打造华夏文明传承创新区的基础工作。《名录》将文化资源分为二十大类，分别是：文物；红色文化；重要历史事件与人物；重要历史文献；民族语言文字；非物质文化遗产；自然景观文化；宗教文化；文学艺术；饮食文化；建筑文化；节庆、赛事文化；文化之乡；地名文化；文化传媒；社科研究；文化类高等教育；文化艺术机构团体；文化产业；文化人才。每类文化资源按属性又分若干子分类，每个子分类都有严格的界定。同时，将文化资源级别分为省级和市州级。省级文化资源是指国务院、国家有关部委、甘肃省政府和省直部门已经明确命名、认定、管理（或委托管理）的国家级和省级文化资源，以及甘肃省文化资源普查办公室评估认定并核定公布、报送备案的文化资源。市州级文化资源是指甘肃省各市州、县级政府及其管理部门已经明确命名、认定、管理的市县文化资源，以及甘肃省文化资源普查办公室评估认定并核定公布、报送备案的市县文化资源。甘肃省内世界级文化资源（遗产）纳入省级文化资源管理范围，暂未认定级别和不需认定级别的文化资源统一纳入市州级文化资源范围。

推出《甘肃省文化资源名录》，对于推进华夏文明传承创新区建设、甘肃文化大省建设、丝绸之路黄金段建设意义深远。《名录》不仅仅记录了甘肃文化资源的种类和数量，也使甘肃文化资源的资源类别、品相级别、蕴藏情况、流布地域、传承范围和衍变情况得以准确和清晰化。通过编辑出版《甘肃省文化资源名录》，形成一个科学完整的文化资源数据库、文化资源研究的学术平台、文化资源传承保护和开发利用的指南，有助于更好地挖掘那些具有世界影响、国家价值、显著特点、唯一仅存、开发潜力巨大的代表性文化资源，为文化资源的有效保护提供科学依据，为重点文化资源找到开发的机遇并重塑生长的价值，为文化产业项目的开发利用提供可靠的参考。所以，《名录》的推出，是甘肃省文化资源普查成果面向世界迈出的第一步，是文化实力助推甘肃转型发展的坚实步伐，它为甘肃省今后对文化资源进行保护传承、专题研究、数字展示、市场开发奠定了基础。

甘肃省社会科学院

2017 年 7 月

目　录

甘肃省文化资源名录

第四十七卷 文化人才Ⅳ

体育人才

0001 侯惠民

性　　别：男
出生年月：1946-11-01
民　　族：汉族
政治面貌：党员
职　　称：正高
学　　历：大学专科
所在单位：甘肃省体工二大队
通讯地址：兰州市嘉峪关东路 51 号
成　　就：1990 年世界杯测向比赛团体冠军（李如红等）。

0002 乔国利

性　　别：男
出生年月：1973-11-11
民　　族：汉族
政治面貌：党员
职　　称：正高
学　　历：大学本科
所在单位：甘肃省体育工作第二大队
通讯地址：兰州市嘉峪关东路 51 号
成　　就：个人获得成绩：1991 年全国赛艇锦标赛获得第 5 名、1992 年全国赛艇锦标赛获得第 2 名、1993 年第一届东亚运动会获得赛艇第 1 名、1993 年第七届全国运动会获得第 4 名、1994 年全国锦标赛获得第 1 名。1996 年全国赛艇锦标赛获得第 6 名、1997 年第七届全国运动会获得第 3 名。所带运动员获得成绩：2003 年第五届城市运动会获得赛艇男子第 6 名、第 7 名、第 8 名。2004 年全国青年赛艇锦标赛获得男子四人第 1 名、冠军赛第 5 名。2005 年第十届全运会获得赛艇男子第 9 名、两个第 10 名。2006 年全国赛艇锦标赛获得男子第 6 名、第 8 名。2007 年第一届水上体育大会暨全国赛艇锦标赛获得男子第 3 名、第 4 名。2009 年第十一届全运会获得男子双人双桨第 8 名。2010 年赛艇锦标赛男子双人第 2 名。2010 年赛艇亚洲锦标赛双人第 2 名。2013 年十二届全运会单人艇第 4 名。2014 年女子拳击冠军赛 48KG 第 1 名。
简　　介：1988 年至 1989 年在靖远县一中读书，并在靖远县业余体校男子篮球队训练。1989 年至 1998 年是甘肃省体育工作第二大队赛艇队一名赛艇运动员。1998 年至 2010 年任职于甘肃省体育工作第二大队赛艇队主教练兼领队。2010 年至 2014 年甘肃省体育工作第二大队训练科工作。2014 年 4 月任甘肃省体育工作第二大队拳击队领队。

0003 杨建祥

性　　别：男
出生年月：1961-08-08
民　　族：汉族

政治面貌：群众
职　　称：正高
学　　历：大学本科
所在单位：兰州市体工大队
通讯地址：兰州市城关区平凉路 276 号
成　　就：编制棒球国家裁判规则、裁判法。曾多次担任棒球世界杯、棒球洲际杯、亚洲棒球锦标赛、亚洲杯棒球比赛、亚运会棒球比赛、亚洲职业棒球俱乐部四强赛，2006 年世界棒球精英赛，2008 年北京第 29 届奥运会棒球比赛的裁判工作。多次担任亚运会、亚洲棒球锦标赛、东亚运动会棒球比赛的技术委员工作。自 1998 年至今担任全国各级棒球比赛的裁判长、副裁判长工作。现任中国棒球协会执行委员兼竞赛裁判委员会主任、亚洲棒球联合会技术委员、国际棒球联合会 A 级裁判员。
简　　介：1985 年至 1986 年任兰州市少年棒球队教练，曾两次获得全国少年棒球锦标赛季军，1987 年任兰州市青年棒球队教练获得 1987 全国青年锦标赛冠军，1987 年至 1999 年任甘肃省棒球队教练，2000 年至 2001 年任上海市青年棒球队教练。自 1982 年从事棒球裁判工作至今。

0004 李绍成

性　　别：男
出生年月：1960-11-28
民　　族：汉族
政治面貌：群众
职　　称：正高
学　　历：大学本科
所在单位：兰州大学体育部
通讯地址：兰州市城关区平凉路 276 号
成　　就：国际级武术裁判。
简　　介：1978 年开始从事武术裁判工作，多次担任全国、全省武术裁判长工作，多次参加国际武术裁判工作，对武术裁判规则有较深造诣。

0005 张晓静

性　　别：女
出生年月：1960-07-07
民　　族：汉族
政治面貌：党员
职　　称：正高
学　　历：大学本科
所在单位：兰州文理学院社会体育学院
通讯地址：兰州市城关区北面滩 400 号
成　　就：主持完成省教育厅科研项目 2 项，获省教育厅社科（二等、三等奖各 1 项），出版著作 2 部，发表论文 20 余篇。研究方向运动健身。

0006 胡卓生

性　　别：男
出生年月：1955-12-23
民　　族：汉族
政治面貌：党员
职　　称：正高
学　　历：大学本科
所在单位：兰州文理学院社会体育学院
通讯地址：兰州市城关区北面滩 400 号
成　　就：主持完成甘肃省高校社科基金项目 2 项，出版著作 6 部，发表论文 60 余篇，获甘肃省高校社科奖（三等、二等奖各 1 项）。研究方向为学校体育、民族体育。

0007 陈毕栋

性　　别：男
出生年月：1963-03-13
民　　族：汉族
政治面貌：党员
职　　称：正高

学　　历：大学本科
所在单位：兰州文理学院社会体育学院
通讯地址：兰州市城关区北面滩 400 号
成　　就：先后在全国权威学术期刊及省级刊物发表文章 20 篇，获得省教育厅社科二等奖 2 项，省教学成果奖 1 项，主编、参编教材 10 部。在全省第一届大学生、中学生运动会中担任总篮球裁判长工作，并获“优秀裁判员”称号。引进并开展了桌式足球和舞狮、体育运动项目，成立了敦煌拳艺文化研究所。桌式足球在全国比赛中取得了很好的成绩，2011 年元月带队参加了在法国举办的桌式足球世界杯比赛。
简　　介：1987 年毕业于西北师范大学体育系，并于 1995 年取得中央党校经济管理本科学历。1987 年至今在甘肃联合大学从事体育教学和管理工作。在担任社会体育学院院长期间，精心设计了体育保健专业培养方案。针对培养方案，提出了提升办学水平的“三十六字方针”。

0008 张继周

性　　别：男
出生年月：1970-01-22
民　　族：汉族
政治面貌：党员
职　　称：正高
学　　历：硕士研究生
所在单位：长青学院体育教学部
通讯地址：长青学院体育教学部
成　　就：主持参与课题 10 多项，发表省级以上论文 10 余篇。

0009 王晓瑛

性　　别：女
出生年月：1963-11-08
民　　族：汉族
政治面貌：群众
职　　称：正高
学　　历：大学本科
所在单位：兰州职业技术学院
通讯地址：兰州市城关区雁儿湾 191 号
成　　就：主持省级课题 2 项，出版专著 2 部，发表论文 20 余篇。多次担任全国、甘肃省运会、省大学生运动会、省中学生运动会、省青少年运动会田径、健美操比赛及“兰州国际马拉松”比赛裁判工作。现为田径国家级裁判。

0010 焦玉娥

性　　别：女
出生年月：1962-03-19
民　　族：汉族
政治面貌：党员
职　　称：正高
学　　历：大学本科
所在单位：西北民族大学体育学院
通讯地址：兰州市城关区平凉路 276 号
成　　就：2000 年被亚洲羽毛球联合会授予羽毛球亚洲 B 级裁判员，在羽毛球裁判工作方面，为羽毛球的运动竞赛做出了应有的努力，先后参加了 2008 年北京奥运会、广州第十六届亚运会、全运会、城运会、中国公开赛、香港公开赛、澳门公开赛、汤尤杯、苏迪曼杯的裁判工作。曾担任中国羽毛球协会裁判委员会委员、中国大学生体育协会羽毛球分会裁委会副主任。
简　　介：毕业于西北师范大学体育教育专业，从事体育教育近三十年，多年来担任羽毛球教学与训练工作。

0011 李天铎

性　　别：男
出生年月：1956-11-01

民　　族：汉族
政治面貌：党员
职　　称：正高
学　　历：大学本科
所在单位：甘肃省体工一大队
通讯地址：兰州市七里河区瓜州路 65 号
成　　就：培养了魏红英（第十三届亚洲、第十五届亚锦赛冠军）、张淑珍（第十四届亚洲自行车锦标赛冠军）、颜银花（第十四届亚洲自行车锦标赛公路 66 公里冠军）、鲁素艳、张淑珍（第十一届亚运会冠、亚军）、张淑珍、李冬梅（第十五届亚锦赛冠、亚军）、陈树萍（第十五届亚锦赛 50 公里冠军）、张辉（全国公路自行车锦标赛 20 公里冠军）、张淑珍（全国公路自行车锦标赛 80 公里冠军）、刘浩军（第十届全运会铁人三项亚军）、刘浩军、焦彩萍（铁人三项全国冠军赛冠军）等一批体育界人才。

0012 红伟

性　　别：男
出生年月：1967-04-07
民　　族：蒙古族
政治面貌：群众
职　　称：正高
学　　历：大学本科
所在单位：甘肃省体工一大队
通讯地址：兰州市七里河区瓜州路 65 号
成　　就：培养了红伟（2005 年亚洲锦标赛 74 公斤级第一名、2006 年世界大学生锦标赛 74 公斤级第一名）、斯日古楞（全国男子自由式摔跤锦标赛第一名、第九届全运会自由式摔跤预赛暨全国锦标赛第一名、十运会男子自由式摔跤第一名、2002 年全国男子自由式摔跤冠军赛第一名、2003 年全国男子自由式摔跤冠军赛第一名、2006 年全国男子自由跤锦标赛第一名、2003 年石人山杯全国男子自由式摔跤第一名、2007 年全国男子自由式摔跤冠军赛第一名、中国体彩杯 2009 年全国男子自由式摔跤第十一届全运会摔跤预赛第一名、2006 年全国男子自由式摔跤精英赛第一名、2004 年国际 A 级比赛第一名、2004 年国际 A 级比赛第二名、2006 年亚洲锦标赛第二名、2006 年世界大学生锦标赛第一名、2005 全国男子自由式摔跤锦标赛暨十运会全国男子自由式摔跤第一次资格赛第一名、2005 年亚洲锦标赛男子自由式摔跤第一名）。

0013 高万有

性　　别：男
出生年月：1940-10-16
民　　族：汉族
政治面貌：党员
职　　称：正高
学　　历：大学专科
所在单位：甘肃省自行车训练管理中心
通讯地址：兰州市七里河区彭家坪路 33 号
成　　就：培养出俞延秀、张忠录等一批优秀运动员，多人获亚洲冠军，40 几人获全国冠军。

0014 杨新平

性　　别：男
出生年月：1965-08-24
民　　族：汉族
政治面貌：党员
职　　称：正高
学　　历：大学本科
所在单位：甘肃省体育科研所
通讯地址：兰州市七里河区体育场内
成　　就：主持或参与完成课题项目 8 项，获省部级以上奖励 4 项；合作出版专著 5 部；发表论文数 10 篇。

0015 王东良

性　　别：男
出生年月：1959-12-25
民　　族：汉族
政治面貌：党员
职　　称：正高
学　　历：大学本科
所在单位：甘肃省体育科研所
通讯地址：兰州市七里河区体育场内
成　　就：主持或参与完成课题项目 7 项，获省部级以上奖励 3 项；合作出版专著 5 部；发表论文数 10 篇。

0016 陈耕

性　　别：男
出生年月：1960-12-26
民　　族：汉族
政治面貌：党员
职　　称：正高
学　　历：大学本科
所在单位：甘肃省体育科研所
通讯地址：兰州市七里河区体育场内
成　　就：主持或参与完成课题项目 8 项，获省部级以上奖励 6 项；合作出版专著 5 部；发表论文数 10 篇。

0017 汪洋

性　　别：男
出生年月：1966-01-18
民　　族：汉族
政治面貌：党员
职　　称：正高
学　　历：大学本科
所在单位：兰州市西固区兰炼一中
通讯地址：兰州市西固区兰炼一中
成　　就：曾参加国家体育总局小球司举办的棒球教练员培训班，西固区体育局举办的教练员培训班、田径国家一级裁判员培训班并取得国家田径一级裁判员资格，先后参加了国家、省、市教育主管部门举办的教师继续教育各类培训并取得合格证。1997 年、1998 年、1999 年、2000 年、2001 年、2009 年被授予兰炼总校先进工作者，所带年级获得兰炼总厂 2001 年先进班组及兰炼总校 2001 年、2002 年、2004 年先进年级组荣誉称号，本人获得兰炼总厂 2001 年先进班组长称号，参加各级体育赛事获奖取得了较好成绩。2009 年被西固区委区政府授予优秀教练员称号。
简　　介：1989 年 7 月毕业于西北师范大学体育专业，教育学学士资格；自 1989 年 7 月至今一直工作在兰炼一中教学一线，担任学校体育教学工作及学校代表队训练工作。

0018 桓勇强

性　　别：男
出生年月：1968-01-06
民　　族：汉族
政治面貌：群众
职　　称：正高
学　　历：大学本科
所在单位：兰州市第六十四中学
通讯地址：兰州市西固区合水北路 299 号
成　　就：所带田径队多次在西固区、兰州市比赛中获得优异成绩，为社会培养出许多优秀的体育人才。曾多次代表石化公司参加省运会，屡获殊荣，同时，因为所带体育队竞赛成绩优异，每年均被评为西固区优秀教练员，2013 年和 2014 年分别被市政府评为兰州市第七届运动会优秀教练员，被兰州市教育局、兰州市体育局评为 2014 年中小学田径运动会优秀教练员。
简　　介：1991 年 7 月毕业于西北师范大学，一直在兰州六十四中工作，现为兰州六十四中体育教研组组长。

0019 邹兰娟

性　　别：女
出生年月：1964-10-07
民　　族：汉族
政治面貌：群众
职　　称：正高
学　　历：大学本科
所在单位：兰州市第六中学
通讯地址：兰州市西固区合水路183号
成　　就：1985年至1989年连续获得校级“优秀班主任”称号。1997年获得校优秀教师称号，2004年度获得教育系统“英特未来教育培训项目”先进个人。2011年获得校级“优秀教师”称号，2012年兰州市中学生排球比赛中获得“优秀裁判员”奖。2012年获兰州市教育科研“个人课题”优秀成果二等奖。2014年获兰化总校师德先进。
简　　介：1981年9月至1985年7月在西北师范大学全日制学习；1998年兰州市教育局信息技术专职教师培训；1999年教育局信息技术教师继续教育；2005年兰州市教育局体育教师培训；2011年兰州市教育局国培计划网上学习，2012年兰州市事业单位国培计划培训，2014年兰州市事业单位干部继续教育培训。

0020 翟向军

性　　别：男
出生年月：1964-11-01
民　　族：汉族
政治面貌：党员
职　　称：正高
学　　历：大学本科
所在单位：兰州市第六十二中
通讯地址：兰州市西固西路342号
成　　就：曾被评为兰化公司十杰青年、兰化公司劳动模范、兰化公司优秀教师、兰化公司优秀教育工作者、兰化公司园丁奖、兰化公司优秀共产党员、市优秀教练员。
简　　介：1984年9月至1988年7月西北师范大学体育系专业学习；1988年7月至2000年3月兰化二中任体育教师、体育教研组长；2000年3月至2001年3月任兰化总校勤工办主任；2001年3月至2003年7月任兰化总校勤工办主任兼校办企业经理；2003年7月至2003年12月任兰化总校勤工办主任兼校办企业经理；2004年1月至2013年7月任兰化二中副校长；2013年7月至现在任兰州第六十二中学校长。

0021 杨东杰

性　　别：男
出生年月：1969-01-27
民　　族：汉族
政治面貌：群众
职　　称：正高
学　　历：大学本科
所在单位：兰州市第五十九中学
通讯地址：兰州市第五十九中学
成　　就：从教几十年间，以身作则，尽职尽责，在教学中强调对学生身体素质训练，注重培养学生个性、特长，根据学生的不同年龄、层次、需求进行教学，因材施教，灵活多样，让学生健康快乐幸福地成长。所带学生获得2003年、2004兰州市中学生足球比赛亚军、2005年兰州市第五届运动会足球比赛冠军，并同时获得优秀教练员称号。
简　　介：自1993年7月西安体院毕业后至兰炼二中工作至今，一直工作在教育第一线。

0022 马林

性　　别：男
出生年月：1971-05-11
民　　族：汉族
政治面貌：党员
职　　称：正高
学　　历：硕士研究生
所在单位：兰州市第二十一中学
通讯地址：兰州市第二十一中学
成　　就：2007 年兰州市西固区中小学参加课外体育活动现状调查研究获全省教育教学优秀论文一等奖；2008 年高中体育与健康课几种常见运动损伤原因及防治获兰州中学优秀教学案例评选三等奖；2013 年论文《西固区中小学大课间体育活动研究》获甘肃省第二届中学生运动会体育科学论文一等奖；2013 年论文《中小学生近视现状调查与致因研究》获甘肃省第二届中学生运动会体育科学论文一等奖；2013 年论文《兰州市西固区中小学生参加课外体育活动现状调查研究》获“十城市”第二十五届学校体育论坛暨教学研讨会三等奖。在省级公开刊物发表多篇论文。
简　　介：1990 年 9 月至 1992 年 6 月就读于兰州师专体育系；1992 年 7 月至 1999 年 10 月在西固区东川中学任体育教师；1997 年 7 月至 2000 年函授于西北师范大学体育学院体育教育；1999 年 11 月至今在兰州二十一中学任体育教师；2003 年 11 月至 2006 年西北师范大学体育学院教育硕士毕业。

0023 乔梁

性　　别：男
出生年月：1970-10-20
民　　族：汉族
政治面貌：党员
职　　称：正高
学　　历：硕士研究生
所在单位：兰州交通大学
通讯地址：兰州交通大学体育部
成　　就：主要从事体育社会学、运动队(员)思想政治教育、少数民族传统体育、学校体育等领域的研究工作。曾主持完成甘肃省社科规划项目 1 项，甘肃省教育科学“十一五”规划重点课题 1 项，参与完成北京市教育委员会课题 1 项，获得甘肃省教学成果二等奖 1 项，甘肃省高校社会科学成果一等奖 1 项，三等奖 1 项，甘肃省基础教育科研优秀成果二等奖 1 项，三等奖 1 项。发表论文 26 篇，主编及参编专著教材 6 部。
简　　介：北京体育大学体育人文社会学硕士毕业，现任兰州交通大学体育部主任、党总支书记，国家体育总局兰州交通大学体育文化研究基地主任。兼任甘肃省体育科学学会副理事长、甘肃省教育厅学校体育教育指导委员会委员等社会职务。

0024 贠虹

性　　别：男
出生年月：1963-02-20
民　　族：汉族
政治面貌：民主党派
职　　称：正高
学　　历：大学本科
所在单位：兰州交通大学
通讯地址：兰州交通大学体育部
成　　就：在校期间，曾多次荣获校、院级工会积极分子，青年教师教学奖、教学管理先进工作者、优秀共产党员等称号，多次担任学校足球、篮球、田径等项目的教练员及领队工作并取得优异成绩。多次筹划并参与校内外体育活动的编排工作，组织并撰写教学评估、落实 7 号文件和《学校体育工作条例》评估、高水平运动队评估，学生工作考核评估的自评报告，制定全校运动会总竞赛规程及竞赛计划，编写体育课教学大纲及体育课考试办法。著有《对高校体育教育思想的再思考》等10余篇论文，获得《普通高校体育教学实施可持续发展战略的研究与实践》等3项社科成果奖，参编《大学体育与健康教程》2部。

简　　介：1987年7月毕业于西安体育学院；1987年7月至1988年8月参加甘肃省讲师团赴张掖临泽地区实习，并获优秀团员；1988年9月至2003年6月在兰州铁道学院（现兰州交通大学）任教；2003年6月至2006年6月任兰州交通大学招生就业处就业指导中心主任；2006年至今，在兰州交通大学体育部任教，副主任。

0025 马兴胜

性　　别：男

出生年月：1964-02-20

民　　族：汉族

政治面貌：党员

职　　称：正高

学　　历：大学本科

所在单位：兰州交通大学

通讯地址：兰州交通大学体育部

成　　就：在教学中勤勤恳恳，兢兢业业，被评为甘肃省优秀青年体育教师。多次受到学校表彰。教学之余，积极开展科研工作，共参编教材4部，发表论文40余篇，其中《工科大学体育课程系统改革研究与实践》获甘肃省教学成果一等奖，《我国工科大学体育教学模式研究与试验》获中国体育科学学会优秀成果，并多次获得大运会论文二、三等奖和甘肃省社会科学奖。

简　　介：1985年来兰州交通大学至今，一直从事体育教学。1990年至1991年在北京体育师范大学大学进修。担任公共体育教研室和球类教研室主任十多年，专业研究方向：民族传统体育文化和民俗体育文化。

0026 张正红

性　　别：男

出生年月：1971-07-20

民　　族：汉族

政治面貌：群众

职　　称：正高

学　　历：大学本科

所在单位：兰州交通大学

通讯地址：兰州交通大学体育部

成　　就：参与省部级科研课题3项，在《体育科学》等期刊上发表体育科研论文20余篇，出版专著2部（《陈式太极拳小架六十四式探微》人民体育出版社2011年6月出版，《西棍大全系列之劈材棍》人民体育音像出版社2011年9月出版）。曾获甘肃省第十三次哲学社会科学优秀成果三等奖1项、甘肃省高校社科成果三等奖1项。在国内外武术比赛陈式太极拳、陈式太极剑、传统棍术等项目中多次荣获优异成绩，培养的学生在国内外武术套路比赛、散手比赛中成绩突出。

简　　介：武术一级裁判。现任兰州交通大学体育部副主任、兰州交通大学武术发展研究中心主任。主要从事体育教育训练学及太极拳理论与实践的研究。

0027 王永祥

性　　别：男

出生年月：1963-08-20

民　　族：汉族

政治面貌：民盟盟员

职　　称：正高

学　　历：大学本科

所在单位：兰州交通大学
通讯地址：兰州交通大学体育部
成　　就：长期从事高校教育学、体育学、体育教学与训练等领域的研究工作，在全国性双核心（CSSCI）、省级期刊上发表20余篇科研论文，撰写了高校“十一五”规划体育教材，承担了“十一五”规划教改课题研究多项，并通过省级课题鉴定，获得了省级二等奖。担任学校高水平田径代表队的教练二十多年，多次在全国、省、部级比赛中获得诸多金牌和优异的成绩。担任兰州国际马拉松赛和省自行车比赛裁判期间获得优秀裁判员称号。
简　　介：现为兰州交通大学任教，教授，甘肃省哲学社会科学专家协会会员。

0028 郝招

性　　别：男
出生年月：1956-10-20
民　　族：汉族
政治面貌：民主党派
职　　称：正高
学　　历：大学本科
所在单位：兰州交通大学
通讯地址：兰州交通大学体育部
成　　就：曾获得甘肃省教学成果一等奖1项，省级和地厅级体育科研成果奖4项，主编及参编体育教材4部，发表体育科研论文20余篇。
简　　介：毕业于西北师范大学体育系。主讲排球课程，研究方向为体育与教育训练学研究。现任兰州交通大学体育运动委员会常务副主任、全国大学生乒乓球协会副主席、甘肃省高校体育指导委员会委员、甘肃省篮球协会副主席、甘肃省排球协会副主席、兰州市排球协会主席。

0029 杨薇

性　　别：女
出生年月：1965-12-25
民　　族：汉族
政治面貌：群众
职　　称：正高
学　　历：大学本科
所在单位：甘肃政法学院体育教学部
通讯地址：甘肃省兰州市安宁西路6号
成　　就：20多年来从事高校健美操、拉拉队、形体教学训练及其科学研究工作，分别在《北京体育大学学报》《成都体育学院学报》等国家级、省级刊物发表（出版）论文（教材）共50多篇（部），近年来先后获得“甘肃省社会科学成果奖”、“甘肃省教学成果奖”等省厅院级各项奖励27项。
简　　介：甘肃政法学院教授，甘肃省“555人才工程”第二层次人才。甘肃政法学院“135人才工程”人才、甘肃政法学院“学术骨干”、“三育人”先进个人。

0030 曾明

性　　别：男
出生年月：1971-01-21
民　　族：汉族
政治面貌：党员
职　　称：正高
学　　历：硕士研究生
所在单位：甘肃政法学院体育教学部
通讯地址：甘肃省兰州市安宁西路6号
成　　就：经常承担各种体育赛事的策划与总裁判。发表国家级核心论文20余篇，荣获甘肃省社会科学成果奖一等奖一次，三等奖两次，出版专著2本，多次荣获甘肃省师德标兵、优秀教练员、裁判员、甘肃政法学院师德标兵、优秀中青年教师、三育人先进个人、优秀共产党员；主持完成省级课题多项。

简　　介：主要从事运动生理学及运动营养与健康方面的研究，致力于中国传统体育文化的传承与发展；长期从事大学体育、运动营养与健康、中国传统体育理论与实践等课程的讲授。

0031 陈农

性　　别：男

出生年月：1960–01–28

民　　族：汉族

政治面貌：党员

职　　称：正高

学　　历：大学本科

所在单位：甘肃政法学院体育教学部

通讯地址：甘肃省兰州市安宁西路 6 号

成　　就：曾主编及参编过《体育专业名称解释》《中国警察体育概论》《体育实践课程》《中华教学与教育实践》和《大学体育》等作品，发表论文 60 多篇，其中国家级核心期刊 20 多篇。多次被省教育厅聘为学科评估专家。曾先后荣获甘肃省体育运动委员会授予的“1994 年度通讯报道工作中成绩优异的先进个人”奖，甘肃省首届大学生运动会论文一等奖；甘肃政法学院授予的“优秀共产党员”、“三育人先进个人”、“优秀中青年教师”、“优秀教学骨干”、“学科带头人”等称号。

简　　介：甘肃政法学院教授，体育教学部主任，甘肃省足球协会理事。1982 年毕业于西北师范大学体育系，一直从事大学公共体育课和警察体育课的教学和科研工作。

0032 郭秀文

性　　别：女

出生年月：1968–02–20

民　　族：汉族

政治面貌：民主党派

职　　称：正高

学　　历：博士研究生

所在单位：西北师范大学体育学院

通讯地址：安宁区安宁东路 967 号

成　　就：在《中国体育科技》《北京体育大学学报》等核心期刊发表学术论文 20 余篇，主持国家级课题 1 项，省级课题 1 项，参与国家级课题 2 项，省级课题 2 项。出版专著 1 部，主编教材 1 部，参编教材 10 余部。

简　　介：博士后，教授，硕士生导师，教育部高等教学指导委员体育学科组委员。甘肃省第十一届政协委员。西北师范大学民盟副主委，省民盟妇女委员会委员。艺术体操国家一级裁判员、健美操国家一级裁判员、国家级健美操指导员、国家一级社会体育指导员，现任西北师范大学体育学院副院长。1986 年至 1990 年就读于西北师范大学数学系攻读理学学士学位；1991 年至 1992 年在上海体育学院上助教进修班；1993 年至 1996 年就读于成都体育学院攻读体育教育训练学（艺术体操）硕士学位，师从张丽华教授；2002 年至 2005 年就读于北京体育大学攻读体育教育训练学（艺术体操）博士学位，师从肖光来教授；2009 年至 2011 年在苏州大学博士后流动站开展科学研究工作，师从田麦久教授；2012 年 8 月至 2013 年 1 月在美国南伊利诺伊大学访学。

0033 冯河山

性　　别：男

出生年月：1965–06–11

民　　族：汉族

政治面貌：党员

职　　称：正高

学　　历：大学本科

所在单位：七十一中

通讯地址：兰州市红古区

成　　就：主要承担学校德育、工会、安全、年级组管理工作，任体育课教学工作和其他方面工作都得到学校和上级主管部门的认可，学校工会被评为兰州市优秀教工之家称号，学校连续多年被评为教学质量优秀奖。论文在《卫生职业教育》杂志上发表，论文《新课程下的班级管理》收录入《农村学校管理改革实践论》一书中，此书为甘肃省中小学校长培训参考用书。

简　　介：1985 年 7 月至 1987 年 6 月在兰州师专体育系就读；1987 年 7 月毕业分配到兰州市第二十四中学任教，同年 10 月任音体美教研组组长和校团委书记，1988 年任政教主任和工会主席；1991 年 9 月调入红古区教师进修学校任政教主任、工会主席，2005 年任副校长、工会主席（期间：2002 年至 2005 年通过自学考试取得西北师大教育管理本科学历）；2008 年 5 月学校与红古区职教中心合并，任副校长、工会主席；2008 年 8 月调入兰州市第七十一中学任副校长、工会主席（期间：于 2008 年 12 月将职称由中专讲师转评为中学一级教师，2010 年 12 月评为中学高级教师）。

0034 王虎

性　　别：男

出生年月：1965-08-01

民　　族：汉族

政治面貌：党员

职　　称：正高

学　　历：大学本科

所在单位：七十一中

通讯地址：兰州市红古区

成　　就：1998 年对窑局二中初一学生体育课学习兴趣调查被评为全国煤炭系统优秀教研论文三等奖。2000 年“提高中学生投篮命中率”教法发表于《体育科研杂志》。2000 年荣获煤电公司“园丁奖”。2002 年荣获红古区高考优秀考务工作者。2002 年荣获兰州市中学市级骨干教师。2004 年荣获红古区第一届运动会先进个人。2006 年荣获煤电公司优秀裁判员。2007 年荣获全国煤矿优秀裁判员。

简　　介：从教 24 年，忠诚党的教育事业，扎根于矿区一线教学，认真完成教育教学任务，所带学生有多名考入体育院校，得到学生和社会的好评。

0035 刘庆谊

性　　别：男

出生年月：1961-09-18

民　　族：汉族

政治面貌：党员

职　　称：正高

学　　历：大学本科

所在单位：兰州商学院体育教学部

通讯地址：甘肃省兰州市薇乐大道 4 号

成　　就：获 2001 至 2004 年度飞利浦中国大学生足球联赛甘肃赛区第一名及甘肃赛区最佳教练员。2003 年甘肃省第七届“高校杯”乒乓球比赛男子团体第五名。曾获兰州商学院“教书育人”先进个人奖、2006 年“十佳”优秀教学奖、2007 年“工会积极分子”奖、2008 年“优秀共产党员”。2011 年 7 月参与了多项省级课题。共发表论文 30 余篇。

简　　介：1982 年毕业于西北师范大学获教育学学士。现在兰州商学院体育教学部工作，教授。

0036 康帆

性　　别：男

出生年月：1971-11-10

民　　族：汉族

政治面貌：党员
职　　称：正高
学　　历：硕士研究生
所在单位：兰州商学院体育教学部
通讯地址：甘肃省兰州市薇乐大道 4 号
成　　就：主持甘肃省社会科学基金会项目《甘肃农村中心镇全民健身体系构建》、体育科学学会项目《赛马会研究》、甘肃省高校科研项目《甘肃省少数民族传统体育赛事开发与推广》、兰州商学院教学改革重点课题《学校体育发展与教学模式优化》等省部级项目 4 项，获地厅级各类教学及科研奖 4 项。出版《中国民族民间体育赛事研究》《大学体育》《体育训练新理念与实践》等学术著作、教材 5 部，发表论文 40 余篇，其中有多篇论文发表在《体育文化导刊》《北京体育大学学报》《西北师范大学学报》《山东体育学院学报》等国家级权威刊物和核心刊物上。
简　　介：现任兰州商学院体育教学部副主任、教授。兼任甘肃省体育科学学会副理事长，甘肃省排球协会副秘书长等职。

0037　陈众观

性　　别：男
出生年月：1963-11-19
民　　族：汉族
政治面貌：党员
职　　称：正高
学　　历：大学本科
所在单位：兰州商学院体育教学部
通讯地址：甘肃省兰州市薇乐大道 4 号
成　　就：近五年来发表论文 8 篇，参与完成课题 4 项，参编教材 2 部。参加国际级赛事 2 次、国家级赛事 12 次并担任分项裁判长、省市级赛事 15 次并担任总裁判长或副总裁判长。2011 年带校队参加甘肃省第二届大学生运动会田径项目比赛获得 1 金 2 银。先后获得甘肃省第 6 届农运会优秀裁判员、2006 至 2009 年度兰州市优秀裁判员、校十佳优秀教学奖、“教书育人”先进个人、五一劳动标兵。
简　　介：现为体育教学部教授。兼任国家体育总局自行车国家级裁判、甘肃省自行车运动协会常委及副秘书长、甘肃省体育科学学会体育产业研究委员会副主任、兰州市自行车运动协会常务副主席、兰州市体育总会委员、兰州商学院校工会委员。

0038　邵继萍

性　　别：女
出生年月：1971-06-12
民　　族：汉族
政治面貌：群众
职　　称：正高
学　　历：大学本科
所在单位：兰州商学院体育教学部
通讯地址：甘肃省兰州市薇乐大道 4 号
成　　就：近年来在《植物药学研究》《武汉体育学院学报》《国际体育科学》《山东师大学报》《图书与情报》《甘肃联合大学学报》等国家级及省级刊物上发表体育运动训练、体育教学等方面的论文 40 余篇；主持、参与完成甘肃省软科学项目、甘肃省社科规划办项目 6 项，主持、参与地厅级项目 8 项；出版《大学体育与健康教程》《大学体育》等教材多部；获得兰州商学院优秀教学成果二等奖，带队参加甘肃省历届大学生运动会获得奖项：第一名 8 项，第二名 12 项，第三名 15 项，4 次获得优秀教练员称号，2 次获得甘肃省大学生运动会论文报告会三等奖，曾获兰州商学院“教书育人”先进个人奖；7 次获得兰州商学院体育部年终考核优秀，3 次获得兰州商学院青年教师优秀教学奖等。

简　　介：现为体育教学部综合教研室主任。主要讲授：体育健康教育课程（一年级体育普修，二年级体育选修）。主要研究方向：体育教育训练学。

0039 何步文

性　　别：男
出生年月：1963-08-15
民　　族：汉族
政治面貌：民主党派
职　　称：正高
学　　历：大学本科
所在单位：兰州商学院体育教学部
通讯地址：甘肃省兰州市薇乐大道 4 号
成　　就：自 1986 年毕业至今一直从事体育教学和科研工作，发表学术论文 26 篇，其中核心期刊 4 篇。其中包括主持完成省科技厅软科学研究项目一项、省社科规划项目一项和兰州商学院校级课题一项；参与完成省社科基金项目一项、参与完成兰州商学院校级课题一项（排名第二，2003 年结项）；主持编写《体育锻炼教程》、参与编写《西北地区体育软科学研究》。获甘肃省学校体育卫生优秀教学成果三等奖一项、甘肃省高校社科成果二等奖一项、兰州商学院教学成果三等奖一项和优秀科研成果二等奖一项、第七届全国体育计算机应用学术会议优秀论文奖一项、甘肃省教育厅卫生与健康教育暨体质健康优秀论文三等奖一项以及全国中运会省级科学论文一等奖一项。
简　　介：毕业于北京师范大学体育系，学士学位。

0040 杨忠

性　　别：男
出生年月：1962-01-12
民　　族：汉族
政治面貌：党员
职　　称：正高
学　　历：大学本科
所在单位：兰州商学院体育教学部
通讯地址：甘肃省兰州市薇乐大道 4 号
成　　就：2006 年完成甘肃省科技厅《甘肃省体育发展特征研究》课题；2005 年《体育实践教程》获甘肃省教学成果奖；2000 年 5 月带队参加全省高校杯乒乓球比赛，获男子团体第 2 名、女子团体第 4 名；2002 年 10 月带队参加第四届全国大学生 C U B A 篮球联赛甘肃赛区比赛，获男子第 5 名；1994 年被国家体育总局聘为国家级篮球裁判员。2005 年获甘肃省高校青年教师成才奖；2005 年获兰州商学院青年教师成才奖；2004 年获兰州商学院教书育人先进个人；2000 年获兰州商学院优秀教学奖。
简　　介：毕业于西安体育学院。

0041 张伟

性　　别：女
出生年月：1959-03-16
民　　族：汉族
政治面貌：党员
职　　称：正高
学　　历：大学本科
所在单位：兰州商学院体育教学部
通讯地址：甘肃省兰州市薇乐大道 4 号
成　　就：多年来在《体育文化导刊》《武汉体育学院学报》《西北民族大学学报》《兰州商学院学报》等刊物上发表论文 30 余篇，主编参编著作及教材 4 部；主持或参与国家级课题 2 项、省级课题 4 项、教育厅课题 2 项、校级课题 4 项；获甘肃省高校社科一等奖 1 项、三等奖 2 项、甘肃省教学成果省厅级奖 2 项。
简　　介：1982 年 1 月毕业于西北师范大学

体育系，获教育学学士。现为兰州商学院体育教学部教授。主要社会兼职：甘肃省排球协会委员、甘肃省兰州市排球协会委员兼副秘书长等。长期在教学第一线从事体育管理工作和体育教学工作。研究领域和方向为：体育教育训练学及体育人文社会学。

0042 杨正才

性　　别：男
出生年月：1959-12-19
民　　族：汉族
政治面貌：群众
职　　称：正高
学　　历：大学本科
所在单位：兰州商学院体育教学部
通讯地址：甘肃省兰州市薇乐大道 4 号
成　　就：发表国家级核心期刊论文 7 篇，省部级期刊论文 30 余篇，完成省部级课题 6 项，其中获二等奖 1 项，三等奖 1 项。主持参与论著《瑜伽教程》《体育与健康》《体操基本动作教法》等 3 部。指导训练体育运动代表队并获得金牌 1 枚，银牌 3 枚、铜牌 3 枚，个人或团体前 8 名 12 次。获省部级优秀教练员 1 次，优秀裁判员 1 次。获兰州商学院"十佳"优秀教学奖 1 次，"教书育人"先进个人 3 次，优秀工会积极分子 3 次。
简　　介：1982 年毕业于西北师范大学，体育教育学学士；其后任教于兰州商学院体育教学部，从事体育教学工作 30 多年；2011 年晋升为教授。

0043 黄宗宏

性　　别：男
出生年月：1966-12-28
民　　族：汉族
政治面貌：党员
职　　称：正高
学　　历：大学专科
所在单位：榆中县第六中学
通讯地址：榆中县城关镇兴隆路 301 号
成　　就：1994 年、1995 年、1996 年组队参加兰州市环城赛连续三年获得中学组男子团体总分第一名、女子团体总分第二名。组队参加兰州市第四、第六届运动会或田径比赛团体总分第四、第五名。2004 年至 2010 年组队参加榆中县中小学生田径运动会连续七年获初中组团体总分第一名，连续七年被授予优秀教练员称号。2013 年、2014 年组队参加兰州市中学生健身操大赛分获第一、第二名。2010 年获市级骨干教师称号。
简　　介：二级社会体育指导员。1990 年毕业于兰州师专体育系。1990 年至 1993 年在榆中师范学校从事体育教学与排球队业余训练。1992 年组队参加兰州市中专、中技排球赛获体育道德风尚奖。1993 年至今在榆中六中从事体育教学与田径队业余训练工作。

0044 马冬梅

性　　别：女
出生年月：1965-12-14
民　　族：回族
政治面貌：党员
职　　称：正高
学　　历：大学本科
所在单位：天水师范学院
通讯地址：天水师范学院体育运动与健康学院
成　　就：2004 年参加了雅典残疾人奥运会赛前训练任务，国家女子坐式排球队获冠军；2006 年 7 月去荷兰参加世界坐式排球锦标赛，国家男女坐式排球队各获得第六名、第二名的成绩；2007 年 7 月在上海参加 2007 亚洲大洋洲女子坐式排球锦标赛暨 2007 女子坐式排球上海国际邀请赛，国家女子坐式排球队荣获冠军；2007 年 12 月参加美国邀请赛。担任教练员获得的荣誉：2003 年 2 月评为“全省残疾人体育工作先进个人”，授予单位甘肃省体育局、甘肃省残疾人联合会；2003 年 9 月荣获 1998 年至 2002 年全国残疾人体育个人称号，授予单位国家体育总局、中国残疾人联合会；2007 年国家女子坐式排球队荣获 2007 年 CCTV 体坛纷纭人物精神奖（担任教练员）。2003 年至今，以第一作者在国家权威、核心、省级等刊物上公开发表学术论文 10 余篇。编写专著 4 部。

简　　介：1988 年 6 月毕业于西北师范大学体育教育专业；1988 年在天水师范学院任教至今，现担任体育学院副书记；2002 年 7 月获得副教授任职资格，2007 年 7 月获得教授任职资格；2000 年至今，担任甘肃省男女坐式排球主教练；2002 年至今，担任国家坐式排球队教练员。

0045 张纳新

性　　别：男

出生年月：1971-11-20

民　　族：汉族

政治面貌：党员

职　　称：正高

学　　历：大学本科

所在单位：天水师范学院

通讯地址：天水师范学院体育运动与健康学院

成　　就：1994 年分配到天水师范学院以来，一直从事体育教学工作。获得天水师院优秀教师称号，天水师院“教书育人”先进个人。发表论文 20 多篇，出版专著两部：《民族传统体育文化传播模式的研究》《我国民族传统体育与健身研究》。《甘肃民族传统体育资源的开发与应用研究》获甘肃省高校社科一等奖。参与完成了国家社科基金项目《西北武术文化历史与开发》；承担了甘肃省教育厅项目《甘肃民族传统体育资源的开发与应用研究》。

简　　介：1990 年考入北京体育大学，1994 年获得学士学位，毕业后分配到天水师范学院任教；2006 年在北京体育大学获得硕士学位；主要研究方向为民族传统体育与体育保健。

0046 张永贵

性　　别：男

出生年月：1955-01-04

民　　族：汉族

政治面貌：民主党派

职　　称：正高

学　　历：大学本科

所在单位：河西学院体育学院

通讯地址：甘肃省张掖市环城北路 846 号

成　　就：发表科研论文 20 余篇，其中核心期刊上 3 篇，主持甘肃省教育厅教学研究立项课题 1 项，获得河西学院教学优秀奖 2 次，甘肃省教学成果奖 1 项。

简　　介：1978 年 9 月至 1980 年 7 月在天水师专体育教育专业学习；1983 年 9 月至 1985 年 7 月在西北师范大学体育教育专业学习；1980 年 9 月至 2001 年 7 月在张掖师专从事体育教学工作；2001 年 8 月至今在河西学院从事体育教学工作；承担篮球、武术、体育应用文写作等专业课教学任务。

0047 杨吉萍

性　　别：女

出生年月：1964-04-20

民　　族：汉族

政治面貌：党员

职　　称：正高

学　　历：大学本科

所在单位：河西学院体育学院
通讯地址：甘肃省张掖市环城北路 846 号
成　　就：发表论文 30 余篇，1 篇被中国人民大学报刊复印资料摘要转载，出版专著《学校体育学基础与应用》，参编教材 4 部，主持完成甘肃省教育科学“十一五”规划课题项目 1 项。获甘肃省教育厅学校卫生教学成果三等奖一项，学校教学成果奖二等奖一项，主持建成河西学院《健美操》精品课程。
简　　介：1986 年 7 月毕业于西北师范大学体育教育专业，获学士学位，主要从事高校体育教育教学及体育社会学的研究工作。现为甘肃省教师培训专家咨询委员会体育学科专家组成员、甘肃省体育科学委员会委员、河西学院学术委员会委员、河西学院体育学院院长。长期从事健美操、学校体育学、大学体育、健身锅庄的教学与研究工作。

0048 高守清

性　　别：男
出生年月：1963-12-26
民　　族：汉族
政治面貌：党员
职　　称：正高
学　　历：大学本科
所在单位：河西学院体育学院
通讯地址：甘肃省张掖市环城北路 846 号
成　　就：发表论文 20 多篇，获得省委、省教育厅“先进集体”奖励一次。承担篮球、乒乓球、体育心理学等专业课教学任务，承担篮球、排球、乒乓球等公共课教学任务，承担乒乓球选修课教学任务。
简　　介：1991 年至 1992 年在北京体育师范学院高校助教进修班学习一年；1986 年 7 月至 1995 年 9 月主要从事学校篮球、排球、田经、乒乓球教学和训练工作；1995 年 9 月至 1999 年 12 月主要从事专业篮球的教学和训练工作；1999 年 3 月至 2007 年主要从事过专业篮球、乒乓球、体育心理学及公共体育课的教学工作。

0049 谢芳

性　　别：男
出生年月：1969-11-05
民　　族：汉族
政治面貌：党员
职　　称：正高
学　　历：硕士研究生
所在单位：河西学院体育学院
通讯地址：甘肃省张掖市环城北路 846 号
成　　就：发表论文 13 篇，主持校级以上科研项目 5 项。承担排球、体育保健学专业课教学任务，承担排球、篮球、健美操、艺术体操等公共课教学任务，承担瑜伽健身选修课教学任务。
简　　介：1989 年 9 月至 1993 年 6 月在西北师范大学体育系攻读学士学位；2003 年 9 月至 2006 年 6 月在西北师范大学体育学院攻读硕士学位；1993 年 9 月至 1994 年 7 月张掖师专教师，在张掖体校见习；1994 年 9 月至今在河西学院（原张掖师专）体育系任教。

0050 王建民

性　　别：男
出生年月：1969-02-16
民　　族：汉族
政治面貌：党员
职　　称：正高
学　　历：大学本科
所在单位：河西学院体育学院
通讯地址：甘肃省张掖市环城北路 846 号
成　　就：发表论文 30 余篇，主持完成省级课题二项，校级课题 3 项，参与省级课题

3 项，校级课题 5 项，2 项研究成果获校级教学成果二等奖；主持编写体育教育专业《实践教学指导》教材一部；指导学生参加大学生“挑战杯”比赛获得校级一等奖，省级三等奖。

简　　介：1993 年毕业于西北师范大学体育教育专业，获教育学学士学位，曾在兰石中学、张掖职业中专、河西学院体育系、河西学院体育学院等任教，现主要从事《篮球》《排球》及《体育测量与评价》等课程的教学。

0051 王延铭

性　　别：男
出生年月：1967-05-05
民　　族：汉族
政治面貌：党员
职　　称：正高
学　　历：大学本科
所在单位：民乐县教体局
通讯地址：甘肃省民乐县人社局
成　　就：探索建立中小学阳光体育运动长效机制（市级立项课题）；篮球国家一级裁判员；国家一级社会体育指导员。
简　　介：1996 年 3 月参加工作；1996 年 3 月至 1997 年 7 月在民乐县体委工作；1997 年 3 月至今在民乐县教育体育局工作。

0052 王志善

性　　别：男
出生年月：1951-11-05
民　　族：汉族
政治面貌：群众
职　　称：正高
学　　历：大学本科
所在单位：靖远县业余体校
通讯地址：靖远县业余体校
成　　就：长期钻研专业技术，在原定西地区现白银市成为田径“专业学术带头人”。1990 年、1991 年两年在《甘肃体育报》发表了《对我省中长跑训练的看法和建议》《浅谈田径裁判员的修养》两篇文章影响较大，受到了同行的好评。37 年的工作中，向上级输送了魏晖、郝龙宝、赵继江等优秀运动员多名，1987 年、1992 年被评为全省优秀教练员。多次担任省运会田径裁判长和仲裁工作，出色完成任务，1994 年、1997 年获国家级全国体育优秀裁判员，为我省的体育事业作出了很大的贡献，2012 年被国家体育总局授予“体育工作贡献章”，这是对他从事体育工作的最大肯定。
简　　介：1974 年毕业于北京体育大学体育系；1979 年参加北京体育大学全国田径教练培训班；1991 年考取国家级田径裁判，1995 年获高级教练职称。

0053 谢兴彦

性　　别：男
出生年月：1954-10-05
民　　族：汉族
政治面貌：党员
职　　称：正高
学　　历：大学本科
所在单位：靖远县第二中学
通讯地址：靖远县第二中学
成　　就：1986 年被评为靖远县“教学新秀”，1989 年被评为市“优秀体育教师”；1992 年被评为“全国千名优秀体育教师”；2001 年被评为“白银市骨干教师”；2008 年被评为甘肃省“农村体育先进个人”；2008 年被评为靖远县“爱岗敬业、奠基未来”师德师风教育先进个人；2008 年被评为靖远县“优秀共产党员”；2009 年被评为“全国群众体育工作先进个人”；2010 年被评为甘肃省“贯彻学校体育工作条例先进个人”。多篇论文发表于省市级刊物，并主持科研课题“多元智力理论在体育教学中的渗透研究”，通过省级鉴定，荣获“白银市第七届基础科研优质成果”一等奖，并获准在全市推广。1994年被评为“国家级体育传统项目先进学校”；2005年、2009年两次被评为“全国群体工作先进单位”；2009年被命名为“国家级体育传统项目学校”和“国家级青少年体育俱乐部”；1985年、1989年、1993年三度荣获“全国优秀裁判员”称号。

简　　介：1977年毕业于陇西师范体育班，同年分配到靖远县刘川学区；1978年调入靖远二中工作至今；1990年7月取得西北师范大学体育学院体育教育专科学历，特级教师、田径国家级裁判员、全国千名优秀体育教师。现任白银市体育学会会长、白银市政府兼职督学。

0054 刘怀瑶

性　　别：男

出生年月：1964-11-19

民　　族：汉族

政治面貌：群众

职　　称：副高

学　　历：大学专科

所在单位：靖远师范附属小学

通讯地址：靖远师范附属小学

成　　就：2004年主持的课题《小学体育“引探教学法”》获得甘肃省教育科研成功奖三等奖。2007年与展水泓合作出版专著《新课程小学体育课例》。2008年主持的课题《小学体育创新性教学实践与研究获得白银市教育科研成果奖二等奖。2008年获得第三届全国中小学体育教学观摩展示活动三等奖。2011年荣获白银市“百名全民健身带头人”称号。2011年获得白银市第三届全运会武术比赛成年组太极拳第一名、太极剑第一名。2013年3月至9月参与组织筹办甘肃省第二届中学生运动会和白银市第一届中学生运动会。2014年3月至9月参与组织筹办甘肃省第十三届运动会及第九届残疾人运动会。

简　　介：国家级社会体育指导员。1984年8月毕业于靖远师范学校，同年分配至甘肃省靖远师范附属小学，担任体育教师工作；1996年省卫电高师毕业，获大专文凭；1996年7月当选为靖远武术协会副主席；1997年12月获得小学高级教师任职资格。

0055 李爱莉

性　　别：女

出生年月：1978-11-11

民　　族：汉族

政治面貌：党员

职　　称：正高

学　　历：大学本科

所在单位：手曲棒垒中心

通讯地址：上海市闵行区莘东路589号

成　　就：2008年北京奥运会亚军，2002年釜山亚运会冠军。

简　　介：著名曲棍球运动员，国家级健将。1992年9月至1995年7月在甘肃省体育运动学校训练；1994年5月2008年12月在甘肃省体工一大队曲棍球队服役；1996年9月至1999年在西安体院读运动训练专业专科；2005年9月至2008年在成都体育学院读本科；1992年至1995年甘肃省体育运动学校曲棍球队；1994年至2007年甘肃体工一大队女子曲棍球队；2000年12月入选中国女子曲棍球队；2007年转会上海女子曲棍球队；2014年任上海女子曲棍球队教练。

0056 蒋炳仁

性　　别：男

出生年月：1968-11-28

民　　族：汉族
政治面貌：党员
职　　称：正高
学　　历：大学本科
所在单位：靖远县文化广播体育局
通讯地址：靖远县南大街
成　　就：2004年组织全县职工篮球比赛；2006年组织全县“信合杯”农民篮球比赛；2008年组织迎奥运职工篮球比赛；2012年组队参加全市第三届运动会；2011年至2014年带队参加全市“铜城杯”职工篮球比赛，取得较好名次。
简　　介：1989年11月至2004年3月在县文化局工作；2004年4月至今在县文化体育局、县文广局任副局长，分管体育工作，先后组织成立了县足球协会、篮球协会、武术协会、太极拳协会、象棋协会等10个群众体育团体，主要负责体育赛事的组织和指导工作。

0057 梁正忠

性　　别：男
出生年月：1954-12-05
民　　族：汉族
政治面貌：党员
职　　称：正高
学　　历：大学专科
所在单位：临夏市第一中学
通讯地址：临夏市庆胜路天丰花园4072室
成　　就：梁正忠在教学工作中认真负责，特别是在临夏州女子垒球队的训练中做出了良好的成绩。该垒球队在甘肃省的比赛中曾荣获第一名两次，第二名两次，第三名四次；并给省队和国家队输送了多名优秀运动员。
简　　介：1978年3月1日参加工作至今在临夏市第一中学任教。主要负责体育教育工作及代表队训练工作，在校内担任体育教研组长兼学校总务副主任，并担任临夏州排协委员。在36年的教学生涯中，曾多次获得校级、市级、州级、省级、国家级的奖励，为临夏州垒球队甘肃省垒球队及国家垒球队输送了多名优秀运动员。

0058 郝进福

性　　别：男
出生年月：1958-11-16
民　　族：汉族
政治面貌：党员
职　　称：副高
学　　历：大学专科
所在单位：甘肃省体工二大队
通讯地址：兰州市嘉峪关东路51号
成　　就：2001年全国第九届运动会第七名吕海军；2009年现代五项锦标赛接力第一名（韩佛平、高成成、徐枭东）；第十一届全运会第七名（韩佛平、高成成、徐枭东）。

0059 薛克功

性　　别：男
出生年月：1961-10-03
民　　族：汉族
政治面貌：党员
职　　称：副高
学　　历：大学本科
所在单位：甘肃省体工二大队
通讯地址：兰州市嘉峪关东路51号
成　　就：2012年全国铁人精英赛女子优秀组团体第一名（罗春翠、罗崇华、王淑英）；男子优秀组团体第一名（黄静、石零华、李海林）。

0060 张永东

性　　别：男
出生年月：1973-07-24

民　　族：汉族
政治面貌：党员
职　　称：副高
学　　历：大学专科
所在单位：甘肃省体工二大队
通讯地址：兰州市嘉峪关东路 51 号
成　　就：2007 年第一届水上体育大会暨全国锦标赛男子单人艇第三名（王继文），男子双人艇第四名（王继文、朱海涛）。2009 年第 11 届全国运动会男子双人艇第八名（王继文、朱海涛）。

0061 牛农成

性　　别：男
出生年月：1961–01–25
民　　族：汉族
政治面貌：党员
职　　称：副高
学　　历：大学专科
所在单位：甘肃省体工二大队
通讯地址：兰州市嘉峪关东路 51 号
成　　就：2003 年世界杯射击比赛第五名王晓东；2003 年、2004 年河北、山东全国射击锦标赛冠军（王晓东）；2013 年全国射击冠军赛第三名（杨磊）。

0062 王国利

性　　别：男
出生年月：1957–09–10
民　　族：汉族
政治面貌：群众
职　　称：副高
学　　历：大学专科
所在单位：甘肃省体工二大队
通讯地址：兰州市嘉峪关东路 51 号
成　　就：培养了 1992 年全国射击冠军赛第一名（马琳）。

0063 杨东风

性　　别：男
出生年月：1960–07–21
民　　族：汉族
政治面貌：群众
职　　称：副高
学　　历：大学专科
所在单位：甘肃省体工二大队
通讯地址：兰州市嘉峪关东路 51 号
成　　就：培养了 2013 年全国冠军赛暨全运会席位赛男子步枪 60 发卧射第一名（刘伟）。

0064 黄万庆

性　　别：男
出生年月：1972–05–13
民　　族：汉族
政治面貌：党员
职　　称：副高
学　　历：大学本科
所在单位：甘肃省体工二大队
通讯地址：兰州市嘉峪关东路 51 号
成　　就：2012 年冠军赛单人艇金牌（刘沙沙）；第十一届全运会四人艇第四名（何亚斌、何晋斌、殷刚、张晓毅）；第十二届全运会两人挺第七名（殷刚、张晓毅）。

0065 徐栋

性　　别：男
出生年月：1966–11–13
民　　族：汉族
政治面貌：党员
职　　称：副高
学　　历：大学本科
所在单位：甘肃省体工二大队
通讯地址：兰州市嘉峪关东路 51 号
成　　就：2003 年全国棒球冠军赛第一名。

0066 马宏儒

性　　别：男
出生年月：1959-04-01
民　　族：汉族
政治面貌：党员
职　　称：副高
学　　历：大学专科
所在单位：甘肃省体工二大队
通讯地址：兰州市嘉峪关东路 51 号
成　　就：2010 年 11 月第 13 届亚运会女子气手枪项目第二名；2011 年 4 月射击世界杯女子气手枪第一名；9 月世界杯总决赛气手枪第二名；2013 年 9 月第 12 届全运会女子气手枪第五名（孙琪）。

0067 段丽丽

性　　别：女
出生年月：1988-01-19
民　　族：汉族
政治面貌：群众
职　　称：副高
学　　历：大学专科
所在单位：兰州市体工大队
通讯地址：城关区雁兴路 1 号
成　　就：2008 年全国女子自由式摔跤冠军赛 67kg 级第 5 名；2007 年全国第六届城运会自由式摔跤 67kg 级第 6 名；2007 年至今在兰州市体工大队自由式摔跤队运动员；2008 年全国女子自由式摔跤冠军赛 67kg 级第 5 名；2007 年全国第六届城运会自由式摔跤 67kg 级第 6 名。

0068 凌德龙

性　　别：男
出生年月：1970-04-19
民　　族：汉族
政治面貌：群众
职　　称：副高
学　　历：大学专科
所在单位：兰州市体工大队
通讯地址：城关区雁兴路 1 号
成　　就：自 1990 年担任自由式摔跤队教练员以来，所带运动员取得优异成绩，包括 1995 年全国第三届城运会第 1 名、1999 年全国第四届城运会第 1 名等。
简　　介：1990 年至 2001 年兰州市体工大队自由式摔跤助理教；2001 年至今兰州市体工大队自由式摔跤一级教练。

0069 张华

性　　别：男
出生年月：1975-08-20
民　　族：汉族
政治面貌：群众
职　　称：副高
学　　历：大学专科
所在单位：兰州市体工大队
通讯地址：城关区雁兴路 1 号
成　　就：自 2000 年担任摔跤教练员以来，所带运动员多次取得全国、全省各项赛事优异成绩。包括青年锦标赛冠军、全国冠军赛第二名等。
简　　介：1989 年至 2000 年兰州市体工大队运动员；2000 年至今兰州市体工大队摔跤队教练；在《体育科研》2006 年第一期发表《自由式摔跤站立手法的试用机训练》论文。

0070 张克全

性　　别：男
出生年月：1971-01-20
民　　族：汉族
政治面貌：群众
职　　称：副高
学　　历：大学专科

所在单位：兰州市体工大队
通讯地址：城关区雁兴路 1 号
成　　就：自 1994 年任女子柔道队教练员以来，所带运动员成绩优异，贾雪英获得两届全运会女子柔道冠军，并多次荣获省、市体育局荣誉称号。
简　　介：1990 年至 1994 年兰州市体工大队柔道队运动员；1994 年至今兰州市体工大队柔道队教练员。

0071 陈坚

性　　别：男
出生年月：1962-05-05
民　　族：汉族
政治面貌：党员
职　　称：副高
学　　历：大学本科
所在单位：兰州市体工大队
通讯地址：城关区雁兴路 1 号
成　　就：自 1992 年担任古典式摔跤领队兼教练以来，所带运动员取得全国、全省、全市多项重大比赛优异成绩。曾获得市委、市政府嘉奖。
简　　介：1982 年至 1984 年兰州市业余体校田径教练；1984 年至 1987 年兰州市体校田径教练；1987 年至今兰州市体工大队工作。

0072 帕格玛

性　　别：女
出生年月：1991-08-22
民　　族：蒙古族
政治面貌：群众
职　　称：副高
学　　历：大学专科
所在单位：兰州市体工大队
通讯地址：城关区雁兴路 1 号
成　　就：2009 年全国第十一届运动会女子柔道 +78kg 级第七名；2007 年至今在兰州市体工大队柔道队运动员；2009 年全国第十一届运动会女子柔道 +78kg 级第七名。

0073 王继凯

性　　别：男
出生年月：1984-04-01
民　　族：汉族
政治面貌：群众
职　　称：副高
学　　历：大学本科
所在单位：兰州市体工大队
通讯地址：城关区雁兴路 1 号
成　　就：2004 年全国自由式摔跤总决赛 74kg 级第三名；2004 年全国自由式摔跤精英赛 74kg 级第一名；2007 年全国自由式摔跤锦标赛 74kg 级第三名。
简　　介：1997 年至今在兰州市体工大队自由式摔跤队运动员。

0074 乌恩巴图

性　　别：男
出生年月：1987-06-23
民　　族：蒙古族
政治面貌：群众
职　　称：副高
学　　历：大学本科
所在单位：兰州市体工大队
通讯地址：城关区雁兴路 1 号
成　　就：2007 年全国男子古典式摔跤冠军赛 74kg 级第五名；2007 年全国第六届城市运动会古典式摔跤 74kg 级第一名；2009 年全国第十一届运动会古典式摔跤 74kg 级第五名；2010 年全国全国男子自由跤冠军赛 60kg 级第五名。
简　　介：2005 年至今在兰州市体工大队古典式摔跤队运动员。

0075 樊自力

性　　别：男
出生年月：1955–12–15
民　　族：汉族
政治面貌：党员
职　　称：副高
学　　历：大学本科
所在单位：兰州市体工大队
通讯地址：城关区雁兴路 1 号
成　　就：原为兰州市女足队教练，带领运动员取得全国女足少年组冬训锦标赛第三名，全国女足青年锦标赛第十三名等。
简　　介：1978 年至 1982 年西北师范大学学生；1982 年至 1998 年兰州市体校足球教练；1998 年至今兰州市体工大队原女子足球队教练。

0076 孟和达来

性　　别：男
出生年月：1992–01–14
民　　族：蒙古族
政治面貌：群众
职　　称：副高
学　　历：大学专科
所在单位：兰州市体工大队
通讯地址：城关区雁兴路 1 号
成　　就：2010 年全国青年柔道锦标赛 60kg 级第一名。
简　　介：2010 年至今在兰州市体工大队柔道队运动员；2010 年全国青年柔道锦标赛 60kg 级第一名。

0077 徐刚

性　　别：男
出生年月：1988–07–01
民　　族：汉族
政治面貌：群众
职　　称：副高
学　　历：中专
所在单位：兰州市体工大队
通讯地址：城关区雁兴路 1 号
成　　就：2007 年全国第六届城市运动会男子自由式摔跤决赛 66kg 第三名。
简　　介：2005 年至今在兰州市体工大队自由式摔跤队运动员；2007 年全国第六届城市运动会男子自由式摔跤决赛 66kg 第三名。

0078 布拉格

性　　别：男
出生年月：1970–10–16
民　　族：蒙古族
政治面貌：群众
职　　称：副高
学　　历：大学本科
所在单位：兰州市体工大队
通讯地址：城关区雁兴路 1 号
成　　就：自 1998 年担任兰州市体工大队男子柔道队教练员以来，所带运动员取得 2009 年全国运动会第一名、2008 年全国柔道锦标赛第二名等优异成绩。
简　　介：1986 年至 1993 年甘肃省体工一大队运动员；1993 年至 1997 年宁夏体工队柔道队教练员；1998 年至今兰州市体工大队柔道队教练员。

0079 李宽

性　　别：男
出生年月：1993–04–01
民　　族：汉族
政治面貌：群众
职　　称：副高
学　　历：中专
所在单位：兰州市体工大队
通讯地址：城关区雁兴路 1 号

成　　就：2010年全国男子自由跤冠军赛66kg级第五名；2011年全国第七届城市运动会男子自由式摔跤决赛66kg第二名；2010年全国男子自由跤冠军赛66kg级第五名；2011年全国第七届城市运动会男子自由式摔跤决赛66kg第二名。

0080 张涛生

性　　别：男
出生年月：1960-02-21
民　　族：汉族
政治面貌：党员
职　　称：副高
学　　历：大学本科
所在单位：兰州市体工大队
通讯地址：城关区雁兴路1号
成　　就：自1982年执教以来，所带女子投掷一直处于全省领先地位，在全国、全省比赛中取得多项冠军。
简　　介：1982年至1986年在庆阳市体校工；1986年至2010年在兰州市体校工作；2010年至今在兰州市体工大队工作；田径国家一级裁判；桥牌国家一级裁判。

0081 嘎力巴莫日根

性　　别：男
出生年月：1991-09-17
民　　族：蒙古族
政治面貌：群众
职　　称：副高
学　　历：大学专科
所在单位：兰州市体工大队
通讯地址：城关区雁兴路1号
成　　就：2011年全国第七届城运会男子柔道决赛73kg级第三名。
简　　介：2007年至今在兰州市体工大队柔道队运动员；2011年全国第七届城运会男子柔道决赛73kg级第三名。

0082 王虎

性　　别：男
出生年月：1984-01-01
民　　族：达斡尔族
政治面貌：群众
职　　称：副高
学　　历：大学本科
所在单位：兰州市体工大队
通讯地址：城关区雁兴路1号
成　　就：2007年全国第六届城市运动会男子古典式摔跤决赛66kg第二名；2007年全国古典式摔跤冠军赛66kg级第三名；2009年全国第十一届运动会古典式摔跤赛66kg级第三名。
简　　介：1997年至今在兰州市体工大队古典式摔跤队运动员。

0083 谭玉斌

性　　别：男
出生年月：1955-04-17
民　　族：汉族
政治面貌：党员
职　　称：副高
学　　历：大学本科
所在单位：兰州市体工大队
通讯地址：城关区雁兴路1号
成　　就：自1986年以来，所带柔道队运动员取得取得全国、全省、全市多项重大比赛优异成绩。1977年至1981年新疆阿勒泰地区体校摔跤教练。
简　　介：1981年至1984年兰州市第十六中学教师；1984年至1985年甘肃省体工一大队柔道教练；1986年至1987年兰州市体校柔道教练；1987年至今兰州市体工大队柔道教练。

0084 张利军

性　　别：男
出生年月：1971-05-17
民　　族：汉族
政治面貌：党员
职　　称：副高
学　　历：大学专科
所在单位：兰州市体工大队
通讯地址：城关区雁兴路 1 号
成　　就：自担任兰州市体工大队古典式摔跤队教练员以来，所带队员王虎曾获 2007 年第六届城运会 66kg 级第二名，2009 年第十一届全运会第三名等优异成绩。
简　　介：1985 年至 1995 年兰州市体工大队古典式摔跤运动员；1995 年至今兰州市体工大队古典式摔跤教练员。

0085 徐冬

性　　别：男
出生年月：1992-05-08
民　　族：汉族
政治面貌：群众
职　　称：副高
学　　历：大学专科
所在单位：兰州市体工大队
通讯地址：城关区雁兴路 1 号
成　　就：2009 年全国青年古典式摔跤锦标赛 50kg 级第二名；2013 年全国古典式摔跤冠军赛 55kg 级第二名。
简　　介：2010 年至今在兰州市体工大队古典式摔跤队运动员。

0086 张永良

性　　别：男
出生年月：1993-05-01
民　　族：汉族
政治面貌：群众
职　　称：副高
学　　历：大学本科
所在单位：兰州市体工大队
通讯地址：城关区雁兴路 1 号
成　　就：2010 年全国全国男子自由式摔跤冠军赛 60kg 级第五名。
简　　介：2009 年至今在兰州市体工大队自由式摔跤队运动员。

0087 切那尔别克 · 初哈伊夫

性　　别：男
出生年月：1993-04-05
民　　族：哈萨克族
政治面貌：群众
职　　称：副高
学　　历：大学本科
所在单位：兰州市体工大队
通讯地址：城关区雁兴路 1 号
成　　就：2012 年全国青年田径锦标赛 3000 米障碍赛第二名。
简　　介：2009 年至今在兰州市体工大队田径队运动员。

0088 杨云健

性　　别：男
出生年月：1995-02-18
民　　族：汉族
政治面貌：群众
职　　称：副高
学　　历：大学专科
所在单位：兰州市体工大队
通讯地址：城关区雁兴路 1 号
成　　就：2011 年全国第七届城市运动会古典式摔跤 55kg 级第二名。
简　　介：2011 年至今在兰州市体工大队古典式摔跤队运动员。

0089 吴学彬

性　　别：男
出生年月：1988-04-01
民　　族：蒙古族
政治面貌：群众
职　　称：副高
学　　历：中专
所在单位：兰州市体工大队
通讯地址：城关区雁兴路1号
成　　就：2006年甘肃省第十一届运动会76kg级第一名。
简　　介：1999年至今在兰州市体工大队运动员。

0090 贾超凤

性　　别：女
出生年月：1988-11-16
民　　族：汉族
政治面貌：群众
职　　称：副高
学　　历：大学本科
所在单位：甘肃省体工一大队
通讯地址：兰州市庆阳路195号（中山大厦）
成　　就：2011中国兰州国际马拉松赛女子组冠军。北京马拉松：贾超凤封后女子21连冠；2011年韩国大邱田径世锦赛，获得女子马拉松第15名。2012中国北京国际马拉松赛，以2小时27分40秒的个人最好成绩获得女子组冠军。2013年全国田径越野赛上，以27分23秒04的成绩夺得成年女子8公里比赛冠军。2013年全国运动会马拉松比赛在辽宁营口展开角逐，以2小时29分45夺冠。2008年参加甘肃省第一届大运会摘取女子5000米、10000米金牌；2009年济南全运会获女子10000米第三名；2009年12月东亚运动会勇夺女子10000米银牌；2010年11月参加第41届纽约马拉松比赛荣获女子第五名；2011年4月在大连国际马拉松暨全国马拉松冠军赛上斩获第四名；2011年7月兰州国际马拉松赛以2小时35分23秒的成绩获得全程赛女子组冠军；2013年5月18日在辽宁鲅鱼圈举行的中国第12届全运会马上拉松比赛中，就获得女子组的第一名。

0091 杨春香

性　　别：女
出生年月：1975-11-08
民　　族：汉族
政治面貌：群众
学　　历：大学本科
所在单位：甘肃省社会体育管理中心
通讯地址：兰州市金昌南路332号
成　　就：1993年获得全运会无线电测向冠军；2000年国际级健将，同年授予终生享受津贴；同年获得无线电测世界冠军；2006年第三届体育大会记省体育局授予二等功；2012年国家体育总局授予体育运动荣誉奖章同年同时获得世界冠军。

0092 丁慧茹

性　　别：女
出生年月：1975-12-27
民　　族：回族
政治面貌：党员
职　　称：副高
学　　历：硕士研究生
所在单位：甘肃省体育局
通讯地址：兰州市金昌南路332号
成　　就：1996年亚洲武术冠军；1998年全运会武术冠军；2001年世界冠军赛；2002年获得国家体育总局荣誉奖章，同年获得国家级武术裁判员；2013年获得全运会武术优秀裁判员；甘肃省记一等功两次；新长征突击手两次；2003年获得甘肃省巾帼十杰；培养甘肃省王蕗为世界赛、亚青赛武术冠军；并培养武术队员多名获得全国前八名成绩。

0093 穆陆梅

性　　别：女
出生年月：1964-09-10
民　　族：汉族
政治面貌：党员
职　　称：副高
学　　历：大学专科
所在单位：兰州市体育局
通讯地址：兰州市城关区平凉路 276 号
成　　就：多年从事群众性健身推广活动。
简　　介：现国家级社会体育指导员。

0094 董学军

性　　别：男
出生年月：1964-03-01
民　　族：汉族
政治面貌：党员
职　　称：副高
学　　历：大学本科
所在单位：兰州市体育局群体处
通讯地址：兰州市城关区平凉路 276 号
成　　就：多年组织市级体育比赛。
简　　介：国家级社会体育指导员。

0095 周建睿

性　　别：男
出生年月：1949-07-30
民　　族：汉族
政治面貌：群众
职　　称：副高
学　　历：高中
所在单位：兰州市体育局
通讯地址：兰州市城关区平凉路 276 号
成　　就：从事武术项目的研究、推广。
简　　介：国家级社会体育指导员、一级武术裁判员。

0096 郝学生

性　　别：男
出生年月：1949-10-03
民　　族：汉族
政治面貌：党员
职　　称：副高
学　　历：大学本科
所在单位：兰州市体育局
通讯地址：兰州市城关区平凉路 276 号
成　　就：从事篮球项目的推广、组织工作。
简　　介：国家级社会体育指导员、一级垒球裁判员。

0097 左小琴

性　　别：女
出生年月：1968-05-01
民　　族：汉族
政治面貌：党员
职　　称：副高
学　　历：大学本科
所在单位：兰州市体育中心
通讯地址：城关区金昌北路 202 号
成　　就：2006 年荣获甘肃省体育系统人才状况调研先进个人；2009 年在兰州市体育局学习实践科学发展观活动演讲比赛中获得一等奖；2012 年荣获全市群众体育工作先进个人；2012 年和 2013 年率队参加全国软式垒球锦标赛获冠军，本人获最佳教练员奖；2012 年和 2014 年举办了兰州市中小学软式垒球教练员（教师）培训班；2013 年 10 月被中国垒球协会聘为高级讲师，在山东威海举办的全国软式垒球教练员培训班作为专家给学员授课；2013 年起草了《兰州市推进青少年软式垒球项目进校园工作实施方案》，并在全市各县区组织实施；2013 年和 2014 年举办了兰州市中小学软式垒球锦标赛暨参加全国软式垒球选拔赛；2014 年在铁岭举办的全国软式棒垒球比赛中担任竞赛主任及副裁判长，编排了全国中小学 84 支队伍的竞赛日程，并重新修订了软式棒垒球规则，给担任裁判工作的 40 多人及参加全国软式棒垒球 C 级培训班的体育教师 100 余人进行授课。

简　　介：1984 年 8 月参加工作。1987 年任兰州市体育中心垒球助理教练员；2007 年 12 月取得体育教练员中级资格，2008 年元月聘为兰州市体育中心一级教练员，2005 年 11 月任兰州市体育中心办公室副主任；2013 年 5 月取得体育教练员高级资格，2014 年 4 月聘为兰州市体育中心高级教练员。

0098 田宏武

性　　别：男

出生年月：1964-11-25

民　　族：汉族

政治面貌：党员

职　　称：副高

学　　历：大学本科

所在单位：兰州市教科所

通讯地址：兰州市北滨河路 364 号

成　　就：主持国家教育体制改革项目《探索建立中小学阳光体育运动长效机制》课题研究；6 篇教育教学论文在省级刊物上发表；1 篇教育教学论文获甘肃省教育科研成果一等奖。1996 年至 2002 年连续七年被兰州市教委、市体委评为优秀教练员；2001 年被兰州二中评为校级优秀教师，被城关区委、区政府评为兰州市第四届运动会优秀教练员；2002 年被兰州二中评为校级优秀教师；2003 年被兰州二中评为校级先进教育工作者；2005 年被兰州二中评为优秀党员；2006 年被兰州市教育局评为艺术教育先进工作者；2012 年被兰州市教育局评为局系统优秀党员；2013 年被聘为全国中小学体育教学指导委员会委员。中国教育学会体育与卫生分会第七届理事。

简　　介：1985 年 7 月至 2008 年 8 月，兰州二中体育教师，期间兼任田径队教练、体育教研组组长、女篮教练；2002 年 8 月至 2008 年 10 月，兰州二中政教处副主任；2008 年 12 月至 2009 年 3 月，兰州市教育科学研究所；2009 年 3 月至 2010 年 8 月，兰州市教育科学研究所职教室副主任；2010 年 8 月至今，兰州市教育科学研究所办公室主任、工会主席。兰州市体育与健康教育学科中心组组长。

0099 吴建军

性　　别：男

出生年月：1972-12-01

民　　族：回族

政治面貌：党员

职　　称：副高

学　　历：大学本科

所在单位：甘肃省体育运动学校

通讯地址：兰州市城关区嘉峪关东路 42 号

成　　就：所培养输送运动员：杨维泽获第九届全运会 1500 米冠军，马吉福全国锦标赛 5000 米、1000 米冠军。

0100 何弘毅

性　　别：女

出生年月：1968-12-08

民　　族：汉族

政治面貌：党员

职　　称：副高

学　　历：大学专科

所在单位：兰州市全民健身中心

通讯地址：兰州市城关区平凉路 276 号

成　　就：常年从事健身操普及、推广工作。
简　　介：国家级社会体育指导员。

0101 郑可

性　　别：男
出生年月：1978-09-05
民　　族：汉族
政治面貌：党员
职　　称：副高
学　　历：大学本科
所在单位：兰州市竞管中心
通讯地址：兰州市城关区平凉路 276 号
成　　就：从事篮球的教学、裁判工作。
简　　介：国家级社会体育指导员、一级篮球裁判员。

0102 张青

性　　别：男
出生年月：1966-11-21
民　　族：汉族
政治面貌：民主党派
职　　称：副高
学　　历：大学本科
所在单位：甘肃省体育运动学校
通讯地址：兰州市城关区嘉峪关东路 42 号
成　　就：所培养输送运动员阿让获世界军人运动会冠军，国际级健将。

0103 韩力

性　　别：男
出生年月：1957-09-27
民　　族：汉族
政治面貌：党员
职　　称：副高
学　　历：大学本科
所在单位：甘肃省体育运动学校
通讯地址：兰州市城关区嘉峪关东路 42 号

0104 郭乃辉

性　　别：男
出生年月：1955-10-09
民　　族：汉族
政治面貌：群众
职　　称：副高
学　　历：大学本科
所在单位：甘肃省体育运动学校
通讯地址：兰州市城关区嘉峪关东路 42 号

0105 常月瑛

性　　别：女
出生年月：1962-02-20
民　　族：蒙古族
政治面貌：党员
职　　称：副高
学　　历：大学本科
所在单位：甘肃省体育运动学校
通讯地址：兰州市城关区嘉峪关东路 42 号
成　　就：所培养输送的运动员李雅琼、白海英获全国射箭锦标赛冠军，达国家健将。

0106 钱华

性　　别：男
出生年月：1966-04-10
民　　族：汉族
政治面貌：党员
职　　称：副高
学　　历：大学本科
所在单位：甘肃省体育运动学校
通讯地址：兰州市城关区嘉峪关东路 42 号

0107 马骏

性　　别：男
出生年月：1959-08-14
民　　族：回族
政治面貌：党员

职　　称：副高
学　　历：大学本科
所在单位：甘肃省体育运动学校
通讯地址：兰州市城关区嘉峪关东路 42 号

0108 李国华

性　　别：男
出生年月：1957-05-10
民　　族：汉族
政治面貌：党员
职　　称：副高
学　　历：大学专科
所在单位：甘肃省体育运动学校
通讯地址：兰州市城关区嘉峪关东路 42 号
成　　就：所培养输送的运动员雷励、邱小红获奥运会亚军和亚运会冠军。

0109 何得梅

性　　别：女
出生年月：1966-08-15
民　　族：汉族
政治面貌：党员
职　　称：副高
学　　历：大学本科
所在单位：甘肃省体育运动学校
通讯地址：兰州市城关区嘉峪关东路 42 号
成　　就：所培养输送运动员元旦获第八届全运会冠军 3 次。

0110 薛建军

性　　别：男
出生年月：1960-12-26
民　　族：汉族
政治面貌：党员
职　　称：副高
学　　历：大学本科
所在单位：甘肃省体育运动学校
通讯地址：兰州市城关区嘉峪关东路 42 号
成　　就：所培养输送运动员：王琳获亚皮艇亚洲锦标赛冠军 3 次，贾超凤获第十二届全运会马拉松冠军。

0111 黄雪芳

性　　别：女
出生年月：1972-02-04
民　　族：汉族
政治面貌：民主党派
职　　称：副高
学　　历：大学本科
所在单位：甘肃省体育运动学校
通讯地址：兰州市城关区嘉峪关东路 42 号

0112 张建明

性　　别：女
出生年月：1963-01-20
民　　族：汉族
政治面貌：党员
职　　称：副高
学　　历：大学本科
所在单位：甘肃省体育运动学校
通讯地址：兰州市城关区嘉峪关东路 42 号

0113 特木勒

性　　别：男
出生年月：1966-12-29
民　　族：蒙古族
政治面貌：党员
职　　称：副高
学　　历：大学本科
所在单位：甘肃省体育运动学校
通讯地址：兰州市城关区嘉峪关东路 42 号
成　　就：所培养输送运动员：薄俊杰获全国锦标赛冠军，布红获全国锦标赛冠军。

0114 毛勇

性　　别：男
出生年月：1966-05-18
民　　族：汉族
政治面貌：群众
职　　称：副高
学　　历：大学本科
所在单位：甘肃省体育运动学校
通讯地址：兰州市城关区嘉峪关东路 42 号
成　　就：所培养输送运动员黄勇获全国运动会亚军。

0115 王丽军

性　　别：女
出生年月：1966-03-17
民　　族：汉族
政治面貌：群众
职　　称：副高
学　　历：大学本科
所在单位：甘肃省体育运动学校
通讯地址：兰州市城关区嘉峪关东路 42 号
成　　就：所培养输送运动员李爱莉获 2008 年第二十九届奥运会亚军，达国际健将。

0116 张俊

性　　别：男
出生年月：1970-11-29
民　　族：汉族
政治面貌：群众
职　　称：副高
学　　历：大学本科
所在单位：甘肃省体育运动学校
通讯地址：兰州市城关区嘉峪关东路 42 号
成　　就：所培养输送运动员姜伟获第二十四届世界大学生运动员第六名，亚洲青年锦标赛亚军

0117 李军情

性　　别：男
出生年月：1968-03-15
民　　族：汉族
政治面貌：党员
职　　称：副高
学　　历：大学本科
所在单位：甘肃省体育运动学校
通讯地址：兰州市城关区嘉峪关东路 42 号
成　　就：所培养输送运动员：徐睿、靳楠获第十届、十一届全运会男子曲棍球第三名；徐睿，亚运会男子曲棍球第五名。

0118 王巨宝

性　　别：男
出生年月：1960-08-19
民　　族：汉族
政治面貌：群众
职　　称：副高
学　　历：大学本科
所在单位：甘肃省体育运动学校
通讯地址：兰州市城关区嘉峪关东路 42 号
成　　就：2004 全国射击系列赛第二站团体锦标赛男子手枪慢射第一名（王晓东）。

0119 郝龙宝

性　　别：男
出生年月：1962-02-10
民　　族：汉族
政治面貌：党员
职　　称：副高
学　　历：大学本科
所在单位：甘肃省体育运动学校
通讯地址：兰州市城关区嘉峪关东路 42 号
成　　就：所培养输送运动员：张小东获第八届全运会曲棍球季军，张亮获全国棒球冠军赛冠军。

0120 朱礼

性　　别：男

出生年月：1954-06-12

民　　族：汉族

政治面貌：党员

职　　称：副高

学　　历：大学本科

所在单位：甘肃省体育运动学校

通讯地址：兰州市城关区嘉峪关东路 42 号

成　　就：所培养输送运动员黄勇获全国运动会亚军。

0121 张新

性　　别：男

出生年月：1971-02-16

民　　族：汉族

政治面貌：群众

职　　称：副高

学　　历：大学本科

所在单位：甘肃省体育运动学校

通讯地址：兰州市城关区嘉峪关东路 42 号

成　　就：所培养输送运动员：徐睿、靳楠获第十届、十一届全运会男子曲棍球第三名；徐睿，亚运会男子曲棍球第五名。

0122 李勇民

性　　别：男

出生年月：1971-09-08

民　　族：汉族

政治面貌：群众

职　　称：副高

学　　历：大学本科

所在单位：兰州市体育运动学校

通讯地址：兰州市体育运动学校

成　　就：运动健将，高级教练，现任兰州市体育运动学校投掷项目教练。从事投掷项目训练多年；培养出一大批优秀体育后备人才，培养和输送的运动员参赛国家性比赛、全国比赛获优异成绩，其中一级 5 人、二级 30 人；连续多年被省市政府、体育局授予“先进工作者”、“先进个人”、“优秀教练员”称号；在国家、省市刊物上发表专业论文多篇。

0123 李　雄

性　　别：男

出生年月：1963-11-13

民　　族：汉族

政治面貌：党员

职　　称：副高

学　　历：大学本科

所在单位：兰州市体育运动学校

通讯地址：兰州市体育运动学校

成　　就：1985 年参加中国人民解放军，荣立个人三等功一次；1987 年担任兰州市体育运动学校教练，代表兰州市参加甘肃省第七届运动会获得 2 金 1 银（个人）的佳绩，受到市委市政府表彰奖励；1987 年 5 月至 2003 年 4 月，在兰州市体育工作大队担任正科级领队兼教练，在此期间，曾连续 5 次被评为甘肃省优秀运动队先进领队、思想政治工作先进个人。率队参加了第一至第四届城市运动会，共获得 4 金、3 银、5 铜，因成绩突出，被兰州市委市政府分别记功表彰奖励 4 次（其中三等功一次）；1991 年 2 月，率领中国国家摔跤队出访欧洲（土耳其、德国、法国、俄罗斯）取得历史性突破，获得金牌 1 枚、“和平”奖杯一座；2014 年被国家体育总局手曲棒垒运动管理中心聘任为青少年垒球、曲棍球项目发展委员会主任。在国家、省市刊物发表论文多篇；2012 年参加国家体育总局举办的赴英国学习班，撰写专业论文 2 篇。

简　　介：现任兰州市体育运动学校校长。

历任甘肃省阿克赛哈萨克族自治县第一中学教师、阿克赛县文化局副局长、兰州军区政治部文化处干事、兰州市体育运动学校担教练、兰州市体育工作大队正科级领队兼教练、兰州市体育中心副主任、兰州市体育中心主任；从事体育教育、运动训练。

0124 刘 晓

性　　别：男
出生年月：1964-11-10
民　　族：汉族
政治面貌：群众
职　　称：副高
学　　历：大学本科
所在单位：兰州市体育运动学校
通讯地址：兰州市体育运动学校
成　　就：现任兰州市体育运动学校竞走项目领队。从事体育教育、运动训练多年，培养和输送的运动员参赛世锦赛、世界杯、亚锦赛、全运会、全国比赛获冠军，其中国际健将2人、健将6人、一级18人、二级20人；2011年担任兰州市体校竞走项目领队以来，成绩突出；连续多年被省市政府、体育局授予“先进工作者”、“先进个人”、“优秀教练员”称号；在国家、省市刊物发表专业论文多篇。

0125 刘永峰

性　　别：男
出生年月：1968-01-10
民　　族：汉族
政治面貌：群众
职　　称：副高
学　　历：大学本科
所在单位：兰州市体育运动学校
通讯地址：兰州市体育运动学校
成　　就：高级教练员，二级裁判员，从教三十年来，为体育后备人才事业作出了应有的贡献，培养输送的运动员健将1人，一级30余人，二级70余人，为全国多所高校输送运动员达40余人；被甘肃省委、省政府授予“新长征突击手”称号，连续多年被省市政府、省市体育局授予“先进工作者”、“先进个人”、“优秀教练员”称号。
简　　介：从事田径跳跃、短跨项目训练多年，具备丰富的专业知识和带队训练、参赛经验，是甘肃省跳高项目训练的领军人物，连续多年被省市政府评为优秀教练员。

0126 谢 东

性　　别：男
出生年月：1972-05-16
民　　族：汉族
政治面貌：党员
职　　称：副高
学　　历：大学本科
所在单位：兰州市体育运动学校
通讯地址：兰州市体育运动学校
成　　就：高级教练、国家级裁判。从教30年来，培养出大批优秀体育后备人才，曾多次被省委省政府、市委市政府、省市体育局授予“先进工作者”、“先进个人”、“优秀教练员”称号，被国家体育总局手曲棒垒管理中心授予“全国优秀裁判员”；培养输送的运动员中国际健将2人、健将10人、一级25人、二级80人；在国家、省市刊物发表专业论文多篇。
简　　介：现任兰州市体育运动学校棒球项目教练。从事棒球、曲棍球运动训练多年。

0127 汤 明

性　　别：男
出生年月：1963-02-01
民　　族：汉族

政治面貌：群众
职　　称：副高
学　　历：中专
所在单位：兰州市体育运动学校
通讯地址：兰州市体育运动学校
成　　就：从事田径投掷项目训练近30年，是我省田径投掷项目训练的领军人物。他培养和输送的运动员在历届省运会上争金夺银，屡次刷新省纪录；参赛亚洲青年运动会获冠军，多次参赛国际性比赛、全国比赛获优异成绩；其中一级10余人，二级40余人；2次被国家体育总局授予“全国业余训练先进个人”，连续多年被省市政府、体育局授予“先进工作者”、“先进个人”、“优秀教练员”称号；在国家、省市刊物发表专业论文多篇。
简　　介：高级教练，现任甘肃省投掷项目教练员。

0128 王景琦

性　　别：男
出生年月：1957-12-01
民　　族：汉族
政治面貌：党员
职　　称：副高
学　　历：中专
所在单位：兰州市体育运动学校
通讯地址：兰州市体育运动学校
成　　就：高级教练，从事田径项目训练40年，培养和输送的运动员参赛奥运会、亚运会、全国比赛获优异成绩；其中国家健将4人、健将8人，一级40人，二级70余人；连续多年被省市政府、体育局授予“先进工作者”、“先进个人”、“优秀教练员”称号；撰写的多篇论文获全省体育论文报告会一等奖，在全国、省市刊物共发表专业论文17篇。
简　　介：高级教练，现任兰州市体育运动学校中长跑项目教练。

0129 张俊英

性　　别：女
出生年月：1959-11-26
民　　族：汉族
政治面貌：群众
职　　称：副高
学　　历：大学本科
所在单位：兰州市体育运动学校
通讯地址：兰州市体育运动学校
成　　就：从事垒球训练教学三十余年，培养和输送的运动员参赛奥运会获第二名，参赛亚运会、世锦赛、全国比赛获优异成绩；其中国际健将3人、健将15人，一级40人、二级60人；曾受聘为国家女子垒球青年队教练，担任兰州市体校垒球项目队主教练；兰州市棒垒曲运动协会常务副主席；参与“阳光体育进校园”项目面向全市推广软式垒球，我市现有二十余所学校已被国家体育总局挂牌为“国家软式棒垒球实验中学”；连续多年被省市政府、体育局授予“先进个人”、“先进工作者”、“优秀教练员”称号，多次被省政府、妇联授予“巾帼建功标兵”，被市政府授予“三八红旗手”称号；多次参加全国性比赛被大会组委会授予“全国优秀教练员”；在国家、省市刊物发表专业论文多篇。
简　　介：高级教练，现任兰州市体校垒球项目主教练，兰州市棒垒曲运动协会常务副主席。从事垒球训练教学三十余年，在兰州市体育运动学校期间，兼任行政职务；2013年参加国家体育总局举办的国家级教练员（正高级）培训班圆满结业；近年来在兰州市棒垒曲运动协会和兰州市体育运动学校的支持下，举办多期软式垒球教练员培训班，为软式垒球的推广和青少年体育运动作出了一定的贡献。

0130 杨志刚

性　　别：男

出生年月：1963-01-01

民　　族：汉族

政治面貌：群众

职　　称：副高

学　　历：大学本科

所在单位：兰州市体育运动学校

通讯地址：兰州市体育运动学校

成　　就：从事体育教育、运动训练三十余年，培养和输送的运动员多次参赛世锦赛、全国比赛获冠军；输送的运动员中国际健将2人，健将6人；多次被省市政府、体育局授予“先进个人”、“先进工作者”、“优秀教练员”；在国家、省市刊物上发表专业论文多篇。

简　　介：现任兰州市体育运动学校跆拳道项目领队。2011年担任兰州市体校跆拳道项目领队以来，成绩突出，参赛第十三届省运会共获金牌6枚。

0131 刘凤玲

性　　别：女

出生年月：1965-08-01

民　　族：汉族

政治面貌：党员

职　　称：副高

学　　历：大学本科

所在单位：兰州市体育运动学校

通讯地址：兰州市体育运动学校

成　　就：从事射击项目训练多年，培养和输送的运动员参赛亚运会、世界杯、奥运会预选赛、世锦赛、全国比赛获冠军；其中健将5人，一级15人、二级60人；多次被省政府、妇联授予“巾帼建功标兵”，被市政府授予“三八红旗手”称号；连续多年被省市政府、体育局授予“先进工作者”、“先进个人”、“优秀教练员”称号；在国家、省市刊物发表专业论文多篇。

简　　介：高级教练，一级裁判员，现任兰州市体育运动学校学生科科长。从事射击项目训练30余年。

0132 何国平

性　　别：男

出生年月：1970-02-01

民　　族：汉族

政治面貌：党员

职　　称：副高

学　　历：大学本科

所在单位：兰州市体育运动学校

通讯地址：兰州市体育运动学校

成　　就：高级教练，一级裁判。从事棒垒球项目训练多年，多次荣获省市先进个人、优秀教练员。他培养的运动员王兰代表国家队参赛第十四届亚锦赛、2014年世锦赛资格赛获冠军，获2010年、2011年全国锦标赛冠军，培养输送优秀运动员50多人，其中国际健将2人，健将8人，一级50人，二级60人；在国家、省市刊物发表专业论文多篇。

简　　介：现任兰州市体育运动学校垒球项目教练。从事棒垒球项目训练多年，从教多年以来培养输送优秀人才50多人，国际健将1人，运动健将7人。

0133 谢立梅

性　　别：女

出生年月：1963-02-01

民　　族：汉族

政治面貌：群众

职　　称：副高

学　　历：大学本科

所在单位：兰州市体育运动学校

通讯地址：兰州市体育运动学校

成　　就：高级教练，国家级裁判。从事垒球项目训练、裁判工作多年，培养和输送了一大批优秀体育后备人才；培养和输送的运动员参赛国际性比赛、全国比赛获优异成绩，多名运动员达一级、二级；多次参加国家大型比赛，并担任裁判，被大会组委会授予"全国优秀裁判员"；连续多年被省市政府、体育局授予"先进工作者"、"先进个人"称号；在国家、省市刊物发表专业论文多篇。

简　　介：现任兰州市体育运动学校训练科副科长。

0134 包汉璋

性　　别：男

出生年月：1956-09-18

民　　族：汉族

政治面貌：党员

职　　称：副高

学　　历：大学本科

所在单位：兰州市体育运动学校

通讯地址：兰州市体育运动学校

成　　就：高级教练员，一级裁判员。从事田径项目训练 40 余年，培养和输送的运动员 2 人入围奥运会，多人多次参赛"亚锦赛"、全国比赛获冠军；输送优秀人才达 36 人，其中国际健将 1 人，健将 5 人，一级运动员 20 人，二级运动员 80 人；2011 年被国家体育总局授予"全国业余训练先进个人"、"优秀教练员"；连续多年被省市政府评为先进个人和全省体育后备人才培养优秀教练员、"先进工作者"、"先进个人"；在国家、省市刊物发表专业论文多篇。

简　　介：现任兰州市体育运动学校中长跑项目教练。

0135 佟红燕

性　　别：女

出生年月：1969-06-26

民　　族：满族

政治面貌：群众

职　　称：副高

学　　历：大学本科

所在单位：兰州市体育运动学校

通讯地址：兰州市体育运动学校

成　　就：本科学历，国际运动健将，高级教练。从事田径项目训练教学多年，培养和输送的运动员参赛全国比赛、省市比赛获优异成绩；有多人输送至各省省队、全国各高校；其中多名运动员达一级和二级；连续多年被省市政府、体育局授予"先进个人"、"优秀教练员"称号；在国家、省市刊物发表专业论文多篇。

简　　介：现任兰州市体育运动学校跳跃项目教练。从事田径项目训练多年，有扎实的专业知识和丰富的训练带队管理经验，富有创新精神和理念；她培养的运动员有多人输送至各省省队，多名运动员达一级和二级，连续多年参加全国、省市比赛获得优异成绩，先后多名队员被西北师范大学、西安体育学院、西北民族大学、兰州交通大学等高校录取。

0136 董茜

性　　别：女

出生年月：1964-02-05

民　　族：汉族

政治面貌：党员

职　　称：副高

学　　历：大学本科

所在单位：兰州文理学院社会体育学院

通讯地址：兰州市城关区北面滩 400 号

成　　就：作为主要参与人，完成甘肃省体

育社会科学研究，获优秀成果奖、一等奖；参与完成2009年度甘肃省教育科学规划课题1项；出版著作1部；主编教材1部；发表论文20余篇；2012年参加“全国第七届农民运动会”担任甘肃省武术队教练员工作，并获得金牌5块、银牌4块、铜牌9块的优异成绩。1994年省委省政府授予优秀教师“园丁奖”荣誉称号。曾多次获得校级“教学新秀”、“优秀教师”、“优秀班主任”荣誉。

简　　介：研究方向为民族民间体育文化、体育史学。

0137 赵勇

性　　别：男

出生年月：1965-07-20

民　　族：汉族

政治面貌：民主党派

职　　称：副高

学　　历：硕士研究生

所在单位：兰州文理学院社会体育学院

通讯地址：兰州市城关区北面滩400号

成　　就：先后在省级刊物发表论文10余篇，主编、参编教材3部。

简　　介：1989年毕业于西北师范大学体育系；于2000年取得西北师范大学体育学院运动训练学硕士学位；1989年至今在兰州文理学院从事体育教学工作。

0138 李新龙

性　　别：男

出生年月：1970-11-17

民　　族：汉族

政治面貌：党员

职　　称：副高

学　　历：大学本科

所在单位：兰州文理学院社会体育学院

通讯地址：兰州市城关区北面滩400号

成　　就：主持完成甘肃省体育社会科学研究项目（GST201423）、兰州文理学院重点项目（2013ZD01），参与完成全国教育科学“十五”规划教育部重点课题、甘肃省软科学研究课题，出版著作2部，发表论文20余篇，获甘肃省体育科学研究论文二等奖2篇。

简　　介：研究方向为高校体育及民族传统体育文化。

0139 陆克珠

性　　别：男

出生年月：1969-05-05

民　　族：汉族

政治面貌：党员

职　　称：副高

学　　历：大学本科

所在单位：兰州文理学院社会体育学院

通讯地址：兰州市城关区北面滩400号

成　　就：参与研究的课题《甘肃省少数民族地区中小学学校体育研究》获甘肃省高校社会科学成果三等奖，论文《甘肃省贫困及少数民族地区农村小学体育场地与器材设施现状及对策研究》获第二届中国学校体育科学大会论文二等奖；发表在省级以上刊物学术论文20余篇。

简　　介：一级社会体育指导员，现任体育系副主任，毕业于西北师范大学体育系。

0140 田海滨

性　　别：男

出生年月：1967-04-27

民　　族：汉族

政治面貌：群众

职　　称：副高

学　　历：大学本科

所在单位：兰州文理学院社会体育学院

通讯地址：兰州市城关区北面滩 400 号
成　　就：先后在省级体育学术刊物发表论文 10 余篇，参与编写出版了《大学体育教程》，担任副主编。2000 年获甘肃联合大学教学新秀奖。
简　　介：1989 年毕业于陕西师大体育系，获教育学学士学位。现任兰州文理学院社会体育学院副教授，主要承担大学体育以及体育系乒乓球、羽毛球专业教学工作。

0141 叶菁

性　　别：男
出生年月：1968-12-18
民　　族：汉族
政治面貌：党员
职　　称：副高
学　　历：大学本科
所在单位：兰州文理学院社会体育学院
通讯地址：兰州市城关区北面滩 400 号
成　　就：出版著作 2 部，发表论文 4 篇。
简　　介：研究方向为体育教学及推拿按摩。

0142 吴冰

性　　别：男
出生年月：1964-03-22
民　　族：汉族
政治面貌：民主党派
职　　称：副高
学　　历：大学本科
所在单位：兰州文理学院社会体育学院
通讯地址：兰州市城关区北面滩 400 号
成　　就：2000 年、2002 年、2010 年被学校评为优秀教师，期间发表论文 10 余篇。于 2006 年获得国家级社会体育指导员资格并取得证书，长期以来在社会上兼职体育指导工作，在兰州市全民健身指导中心担任游泳教练。近几年还常带队参加全国桌式足球比赛，并于 2011 年带领学校学生参加世界杯法国桌式足球公开赛，取得了优异的成绩。
简　　介：1987 年毕业于西安体育学院。现任兰州文理学院社会体育学院副教授，主要从事公共体育教学及田径、桌式足球、拳击等专业课的教学。

0143 杨爱

性　　别：女
出生年月：1972-03-15
民　　族：汉族
政治面貌：群众
职　　称：副高
学　　历：大学本科
所在单位：兰州文理学院社会体育学院
通讯地址：兰州市城关区北面滩 400 号
成　　就：先后发表论文 10 多篇。
简　　介：1995 年毕业于西北师范大学体育系获学士学位。国家一级社会体育指导员。兰州文理学院社会体育学院副教授，主要从事公共体育教学及健美操、瑜伽等专业课的教学。

0144 张玉萍

性　　别：女
出生年月：1967-03-04
民　　族：汉族
政治面貌：群众
职　　称：副高
学　　历：大学本科
所在单位：兰州文理学院社会体育学院
通讯地址：兰州市城关区北面滩 400 号
成　　就：发表论文 20 余篇，获甘肃省体育科技学术论文二等奖。近几年一直参加甘肃省民族健身舞的创编、推广、培训和评审工作；担任甘肃省民族健身舞社会体育指导员的培训教师工作。

简　　介：1989年西安体育学院艺术体操专业毕业，在本校一直从事形体舞蹈、健美操、爵士舞教学和健身教练培训工作。研究方向社会体育文化、民族健身文化研究。国家一级健美操教练员；中国舞等级一级教师；拉丁舞c级执业教师；国家级街舞教练；foc（中国民族风）健身教练；一级社会体育指导员。

0145 杨立群

性　　别：男
出生年月：1963-12-11
民　　族：汉族
政治面貌：党员
职　　称：副高
学　　历：大学本科
所在单位：兰州文理学院社会体育学院
通讯地址：兰州市城关区北面滩400号
成　　就：出版著作1部，出版教材1部，发表论文30余篇。获甘肃省体育科技学术论文二等奖。
简　　介：一级社会体育指导员。1987年毕业于西安体育学院，在本校一直从事学校体育学、健美、私人健身教练培训工作。研究方向为社会体育文化及推广研究。

0146 米力云

性　　别：男
出生年月：1963-01-08
民　　族：汉族
政治面貌：民主党派
职　　称：副高
学　　历：大学本科
所在单位：兰州文理学院社会体育学院
通讯地址：兰州市城关区北面滩400号
成　　就：多年来从事体育教学工作，先后在国家级、省级学术刊物上发表论文10余篇，编写教材1部。
简　　介：1984毕业于西北师范大学体育系。甘肃联合大学体育系副教授。室内排球国家一级、坐式排球国家一级裁判员。

0147 刘学志

性　　别：男
出生年月：1970-02-06
民　　族：汉族
政治面貌：群众
职　　称：副高
学　　历：大学本科
所在单位：兰州文理学院社会体育学院
通讯地址：兰州市城关区北面滩400号
成　　就：主持完成省教育厅科研项目一项，参与完成教育厅、科技厅、体育局科研项目多项，其中《利用亚高原优势，培养中长跑运动人才的科技支撑与保障研究》一项，获甘肃省政府科技进步二等奖。主编完成体育专著两部。先后在省级刊物发表论文10余篇，并荣获团省委等八部委“三下乡”社会实践活动优秀指导教师及校级“青年教师成才奖”。
简　　介：1995年毕业于西北师范大学体育系。现任兰州文理学院社会体育学院副教授，从事大学体育和体育测量与评价教学，兼任兰州市体育社会指导员。

0148 杜彦莉

性　　别：女
出生年月：1967-08-01
民　　族：汉族
政治面貌：群众
职　　称：副高
学　　历：大学本科
所在单位：兰州市业余军事体育学校
通讯地址：兰州市城关区民主东路138号
成　　就：她所培养的张海珠、李军、赵国强、张建强、朱安虎、贾鹏、刘伟、刘洋、李涛等多名运动员在省比赛、省运动校或西协赛中取得优异成绩，多人达一级运动员标准，其中输送省队队员李涛，在2006年省运会获气枪第一，刘伟在2009年、2012年全国锦标赛获得第七，2013年全国冠军赛第一，2014年10月全国锦标赛第七，并以619.2环的成绩达健将标准。她在2010年被市人民政府评为优秀教练员，2008年评为市体育局冠军教练，1992年、2006年、2010年被评为市体育局先进工作者，2001年被市体育局评为成绩突出先进工作者。

简　　介：1975年至1981年在兰州铁路一小就读小学；1981年至1983年就读兰州铁路一中，1983年始被选入兰州市体工队；1985年至1988年就读兰州市体校体育师资系专业学习，学习期满合格；1991年11月至12月在兰州市人事局培训部门参加了兰州市国家行政机关事业单位干部岗位培训，培训期满合格；2002年至2006年就读于西安体育学院运动系专升本学习；从1983年至今在兰州市业余军体校从事射击运动项目及教学工作。

0149 王世宾

性　　别：男

出生年月：1969-12-01

民　　族：汉族

政治面貌：党员

职　　称：副高

学　　历：大学本科

所在单位：兰州市业余军事体育学校

通讯地址：兰州市城关区嘉峪关东路51号

成　　就：在2006年第十一届省运会上获得7块金牌；在2004年省运动校比赛中获得2块金牌；在2002年省运动校比赛中获得2块金牌；在2000年第十届省运会上获得1块金牌；在2006年第十一届省运会上获得7块金牌；在2004年省运动校比赛中获得2块金牌；在2002年省运动校比赛中获得2块金牌；在2000年第十届省运会上获得1块金牌。

简　　介：1984年至1987年永登一中在上高中；1987年至1991年在陕西师范大学上本科；1991年至2010年在兰州市体校任教练；2005年获高级教练员资格；2010年到军体校工作；2013年任军体校校长。

0150 蒲婧

性　　别：女

出生年月：1976-10-24

民　　族：汉族

政治面貌：党员

职　　称：副高

学　　历：大学本科

所在单位：兰州市军体校

通讯地址：兰州市城关区嘉峪关东路51号

成　　就：第29届奥运会现代五项跑步裁判长。2009年被体育总局评为全国优秀裁判员。第16届亚运会现代五项副总裁判长。

简　　介：现任兰州市业余军事体育学校副校长，现代五项国际级、国家级裁判员、射击一级裁判员、射击国家一级运动员、射击中级教练员。1991年至1994年在兰州市体校从事射击项目业余训练；1995年至2000年在甘肃省体育工作第二大队射击队专业训练；2001年至2006年在甘肃省体育工作第二大队办公室工作；2007年至2013年在兰州市业余军事体育学校从事财务工作（在此期间参加了国内现代五项运动各年度系列站比赛及2008年北京奥运会、世锦赛，2010年广州亚运会裁判工作，另外还参加了甘肃省第十一届、第十二届、第十三届运动会射击比赛裁判工作及每年甘肃省射击比赛）。

0151 胡茂胜

性　　别：男
出生年月：1963-01-07
民　　族：汉族
政治面貌：群众
职　　称：副高
学　　历：大学专科
所在单位：兰州十中
通讯地址：城关区佛慈大街 67 号
成　　就：2000-2001 学年获兰州十中优秀教师。2001 年获先进教师。2001 年 5 月带学生参加兰州市第四届运动会少年垒球比赛获第一名。2004 年获优秀教师。2004 年获师德先进个人。2005 年带学生参加第五届少年垒球比赛获第一名。2006 年带学生参加甘肃省跆拳道比赛获第一名，并获优秀教练。2007 年获兰州十中优秀教师。
简　　介：1980 年至 1982 年在天上师范学院上学。1982 年至今在兰州第十中学担任体育教师。1982 年至 1988 年担任体育教学工作，排球代表队训练。1988 年至 1989 年担任体育教学工作，体操代表队训练。1989 年至 2001 年担任体育教学工作，田径代表队训练。2001 年至 2005 年担任体育教学工作，垒球代表队训练。2005 年至 2009 年担任体育教学工作，体育田径代表队训练。2005 年至 2010 年担任体育教研组组长。2009 年至 2012 年担任特邀教学工作，乒乓球代表队训练。2012 年今担任体育教学工作。

0152 张正刚

性　　别：男
出生年月：1973-06-24
民　　族：汉族
政治面貌：群众
职　　称：副高
学　　历：大学本科
所在单位：兰州十中
通讯地址：兰州市佛慈大街 67 号
成　　就：2005 年获兰州市市属学校教学新秀，2010 年获兰州市校园之前优秀指导员，2012 获兰州市优秀教练员。
简　　介：1994 年至 1996 年兰州师专学习，1996 年至今兰州十中任体育教学工作和学校代表队训练工作。

0153 王军胜

性　　别：男
出生年月：1971-09-08
民　　族：汉族
政治面貌：党员
职　　称：副高
学　　历：大学本科
所在单位：兰州市第五十一中学
通讯地址：甘肃省兰州市城关区和政东街 47 号
成　　就：甘肃省第三届中小学“青年教学能手”；兰州市第六届教学新秀；兰州市中小学体育中心教研组成员；兰州市普通高中新课程改革专家组成员；兰州市第一届中小学体育教师技能大赛评委等。
简　　介：1993 年 7 月毕业于陕西师范大学体育教育系；1993 年 8 月担任兰州铁一中（现兰州五十一中）体育教师至今，现任中学高级教师。曾担任过班主任、年级组长等工作，现任体育教研组组长。

0154 郑进平

性　　别：男
出生年月：1958-3-10
民　　族：汉族
政治面貌：民主党派
职　　称：副高
学　　历：大学本科

所在单位：兰州职业技术学院
通讯地址：兰州市城关区雁儿湾191号
成　　就：1998年获甘肃省大学生社会实践优秀辅导员。1999年获省社科联优秀论文三等奖。1999年获兰州教育学院优秀教师。2000年获兰州教育学院优秀教师。

0155 水波

性　　别：男
出生年月：1968-12-24
民　　族：汉族
政治面貌：群众
职　　称：副高
学　　历：大学本科
所在单位：兰州市第二十七中学
通讯地址：兰州市城关区火车站西路615号
成　　就：1999年11月参加兰州市第六届教育新秀课获得教学新秀称号。2001年9月中国《十城市》第十七届学校体育教学观摩研讨会获得体育教学一等奖。2001年7月带队参加兰州市第四届运动会足球赛获得第二名。2002年被聘为兰州市第七届教学新秀总评评委。2006年7月带队参加兰州市中学生足球比赛获得第二名。2007年7月带队参加兰州市中学生足球比赛获得第一名。2008年7月带队参加兰州市中学生足球比赛获得第二名。2008年5月参加教育部学生体育协会、中国中学生体育协会足球分会体育教师培训，取得毕业证书。2009年11月带队参加甘肃省业余篮球俱乐部篮球锦标赛获第四名，多次荣获兰州市教育局、体育局、甘肃省体育竞赛管理中心、甘肃省篮球运动协会优秀教练员称号。
简　　介：1981年至1987年就读兰州市三十三中学；1987年至1991年就读西北师范大学体育系；1991年至今就职于兰州二十七中学，任体育教师。

0156 谭文

性　　别：男
出生年月：1963-04-24
民　　族：汉族
政治面貌：群众
职　　称：副高
学　　历：大学本科
所在单位：兰州八中
通讯地址：兰州市城关区白银路181号
成　　就：2008年获甘肃省优秀社会辅导奖。
简　　介：1983年8月至今在兰州八中任体育教师，其中2001年至2004年在西北师范大学在职进修体育专业。

0157 冉孟玲

性　　别：女
出生年月：1962-12-24
民　　族：汉族
政治面貌：群众
职　　称：副高
学　　历：大学本科
所在单位：兰州八中
通讯地址：城关区白银路181号
成　　就：自任教以来，多次获得兰州市劳动模范、兰州市优秀教师称号和市级骨干教师。任班主任期间，所带的1996届电视中专文科班被评为先进集体，本人荣获优秀班主任称号。多年来担任过多项教练员，多次获得市上团体第二名、第三名奖项，本人获得全国优秀裁判员、甘肃省优秀裁判员、市级优秀教练员称号。
简　　介：1981年7月毕业于庆阳师专体育系；2003年毕业于西北师大体育学院，现职称为中学高级教师。

0158 刘宗生

性　　别：男

出生年月：1965-06-24
民　　族：汉族
政治面貌：党员
职　　称：副高
学　　历：大学本科
所在单位：兰州八中
通讯地址：兰州市城关区白银路 181 号
成　　就：2009 年获得未成年人思想道德建设工作先进个人。2010 年被评为教育局系统优秀共产党员。获多年校优秀党员和先进教育工作者荣誉。
简　　介：1984 年任兰州八中体育教师，1988 在西安体育学院进修，1991 年中央党校进修，1998 年任兰州八中总务处副主任，2007 年任政教处副主任，2009 年至今任政教处主任。

0159 马勇

性　　别：男
出生年月：1956-01-24
民　　族：汉族
政治面貌：党员
职　　称：副高
学　　历：大学本科
所在单位：兰州八中
通讯地址：城关区白银路 181 号
成　　就：自任教以来，多次获得优秀教师称号，市级骨干教师，本人荣获优秀班主任称号；多年来担任过多项教练员，多次获得市上团体前三名奖，本人多次获市级优秀教练员称号。
简　　介：1980 年 7 月毕业于天水师专体育系后被分配到兰州八中任教至今，现职称为中学高级教师，2003 年 3 月毕业于中共中央党校经济管理本科班。

0160 吕伟南

性　　别：男
出生年月：1958-12-24
民　　族：满族
政治面貌：群众
职　　称：副高
学　　历：大学专科
所在单位：兰州八中
通讯地址：兰州八中
成　　就：2000 年带队获得兰州市中小学乒乓球比赛团体、单打第一名，2000 年至今多次获得省级、市级“优秀教练员”称号；1999 年至 2004 年获得省“双拥杯”乒乓球比赛团体冠军、单打冠军；获得兰州市职工乒乓球比赛团体冠军，单打冠军；2006 年获得省“党建杯”乒乓球比赛单打冠军；2008 年获得全国乒乓球会员单打冠军。
简　　介：1979 年 8 月至 1989 年 1 月武威地区体校任教；1989 年 1 月至 1991 年 2 月天津体育学院乒乓球教练员系学习；1991 年 2 月至 1993 年 3 月武威地区体校任教；1993 年 3 月至今兰州市第八中学任教。

0161 马国军

性　　别：女
出生年月：1974-12-01
民　　族：汉族
政治面貌：群众
职　　称：副高
学　　历：大学本科
所在单位：兰州市金城关回民中学
通讯地址：兰州市金城关回民中学
成　　就：城关区优秀教师；城关区骨干教师；城关区教学新秀优；兰州市第九届教学科研成果二等奖。
简　　介：1998 年毕业于兰州师专；2000 年毕业于西北师范大学；1994 年至今在兰州

市金城关回民中学。

0162 刘水

性　　别：男

出生年月：1949-04-20

民　　族：汉族

政治面貌：党员

职　　称：副高

学　　历：中专

所在单位：甘肃省扶贫办公室

通讯地址：兰州市城关区平凉路276号

成　　就：培养运动员张毓轩为国际象棋一级运动员。

简　　介：甘肃省棋协大师。1989年晋升为国家级象棋裁判员，中国象棋一级教练员，国际象棋二级教练员。

0163 华雄飞

性　　别：男

出生年月：1968-10-02

民　　族：汉族

政治面貌：党员

职　　称：副高

学　　历：大学本科

所在单位：兰州市第十六中学

通讯地址：兰州市城关区段家滩路1547号

成　　就：获得校级优秀教师6次；区级优秀教师2次；区级优秀党员1次；发表国家级论文1篇；省级论文2篇；市级体育课件比赛二等奖。

简　　介：1988年至1990年兰州师范高等专科学校体育教育专业就读；1990年至今兰州市第十六中学从事体育教学工作（期间：2003年至2005年在西安体育学院运动训练专业学习）。

0164 林永欣

性　　别：男

出生年月：1968-02-17

民　　族：汉族

政治面貌：党员

职　　称：副高

学　　历：大学本科

所在单位：兰州七中

通讯地址：兰州七中

成　　就：1996年获得兰州市中学体育学科“教学新秀”称号；1997年获得中国“十城市”体育教学“一等奖”称号；2008年获得“甘肃省第一届大学生运动会优秀裁判员”称号；2011年获得“甘肃省第二届大学生运动会优秀裁判员”称号；2012年至2014年获得“兰州市中学生田径运动会”优秀教练员称号；2013年获得“兰州市第七届运动会优秀裁判员”称号；2012年至2013年“国培计划”体育学科主讲教师。2014年获得“甘肃省第二届中小学教师教学技能大赛高中组体育学科三等奖”。在《甘肃教育》发表论文《兴趣迁移成功》，《甘肃科技》发表论文《浅析中小学教师职业倦怠的应对策略》等。

简　　介：1980年8月至1986年7月在兰州市第二十七中学读书；1986年9月至1990年6月在西安体育学院读大学，学士学位；1990年7月至今在兰州市第七中学从事体育进行工作；现为兰州市第七中学体育教研组组长。

0165 张涛

性　　别：男

出生年月：1965-05-21

民　　族：汉族

政治面貌：党员

职　　称：副高

学　　历：大学本科

所在单位：兰州市第三中学
通讯地址：兰州市第三中学
成　　就：1999年获得兰州市第六届教学新秀奖。2001年荣获兰州市中学县级骨干教师。2001年在《甘肃高师学报》发表论文《试探人体疲劳与机能恢复》。2013年在《中国校外教育》发表论文《浅谈亚健康的危害与预防》。
简　　介：1983年9月至1985年7月就读于兰州师专体育系体育专业学习；1985年7月至2005年2月担任兰州市第三中学教师（期间：2001年9月至2004年7月首都体育学院体育教育专业学习）；2005年3月至2009年10月担任兰州市第三中学总务处副主任；2009年10月至今担任兰州市第三中学总务处主任。

0166 马秀花

性　　别：女
出生年月：1969-03-11
民　　族：汉族
政治面貌：党员
职　　称：副高
学　　历：大学本科
所在单位：兰州女子中专
通讯地址：兰州市嘉峪关北路5号
成　　就：荣获兰州市第三届中学“教学新秀”、兰州市“优秀班主任”、兰州市“十大杰出青年”、兰州市四运会健美操比赛优秀教练员、兰州市四运会大型团体操表演优秀编导。在首届“甘肃省中学生运动会”开幕式演出中荣获优秀编导奖。全国中等职业学校教师，体育与健康“创新杯”说课比赛一等奖。编写的《形体训练》教材在高等教育出版社出版。课题《形体训练教材》在兰州市教育科学研究所通过鉴定，并获得二等奖。主编的教材《形体训练》在甘肃省中等职业教育工作研究委员会年会交流中，荣获一等奖。
简　　介：1991年6月毕业于西北师范大学体育系，从事教学工作23年，担任班主任工作18年。从1991年8月至今，在兰州女子中专从事模特、影视表演、播音主持、广电编导、航空服务等专业的形体训练教育教学工作。

0167 陶丽香

性　　别：女
出生年月：1962-02-01
民　　族：汉族
政治面貌：群众
职　　称：副高
学　　历：大学本科
所在单位：兰州二中
通讯地址：兰州二中
成　　就：多次获得学校优秀教师。荣获2008年度兰州市篮球活动先进个人。荣获兰州市体育训练工作优秀教练员称号。荣获兰州市优秀教练员称号。
简　　介：自1986年到兰州二中至今，一直从事体育教学和校篮球代表队训练工作，获得兰州市中学生篮球比赛女子第一名。

0168 张沁

性　　别：女
出生年月：1972-07-12
民　　族：汉族
政治面貌：党员
职　　称：副高
学　　历：大学本科
所在单位：兰州女子中专
通讯地址：兰州市嘉峪关北路5号
成　　就：兰州市第四届运动会优秀编导奖；2002年力天杯健美操比赛优秀教练；2003

年甘肃省中职学校广播操比赛三等奖优秀教练；2005 年兰州市首届百所中小学自编操比赛优秀创编奖；2004 年城关区青年岗位能手；2007 年第二届百所中小学自编操比赛优秀指导教师；2007 年第二届百所中小学优秀大课间先进个人；2009 年第三届百所中小学自编操优秀指导教师；多次荣获校级先进工作者，优秀教师称号。

简　　介：1982 年至 1987 年兰州市铁路第二小学就读；1987 年至 1991 年兰州铁道部勘测设计院附中就读；1991 年至 1995 年西北师大体育系上大学就读；1995 年至今兰州女子中专工作。

0169 高小芳

性　　别：女

出生年月：1968-12-09

民　　族：汉族

政治面貌：党员

职　　称：副高

学　　历：大学本科

所在单位：兰州第十四中学

通讯地址：兰州市城关区东郊巷 30 号

成　　就：曾获甘肃省优秀教师、甘肃省教育先进工作者、兰州市骨干教师、兰州市教学新秀、兰州市优秀教师称号。在教学业务上不断钻研，所撰写的论文《浅谈体育教学中的赏识教育》发表于《甘肃教育》，并采集于封面主页。《体育教学中的学生创新能力培养》《尝试快乐体育教学》发表于《甘肃教育》。兰州市第一届优秀教案评选中荣获一等奖，兰州市自编健美操比赛中荣获优秀创新奖。曾多次担任过体育教学和公务员招聘评委等。

简　　介：1991 毕业于西北师范大学；1991 年至 2003 年在七里河教师进修学校任教；2004 年至今在兰州市第十四中学任教；2006 年获取中学高级教师职称。

0170 谭晓丽

性　　别：女

出生年月：1960-05-18

民　　族：汉族

政治面貌：群众

职　　称：副高

学　　历：大学本科

所在单位：兰州民族中学

通讯地址：兰州市城关区南滨河东路 937 号

成　　就：2002 年 6 月评为市级骨干教师；8 月在甘肃省中学生运动会中评为优秀领队奖；2008 年被评为民族中学优秀教师；1997 年评为民族中学优秀教师，1996 年评为民族中学先进教师。多年来能认真学习钻研业务，了解体育教育的发展趋势，不断更新知识。先后在报刊上发表了《重视准备活动在体育课中的作用》《浅谈中学女生的生理、心理特点与体育教学》。在担任班主任期间，注重对教育方式的研究，以爱心感染学生，以真诚感动家长，所带班级在各项活动中表现突出，先后两次被评为先进班集体。在担任班主任工作期间，组织本班学生积极参加学校田径运动会和广播操比赛荣获团体冠军。

简　　介：1982 年毕业于西北师范大学体育系专业，获学士学位。1979 年评为中学高级教师，从事教育教学工作 30 多年。

0171 杨秉和

性　　别：男

出生年月：1966-04-27

民　　族：汉族

政治面貌：群众

职　　称：副高

学　　历：大学本科

所在单位：兰州市第七中学

通讯地址：兰州市定西路 266 号
成　　就：获 2010 年全国青少年校园足球活动优秀学校三等奖。获 2011 年甘肃省校园足球活动先进单位。获 2011 年甘肃省校园足球活动先进个人称号。获 2012 年甘肃省校园足球活动优秀指导员称号。获兰州市第六届教学新秀称号。多次获得兰州市优秀足球教练员称号。
简　　介：1988 年毕业于西北师范大学体育系，1988 年 7 月参加工作，从事体育课教学工作；1988 年 7 月至 1990 年 7 月在兰州市第 38 中学工作；1990 年 7 月至今在兰州市第七中学工作；2002 年获中学高级教师任职资格，曾任体育教研组组长，2007 年担任学校总务处副主任，2013 年兼任学校安全办公室主任。

0172 魏红

性　　别：女
出生年月：1967-06-07
民　　族：汉族
政治面貌：群众
职　　称：副高
学　　历：大学本科
所在单位：兰州市城关区职业技术学校
通讯地址：兰州市城关区下沟 97 号 5 单元 401 室
成　　就：2003 年获全国优秀裁判员奖；2004 年至 2005 年获区优秀教师奖；2005 年 8 月获市级优秀论文奖；2006 年 7 月获省级社会科学奖。
简　　介：1973 年 9 月至 1978 年 6 月在武都二小读小学；1978 年 9 月至 1981 年 6 月在武都一中初中；1981 年 9 月至 1984 年 6 月在武都一中高中；1984 年 9 月至 1988 年 6 月在西北师大；1988 年 9 月至 1995 年 3 月在城关区 40 中工作；1995 年 3 月至今在城关职校工。

0173 李大明

性　　别：男
出生年月：1968-03-01
民　　族：汉族
政治面貌：群众
职　　称：副高
学　　历：大学本科
所在单位：兰州市第五十四中学
通讯地址：兰州市城关区和政西街 58 号
简　　介：1989 年 7 月至 2003 年 9 月兰州市第五十三中学任教；2003 年 9 月至今在兰州市第五十四中学任教。

0174 申彤

性　　别：男
出生年月：1971-05-01
民　　族：汉族
政治面貌：党员
职　　称：副高
学　　历：大学本科
所在单位：兰州市第五十四中学
通讯地址：兰州市城关区和政西街 58 号
简　　介：1995 年 8 月至今在兰州市第五十四中学任教。

0175 胡少明

性　　别：男
出生年月：1968-12-01
民　　族：汉族
政治面貌：党员
职　　称：副高
学　　历：大学本科
所在单位：兰州市金城关回民中学
通讯地址：兰州市金城关回民中学
成　　就：城关区优秀教练 3 次、城关区优秀教育工作者1次、城关区优秀党务工作者2次、兰州市优秀裁判3次、甘肃省优秀裁判4次。

简　　介：1993年毕业于西北师大，1999年篮球一级裁判，2013年国家一级社会体育指导员，特长为篮球、排球。

0176 秦丽华

性　　别：女

出生年月：1964-11-1

民　　族：汉族

政治面貌：群众

职　　称：副高

学　　历：大学本科

所在单位：兰州市第十六中学

通讯地址：兰州市城关区段家滩路1547号

成　　就：城关区优秀班主任，城关区优秀教师。

简　　介：1980年9月至1983年7月师大附中高中；1983年9月至1987年7月西北师范大学体育系；1987年7月至今兰州市第十六中学。

0177 张峰

性　　别：男

出生年月：1972-05-01

民　　族：汉族

政治面貌：党员

职　　称：副高

学　　历：大学本科

所在单位：兰州市第四十三中学

通讯地址：兰州市第四十三中学

成　　就：城关区优秀教练、兰州市优秀教练、甘肃省优秀裁判。

简　　介：1995年毕业于西安体育学院，田径一级裁判，羽毛球、篮球二级裁判，特长篮球、排球、羽毛球、乒乓球。

0178 韩银业

性　　别：男

出生年月：1965-05-01

民　　族：汉族

政治面貌：群众

职　　称：副高

学　　历：大学本科

所在单位：兰州市第五十四中学

通讯地址：兰州市城关区和政西街58号

简　　介：1984年8月至2005年7月兰州市第四十二中学任教；2005年8月至今在兰州市第五十四中学任教。

0179 刘辉

性　　别：女

出生年月：1964-11-10

民　　族：汉族

政治面貌：民主党派

职　　称：副高

学　　历：大学本科

所在单位：兰州市第十六中学

通讯地址：兰州市城关区段家滩路1547号

成　　就：1986年获城关区学校体育先进工作者；1992年获城关区第四届教学新秀；1999年获城关区优秀教师；1992年获兰州市中学教学新秀；2001年获甘肃省中小学青年教学能手；2003年获城关区优秀班主任；2004年获甘肃省骨干教师；2007年获城关区优秀班主任；2009年获城关区优秀班主任；2009年获城关区优秀教练员；1996年至2002年荣获校级优秀班主任；1994年荣获校级优秀教师；2013年至2014年荣获优秀班主任。

简　　介：1978年9月至1980年6月毕业于武威市业余体校；1980年9月至1982年6月毕业于天水师范专科学校体育系；1982年9月至今任教于兰州市第十六中学。

0180 王历珠

性　　别：女
出生年月：1962-12-01
民　　族：汉族
政治面貌：群众
职　　称：副高
学　　历：大学本科
所在单位：兰州市第五十四中学
通讯地址：兰州市城关区和政西街58号
简　　介：1982年8月至2005年7月兰州市第四十二中学任教；2005年8年至今在兰州市第五十四中学任教。

0181 李佺

性　　别：男
出生年月：1980-10-31
民　　族：汉族
政治面貌：党员
职　　称：副高
学　　历：大学专科
所在单位：兰州市全民健身指导中心
通讯地址：兰州市城关区平凉路276号
成　　就：从事群众体育宣传、组织工作。
简　　介：国家级社会体育指导员。

0182 李越

性　　别：女
出生年月：1963-02-08
民　　族：回族
政治面貌：党员
职　　称：副高
学　　历：大学专科
所在单位：兰州市全民健身中心
通讯地址：兰州市城关区平凉路276号
成　　就：从事群众性体育活动的组织、推广工作。
简　　介：国家级社会体育指导员。

0183 冯丽梅

性　　别：女
出生年月：1968-01-08
民　　族：汉族
政治面貌：群众
职　　称：副高
学　　历：大学专科
所在单位：兰州铁路局
通讯地址：兰州市城关区平凉路276号
成　　就：钻研乒乓球裁判业务，在理论上达到了国际级水平。
简　　介：1988年开始从事乒乓球裁判工作；1995年获得国家一级裁判称号；2011年通过国家级裁判考试；2014年晋升为国际级裁判。

0184 陶积俊

性　　别：男
出生年月：1968-11-01
民　　族：汉族
政治面貌：党员
职　　称：副高
学　　历：大学本科
所在单位：兰州市第三十五中学
通讯地址：兰州市第三十五中学
成　　就：2004年、2005年、2006年获校级优秀班主任；2004年至2012年连续获校级优秀教师、工会积极分子；2011年至2013年连续赢获兰州市中学生篮球赛初中男子组、女子组第1名同时获市级优秀教练员称号。2007年至2014年城关区中小学运动会篮球赛初中男子组第1名、女子组第1名；中国象棋团体第1名；同时获区级优秀教练员称号；2005年至2014年连续获兰州市三人篮球赛初中男子组第1名；兰州市第六届运动会中学女子篮球第4名，男子三人篮球第2名；获道德风尚奖优秀教练员称号；兰州市第六届运动会先进集体。2009年全国青少年体育俱乐部比赛篮球一等奖，乒乓球二等奖，拔河三等奖，体育道德风尚奖；2010年获兰州市城关区学校体育工作先进个人；兰州市中小学县（区）级骨干教师；2012年兰州市城关区优秀教师，2014年获兰州市中小学（市级）骨干教师；2014年获兰州市中学生篮球赛市级优秀教练员称号；城关区中小学运动会篮球赛优秀教练员称号。

简　　介：1988年9月至1992年6月西北师范大学上学；1992年12月至1994年11月青白石中学任体育教师；1994年11月至1998年9月二营学校任体育教师；1998年9月至2003年3月白路银小学任体育教师；2003年3月至今兰州市三十五中学任体育教师。

0185 毛雅宾

性　　别：男

出生年月：1983-06-01

民　　族：汉族

政治面貌：群众

职　　称：副高

学　　历：大学本科

所在单位：兰州市第五十四中学

通讯地址：兰州市城关区和政西街58号

简　　介：2007年8月至今在兰州市第五十四中学任教。

0186 赖福章

性　　别：男

出生年月：1974-10-01

民　　族：汉族

政治面貌：群众

职　　称：副高

学　　历：大学本科

所在单位：兰州市第四十六中学

通讯地址：兰州市第四十六中学

成　　就：2005年获得兰州市优秀业余教练员。2007年获得兰州市优秀业余训练先进个人。2007年获得全市义务教育阶段课堂教学设计案例一等奖。2005年至2007年获得校级优秀教师。2013年获得城关区优质展示课三等奖。2014年获得校级优秀教师。

简　　介：1994年9月至1996年7月兰州师专体育系学习体育教育；1996年7月至2002年8月兰州市城关区雁滩中学任教；2002年9月至今兰州市第四十六中学任教。

0187 李志民

性　　别：男

出生年月：1974-05-14

民　　族：汉族

政治面貌：党员

职　　称：副高

学　　历：大学本科

所在单位：兰州市盲聋哑学校

通讯地址：兰州市白银路66号

成　　就：2003年4月所带男、女盲人门球队代表甘肃省参加全国盲人门球锦标赛暨全国第六届残运会盲人门球预赛，女队打进前八名，获得参加全国第六届残运会盲人门球决赛资格。2006年6月获甘肃省第七届残运会体育道德风尚先进个人。同时，所带男、女坐式排球代表队，分别获得第二名和第三名的成绩。2007年培养输送一名学生参加全国第七届残运会女子盲人柔道比赛获得第三名的好成绩。2009年5月带领六名学生参加全省残疾人青少年田径锦标赛，取得了三金、二银、四铜的成绩。

简　　介：兰州市盲聋哑学校体育教师，高级教师。

0188 刘韦麟

性　　别：男
出生年月：1969-12-24
民　　族：汉族
政治面貌：群众
职　　称：副高
学　　历：大学本科
所在单位：兰州旅游学校
通讯地址：兰州市城关区五泉路83号
成　　就：2008年发表论文《浅谈职高班良好班级环境的创设》《浅谈新课程标准下职业学校的体育课教学》。2008年《排球垫球技术》获兰州市第五届中小学课件比赛二等奖。2013年获甘肃省第二届中学生运动会优秀教练员。
简　　介：1990年9月至1992年7月在兰州师专体育专业（大专）就读；2007年7月至2010年6月在首都体育学院体育教育专业（本科）函授就读；1992年7月参加工作至今，在兰州旅游职业学校从事体育教学工作（期间：从事班主任工作十多年并且一直担任体育教学任务）。

0189 张明祥

性　　别：男
出生年月：1968-05-25
民　　族：汉族
政治面貌：党员
职　　称：副高
学　　历：大学本科
所在单位：兰州十一中
通讯地址：五泉南路77号
成　　就：2011年被兰州市教育局评为优秀教练员；2012年被兰州市教育局评为优秀教练员；2005年被评为校级优秀教师；2012年被评为校级优秀教师；2014年被评为校级优秀教师；2005年在甘肃省教育科学研究所创办的《教育革新》杂志上发表了题为《对体育课堂的再认识》论文一篇。
简　　介：1994年毕业于西北师范大学体育系，大学本科学历。从事体育教学多年。长期训练体育代表队，参加市级、区级比赛多次获得团体及个人奖项，成绩优异。2002年担任体育教研组长以来，对学校体育工作积极负责，积极探索教研教法以及组织各类教工体育活动和学生体育活动，得到校领导一致好评。

0190 段丽

性　　别：女
出生年月：1969-02-05
民　　族：汉族
政治面貌：群众
职　　称：副高
学　　历：大学本科
所在单位：兰州旅游中等专业学校
通讯地址：兰州市五泉路83号
成　　就：2005年获得兰州市第八届教学新秀；2009年获得兰州市高中组体育教师教学能手；2014年评为我校优秀教师；多年担任班主任工作并多次获得先进班主任称号；2011年获得兰州市教育科研成果三等奖；2012年参加全国“创新杯”说课比赛获得三等奖；在《发展》《现代交际》《兰州教育》等多次发表论文；论文、教案、教学设计、微课、说课多次获得国家、省、市、县区级奖；在学校主抓健美操队训练工作，健美操队在市、区级比赛中多次获得优异成绩，本人多次获得优秀指导教师奖。
简　　介：1991年毕业于西北师范大学体育系本科毕业，获体育学学士学位；1991年至今一直在兰州旅游中等专业学校工作，入校后一直从事形体课教学工作，2009获中学高级教师职称。

0191 柯蕊

性　　别：女

出生年月：1975-02-11

民　　族：汉族

政治面貌：党员

职　　称：副高

学　　历：大学本科

所在单位：兰州市第八十四中学

通讯地址：兰州市平凉路 38 号八十四中

成　　就：2002 年荣获兰州市第七届“教学新秀”称号；2008 年荣获兰州市第九届市属中学“教学新秀”称号；2009 年荣获全国第十届中学生运动会论文二等奖；2010 年荣获甘肃省第一届中学生运动会论文一等奖；2011 年荣获兰州市优质课初中组三等奖；2011 年荣获第一届全国中小学体育教师教学技能比赛中学组三等奖；2013 年荣获甘肃省第二届中学生运动会论文三等奖；2013 年评为兰州市县区级骨干教师。

简　　介：1997 年 7 月毕业于西安体育学院体育教育专业，获得了教育学学士学位。

0192 刘兴忠

性　　别：男

出生年月：1969-04-24

民　　族：汉族

政治面貌：党员

职　　称：副高

学　　历：大学本科

所在单位：兰州市第十一中学

通讯地址：兰州市第十一中学

成　　就：甘肃省教育科学“十二五”规划课题《义务教育区域“一体化”联校办学模式》研究结题。兰州市第五届中学体育学科青年教师教学新秀，2002 年被市教育局确定为市级骨干教师。所带学生在兰州市中学生运动会中多人次获前六名。

简　　介：1990 年从兰州师专体育系毕业分配到兰州市第十一中学从事体育教学（期间：1994 年至 1997 年在西北师大成人教育学院取得本科学历）；2002 年至 2004 年在西北师范大学体育学院体育教育训练专业研究生课程进修班学习结业。

0193 周小南

性　　别：男

出生年月：1960-05-09

民　　族：汉族

政治面貌：群众

职　　称：副高

学　　历：大学本科

所在单位：兰州市第十一中学

通讯地址：兰州市第十一中学

成　　就：1989 年 5 月带领兰州十一中田径代表队参加市中学生田径运动会，取得两个第二名、三个第三名。1993 年带领兰州十一中女子排球队参加市中学生三好杯比赛，取得第二名。

简　　介：1979 年在东郊学校任教；1980 年至今在兰州市第十一中学任教。

0194 张晓霞

性　　别：女

出生年月：1963-03-02

民　　族：汉族

政治面貌：党员

职　　称：副高

学　　历：大学本科

所在单位：兰州市外国语高级中学

通讯地址：兰州市外国语高级中学雁南路 1588 号

成　　就：从事高中体育教学工作，多次获省市级论文和体育教学一、二、三等奖。

0195 安向民

性　　别：男
出生年月：1969-03-11
民　　族：汉族
政治面貌：群众
职　　称：副高
学　　历：大学本科
所在单位：兰州市外国语高级中学
通讯地址：兰州市外国语高级中学
成　　就：除认真完成体育教学工作外，20多年来一直坚持中学生足球队的训练工作，从未间断。所带过的兰州三十三中学和兰州市外国语高级中学足球队一直是兰州市和甘肃省的中学生强队，15次获得市中学生和青少年组冠军，多次获得甘肃省中学生足球赛前三名，5次获得省冠军，本人多次被评为省、市优秀教练员。兰州市三十三中学2004年被评为国家级足球传统项目学校，兰州市外国语高级中学足球项目现已申报甘肃省省级传统项目。为高校输送体育专业人才一百多人。
简　　介：1997年参加工作；1997年7月至2005年9月在兰州市第三十三中学任体育教师；2005年9月至今在兰州市外国语高级中学工作。

0196 马娟

性　　别：女
出生年月：1990-04-28
民　　族：汉族
政治面貌：群众
学　　历：中专
所在单位：甘肃省体工一大队
通讯地址：兰州市七里河区瓜州路65号
成　　就：全国女子曲棍球锦标赛第七名。

0197 陈莉

性　　别：女
出生年月：1987-02-17
民　　族：汉族
政治面貌：党员
学　　历：大学专科
所在单位：甘肃省体工一大队
通讯地址：兰州市七里河区瓜州路65号
成　　就：全国女子曲棍球锦标赛第七名。

0198 侯权

性　　别：男
出生年月：1990-12-03
民　　族：汉族
政治面貌：群众
学　　历：中专
所在单位：甘肃省体工一大队
通讯地址：兰州市七里河区瓜州路65号
成　　就：全国竞走冠军赛男子成年组50公里第七名。

0199 斯日古楞

性　　别：男
出生年月：1961-01-01
民　　族：蒙古族
政治面貌：群众
职　　称：副高
学　　历：大学专科
所在单位：甘肃省体工一大队
通讯地址：兰州市七里河区瓜州路65号
成　　就：全国男子自由式摔跤锦标赛第一名、第九届全运会自由式摔跤预赛暨全国锦标赛第一名、十运会男子自由式摔跤第一名、2002年全国男子自由式摔跤冠军赛第一名、2003年全国男子自由式摔跤冠军赛第一名、2006年全国男子自由跤锦标赛第一名、2003年石人山杯全国男子自由式摔跤第一名、2007年全国男子自由式摔跤冠军赛第一名、中国体彩杯2009年全国男子自由式摔跤第十一届全运会摔跤预赛第一名、2006年全国男子自由式摔跤精英赛第一名、2004年国际A级比赛第一名、2004年国际A级比赛第二名、2006年亚洲锦标赛第二名、2006年世界大学生锦标赛第一名、2005全国男子自由式摔跤锦标赛暨十运会全国男子自由式摔跤第一次资格赛第一名、2005年亚洲锦标赛男子自由式摔跤第一名。

0200 叶尔兰别克·卡泰

性　　别：男
出生年月：1990-07-24
民　　族：哈萨克族
政治面貌：群众
学　　历：大学专科
所在单位：甘肃省体工一大队
通讯地址：兰州市七里河区瓜州路65号
成　　就：全国男子自由式摔跤锦标赛第一名。

0201 张志

性　　别：男
出生年月：1973-08-06
民　　族：汉族
政治面貌：党员
学　　历：大学本科
所在单位：甘肃省体工一大队
通讯地址：兰州市七里河区瓜州路65号
成　　就：培养张晓辉全运会第二名；培养裴作鹏亚运会第二名；培养李爱丽亚运会冠军。

0202 王璐

性　　别：女
出生年月：1992-04-24
民　　族：汉族
政治面貌：群众
学　　历：中专
所在单位：甘肃省体工一大队
通讯地址：兰州市七里河区瓜州路65号
成　　就：全国武术套路冠军赛（传统项目）南拳第四名。

0203 苏颜军

性　　别：男
出生年月：1992-06-13
民　　族：鄂温克族
政治面貌：群众
学　　历：中专
所在单位：甘肃省体工一大队
通讯地址：兰州市七里河区瓜州路65号
成　　就：全国男子曲棍球锦标赛第三名。

0204 宋振达

性　　别：男
出生年月：1990-06-14
民　　族：达斡尔族
政治面貌：群众
学　　历：中专
所在单位：甘肃省体工一大队
通讯地址：兰州市七里河区瓜州路65号
成　　就：全国男子曲棍球锦标赛第三名。

0205 布仁德力格尔

性　　别：男
出生年月：1987-12-04
民　　族：蒙古族
政治面貌：群众
学　　历：大学本科
所在单位：甘肃省体工一大队
通讯地址：兰州市七里河区瓜州路65号
成　　就：全国男子自由式摔跤锦标赛84kg

第七名。

0206 姚婕娜

性　　别：女
出生年月：1993-08-25
民　　族：汉族
政治面貌：群众
学　　历：大学本科
所在单位：甘肃省体工一大队
通讯地址：兰州市七里河区瓜州路 65 号
成　　就：全国田径大奖赛女子 1500m 第三名；全国田径大奖赛女子 800m 第三名。

0207 陈杰

性　　别：男
出生年月：1991-11-28
民　　族：汉族
政治面貌：群众
学　　历：中专
所在单位：甘肃省体工一大队
通讯地址：兰州市七里河区瓜州路 65 号
成　　就：全国男子曲棍球锦标赛第四名。

0208 陈仲亮

性　　别：男
出生年月：1992-01-24
民　　族：汉族
政治面貌：群众
学　　历：中专
所在单位：甘肃省体工一大队
通讯地址：兰州市七里河区瓜州路 65 号
成　　就：全国竞走冠军赛男子成年组 20 公里第三名。

0209 于洪举

性　　别：男
出生年月：1973-08-10
民　　族：汉族
政治面貌：党员
学　　历：大学本科
所在单位：甘肃省体工一大队
通讯地址：兰州市七里河区瓜州路 65 号
成　　就：培养于雷荣获 2008 年全国青少年武术套路锦标赛第五名、2007 年全国武术套路冠军赛第五名、2007 年全国武术套路冠军赛（男子劈挂）第六名、第六届城市运动会第五名。甘肃省体工一大队成绩：2006 年首届世界青年武术锦标赛王璐南拳第一名、2006 年武术少年锦标赛王璐南拳第五名、2007 年全国武术套路冠军赛刘奇女子查拳第三名、于雷男子劈挂第五名、2007 年全国武术套路冠军赛刘奇枪术第三名、2007 年全国第六届城市运动会于雷刀棍全能第五名、2007 年第四届亚洲青少年武术锦标赛王璐南拳第一名、2008 年全国武术套路冠军赛刘奇双钩第一名，女子查拳第二名、2008 年全国青少年武术套路锦标赛于雷男子青年组长拳第五名。

0210 吉米

性　　别：男
出生年月：1986-01-28
民　　族：藏族
政治面貌：群众
学　　历：中专
所在单位：甘肃省体工一大队
通讯地址：兰州市七里河区瓜州路 65 号
成　　就：全国男子曲棍球锦标赛第五名。

0211 孙子涵

性　　别：女
出生年月：1992-11-05
民　　族：汉族
政治面貌：群众

学　　历：大学本科
所在单位：甘肃省体工一大队
通讯地址：兰州市七里河区瓜州路65号
成　　就：全国女子曲棍球冠军杯赛第六名。

0212 郑磊

性　　别：女
出生年月：1994-02-17
民　　族：汉族
政治面貌：群众
学　　历：大学专科
所在单位：甘肃省体工一大队
通讯地址：兰州市七里河区瓜州路65号
成　　就：全国女子自由式摔跤冠军赛63kg第七名。

0213 叶转转

性　　别：女
出生年月：1989-11-23
民　　族：汉族
政治面貌：群众
学　　历：中专
所在单位：甘肃省体工一大队
通讯地址：兰州市七里河区瓜州路65号。
成　　就：2013年第十二届全运会女子山地车第二名。

0214 徐睿

性　　别：男
出生年月：1987-06-28
民　　族：汉族
政治面貌：党员
学　　历：大学本科
所在单位：甘肃省体工一大队
通讯地址：兰州市七里河区瓜州路65号
成　　就：男子曲棍球亚运会第二名。

0215 王国龙

性　　别：男
出生年月：1988-11-29
民　　族：汉族
政治面貌：群众
学　　历：中专
所在单位：甘肃省体工一大队
通讯地址：兰州市七里河区瓜州路65号。
成　　就：全国男子曲棍球锦标赛第三名。

0216 马珍

性　　别：女
出生年月：1993-10-23
民　　族：汉族
政治面貌：群众
学　　历：中专
所在单位：甘肃省体工一大队
通讯地址：兰州市七里河区瓜州路65号。
成　　就：全国马拉松锦标赛系列赛—重庆国际马拉松（全程）第二名；全国田径大奖赛女子5000m第二名。

0217 李栓存

性　　别：男
出生年月：1962-09-01
民　　族：汉族
政治面貌：党员
职　　称：副高
学　　历：大学专科
所在单位：甘肃省体工一大队
通讯地址：兰州市七里河区瓜州路65号
成　　就：培养的包桂英荣获全国十运会女子10000米第三名、全国锦标赛女子10000米第一名。贾超凤荣获全国田径冠军赛女子10000米第一名、女子5000米第一名、全国十一届运动会田径预选赛暨全国田径锦标赛5000米第三名。董晓琴荣获2006年中国移动杯全国田径锦标赛第二名、全国田径冠军赛暨大奖赛总决赛第二名、全国田径冠军赛暨大奖赛10000米总决赛第二名。吕敏红荣获2008年全国冠军赛第四名、2007年全国田径冠军赛暨大奖赛总决赛第五名、全国田径冠军赛第八名。马吉福荣获2006年中国移动杯全国锦标赛第一名。李杜宏荣获2003年全国马拉松锦标赛第一名。李贺兰荣获2001年全国马拉松锦标赛第二名、2001年全国田径锦标赛即全运会预赛5000米10000米两项第三名、2003年全国田径锦标赛10000米第三名、2004年厦门国际马拉松赛第二名、2005年亚洲越野锦标赛第一名。杨维泽荣获2001年全国第九届运动会1500米第一名、2003年全国第五届城运会5000米第一名，1500米第二名。赵海军荣获2001年全国九运会1000米第二名。李杜宏荣获2001年全国九运会5000米第三名、2005年全国十运会马拉松第二名。

0218 孟伟

性　　别：男
出生年月：1994-10-24
民　　族：回族
政治面貌：群众
学　　历：中专
所在单位：甘肃省体工一大队
通讯地址：兰州市七里河区瓜州路65号
成　　就：全国男子曲棍球锦标赛第三名。

0219 陈殿三

性　　别：男
出生年月：1958-09-10
民　　族：汉族
政治面貌：党员
学　　历：中专
所在单位：甘肃省体工一大队
通讯地址：兰州市七里河区瓜州路65号
成　　就：培养的包桂英荣获全国十运会女子10000米第三名、全国锦标赛女子10000米第一名。贾超凤荣获全国田径冠军赛女子10000米第一名、女子5000米第一名、2008年全国田径锦标赛女子10000米第五名、全国十一届运动会田径预选赛暨全国田径锦标赛10000米第五名、全国十一届运动会田径预选赛暨全国田径锦标赛5000米第三名。陈惠荣荣获2008年全国田径冠军赛第三名、2008年全国田径冠军赛5000米第五名、第六届城市运动会女子5000米第六名、2008年全国田径锦标赛第四名、2008年全国田径锦标赛10000米第六名、第六届城市运动会女子10000米第三名、2007年全国田径锦标赛女子5000米第三名、2007年全国田径锦标赛女子10000米第四名。董晓琴荣获2006年中国移动杯全国田径锦标赛第二名、全国田径冠军赛暨大奖赛总决赛第二名、全国田径冠军赛暨大奖赛10000米总决赛第二名。马吉福荣获2006年中国移动杯全国锦标赛第一名。李杜宏荣获2003年新全国马拉松锦标赛第一名。

0220 武鑫鑫

性　　别：女
出生年月：1995-09-24
民　　族：汉族
政治面貌：群众
学　　历：中专
所在单位：甘肃省体工一大队
通讯地址：兰州市七里河区瓜州路65号
成　　就：全国武术套路冠军赛（传统项目）女子双钩第七名。

0221 王立刚

性　　别：男

出生年月：1993-04-02
民　　族：汉族
政治面貌：群众
学　　历：中专
所在单位：甘肃省体工一大队
通讯地址：兰州市七里河区瓜州路 65 号
成　　就：全国田径大奖赛男子 10000m 第三名；全国田径大奖赛男子 5000m 第二名。

0222 王立刚

性　　别：男
出生年月：1991-07-15
民　　族：汉族
政治面貌：群众
学　　历：中专
所在单位：甘肃省体工一大队
通讯地址：兰州市七里河区瓜州路 65 号
成　　就：全国武术套路锦标赛（男子赛区）男子棍术第四名。

0223 王兴

性　　别：男
出生年月：1959-03-26
民　　族：汉族
政治面貌：群众
职　　称：副高
学　　历：大学专科
所在单位：甘肃省体工一大队
通讯地址：兰州市七里河区瓜州路 65 号
成　　就：所培养的：何丽萍，1996 年亚特兰大奥运会亚军。

0224 孟小龙

性　　别：男
出生年月：1991-11-16
民　　族：回族
政治面貌：群众
学　　历：大学专科
所在单位：甘肃省体工一大队
通讯地址：兰州市七里河区瓜州路 65 号
成　　就：全国男子曲棍球冠军杯赛第四名。

0225 敖特根

性　　别：男
出生年月：1958-12-16
民　　族：蒙古族
政治面貌：民主党派
职　　称：副高
学　　历：大学专科
所在单位：甘肃省体工一大队
通讯地址：兰州市七里河区瓜州路 65 号
成　　就：培养的特木乐荣获 1985 年第一届青运会第一名；白福占荣获 1985 年全国锦标赛第二名、一青会第三名；达瓦敖斯尔荣获 1985 年一青会第一名；姚白乙拉荣获 1986 年冠军赛第一名、锦标赛第二名；苏雅力图荣获 1991 年冠军赛第二名；布和荣获 1993 年七运会第二名；1994 年、1995 年锦标赛第一名；高勇强荣获 1991 年冠军赛第二名、1992 年锦标赛第二名、1993 年七运会第三名。

0226 韩德义

性　　别：男
出生年月：1960-11-01
民　　族：汉族
政治面貌：党员
职　　称：副高
学　　历：大学专科
所在单位：甘肃省体工一大队
通讯地址：兰州市七里河区瓜州路 65 号
成　　就：培养的于燕宏荣获奥运会第六名、第十一届世界女子垒球锦标赛第四名、第十一届世锦赛第四名、2006 年亚运会第三名。国家体育总局手曲棒垒球运动管理中心成绩：于燕宏荣获2006年世锦赛第四名、2006年亚运会第三名、2008年奥运会第六名。

0227 姬怀智

性　　别：男
出生年月：1972-10-01
民　　族：汉族
政治面貌：党员
职　　称：副高
学　　历：大学本科
所在单位：甘肃省体工一大队
通讯地址：兰州市七里河区瓜州路65号
成　　就：培养的刘洁荣获世界杯团体第二名。

0228 田新林

性　　别：男
出生年月：1975-07-01
民　　族：汉族
政治面貌：党员
职　　称：副高
学　　历：大学本科
所在单位：甘肃省体工一大队
通讯地址：兰州市七里河区瓜州路65号
成　　就：培养的赵建国荣获2004年龙庆杯全国竞走冠军赛暨大奖赛第三名、海普·凤栖湾杯全国竞走锦标赛第二名、2007年全国竞走冠军赛男子第七名、全国竞走锦标赛男子50公里第四名、2007年国际田联竞走挑战赛第六名、十运会男子50公里第六名、太平湖杯2008年全国竞走冠军赛决赛第八名、海普·凤栖湾杯全国竞走锦标赛男子30公里第二名、2009年国际田联竞走挑战赛第六名、全日本竞走大赛第一名。张学智荣获全国竞走锦标赛第七名、全国第六届城市运动会第四名、全国竞走冠军赛暨大奖赛第三名、海普·凤栖湾杯全国竞走锦标赛第六名、全国竞走冠军赛暨大奖赛第四名、海普·凤栖湾杯全国竞走锦标赛男子30公里第五名。陈新荣荣获全国竞走锦标赛10公里第五名、全国竞走锦标赛第八名、2007年全国竞走锦标赛10000米第七名。王红伟荣获全国竞走冠军赛暨大奖赛第三名、泰山生力源杯2008年全国竞走锦标赛第六名。杨彦雄荣获全国竞走锦标赛10公里第三名、全国竞走锦标赛30公里第五名。

0229 喻仲建

性　　别：男
出生年月：1990-08-12
民　　族：汉族
政治面貌：群众
职　　称：副高
学　　历：中专
所在单位：甘肃省体工一大队
通讯地址：兰州市七里河区瓜州路65号
成　　就：全国男子曲棍球锦标赛第五名。

0230 赵霞

性　　别：女
出生年月：1992-05-28
民　　族：汉族
政治面貌：群众
职　　称：副高
学　　历：大学专科
所在单位：甘肃省体工一大队
通讯地址：兰州市七里河区瓜州路65号
成　　就：全国女子曲棍球冠军杯赛第六名。

0231 王彭飞

性　　别：女
出生年月：1992-04-29
民　　族：汉族

政治面貌：群众
职　　称：副高
学　　历：中专
所在单位：甘肃省体工一大队
通讯地址：兰州市七里河区瓜州路 65 号
成　　就：全国武术套路太极拳锦标赛女子组 42 式太极剑第六名。

0232 李蕊

性　　别：女
出生年月：1991-12-26
民　　族：汉族
政治面貌：群众
职　　称：副高
学　　历：大学专科
所在单位：甘肃省体工一大队
通讯地址：兰州市七里河区瓜州路 65 号
成　　就：全国大学生男女柔道锦标赛第五名。

0233 宋健苗

性　　别：女
出生年月：1997-03-06
民　　族：汉族
政治面貌：群众
职　　称：副高
学　　历：中专
所在单位：甘肃省体工一大队
通讯地址：甘肃省体工一大队
简　　介：2003 年 8 月至 2009 年 6 在靖远师范附小读书；2010 年 8 月至 2014 年 9 月在中国少年女子曲棍球队集训；2014 年 10 月至今在甘肃省体工一大队训练。国家一级运动员，现为国家少年女子曲棍球队队员。

0234 于洪军

性　　别：男
出生年月：1957-11-07
民　　族：汉族
政治面貌：党员
职　　称：副高
学　　历：大学专科
所在单位：甘肃省体工一大队
通讯地址：兰州市七里河区瓜州路 65 号
成　　就：2006 年多哈亚运会叶鹏获得男子曲棍球锦标赛第二名。

0235 吴琼

性　　别：女
出生年月：1989-04-17
民　　族：回族
政治面貌：群众
职　　称：副高
学　　历：中专
所在单位：甘肃省省体工一大队
通讯地址：兰州市七里河区瓜州路 65 号
成　　就：全国女子曲棍球锦标赛第七名。

0236 马英

性　　别：女
出生年月：1972-04-10
民　　族：汉族
政治面貌：党员
职　　称：副高
学　　历：大学本科
所在单位：甘肃省体工一大队
通讯地址：兰州市七里河区瓜州路 65 号
成　　就：荣获 1996 年奥运会第二名；培养的于燕宏荣获 2008 年奥运会第六名、2006 年第十一届世锦赛第四名；培养的张丽霞荣获 2002 年世锦赛第四名、2002 年亚运会第二名、2004 年雅典奥运会第四名、2006 年世锦赛第四名；培养的于燕宏荣获 2006 年世界锦标赛第四名、2006 年亚运会第三名、

2008 年奥运会第六名。

0237 苏灵慧

性　　别：男
出生年月：1990-11-27
民　　族：汉族
政治面貌：群众
职　　称：副高
学　　历：中专
所在单位：甘肃省体工一大队
通讯地址：兰州市七里河区瓜州路 65 号
成　　就：全国男子曲棍球锦标赛第五名。

0238 罗晓玲

性　　别：女
出生年月：1988-09-27
民　　族：汉族
政治面貌：群众
职　　称：副高
学　　历：中专
所在单位：甘肃省自行车训练管理中心
通讯地址：兰州市七里河区彭家坪路 33 号
成　　就：2013 年第十二届全运会女子场地全能赛第二名。

0239 马正远

性　　别：男
出生年月：1964-03-02
民　　族：汉族
政治面貌：党员
职　　称：副高
学　　历：大学本科
所在单位：甘肃省自行车训练管理中心
通讯地址：兰州市七里河区彭家坪路 33 号
成　　就：培养出马艳萍、王文霞、邵小军、王祯等全国冠军。马艳萍两次获亚运会冠军。

0240 颉芳丽

性　　别：女
出生年月：1992-11-03
民　　族：汉族
政治面貌：群众
职　　称：副高
学　　历：中专
所在单位：甘肃省体工一大队
通讯地址：兰州市七里河区瓜州路 65 号
成　　就：全国女子曲棍球锦标赛第七名。

0241 郭旭东

性　　别：男
出生年月：1960-10-28
民　　族：回族
政治面貌：群众
职　　称：副高
学　　历：大学本科
所在单位：甘肃省体工一大队
通讯地址：兰州市七里河区瓜州路 65 号
成　　就：培养输送的李爱莉在 2008 年奥运会获得女子曲棍球亚军；2006 年叶鹏获得多哈亚运会男曲第二名。

0242 邓美妍

性　　别：女
出生年月：1996-03-15
民　　族：汉族
政治面貌：群众
职　　称：副高
学　　历：中专
所在单位：甘肃省体工一大队
通讯地址：兰州市七里河区瓜州路 65 号
成　　就：全国武术套路冠军赛（传统项目）女子太极拳第六名。

0243 冷伟伟

性　　别：男
出生年月：1988-11-24
民　　族：回族
政治面貌：群众
职　　称：副高
学　　历：中专
所在单位：甘肃省省体工一大队
通讯地址：兰州市七里河区瓜州路65号
成　　就：全国男子曲棍球锦标赛第三名。

0244 田缘

性　　别：男
出生年月：1993-10-24
民　　族：汉族
政治面貌：群众
职　　称：副高
学　　历：大学专科
所在单位：甘肃省体工一大队
通讯地址：兰州市七里河区瓜州路65号
成　　就：全国男子曲棍球锦标赛第三名。

0245 李浩冉

性　　别：男
出生年月：1989-01-03
民　　族：汉族
政治面貌：群众
职　　称：副高
学　　历：中专
所在单位：甘肃省体工一大队
通讯地址：兰州市七里河区瓜州路65号
成　　就：全国男子曲棍球冠军赛第四名。

0246 丁文飞

性　　别：男
出生年月：1991-10-23
民　　族：汉族
政治面貌：群众
职　　称：副高
学　　历：中专
所在单位：甘肃省体工一大队
通讯地址：兰州市七里河区瓜州路65号
成　　就：全国男子曲棍球锦标赛第三名。

0247 张景霞

性　　别：女
出生年月：1991-07-24
民　　族：汉族
政治面貌：党员
职　　称：副高
学　　历：中专
所在单位：甘肃省体工一大队
通讯地址：兰州市七里河区瓜州路65号
成　　就：荣获全国马拉松锦标赛系列赛—重庆国际马拉松（全程）第一名、全国田径大奖赛女子10000m第一名。

0248 鲜雷

性　　别：男
出生年月：1993-09-23
民　　族：汉族
政治面貌：群众
职　　称：副高
学　　历：大学专科
所在单位：甘肃省体工一大队
通讯地址：兰州市七里河区瓜州路65号
成　　就：全国男子曲棍球锦标赛第四名。

0249 王立峰

性　　别：男
出生年月：1974-12-09
民　　族：汉族
政治面貌：党员
职　　称：副高

学　　历：大学本科
所在单位：甘肃省体工一大队
通讯地址：兰州市七里河区瓜州路 65 号
成　　就：输送运动员贾超凤获得 2013 年第十二届全运会马拉松冠军达国际健将，张新艳 2014 年全国田径大奖赛（昆山）3000 米障碍冠军达国家级健将。

0250 李斌

性　　别：男
出生年月：1992-08-14
民　　族：汉族
政治面貌：群众
职　　称：副高
学　　历：中专
所在单位：甘肃省体工一大队
通讯地址：兰州市七里河区瓜州路 65 号
成　　就：全国男子曲棍球锦标赛第三名。

0251 张金龙

性　　别：男
出生年月：1992-05-27
民　　族：汉族
政治面貌：群众
职　　称：副高
学　　历：中专
所在单位：甘肃省体工一大队
通讯地址：兰州市七里河区瓜州路 65 号
成　　就：全国田径大奖赛（1）男子 10000m 第四名。

0252 王万芳

性　　别：女
出生年月：1994-10-26
民　　族：汉族
政治面貌：群众
职　　称：副高
学　　历：中专
所在单位：甘肃省体工一大队
通讯地址：兰州市七里河区瓜州路 65 号
成　　就：第十二届全国越野跑锦标赛（女子成年组 8 公里越野）第八名；全国半程马拉松锦标赛 – 扬州国际半程马拉松赛第二名。

0253 魏玲娣

性　　别：女
出生年月：1993-02-18
民　　族：汉族
政治面貌：群众
职　　称：副高
学　　历：大学专科
所在单位：甘肃省体工一大队
通讯地址：兰州市七里河区瓜州路 65 号
成　　就：全国女子曲棍球冠军杯赛第六名。

0254 杜志敏

性　　别：男
出生年月：1990-09-24
民　　族：汉族
政治面貌：群众
职　　称：副高
学　　历：中专
所在单位：甘肃省体工一大队
通讯地址：兰州市七里河区瓜州路 65 号
成　　就：全国男子曲棍球锦标赛第五名。

0255 王国珍

性　　别：男
出生年月：1992-12-03
民　　族：汉族
政治面貌：群众
职　　称：副高
学　　历：大学专科

所在单位：甘肃省体工一大队
通讯地址：兰州市七里河区瓜州路 65 号
成　　就：2012 年全国竞走冠军赛暨奥运会选拔赛男子竞走团体第三名。

0256 李文凯

性　　别：男
出生年月：1967-08-23
民　　族：汉族
政治面貌：党员
职　　称：副高
学　　历：大学专科
所在单位：甘肃省自行车训练管理中心
通讯地址：兰州市七里河区彭家坪路 33 号
成　　就：培育出罗晓玲、薛成、王永太等全国冠军。

0257 高彦君

性　　别：男
出生年月：1965-05-06
民　　族：汉族
政治面貌：党员
职　　称：副高
学　　历：硕士研究生
所在单位：甘肃省自行车训练管理中心
通讯地址：兰州市七里河区彭家坪路 33 号
成　　就：培养出马艳萍、王文霞、邵小军等全国冠军，马艳萍两次获亚运会冠军。

0258 颜伟成

性　　别：男
出生年月：1962-06-18
民　　族：汉族
政治面貌：党员
职　　称：副高
学　　历：大学专科
所在单位：甘肃省自行车训练管理中心
通讯地址：兰州市七里河区彭家坪路 33 号
成　　就：培养出王会德、赵发孝等多名全国冠军。

0259 包建兵

性　　别：男
出生年月：1971-10-03
民　　族：汉族
政治面貌：党员
职　　称：副高
学　　历：大学本科
所在单位：甘肃省自行车训练管理中心
通讯地址：兰州市七里河区彭家坪路 33 号
成　　就：培养出马艳萍、王文霞、邵小军、王祯等全国冠军，马艳萍两次获亚运会冠军。

0260 张烨

性　　别：男
出生年月：1977-01-26
民　　族：汉族
政治面貌：党员
职　　称：副高
学　　历：大学专科
所在单位：甘肃省自行车训练管理中心
通讯地址：兰州市七里河区彭家坪路 33 号
成　　就：培养出逯艳、李晓刚等全国冠军，逯艳还获得亚锦赛冠军。

0261 薛成

性　　别：男
出生年月：1990-06-04
民　　族：汉族
政治面貌：群众
学　　历：中专
所在单位：甘肃省自行车训练管理中心
通讯地址：兰州市七里河区彭家坪路 33 号
成　　就：获 2010 年全国公路锦标赛男子

团体第六名。

0262 张忠录

性　　别：男
出生年月：1963-02-08
民　　族：汉族
政治面貌：党员
职　　称：副高
学　　历：大学本科
所在单位：甘肃省自行车训练管理中心
通讯地址：兰州市七里河区彭家坪路 33 号
成　　就：培养出李文凯、朱正军、李向东、刘学海、郑生荣等多名全运会冠军。

0263 王祯

性　　别：男
出生年月：1989-09-29
民　　族：汉族
政治面貌：群众
学　　历：中专
所在单位：甘肃省自行车训练管理中心
通讯地址：兰州市七里河区彭家坪路 33 号
成　　就：曾荣获 2013 年第十二届全运会男子山地车第二名；曾荣获 2014 年韩国仁川亚运会山地自行车冠军。

0264 祁瑞东

性　　别：男
出生年月：1993-06-19
民　　族：汉族
政治面貌：群众
学　　历：中专
所在单位：甘肃省自行车训练管理中心
通讯地址：兰州市七里河区彭家坪路 33 号
成　　就：获 2010 年全国山地车青年锦标赛男子第一名。

0265 田娜

性　　别：女
出生年月：1993-03-13
民　　族：汉族
政治面貌：群众
学　　历：中专
所在单位：甘肃省自行车训练管理中心
通讯地址：兰州市七里河区彭家坪路 33 号
成　　就：获 2010 年全国山地车青年锦标赛女子第一名。

0266 李晓刚

性　　别：男
出生年月：1991-05-12
民　　族：汉族
政治面貌：群众
学　　历：中专
所在单位：甘肃省自行车训练管理中心
通讯地址：兰州市七里河区彭家坪路 33 号
成　　就：获 2012 年亚洲小轮车锦标赛男子越野赛第二名。

0267 吴宣福

性　　别：男
出生年月：1994-06-28
民　　族：汉族
政治面貌：群众
学　　历：中专
所在单位：甘肃省自行车训练管理中心
通讯地址：兰州市七里河区彭家坪路 33 号
成　　就：获 2013 年全国山地车锦标赛男子团体第一名。

0268 王臣德

性　　别：男
出生年月：1988-05-10
民　　族：汉族

政治面貌：党员
职　　称：副高
学　　历：中专
所在单位：甘肃省自行车队
通讯地址：甘肃省自行车中心
成　　就：2006年7月在甘肃省第十一届运动会青少年自行车比赛中获得男子50米、1公里第二名；2006年在全国场地自行车冠军赛中夺得男子4公里个人追逐赛第六名；2011年在苏州高新杯全国场地自行车冠军赛中夺得男子团体竞速赛第一名的优异成绩。
简　　介：1995年9月至2001年9月在皋兰县黑石乡三和小学就读；2001年9月至2002年6月在皋兰县黑石中学读书；2002年7月至2006年10月在皋兰县体校训练公路自行车。

0269 李积国

性　　别：男
出生年月：1982-05-10
民　　族：汉族
政治面貌：群众
职　　称：副高
学　　历：中专
所在单位：甘肃省自行车队
通讯地址：兰州市七里河区彭家坪路33号
成　　就：在2005年自行车男子4公里团体追逐赛中夺得第一名的优异成绩；同时夺得男子组4公里个人追逐赛第六名的好成绩。
简　　介：1990年9月至1997年7月在三和小学就读；1997年9月至1998年7月在黑石中学读书；1998年8月至2001年9月在皋兰县体育训练公路自行车。

0270 俞丰年

性　　别：男
出生年月：1986-12-11
民　　族：汉族
政治面貌：群众
职　　称：副高
学　　历：中专
所在单位：甘肃省自行车队
通讯地址：兰州市七里河区彭家坪路33号
成　　就：2002年在甘肃省第三届运动校自行车比赛中分别获得男子1公里、4公里、30公里第一名；2006年在全国场地自行车冠军赛中夺得男子麦迪逊赛第五名的好成绩；同年，在全国场地自行车冠军赛中夺得男子4公里团体追逐赛第六名。
简　　介：1994年9月至2000年7月在阳洼窑小学就读；2000年9月至2001年7月在西岔镇第二中学读书；2001年8月至2002年8月在皋兰县体校训练公路自行车。

0271 祁俊山

性　　别：男
出生年月：1996-10-09
民　　族：汉族
政治面貌：群众
职　　称：副高
学　　历：中专
所在单位：甘肃省自行车队
通讯地址：兰州市七里河区彭家坪路33号
成　　就：在2011年甘肃省青少年自行车锦标赛中500米、1公里、全能项目、30公里个人计时赛、50公里团体计时赛中分别取得第一名的优异成绩；在15公里个人计时赛中取得第二名的好成绩；在4公里计时赛中取得第三名的好成绩；在甘肃省第六届运动校自行车比赛中500米个人赛、50公里团体赛中分别取得第一名的优异成绩；在4公里、30公里个人计时赛中取得第二名的好成绩；20公里山地越野赛中第五名。
简　　介：2002年9月至2007年7月在龚

家湾小学就读；2007 年 9 月至 2008 年 1 月在景泰县草窝滩中学读书；2008 年 2 月至 2014 年 7 月在皋兰县体校训练公路自行车。

0272 王淑英

性　　别：女
出生年月：1993-02-12
民　　族：汉族
政治面貌：群众
职　　称：副高
学　　历：中专
所在单位：甘肃省自行车队
通讯地址：兰州市七里河区彭家坪路 33 号
成　　就：在 2011 年中国云东海红牛国际铁人三项亚洲杯赛暨全国铁人三项锦标赛中夺得第一名的优异成绩；2009 年在北京国际铁人三项洲际杯赛暨全国铁人三项冠军杯系列赛中夺得女子青少年短距离组第三名的好成绩；同年，在河南睢县全国铁人三项锦标赛中夺得女子青少年短距离组第四名；2010 年在福州国际铁人三项洲际杯赛暨全国铁人三项冠军杯系列赛中夺得女子青少年组第五名。
简　　介：2000 年 9 月至 2005 年 7 月在山子墩小学就读；2005 年 9 月至 2006 年 7 月在西岔中学读书；2006 年 9 月至 2009 年 1 月在皋兰县体校训练公路自行车。

0273 王杰

性　　别：男
出生年月：1993-08-22
民　　族：汉族
政治面貌：群众
职　　称：副高
学　　历：中专
所在单位：甘肃省自行车队
通讯地址：兰州市七里河区彭家坪路 33 号
成　　就：在 2011 年青少年自行车锦标赛中 4 公里、15 公里个人计时赛、50 公里团体计时赛中分别取得第一名的优异成绩；在 1 公里、全能项目、30 公里个人计时赛中分别取得第二名的好成绩。在 2012 年甘肃省运动校自行车比赛中 50 公里团体赛中取得第一名的优异成绩；15 公里个人计时赛第二名的好成绩；4 公里、30 公里第三名。
简　　介：2002 年 9 月至 2008 年 7 月在皋兰县朱河小学就读；2008 年 9 月至 2010 年 7 月在皋兰县朱店中学读书；2010 年 8 月至 2014 年 7 月在皋兰县体校训练公路自行车。

0274 丁鹏斌

性　　别：男
出生年月：1994-11-15
民　　族：汉族
政治面貌：群众
职　　称：副高
学　　历：中专
所在单位：甘肃省自行车队
通讯地址：兰州市七里河区彭家坪路 33 号
成　　就：2009 年在酒泉举办的甘肃省“小天鹅”杯青少年自行车比赛中获得男子 4 公里金牌；2011 年在全国公路自行车锦标赛暨全国青年公路自行车锦标赛中夺得青年个人计时赛第五名的好成绩；在 2012 年甘肃省第六届运动校自行车比赛中获得男子 30 公里山地越野赛团体第二名的优异成绩，同时获得男子 20 公里山地越野赛个人赛第三名的好成绩。
简　　介：2001 年 9 月至 2006 年 7 月在朱河村小学就读；2009 年 9 月至 2007 年 7 月在庄浪县朱店中学读书；2007 年 10 月至 2010 年 8 月在皋兰县体校训练公路自行车。

0275 丁心平

性　　别：男
出生年月：1993-02-01
民　　族：汉族
政治面貌：群众
职　　称：副高
学　　历：中专
所在单位：甘肃省自行车队
通讯地址：兰州市七里河区彭家坪路 33 号
成　　就：2010 年在甘肃省第十三届运动会自行车比赛中分别获得男子组 500 米、4 公里、30 公里金牌；2011 年在查干湖一汽奔腾杯全国公路自行车冠军赛中夺得男子个人赛第四名的好成绩；同年，在全国第七届运动会中夺得男子场地全能赛第七名；在苏州高新杯全国场地自行车冠军赛中夺得男子全能赛第七名；在查干湖一汽奔腾杯全国公路自行车冠军赛中夺得男子绕圈 60 公里第六名；在全国公路自行车锦标赛暨全国青年公路自行车锦标赛中夺得成年男子组团体第三名的优异成绩。
简　　介：2000 年 9 月至 2005 年 7 月在皋兰县朱河村小学就读。2005 年 9 月至 2006 年 7 月在皋兰县朱店镇中学读书。2006 年 10 月至 2010 年 7 月在皋兰县体校训练公路自行车。

0276 郭俸宏

性　　别：男
出生年月：1993-11-08
民　　族：汉族
政治面貌：群众
职　　称：副高
学　　历：中专
所在单位：甘肃省自行车队
通讯地址：兰州市七里河区彭家坪路 33 号
成　　就：2009 年在酒泉举行的甘肃省“小天鹅”杯青少年自行车比赛中获得男子组 30 公里金牌；2011 年在查干湖一汽奔腾杯全国公路自行车冠军赛中夺得男子个人赛第八名的好成绩。
简　　介：2000 年 9 月至 2005 年 7 月在皋兰县城关镇南关小学就读。2005 年 9 月至 2006 年 7 月在皋兰县静宁县城关中学读书。2006 年 10 月至 2010 年 8 月在皋兰县体校训练公路自行车。

0277 魏万鹏

性　　别：男
出生年月：1992-06-07
民　　族：汉族
政治面貌：群众
职　　称：副高
学　　历：中专
所在单位：甘肃省自行车队
通讯地址：兰州市七里河区彭家坪路 33 号
成　　就：2010 年在甘肃省第十三届运动会自行车比赛中获得男子组 500 米、4 公里两枚银牌；2011 年在苏州高新杯全国场地自行车赛中夺得男子团体竞速赛第一名的优异成绩；同年，在全国场地自行车冠军赛中夺得男子团体竞速赛第四名；在苏州高新杯全国场地自行车冠军赛中夺得男子团体竞速赛第六名的好成绩。
简　　介：2000 年 9 月至 2006 年 7 月在皋兰县什川镇上车村小学就读。2006 年 9 月至 2007 年 7 月在皋兰县什川中学读书。2007 年 10 月至 2010 年 8 月在皋兰县体校训练公路自行车。

0278 魏万春

性　　别：男
出生年月：1986-05-12
民　　族：汉族
政治面貌：群众

职　　称：副高
学　　历：中专
所在单位：甘肃省自行车队
通讯地址：兰州市七里河区彭家坪路 33 号
成　　就：2003 年至 2006 年多次参加“亚洲杯”国际积分名次赛。在 2003 年全国铁人三项锦标赛中夺得男子青少年短距离组第一名的优异成绩；在 2006 年全国铁人三项冠军杯系列赛中夺得男子优秀组第二名的好成绩；同年，在湖北宜城国际洲际杯赛暨全国冠军杯系列赛中夺得第七名，冠军杯男子组夺得第六名，男子专业组第四名；在嘉峪关第十五届亚洲锦标赛中夺得男子优秀组第二名，团体第一名；2005 年在嘉峪关西部商报杯国际积分赛暨全国冠军杯系列赛中夺得第七名。
简　　介：1994 年 9 月至 2000 年 7 月在皋兰县黑石乡和平小学就读。2000 年 9 月至 2001 年 7 月在皋兰县黑石乡和平中学读书。2001 年 8 月至 2002 年 8 月在皋兰县体校训练公路自行车。

0279 王瑞

性　　别：男
出生年月：1986-01-04
民　　族：汉族
政治面貌：群众
职　　称：副高
学　　历：中专
所在单位：甘肃省自行车队
通讯地址：兰州市七里河区彭家坪 33 号
成　　就：2002 年在甘肃省第三届运动校自行车比赛中获得 500 米、30 公里第二名；2006 年全国场地自行车冠军赛中夺得男子 4 公里团体追逐赛第六名的好成绩；同年，在山东日照全国场地自行车冠军赛中夺得男子 4 公里个人追逐赛第六名；2007 年在安特杯全国场地自行车锦标赛暨青年锦标赛中夺得男子麦迪逊赛第五名的好成绩；在全国场地自行车冠军赛中夺得男子麦迪逊赛第六名。
简　　介：1994 年 9 月至 2000 年 7 月在皋兰县和平小学就读。2000 年 9 月至 2001 年 7 月在皋兰县和平中学读书。2001 年 8 月至 2002 年 8 月在皋兰县体校训练公路自行车。

0280 吕永忠

性　　别：男
出生年月：1969-05-25
民　　族：汉族
政治面貌：党员
职　　称：副高
学　　历：大学本科
所在单位：甘肃省体育科研所
通讯地址：兰州市七里河区体育场内
成　　就：主持或参与完成课题项目 2 项，获省部级以上奖励 1 项；发表论文 9 篇。

0281 胡奇

性　　别：男
出生年月：1956-03-16
民　　族：汉族
政治面貌：群众
职　　称：副高
学　　历：大学本科
所在单位：甘肃省体育科研所
通讯地址：兰州市七里河区体育场内
成　　就：主持或参与完成课题项目 3 项；发表论文 6 篇。

0282 杜萍

性　　别：女
出生年月：1966-05-04
民　　族：汉族
政治面貌：党员

职　　称：副高
学　　历：大学本科
所在单位：甘肃省体育科研所
通讯地址：兰州市七里河区体育场内
成　　就：参与完成课题项目3项，获省部级以上奖励2项；合作出版专著2部；发表论文7篇。

0283 张鸽

性　　别：男
出生年月：1956-03-12
民　　族：汉族
政治面貌：党员
职　　称：副高
学　　历：大学本科
所在单位：甘肃省体育科研所
通讯地址：兰州市七里河区体育场内
成　　就：主持或参与完成课题项目5项，获省部级以上奖励2项；合作出版专著1部；发表论文8篇。

0284 韩晓东

性　　别：男
出生年月：1969-07-03
民　　族：汉族
政治面貌：党员
职　　称：副高
学　　历：大学本科
所在单位：甘肃省体育科研所
通讯地址：兰州市七里河区体育场内
成　　就：主持或参与完成课题项目6项，获省部级以上奖励1项；合作出版专著2部；发表论文6篇。

0285 姚燕军

性　　别：男
出生年月：1969-09-29
民　　族：汉族
政治面貌：党员
职　　称：副高
学　　历：大学本科
所在单位：甘肃省体育科研所
通讯地址：兰州市七里河区体育场内
成　　就：主持或参与完成课题项目8项，获省部级以上奖励3项；合作出版专著5部；发表论文数十篇。

0286 卞顺利

性　　别：男
出生年月：1960-09-24
民　　族：汉族
政治面貌：群众
职　　称：副高
学　　历：大学本科
所在单位：兰州市第十二中学
通讯地址：兰州市七里河区柏树巷338号
成　　就：2001年荣获甘肃省少年武术锦标赛优秀教练员。2006年荣获西北五省（区）首府市青少年武术比赛优秀教练员。在《甘肃教育》2007年第三期发表论文一篇。2008年7月参加全国体育保健学术研讨会，论文获一等奖。
简　　介：1977年4月至1978年3月在兰州市西固区金沟乡插队；1978年3月至1982年1月在西北师大体育系就读；1982年1月至今在兰州市第十二中学任教；2008年12月被聘为中学高级教师。

0287 吴丽环

性　　别：女
出生年月：1964-06-24
民　　族：汉族
政治面貌：群众
职　　称：副高

学　　历：大学本科
所在单位：兰州市第十二中学
通讯地址：兰州市七里河区柏树巷338号
成　　就：2000年被聘为社会体育指导员。2001年被评为区级骨干教师。2005年获首届百所中小学大课间创编奖，学生获一等奖。2007年获第二届百所中小学大课间优秀指导奖，学生获一等奖。带学生获得甘肃省田径运动会第二名。在《甘肃体育科研》发表论文2篇。
简　　介：1981年9月至1983年6月在兰州师专体育系就读；1996年获得西北师大函授本科学历。2003年12月被评为中学高级教师。

0288 张同连

性　　别：男
出生年月：1962-03-24
民　　族：汉族
政治面貌：党员
职　　称：副高
学　　历：大学本科
所在单位：兰州市第十二中学
通讯地址：兰州市七里河区柏树巷338号
成　　就：在《当代教育创新》2009年第8期发表论文一篇。
简　　介：1984年9月至1986年6月在兰州师专体育系就读；1986年7月至1992年5月在兰州十中任教；1992年6月至1998年10月在兰州市教育局工作；1998年11月至今在兰州十二中工作；2000年12月通过自学考试取得西北师大政治管理本科学历；2009年12月取得中学高级教师任职资格。

0289 韩继生

性　　别：男
出生年月：1969-05-19
民　　族：汉族
政治面貌：党员
职　　称：副高
学　　历：大学本科
所在单位：兰州市第五十五中学
通讯地址：七里河建西东路522号
成　　就：一直从事初、高中体育教学和运动队的训练指导工作。所带校足球队、田径队和棒球队多次在各级比赛中获得好名次；撰写的论文发表在《体育科研》《甘肃教育》《西北师大学报》等省杂志上。参与省级规划课题《实施“双品质提升工程”对提升薄弱学校办学绩效的研究》的研究工作。参与市级规划课题《新课改下学生学习品质的提升研究》的研究工作。由本人负责的市级规划课题《中学总务后勤教育服务策略研究》已立项并正在进行。荣获区级“骨干教师”、“教学能手”、“优秀教练员”、兰州市教育局学校“安全管理工作先进个人”、兰州市教育系统创先争优优秀共产党员、联校校本培训优秀主讲教师。多次被评为学校“优秀教育工作者”。
简　　介：1988年9月至1990年6月在兰州师范专科学校（现兰州城市学院）学习；1996年8月至1999年8月在西北师范大学学习（函授本科）；2005年12月至2009年6月在西北师范大学学习（教育硕士）；1990年9月至今在兰州市第五十五中学工作(2004年9月至2005年7月任学校政教处主任；2005年9月至2013年3月任学校总务处主任；2013年3月至今任学校办公室主任)。

0290 谷亚萍

性　　别：女
出生年月：1967-05-22
民　　族：汉族
政治面貌：党员

职　　称：副高
学　　历：大学本科
所在单位：兰州市第五十五中学
通讯地址：兰州市建西东路 522 号
成　　就：参与省级课题《甘肃省竞技体育现状及发展对策研究》；参与市级规划课题《甘肃省中小学生心理健康影响因素分析与对策研究》；甘肃省第十二届运动会柔道项目优秀裁判员称号；第五届甘肃省运动会田径项目道德风尚奖；主持市级课题《创建学习型家庭的研究》；兰州市第九届艺术节优秀指导教师；参与《兰州市城乡居民体质状况与体育行为研究》的编写。
简　　介：1985 年 8 月至 1987 年 7 月庆阳师专体育教育系学习；1987 年 7 月至 1998 年 2 月在兰州五十五中任教；1996 年 8 月至 1999 年 8 月在西北师范大学体育教育系学习；1998 年 3 月至 2005 年 11 月在兰州铁五中任学籍管理员；2005 年 12 月至 2009 年 8 月任政教副主任；2009 年 9 月至 2013 年 5 月任总务副主任；2013 年 6 月至今任总务主任，一直从事初、高中体育教学和运动队的训练指导工作。

0291　王翀

性　　别：女
出生年月：1971-04-07
民　　族：汉族
政治面貌：群众
职　　称：副高
学　　历：硕士研究生
所在单位：兰州理工中专
通讯地址：兰州市七里河区南滨河中路 1039 号
成　　就：2007 年、2012 年、2013 年荣获三次校级优秀班主任称号；本人独立承担的个人课题《中等职业学校体育教学如何为终身体育打好基础》获兰州市教育科研 2010 年度“个人课题”优秀成果三等奖，并获得鉴定证书；在兰州市体育局和兰州市教育局共同举办的“2008 兰州市跆拳道比赛”中荣获“成年女子组 65 公斤级竞技比赛第一名”；荣获兰州市第五届运动会“圣名杯”跆拳道比赛“体育道德风尚奖”。
简　　介：1991 年 9 月至 1995 年 7 月在西北师范大学就读本科；1995 年 8 月至 1998 年 8 月在兰州市七里河区西果园中心小学任教；1998 年 9 月至今在兰州理工中专任教；多年来，在甘肃省拳击、散打争霸赛、跆拳道比赛和各类武术比赛中多次获得“优秀裁判员称号”。

0292　金泗洲

性　　别：男
出生年月：1963-03-13
民　　族：汉族
政治面貌：群众
职　　称：副高
学　　历：大学本科
所在单位：兰州理工中专
通讯地址：七里河区西湖东街 1 号
成　　就：2003 年荣获甘肃省教育系统职称改革工作先进个人；2004 年《谈足球运动员的精神素质》在《甘肃高师学报》发表；2004 年 4 月《瘦素的调节因素》在《科技纵横》发表；2013 年获得兰州市联校、校本培训先进个人。
简　　介：1983 年 9 月至 1985 年 7 月在兰州师范专科学校体育系学习；1985 年 8 月至 2000 年 7 月在兰州市第十三中学从事体育教学；2000 年 7 月至今在兰州理工中等专业学校从事体育教学（其中：2001 年至 2004 年在首都体育学院体育教育函授本科）。

0293 陈秉灵

性　　别：男
出生年月：1958-07-24
民　　族：汉族
政治面貌：群众
职　　称：副高
学　　历：大学本科
所在单位：兰州市第九中学
通讯地址：兰州市七里河区龚家坪 52 号
成　　就：在省级刊物发表多篇论文。
简　　介：1978 年 11 月至 1980 年 7 月在天水师范专科学校体育专业就读；1980 年 8 月至今在兰州九中任教。

0294 王真

性　　别：男
出生年月：1970-01-25
民　　族：汉族
政治面貌：群众
职　　称：副高
学　　历：大学本科
所在单位：兰州市第九中学
通讯地址：兰州市七里河区龚家坪东路 52 号
成　　就：2004 年 7 月训练校男子足球队获得兰州市中学生足球比赛第八名。本人获兰州市优秀教练员奖。2007 年 9 月《如何制定锻炼计划和运动处方》获兰州市第四届中小学课件比赛三等奖。2009 年 7 月训练校男子篮球队获兰州市中学生篮球比赛第五名。2011 年训练校健身操队获兰州市校园健身操比赛二等奖。
简　　介：1993 年西北师范大学体育系毕业，现承担初中班主任工作、高中年级体育教学工作、校篮球运动队训练工作。

0295 魏海燕

性　　别：男
出生年月：1966-05-19
民　　族：汉族
政治面貌：党员
职　　称：副高
学　　历：大学本科
所在单位：兰州市第九中学
通讯地址：兰州市七里河区龚家坪东路 52 号
成　　就：1993 年获第三届兰州市教学新秀称号。2004 年获兰州市优秀教师称号。连续多年担任晋升职务体育评委。担任两次教学新秀评委。主管教学工作连续多年获兰州市高中教学质量优秀奖。
简　　介：1986 年兰州师专体育系毕业至今在兰州九中任教；2002 年自考获得本科文凭。1988 年至 1999 年担任学校团委书记，1999 年至 2001 年担任总务副主任，2001 年至 2004 年担任政教副主任，2004 年底任兰州九中副校长，主管教学（2010 年至今）、德育工作（2004 年至 2010 年）。

0296 郑先文

性　　别：男
出生年月：1970-05-24
民　　族：汉族
政治面貌：党员
职　　称：副高
学　　历：大学本科
所在单位：兰州市第九中学
通讯地址：兰州市七里河区龚家坪 52 号
成　　就：多年从事高考体育专业训练，已有几十名学生考入高等学院。在授课上获得兰州市市属学校教学新秀称号、获得优秀指导奖，在省级刊物发表多篇论文。
简　　介：1977 年至 1991 年在皋兰县上中

学；1991 年至 1995 年在西北师大体育系上大学；1995 年分配到兰州九中任教至今；1995 年至 1996 年任中学二级教师；1996 年至 2001 年任中学一级教师；2001 年年被评为中学高级教师；2006 年任中学高级教师。

0297 陈广生

性　　别：女

出生年月：1953-10-13

民　　族：汉族

政治面貌：群众

职　　称：副高

学　　历：高中

所在单位：兰州市七里河区兰石社区健身队

通讯地址：兰州市七里河区兰石社区

成　　就：任兰州市七里河区兰石社区健身队教练员，为国家二级社会体育指导员。负责七里河区兰石社区健身队的健身项目的教授和指导。

0298 姚剑文

性　　别：男

出生年月：1975-12-14

民　　族：汉族

政治面貌：党员

职　　称：副高

学　　历：大学本科

所在单位：兰州理工大学

通讯地址：兰州市七里河区兰工坪兰州理工大学

成　　就：长年从事健身气功的普及和推广活动，并在高校中开展健身气功项目的教学活动，为国家一级社会体育指导员。

0299 翟刚

性　　别：男

出生年月：1968-01-28

民　　族：汉族

政治面貌：群众

职　　称：副高

学　　历：大学本科

所在单位：兰州三十四中学

通讯地址：兰州市七里河区西津西路 706 号

成　　就：2002 年兰州市中学区级骨干教师。“十城市”研讨会—如何开展校园足球活动一等奖。2009 年兰州市中小学大课间先进个人。2011 年获全国青少年校园健身操兰州赛区一等奖。2011 年度体育协会工作先进工作者。

简　　介：1986 年至 1991 年就读西北师范大学体育系；1991 年 9 月在兰州三十四中体育组工作至今；1992 年至 2011 年期间担任体育组组长；2011 年至今担任工会副主席。

0300 张亚玲

性　　别：女

出生年月：1959-10-01

民　　族：汉族

政治面貌：群众

职　　称：副高

学　　历：大学本科

所在单位：兰州市七里河区业余体校

通讯地址：兰州市七里河区河湾堡东街 61 号

成　　就：国家级乒乓球裁判员，多次任省市区青少年乒乓球比赛裁判员。国家一级社会体育指导员。

0301 杨峰

性　　别：男

出生年月：1935-09-23

民　　族：汉族

政治面貌：党员

职　　称：副高

学　　历：大学专科
所在单位：甘肃省邮电学校
通讯地址：兰州市七里河区华林路省邮电学校
成　　就：长年从事门球运动的普及和推广活动，为国家一级社会体育指导员，任兰州市门球协会副主席和区门球协会常务副主席，同时也是国家级门球裁判。

0302 马健东

性　　别：男
出生年月：1971-08-28
民　　族：回族
政治面貌：群众
职　　称：副高
学　　历：大学本科
所在单位：兰州市第三十一中学
通讯地址：兰州市第三十一中学
成　　就：2005年7月兰州市第五届运动会，个人单项奖银牌、铜牌。七里河区田径队教练组成员。2011年5月组织参加了省内大专院校、中学生田径竞标赛，王曾同学获男子甲组铁饼项目第一名。2004年，年终考核优秀。2005年，年终考核优秀。2012年7月获甘肃省青少年无线电侧向竞标赛优秀辅导员，团体三等奖。2010年1月录像课《巧用足球场练习》荣获兰州市教育技术创新应用大赛优秀教学实践奖，三等奖；2007年3月论文《完善课程设置塑造健康人格—浅谈中学体育改革》发表于《甘肃教育》2007年第3期。2012年5月论文《体育与健康教学中运用体育游戏的原则和作用》发表于《甘肃教育》2012年第9期。2003年年终考核良好。
简　　介：1994年6月西北民大毕业，同年7月兰州三十一中任职至今；2009年1月西北师大函授本科毕业；主要进行体育教学工作和校田径代表队训练、排球队训练以及早操、课间操的组织与播放工作。

0303 张绿洲

性　　别：男
出生年月：1968-11-24
民　　族：汉族
政治面貌：党员
职　　称：副高
学　　历：大学本科
所在单位：兰州市第三十一中学
通讯地址：兰州市第三十一中学
成　　就：指导学生获2012年全国青少年校园健身操大赛兰州赛区二等奖；2012年通过申报，学校被确定为“甘肃省高原人才开发计划田径训练网点学校”；2013年获兰州市第二届田径传统项目训练点积分赛暨田协杯比赛高中组团体总分第二名；获2013年全国青少年校园健身操大赛兰州赛区三等奖；2013年所在教研组获兰州市优秀体育教研组；2014年获兰州市第三届田径传统项目训练点积分赛暨田协杯比赛初中组团体总分第三名；2014年获兰州市中小学生田径运动得初中组团体第五名、高中组团体第七名。曾获兰州市骨干教师、兰州市“优秀教练员”、“优秀指导教师”；兰州市教育系统“优秀教师”、“优秀共产党员”；市中小学体育与健康学科中心教研组成员；兰州市体育与健康学科“黄庆名师工作室”成员；多次参加兰州市体育与健康优质课堂教学比赛评委工作；主持申报市级课题两个；向高等体育院校输送220余名体育专业学生。
简　　介：兰州市第三十一中学体育教师，高级教师。

0304 梁凤娥

性　　别：女
出生年月：1969-07-24
民　　族：汉族
政治面貌：群众

职　　称：副高
学　　历：大学本科
所在单位：兰州市第三十一中学
通讯地址：兰州市第三十一中学
成　　就：2006年发表《体育教学与学生个性化培养》（《内蒙古教育》杂志）；2007年发表《体育教学中的审美化渗透》（《吉林教育》杂志）；2011年发表《如何将快乐融入体育课堂中》（《中小学教育》）；2012年发表《浅谈教师如何进行评课》、《武术教学中的美育渗透》（《教师》杂志、《中小学课程教材教法》）。曾多次获得校级优秀教师称号和七里河区优秀教练员称号。
简　　介：1993年6月毕业于兰州师范高等专科学校；1993年7月至今在兰州市第三十一中学任教（期间：担任过初一至高三年级的体育教学工作和业余训练工作）。

0305 李雁鑫

性　　别：男
出生年月：1971-09-24
民　　族：汉族
政治面貌：党员
职　　称：副高
学　　历：大学本科
所在单位：兰州三十一中
通讯地址：兰州三十一中
成　　就：2003年、2005年、2006年被学校评为“优秀教师”，2007年被学校评为“优秀党员”；2003年、2005年、2006年、2007年被七里河文体局评为“优秀教练员”。撰写的《体育课程改革对体育教师的要求》《新课程背景下体育教学如何走出“合作学习”的误区》《中学生体育下降的原因及对策》等论文先后在《兰州教育》《西北师大教育学报》《新课改论坛》等刊物发表，其中《中学生体育下降的原因及对策》被甘肃省教育厅选送参加“全国十城市体育教学观摩课及论文比赛”，获“全国中小学体育教学论文比赛”三等奖。《体育课程改革对体育教师的要求》在兰州市第二届教学论文评选活动中获二等奖。2011年被定为兰州市县区级骨干教师，2011年获甘肃省科技体育教育竞赛“优秀辅导员”，积极参加课题研究，多次参与学校新分配教师面试工作。
简　　介：毕业于西北师范大学体育学院，中学高级体育教师，从事教育教学工作20多年。

0306 高鑫

性　　别：男
出生年月：1970-03-26
民　　族：汉族
政治面貌：党员
职　　称：副高
学　　历：大学本科
所在单位：兰州三十四中
通讯地址：兰州三十四中
成　　就：2006年、2007年、2008年、2009年、2010年作为训练队员参加了兰州市七里河区中小学生田径运动会，在比赛中，多人获得第一、二、三名的好成绩，并打破区纪录。在团体总分评比中，多次获得前三名的好成绩，本人被评为优秀教练员。2006年参加兰州市中小学生田径运动会获得团体总分第三名的较好成绩。2010年8月作为训练队员在代表兰州市参加的甘肃省第一届中学生运动会女子组400米比赛中，以59.4秒取得第二名的好成绩，本人被兰州市教育局评为优秀教练员，学校也被评为优秀运动员选送学校。训练队员焦淑敏获得国家二级运动员称号。在学校领导的大力支持和帮助下，以教育部、公安部等部门制定的《教育系统突发公共事件应急预案》、市教育局制定的《兰州市学校安全管理工作手册》等为指引，编写了《兰州三十四中安全知识教育校本课程》一书，把安全知识教育纳入学校正常的教育教学之中，全面培养学生的安全意识。本人在2010年、2012年、2013年分获兰州市校园安全管理先进个人称号。

简　　介：1982年8月至1988年7月兰州二中就读初中、高中；1988年8月至1990年7月西北师大就读生物系；2001年9月至2004年7月西安体院运动训练专业本科函授毕业。

0307 孙鸿

性　　别：男

出生年月：1963-02-25

民　　族：汉族

政治面貌：党员

职　　称：副高

学　　历：大学本科

所在单位：兰州市第四中学

通讯地址：兰州市第四中学

成　　就：2011年被甘肃省教育厅评为全省中等职业学校德育工作先进个人。2012年被评为兰州市“创先争优”（市级）优秀共产党员获奖论文：2006年《试论武术教学的总体走向》获兰州市第二届中小学体育教育论文评选三等奖。2007年与张军锋老师合作编写《形体》校本教材，并参与国家级课题的编写。2009年《培养良好师德塑造师表形象》获《中国教师杂志社》一等奖。2011年9月在《城市建设理论研究》第112期（科教前言版）发表《发挥“以德育人”培养学生良好的思想道德素质》论文。2012年参加《职业学校校园文化教育的实践研究》课题被列入市级规划课题。

简　　介：1983毕业于西北师范大学体育系、同年获教育学学士学位；1985年至1990年任兰州旅游职业学校团委书记；2000年至2005年任兰州旅游职业学校政教处副主任、主任；2005年至2009年任兰州旅游职业学校副校长；2009年至2013年任兰州旅游职业学校校长助理兼教研室主任；2013年至今任兰州市第四中学副校长。

0308 李生芳

性　　别：女

出生年月：1971-10-24

民　　族：汉族

政治面貌：群众

职　　称：副高

学　　历：大学本科

所在单位：兰州三十一中

通讯地址：兰州三十一中

成　　就：2007年6月组织训练的校自编操队，在兰州市第二届百所中小学优秀课间自编操评选活动中获三等奖。2003年被评为七里河区“优秀教练员”；2005年被学校评为2004—2005学年度“优秀教师”；2006年被学校评为2005—2006学年度“优秀教师”；2008年被学校评为2006—2008学年度“三八红旗手”。撰写的论文《中学生心理疾病的体育疗法》在兰州市教育教学论文评选中荣获二等奖；《在体育教学中运用游戏应注意的问题》在《西北师范大学学报》上发表；《初中学生体育兴趣的培养》荣获兰州市第二届中小学体育教育论文评选活动三等奖；《让快乐洒满体育课堂》在《新课程改革论坛》第4期上发表，《中学生体质下降的原因及对策》在“全国优秀教育论文”比赛中获甘肃赛区二等奖。

简　　介：毕业于西北师范大学体育学院，中学高级体育教师，从事教育教学工作20多年。

0309 张大临

性　　别：男

出生年月：1964-02-05

民　　族：汉族

政治面貌：群众

职　　称：副高

学　　历：大学本科

所在单位：兰州市二十二中

通讯地址：兰州市二十二中

成　　就：多次获兰州市排球比赛前三名；多次获七里河区中小学田径运动会前三名；兰州市第六届运动会队员代表七里河区参赛，并取得好成绩。

0310 朱冬峰

性　　别：男

出生年月：1962-07-08

民　　族：汉族

政治面貌：群众

职　　称：副高

学　　历：大学本科

所在单位：兰州西北中学

通讯地址：兰州西北中学

成　　就：2000年《甘肃高师学报》发表《对排球运动员情绪调节问题的探讨》；2001年获"甘肃青少年田径运动会优秀裁判员"称号；2003年《对西方体育课程的思考》发表于《甘肃体育科学会》；2008年获"兰州市优秀教练员"称号；2007年和2009年"百所中小学优秀自编操"获中学组一等奖、优秀教练员、组织工作先进个人。

简　　介：1983年7月分配到兰州西北中学担任体育老师至今。从事体育教学工作30多年来，在学校体育工作的教学、教研工作特别是对运动场地建设、器材的使用、材料质量方面都有独到心得和深入探究，出色地完成了各项工作任务。长年担任学校田径、排球、篮球、健身操教练员，获得了优秀的成绩。担任学校教研组组长工作20多年，获得同事和领导的一致好评。2012年被兰州市教科所聘为体育学科教研员。

0311 滕远明

性　　别：男

出生年月：1955-09-21

民　　族：汉族

政治面貌：群众

职　　称：副高

学　　历：大学专科

所在单位：兰州六十一中

通讯地址：兰州市西固区兰化一中体育组

成　　就：带领学生参加过无数次田径、足球、排球等等比赛，均取得较好的成绩：1978年、1979年、1980年西固田径比赛第三、第二、第一。1990年总校田径初中组团体第一名，90年代末期带领一中足球队领先西固足坛，并在1998年取得甘肃省足球夏令营暨兰州市三好杯第三名。2004年兰州三好杯第五名。因此学校也被命名为足球传统项目学校，本人也被评为兰州市优秀教练员。向省体校和体育院校输送多名体育人才。

简　　介：从事教师工作至今已有三十多年了，一直工作在教学的第一线，认真履行自己的教师职责，同时也参加学校田径、足球队的训练工作，并在市区级的各项比赛中取得了很好的成绩。

0312 苗钧

性　　别：男

出生年月：1968-04-22

民　　族：汉族

政治面貌：党员

职　　称：副高

学　　历：大学本科

所在单位：兰州六十一中
通讯地址：兰州市西固区福利西路 752 号
成　　就：1994 年获甘肃省训练点学校优秀教练员；2013 年获兰州市教育局安全先进个人。
简　　介：1991 年毕业于西北师大体育系，在大学主修排球专业；在兰化一中任教后，先后担任体育教师、团委书记、学生处副主任、总务处主任、校长助理等职；任教后，代表学校多次参加各级教职工运动会，均获得佳绩。

0313 张江和

性　　别：男
出生年月：1965-09-15
民　　族：汉族
政治面貌：党员
职　　称：副高
学　　历：大学本科
所在单位：兰州市第六十一中学
通讯地址：兰州市西固区庄浪西路 256 号
成　　就：论文《让体育正真迷人——谈体育的美育功能》获全省体育教育优秀论文。进行体育教育的改革试验——选项教学。进行学校课外活动及学校运动会的改革试验。担任运动队教练，取得较好成绩。多次被评为学校、兰化总校、兰化公司优秀教师，先进教育工作者、优秀党员。
简　　介：1989 年毕业于北京师范大学体育系，同年到兰化一中（兰州六十一中学）参加工作，在担任高中体育教学工作的同时，担任学校传统项目（田径）教练、学校排球队教练。2006 年进行了高中体育选项教学的改革试验，取得了成功。2010 年担任兰化一中体育组组长。

0314 尚尔平

性　　别：男
出生年月：1955-01-19
民　　族：汉族
政治面貌：群众
职　　称：副高
学　　历：大学专科
所在单位：兰州六十一中
通讯地址：兰州市西固区福利西路 752 号
成　　就：2011 年兰州市中小学生乒乓球比赛高中男子组团体第五名；2012 年兰州市中小学生乒乓球比赛高中男子组团体第五名；2013 年兰州市第七届运动会中学组中国象棋团体第二名并有一名学生获个人第二名；1984 年以后，在教学工作以外的时间多次参与各级田径比赛的裁判工作。在此期间参加了甘肃省第 8、9、10、11、12、13 届省运会田径的比赛、甘肃省第 1、2 届大学生运动会的田径比赛、甘肃省第 1、2 届中学生运动会田径比赛和甘肃省青少年田径锦标赛、兰州市第 4、5、6、7 届市运会田径的比赛及兰州市中小学生田径运动会以及西固区中小学生田径运动会比赛的裁判工作。在工作中能认真工作，秉公执法，获得了上级领导的好评，也多次被评为优秀裁判员的光荣称号。

0315 李学璞

性　　别：男
出生年月：1963-03-12
民　　族：汉族
政治面貌：党员
职　　称：副高
学　　历：大学专科
所在单位：兰州市第六十四中学
通讯地址：兰州市西固区合水北路 299 号
成　　就：2013 年 6 月在《吉林教育》上发

表论文一篇；2013 年 8 月在《广西教育》上发表论文一篇；2013 年被兰州市教育局、兰州肯德基有限公司评为全国青少年校园健身操大赛优秀指导教师奖。

简　　介：1981 年毕业于兰州师专。从教以来，在工作上兢兢业业，任劳任怨，立足于本职，服务于大局，更新教育理论，精研教学方法，教学成绩优异，曾多年担任学校体育组组长，带领全组成员创新教学方法，改进训练方法，使学校体育成绩多年来名列兰化总校前茅；曾多次代表石化公司参加省运会，与其他队员一起拼搏进取，屡次取得篮球、排球冠军；在教学之余，能静下心来，认真研究教育教学方法，曾在省级、国家级刊物上发表多篇有质量的论文；训练方面，其所带健身操队也多次在市级比赛中获得第二、第三的成绩。也多次被评为优秀教练员、优秀指导教师；同时，也因敬业爱生，多次被评为兰化总校师德先进。

0316 李贵

性　　别：男

出生年月：1965-10-24

民　　族：汉族

政治面貌：党员

职　　称：副高

学　　历：大学本科

所在单位：兰州市第六中学

通讯地址：西固区合水路 178 号

成　　就：1989 年 7 月至 2007 年训练学校女子排球队获得“兴华杯”全国比赛第八名；甘肃省传统项目比赛六个第一名，两个第二名；兰州市中学生排球比赛十二个冠军，六个第二名；四次获得兰州市优秀教练员称号。1994 年被省体育运动委员会、省教育委员会评为全省体育传统项目学校优秀教练员。2010 年至 2012 年连续三年被学校授予“优秀共产党员”称号。

简　　介：1985 年 8 月至 1989 年 7 月陕西师范大学体育系学习；1989 年 7 月至 2004 年 10 月兰州市第六中学教师从事体育教学和运动队训练工作；2004 年 11 月至 2007 年 7 月兰州市第六中学总务处副主任（期间：继续从事体育教学和运动队训练工作）；2007 年 7 月至今兰州市第六中学总务处主任。

0317 罗腾岳

性　　别：男

出生年月：1965-08-24

民　　族：汉族

政治面貌：党员

职　　称：副高

学　　历：大学本科

所在单位：兰州市第六中学

通讯地址：兰州市第六中学

成　　就：全国模范教师、全国德育先进个人、全国群众体育先进个人、甘肃省特级教师、甘肃省十大杰出青年、甘肃省省级骨干教师、兰州市“151”人才带头人。个人业绩：所带学生二十年有 400 多人考入大学，所带学生连续二十年获得兰州市中、小学运动会团体冠军，代表甘肃中学生多次打破全国中学生纪录，团体总分多次进入全国中学生比赛团体第八名。2004 年和 2006 年两次带领学生代表中国中学生代表团，分别前往法国和意大利参加世界中学生比赛，取得团体第三、第二的优异成绩，这是我们甘肃中学生首次代表全国中学生参加世界大赛，2008 年再次代表中国中学生代表团前往捷克参加世界比赛，获得个人冠军、团体亚军，又一次创同类项目的中国历史。

简　　介：1989 年毕业于西北师范大学，在兰州六中从事教学工作，现为中学特级教师。

0318 梁志浩

性　　别：男
出生年月：1965-02-16
民　　族：满族
政治面貌：党员
职　　称：副高
学　　历：大学本科
所在单位：兰州 58 中
通讯地址：西固区福利东路 212 号
成　　就：荣获“兰州市优秀教练员”、兰炼总厂“岗位技术能手”，兰州石化公司“优秀教师”称号，多次被评为兰炼总校“教育教学积极分子”、“优秀教师”、“兰炼总校优秀党员”、“兰炼总校优秀党务工作者”。所撰写的《课程改革的基本理念与任务》《德育教育在体育教学中的渗透》等十余篇论文发表在《甘肃日报》和国家级刊物，并获“全国性教科成果”一等奖。
简　　介：1984 年 9 月至 1988 年 7 月西北师大学体育系上学；1988 年 7 月至 1996 年 8 月中石化销售公司兰州石油职工中专任教，学生科干事；1996 年 8 月至 2003 年 2 月兰一中任教，政教处干事；2003 年 2 月至 2004 年 8 月兰炼一中任教，政教处副主任；2004 年 8 月至 2010 年 7 月兰炼一中任教，办公室副主任；2010 年 7 月至 2014 年 8 月，兰炼一中任教，政教处主任；2014 年 8 月至今，兰炼一中任教，办公室主任。

0319 李民

性　　别：男
出生年月：1971-02-09
民　　族：汉族
政治面貌：群众
职　　称：副高
学　　历：大学本科
所在单位：兰州 58 中
通讯地址：兰州市西固区福利路 212 号
成　　就：2003 年带学生参加第十届全国独轮车锦标赛获团体第六名；2005 年带学生参加第十二届全国独轮车锦标赛获体育道德风尚奖；女子 2011 年至 2014 年获兰州市优秀教练员称号；2008 年至 2014 年带学生参加兰州市中小学生乒乓球比赛多次获得男女团体第一、二名。有 2 篇论文在省部级刊物上发表，2 次获得西固区委区政府优秀教练员称号，多次获得兰州市优秀教练员称号。
简　　介：1992 年毕业于兰州师专体育系，2001 年毕业于首都体育体育教育专业；1992 年 7 月至 2006 年 6 月在兰炼三中工作；2006 年 7 月至今在兰炼一中（兰州市 58 中）工作；1998 年至 2006 年 6 月任兰炼三中音、体、美教研组组长，2009 年至今任兰炼一中（兰州市 58 中）音、体、美教研组组长；2001 年取得中级职称，2011 年取得副高级职称。

0320 刘卫

性　　别：男
出生年月：1966-12-11
民　　族：汉族
政治面貌：党员
职　　称：副高
学　　历：大学本科
所在单位：兰州市第五十九中学
通讯地址：西固区福利东路 485 号
成　　就：教学成绩突出，专业素质全面，教学能力突出，积极组织参加学校各类活动，为学校体育发展贡献自己的力量。作为一名人民教师，多次获得石化公司、兰炼总校先进教师、体育积极分子、优秀共产党员等称号。代表石化公司及兰炼总校参加级各类比赛，并且获得第一名的好成绩。

同时，多次带队参加市区级比赛，并取得优异的成绩。

简　　介：毕业于西北师范大学体育学院，现任体育组组长、学校工会主席。

0321 乔华山

性　　别：男

出生年月：1958-02-12

民　　族：汉族

政治面貌：群众

职　　称：副高

学　　历：中专

所在单位：兰州石化

通讯地址：西固区山丹街 539 号

成　　就：多次参加西固区武术比赛裁判。获得兰州市优秀教练员、优秀裁判员称号。

简　　介：国家二级武术裁判，长期从事基层体育裁判及组织工作，多次在市、区级体育运动会、各类比赛中担任裁判工作并积极参与体育健身技术指导。

0322 屈锋

性　　别：男

出生年月：1966-03-01

民　　族：汉族

政治面貌：党员

职　　称：副高

学　　历：大学本科

所在单位：兰州市第六十二中

通讯地址：兰州市西固西路 342 号

成　　就：在兰州市第六十二中担任政教处副主任后获得兰化公司园丁奖、优秀教师称号，兰州市优秀教练员称号，多次被评为兰化总校工会积极分子，多篇论文发表。

简　　介：1984 年 10 月至 1986 年 10 月兰州军区服兵役；1986 年 11 月至 2006 年 8 月在兰化四校从事体育教学（期间 2003 年 6 月至 2006 年 8 月担任兰化四校工会主席）；2006 年 9 月至今兰州六十二中工作。

0323 雷晓琳

性　　别：男

出生年月：1962-12-01

民　　族：汉族

政治面貌：群众

职　　称：副高

学　　历：大学本科

所在单位：兰州市六十三中学

通讯地址：兰州市西固区福利西路 334 号

成　　就：1986 年在兰州市青年教师评优课上获三等奖。1988 年在兰州市西固区武术比赛大会上获得散打男子组轻量级第一。1989 年带领学校武术队代表西固区参加兰州市青少年柔道、摔跤、举重比赛，获得团体总分第二名。1984 年至 2010 年多次带领学校田径队，获得省市区团体前三名。2005 年本人代表“中石油”参加全国第七届老将田径锦标赛，获得 40 至 45 岁组 100 米第一名；200 米第一名。2007 年本人代表“中石油”参加全国第九届老将运动会，获得男子三组 200 米第一名，100 米第二。参加工作以来，多次在省市区各级田径运动上担任主裁判和总裁判长工作。

简　　介：1976 年毕业于兰州市七里河区王家堡小学；1980 年从兰州市第二十二中学毕业；1984 年从西北师范大学体育系毕业进入兰化三中工作至今。

0324 谢卫东

性　　别：男

出生年月：1966-8-30

民　　族：汉族

政治面貌：党员

职　　称：副高

学　　历：大学本科
所在单位：西固区实验学校
通讯地址：兰州市西固区实验学校（玉门街502号）
成　　就：2007年、2008年、2009年获得校级优秀辅导员；2007年获兰州市大课间优秀指导奖；2008年、2009年获校级优秀教师；2011年课件《篮球规则简历》获兰州市第八届课件比赛中学组二奖；2011年获兰州市中小学区级骨干教师称号。
简　　介：1981年8月至1983年7月在北京东高地一中读初中；1983年8月至1986年7月在武威一中读高中；1988年9月至1990年6月在兰州师专读书；1990年6月至2007年12月在兰州三毛集团公司子弟学校任教；2007年12月至今，在西固实验学校任教。

0325 殷昌伟

性　　别：男
出生年月：1979-09-11
民　　族：汉族
政治面貌：群众
职　　称：副高
学　　历：大学本科
所在单位：西固区新城中学
通讯地址：西固区山丹街539号
成　　就：一级教师，田径国家一级裁判；2012年、2014年兰州市中小学田径运动会优秀教练员；2013年荣获兰州市第七届运动会优秀教练员；2012年荣获西固区优秀教师。
简　　介：长期从事基层体育活动的裁判工作及体育健身技术指导。多次参加市、区级运动会、各类比赛，并在2012年取得国家三级社会体育指导员和2000年国家一级裁判员。

0326 姚海涛

性　　别：男
出生年月：1970-05-01
民　　族：汉族
政治面貌：群众
职　　称：副高
学　　历：大学专科
所在单位：兰州石化
通讯地址：兰化二十二街区
成　　就：国家二级排球裁判；国家三级篮球裁判。
简　　介：1989年分配到石化公司至今，多年参加体育比赛裁判工作。

0327 邢启瑞

性　　别：男
出生年月：1963-11-13
民　　族：满族
政治面貌：群众
职　　称：副高
学　　历：大学本科
所在单位：兰州市第六十三中学
通讯地址：兰州市的六十三中学
成　　就：参加兰州石化公司比赛获篮球第一、排球第二、足球第三；多次参加兰化总校比赛获排球第一、羽毛球球第一、篮球第二；组织训练校女篮球队多次获西固区中学生篮球赛第一、兰州市第二；多次被兰州市体育局、教育局评为优秀教练员；撰写体育论文刊在登《甘肃日报》，获兰州市教育局优秀奖。

0328 马虹

性　　别：女
出生年月：1973-05-24
民　　族：回族
政治面貌：群众

职　　称：副高
学　　历：大学本科
所在单位：兰州市第六中学
通讯地址：兰州市第六中学
成　　就：1996年7月参加工作，除体育教学之外，还参与校女排训练工作。2002年获兰州市第七届“教学新秀”称号。平时注重学生课间活动，在局系统组织的“兰州市百所中小学优秀大课间评选活动”中连续两届获得了组织工作先进个人，荣获兰州市百所中小学自编操评选活动优秀教师指导奖。在校女排训练中吃苦耐劳，取得了一定的成绩，2008年获省排协杯冠军，2001年获兰州市第四届运动会女子排球第一名，2004年获兰州市中学生女子排球赛第一名。2011年获肯德基全国青少年校园健身操（兰州赛区）优秀指导奖等。

0329 应繁文

性　　别：男
出生年月：1956-09-24
民　　族：汉族
政治面貌：群众
职　　称：副高
学　　历：大学专科
所在单位：兰州六中
通讯地址：兰州市第六中学
成　　就：2008年被评为“兰州市业余训练先进个人”，2013年被“兰州市政府评为优秀教练员”，从2006年开始至2014年每年都被兰州市教育局、兰州市体育局授予优秀教练员称号，与此同时，带队以来多次获得兰州市中学生排球赛冠军，曾两次获得甘肃省中学生运动会女排第二名。
简　　介：1978年毕业于兰州师范体育教育专业；1988年毕业于西安体育学院体育教育专业；现任兰州六中教师、政教处干事，兰州市第六中学女排教练员。

0330 司金东

性　　别：男
出生年月：1961-05-16
民　　族：汉族
政治面貌：群众
职　　称：副高
学　　历：大学专科
所在单位：兰州市第58中
通讯地址：兰州市第58中
成　　就：1985年荣获兰州市“黄河杯”中学生组足球比赛冠军。参加兰州市中学生“三好杯”男子排球比赛中多次获得第二名，被评为优秀教练员。2008年12月被评为中学高级教师，在《现代教师》期刊发表论文两篇。
简　　介：1980年12月毕业兰州师专体育系；1980年至1984年在武山一中任体育教师，担任校田径队教练；1984年调入兰炼中学任体育教师，担任校足球队教练；1985年在兰炼一中任体育教师兼教研组长。

0331 郑明旭

性　　别：男
出生年月：1964-07-21
民　　族：汉族
政治面貌：群众
职　　称：副高
学　　历：大学本科
所在单位：兰州市第六十三中学
通讯地址：兰州市的六十三中学
成　　就：2001年兰州市第四届运动会所带田径队代表西固区参赛获5枚金牌、5枚银牌、两个第四名、一个第五名、一个第八名。2006年、2007年、2008年所带田径队参加兰州市中小学生田径运动会获得少年甲组团体第六名、第五名、第四名。历年来向各大高校输送体育人才累计超过 30 人。2007 年代表石化公司参加全国老将锦标赛获老年 1 组 100 米第二名、200 米第三名。通过自己的不懈努力，在工作中也取得了一些成绩，并被评为西固区体育学科骨干。多年来教学与训练工作深受学生的喜爱，也得到了学校以及社会的认可。

简　　介：1985 年毕业于西北师范大学体育系，参加工作以来爱岗敬业，团结同志，一直在教学一线从事体育教学工作。工作期间担任过多年的体育教研室主任工作以及学校田径队的训练工作。

0332 李宏强

性　　别：男

出生年月：1972-10-24

民　　族：汉族

政治面貌：党员

职　　称：副高

学　　历：大学本科

所在单位：兰州市第六中学

通讯地址：兰州市第六中学

成　　就：2004 年被评为“甘肃省业余训练先进工作者”、被兰州市政府评为“优秀教练员”、被兰州市教育局评为“优秀体育后备人才培养贡献奖”；2005 年被评为“兰州市体育业余训练工作优秀教练员”、被西固区政府评为“兰州市第五届运动会优秀教练员”；2007 年被评为“2005—2006 年度兰州市体育业余训练先进个人”；2008 年被兰州市体育局评为“甘肃省体育运动学校运动会冠军教练员”；2009 年被评为“兰州市第三届优秀百所中小学大课间及自编操组织工作先进个人”、“兰州市体育业余训练工作优秀教练员”；2012 年获得甘肃省园丁奖。有多篇论文公开发表于省级刊物。

简　　介：1998 年毕业于西北师范大学体育教育专业，获学士学位；现任学校政教处主任，兼任兰州市第六中学体育特色教育发展中心常务总指导。

0333 印力克

性　　别：女

出生年月：1961-04-19

民　　族：汉族

政治面貌：党员

职　　称：副高

学　　历：大学本科

所在单位：兰州六十一中

通讯地址：兰州西固兰化一中

成　　就：在兰化总校业余体校（体艺办）工作期间，获全国体育先进工作者称号、全国“十城市”体育教学观摩课优秀指导教师奖；全国体育传统项目学校、甘肃省体育传统项目学校、甘肃省业余体育先进学校、甘肃省艺术教育先进单位、兰州市体育先进工作者；撰写多篇论文获甘肃省优秀教学成果一等奖、体育教育优秀论文二等奖。在兰化一中分管体育艺术、心理健康工作期间，学校多次获得兰州市体育、艺术先进单位，组建学校管乐团，参加兰州市比赛获二等奖、优秀指导教师奖，2012 年学校获得甘肃省标准化心理咨询（辅导）室称号；担任多届兰州市体育教学新秀评委、兰州市第一、二届体育优质课评委、兰州市第一届体育教师个人技能大赛评委；全国青少年领导力大赛优秀指导教师。

简　　介：1982 年 1 月毕业于西北师范大学体育系，同年就职于兰化总校第四中学，从事体育教学工作；1990 年调入兰化总校业余体校（体艺办）工作，负责直属学校业余训练、体育、艺术教育教学管理；2004 年调入兰化一中，在学生处担任副主任，分管体育、艺术、心理健康、卫生保健工作。

0334 秦小波

性　　别：男

出生年月：1964-08-11

民　　族：汉族

政治面貌：群众

职　　称：副高

学　　历：大学本科

所在单位：兰炼二中

通讯地址：兰炼二中（福利东路 485 号）

成　　就：带领学校棒球队连续九年获得兰州市少年棒球比赛冠军，其中包括兰州市第四届、第五届运动会棒球比赛中学生组冠军，所带学校围棋队荣获兰州市第四届、第五届运动会中学生围棋比赛亚军，所带田径队有多人次荣获兰州市比赛的前三名。

简　　介：1987 年毕业于西北师范大学体育系，分配到兰炼二中任教至今，一直工作在教育第一线，热爱学生，忠诚于党的教育事业。

0335 刘佳鑫

性　　别：男

出生年月：1967-08-22

民　　族：汉族

政治面貌：群众

职　　称：副高

学　　历：大学本科

所在单位：西固区体育服务中心

通讯地址：西固区山丹街 539 号

成　　就：多年来一直从事体育技术指导工作。

简　　介：1989 年毕业于武汉体院至今，在西固区体育服务中心工作。

0336 周丽娜

性　　别：女

出生年月：1963-1-1

民　　族：汉族

政治面貌：群众

职　　称：副高

学　　历：大学本科

所在单位：兰州 28 中

通讯地址：兰州 28 中

成　　就：1993 年、1995 年、2004 年获得优秀教师称号、2005 年代表 28 中获得“体彩杯”兰州地区首届沙滩排球公开赛冠军。

简　　介：1970 年 3 月至 1975 年 1 月兰铝小学；1975 年 3 月至 1977 年 1 月兰州市十五中上初中；1977 年 3 月至 1980 年 7 月兰州市十五中上高中；1980 年至 1982 年 7 月兰州师范专科学校就学；1982 年 7 月至 2014 年 2 月兰州市第二十八中学教师，2014 年 3 月退休。

0337 王建

性　　别：男

出生年月：1957-09-21

民　　族：汉族

政治面貌：党员

职　　称：副高

学　　历：大学本科

所在单位：西固区体育局

通讯地址：西固区山丹街 539 号

成　　就：多年来一直从事体育技术指导工作。

简　　介：2008 年在西固区体育局工作以来一直从事体育技术指导工作。

0338 靳泽

性　　别：男

出生年月：1962-12-11

民　　族：汉族
政治面貌：党员
职　　称：副高
学　　历：大学专科
所在单位：兰州市第九十九中学
通讯地址：兰州市西固区电厂一区 19 号楼 4 单元
成　　就：1985 年获全国优秀教练员。1988 年获全国电力系统足球赛第三名。2010 年在西固区“金河乳业杯中小学生田径运动会”中获优秀教练员。1993 年获全省电力系统乒乓球赛团体第一名。
简　　介：1981 年毕业于兰州师专体育系，就职于兰州九十九中学，高级教师。1981 年 7 月至今任体育教师期间，担任学校体育组组长，学校足球球代表队教练工作，成绩突出，多次获得省、市、区级学生足球球比赛前三名。

0339 张犀

性　　别：女
出生年月：1965-06-15
民　　族：汉族
政治面貌：群众
职　　称：副高
学　　历：中专
所在单位：兰州石化公司
通讯地址：西固区山丹街 539 号
成　　就：2002 年从事乒乓球裁判工作，值裁省内各类乒乓球比赛。
简　　介：2002 年被评为国家二级裁判。

0340 高秀珍

性　　别：女
出生年月：1970-07-09
民　　族：汉族
政治面貌：党员
职　　称：副高
学　　历：大学本科
所在单位：西固区体育局
通讯地址：西固区山丹街 539 号
成　　就：多年一直从事体育健身指导工作。
简　　介：2000 年以来从事体育健身指导工作。

0341 张学明

性　　别：男
出生年月：1963-03-01
民　　族：汉族
政治面貌：群众
职　　称：副高
学　　历：大学本科
所在单位：兰州市第二十八中学
通讯地址：兰州市西固区福利西路 97 号
成　　就：2001 年获得西固区骨干教师；2005 年获得全国优秀裁判员；2014 年获得兰州市优秀教练员；2014 年在兰州市中学生乒乓球比赛中获得高中女子单打亚军，本人获得兰州市优秀教练员。
简　　介：1978 年 9 月至 1983 年 7 月就读于吉林省农安县第二中学；1983 年 9 月至 1985 年 6 月就读于长春师范学院；1993 年 8 月至 1996 年 8 月就读于西北师大；1985 年 7 月至 2003 年 3 月任教于兰州铝厂中学；2003 年任教兰州二十八中学工作至今；其中兼职过总务、工会等工作。担任过学校排球队的教练和校田径队教练员工作。1999 年取得中学一级教师资格，2009 年取得高级教师任职资格；2002 年担任学校高中的信息技术教学工作，管理学校的计算机机房，担任信息技术组组长的工作至今；1993 年参加西北师大大学本科函授。

0342 辛良芹

性　　别：女
出生年月：1958-03-19
民　　族：汉族
政治面貌：群众
职　　称：副高
学　　历：大学专科
所在单位：兰州石化
通讯地址：西固区晨光小区
成　　就：多年来从事体育健身指导工作和基层体育比赛裁判工作。多次在市、区级体育运动会、各类比赛中担任裁判工作。获得优秀裁判员及国家三级社会体育指导员称号。

0343 范箐

性　　别：女
出生年月：1966-03-08
民　　族：汉族
政治面貌：群众
职　　称：副高
学　　历：大学专科
所在单位：兰州石化新开源公司
通讯地址：西固区山丹街 539 号
成　　就：2002 年至今值裁省内各类乒乓球比赛。
简　　介：2009 年晋升为国家一级裁判。

0344 张力

性　　别：男
出生年月：1962-11-08
民　　族：汉族
政治面貌：党员
职　　称：副高
学　　历：大学本科
所在单位：兰州石化
通讯地址：西固区山丹街 539 号
成　　就：国家一级武术裁判，长期从事基层武术裁判及组织工作，多次在省、市、区级武术比赛中担任裁判工作并积极参与体育健身技术指导，获得兰州市优秀教练员、优秀裁判员称号。

0345 吕丹兰

性　　别：女
出生年月：1963-03-02
民　　族：汉族
政治面貌：群众
职　　称：副高
学　　历：大学专科
所在单位：西固区医院
通讯地址：西固区山丹街 539 号
成　　就：2013 年取得国家级社会体育指导员。
简　　介：多年来从事健身气功的技术指导工作。

0346 杜秋兰

性　　别：女
出生年月：1972-04-09
民　　族：汉族
政治面貌：党员
职　　称：副高
学　　历：大学本科
所在单位：西固区教育局
通讯地址：西固区山丹街 539 号
成　　就：国家武术二级裁判，长期从事基层体育裁判及组织工作，多次在市、区级体育运动会、各类比赛中担任裁判工作并积极参与体育健身技术指导，获得兰州市优秀教练员、优秀裁判员称号。

0347 贺玉芝

性　　别：女

出生年月：1957-06-21
民　　族：汉族
政治面貌：群众
职　　称：副高
学　　历：高中
所在单位：石化三福公司
通讯地址：西固区山丹街 539 号
成　　就：2011 年取得国家一级社会体育指导员。
简　　介：多年来从事体育健身指导工作。

0348 杨昌利

性　　别：男
出生年月：1972-05-21
民　　族：汉族
政治面貌：党员
职　　称：副高
学　　历：大学本科
所在单位：西固区玉门街小学
通讯地址：西固区玉门街小学
成　　就：2010 年荣获西固区先进教育工作者；2010 年被评为西固区优秀教练员；2011 年被评为兰州市市级骨干教师；2011 年被评为兰州市教育局优秀教师。
简　　介：1992 年 7 月至 1997 年 8 月在新城小学任教；1997 年 8 月至 2000 年 7 月在西固城第一小学任教；2000 年 8 月至今在西固区玉门街小学任教。

0349 魏万林

性　　别：女
出生年月：1959-07-11
民　　族：汉族
政治面貌：群众
职　　称：副高
学　　历：大学专科
所在单位：兰州石化公司
通讯地址：西固区山丹街 539 号
成　　就：兰州石化公司运动会游泳比赛 100 米蛙泳比赛第一名，200 米蛙泳比赛第一名。
简　　介：在单位主要负责职工体育工作，经常组织比赛，自己也很热爱体育比赛，尤其游泳。

0350 张同良

性　　别：男
出生年月：1967-04-27
民　　族：汉族
政治面貌：群众
职　　称：副高
学　　历：大学专科
所在单位：兰州市第九十九中学
通讯地址：兰州市西固区玉门街 8 号楼 2 单元
成　　就：2005 年被西固区委区政府命名为优秀教练员。2010 年在西固区“金河乳业杯中小学生田径运动会”中获优秀教练员。2010 年在西固区中小学生乒乓球比赛中获优秀教练员。2000 年学校乒乓球队员获甘肃省“条山杯”少儿女子单打第三名。兰州市第四届城市运动会高中女子单打第一名。2004 年获甘肃省巍雅斯杯少儿女子丙组单打第一名；兰州市第五届城市运动会小学女子团体第二名。2005 年获甘肃省巍雅斯杯少儿女子丙组单打第一名。2006 年获甘肃省巍雅斯杯少儿女子乙组单打第一名。2009 年获兰州市第六届城市运动会中学女子团体第二名。2014 年获兰州九十九中学优秀教师。
简　　介：1989 年毕业于兰州师专体育系，曾先后就职于兰州维尼龙厂子弟中学、兰州六十九中学，现就职于兰州九十九中学，高级教师。1989 年 7 月至 2013 年 8 月任体育教师期间，担任学校体育组组长，学校乒乓球代表队教练工作，成绩突出，多次获得省、市、区级学生乒乓球比赛前三名，其中一名队员输送到甘肃省体工队，两名乒乓球队员被兰州交通大学以高水平运动员特招。

0351 杜杰

性　　别：男
出生年月：1989-08-12
民　　族：汉族
政治面貌：党员
职　　称：副高
学　　历：大学专科
所在单位：西固区公安分局
通讯地址：西固区山丹街 539 号
成　　就：武术国家一级，跆拳道国家一级。
简　　介：2007 年考入甘肃政法学院公安分院侦察专业；2011 年甘肃政法学院公安分院侦察专业毕业；2012 年任兰州市公安局西固分局刑警一中队科员。

0352 蔡建国

性　　别：女
出生年月：1948-02-08
民　　族：汉族
政治面貌：党员
职　　称：副高
学　　历：大学专科
所在单位：兰州石化公司
通讯地址：西固区山丹街 539 号
成　　就：80 年代曾学过太极拳，1995 年拜师甘肃名师杜德锦老师。擅长太极拳、剑、扇及健身气功。多次参加省、市级的武术比赛，均获得个人及集体的优异成绩。2001 年被聘为兰州市体育局太极拳辅导员。
简　　介：中教一级职称，现任兰州市健身气功协会委员，国家级社会体育指导员。

0353 朱永梅

性　　别：女
出生年月：1963-09-12
民　　族：汉族
政治面貌：群众
职　　称：副高
学　　历：高中
所在单位：石化三叶公司
通讯地址：西固区山丹街 539 号
成　　就：2010 年取得国家一级社会体育指导员。
简　　介：多年来从事体育健身指导工作。

0354 蒋乃祥

性　　别：男
出生年月：1968-07-11
民　　族：汉族
政治面貌：群众
职　　称：副高
学　　历：大学本科
所在单位：兰州市第六十二中
通讯地址：兰州市西固西路 342 号
成　　就：自 1993 年参加工作以来，一直在体育教育一线。除了上好体育课以外，还一直带业余训练队训练。学校棒球队和垒球队多次获兰州市比赛前三名。本人多次被评为兰州市业余训练优秀教练员，兰化总校师德先进，2006 年被评为兰州市群体工作先进个人，连续多次被评为兰化总校工会积极分子。
简　　介：1991 年 9 月至 1993 年 6 月兰州师专体育专业学习；1993 年 7 月至今兰州市第六十二中学教育教学工作；2007 年 1 月取得沈阳体院函授本科学历。

0355 王仁刚

性　　别：男

出生年月：1978-05-05
民　　族：汉族
政治面貌：党员
职　　称：副高
学　　历：大学本科
所在单位：兰州市第六十二中
通讯地址：兰州市西固西路 342 号
成　　就：2005 年 8 月获兰州市初中体育课堂教学竞赛一等奖，2005 年 10 月获甘肃省体育课堂教学竞赛活动三等奖，2011 年兰州市个人课题获一等奖，《学校体育竞赛的现状及改革》发表于《中小学教育》杂志 2013 年第三期，2014 年论文《在初中开展围棋校本课教学对学生的益处》发表于《中小学教育》杂志。
简　　介：1998 年 9 月至 2002 年 6 月西北师范大学体育教学专业学习；2002 年 7 月至至今兰州市第六十二中学教育教学工作。

0356 杜秋泉

性　　别：男
出生年月：1957-08-18
民　　族：汉族
政治面貌：党员
职　　称：副高
学　　历：大学本科
所在单位：兰州铁路公安局人民警察训练支队
通讯地址：西固区山丹街 539 号
简　　介：1974 年参加工作，1978 年考入西北师大体育系武术专业；1982 年西北师大体育系武术专业毕业，任兰州三毛厂教育中心工会主席；1995 年任兰州铁路公安局人民警察学校专业课教师，2000 年任铁道部公安局警务技能战术培训教官，2007 年至今任三级警监、兰州铁路公安局人民警察训练支队、训练大队警务战术技能高级教官。

0357 叶建渊

性　　别：男
出生年月：1962-03-15
民　　族：汉族
政治面貌：党员
职　　称：副高
学　　历：大学本科
所在单位：兰州石化
通讯地址：西固区山丹街 539 号
成　　就：国家一级裁判员，多年来任省、市、国际武术赛事裁判工作。
简　　介：长期从事武术技术指导和裁判工作。组织队员参加了兰州市第五届运动会和兰州市第六届运动会的武术比赛，还担任西固区武术协会的秘书长工作。

0358 秦　枫

性　　别：男
出生年月：1955-06-01
民　　族：汉族
政治面貌：党员
职　　称：副高
学　　历：大学专科
所在单位：兰州市第六十四中学
通讯地址：兰州市西固区合水北路 299 号
成　　就：三十多年来一直在教学一线上，同时一直承担校体育队训练工作。在三个学校中相继被省里命名为体育传统校，有两个学校被国家教委、国家体委和省市评为先进体育传统校，个人多次被评为省市乃至国家优秀体育工作者和业余优秀教练员。
简　　介：1971 年至 1973 年在甘肃庆阳宁县早胜公社插队；1973 年至 1976 年在兰州化工学校就学；1976 年至 1989 年在原兰化二中任教；1989 年至 2003 年在原兰化三中任教；2003 年至今在兰州市第六十四中任教。

0359 赵海涛

性　　别：男

出生年月：1966-03-16

民　　族：汉族

政治面貌：群众

职　　称：副高

学　　历：大学本科

所在单位：兰州石化

通讯地址：西固区山丹街 539 号

成　　就：2012 年甘肃省第二届青少年乒乓球赛副裁判长；2014 年第十三届甘肃省运动会乒乓球赛副裁判长；2002 年国家一级裁判、2011 年国家级裁判。

0360 任淑惠

性　　别：女

出生年月：1958-11-08

民　　族：汉族

政治面貌：群众

职　　称：副高

学　　历：大学专科

所在单位：兰州石化

通讯地址：西固区晨光小区

成　　就：长期从事基础体育比赛裁判工作及技术指导；2011 年取得国家二级社会体育指导员称号；2006 年取得国家三级健身操裁判。2000 年被市体育局评为优秀站点。2011 年参加兰州市体育局举办的国家二级社会体育指导员培训班，获得国家二级社会体育指导员称号。

简　　介：西固区银铃健身队队长，多次带领队伍参加市体育局、西固区体育局举办的活动，在活动中取得了优异成绩。

0361 罗雪桂

性　　别：女

出生年月：1953-05-11

民　　族：汉族

政治面貌：党员

职　　称：副高

学　　历：大学专科

所在单位：兰州石化公司

通讯地址：西固区山丹街 539 号

成　　就：原兰棉厂退休职工。自 1988 年师从甘肃名师杜德锦老师开始习练太极拳、剑、扇及健身气功至今。三十年的习练从未间断，从中受益良多。期间积极参加省、市、区各级的武术比赛及表演活动，丰富了生活，提高了能力，并于 1999 年获得兰州市武术比赛太极拳第二名；2005 年获得甘肃省第十三届中老年太极拳（剑）比赛女子优秀奖和优良奖。2000 年 8 月考评为中华武术四段；2005 年考评为兰州市二级社会体育指导员；2014 年考评为兰州市一级社会体育指导员。

0362 杨汉忠

性　　别：男

出生年月：1944-05-12

民　　族：汉族

政治面貌：党员

职　　称：副高

学　　历：大学专科

所在单位：兰州棉纺织厂

通讯地址：西固区山丹街 539 号

成　　就：自 1980 年 5 月师拜杜德锦老师，刻苦习练太极拳、剑。2007 年继而习练健身气功。三十多年来练功不断，并多次参加省、市太极拳健身气功的比赛表演，多次获奖。2000 年 5 月考评为中华武术四段，2005 年考评为二级社会体育指导员，2013 年 10 月考评为一级社会体育指导员。

简　　介：原工作单位兰州棉纺织厂，政工师，2004 年退休。

0363 邓健

性　　别：女
出生年月：1958-07-08
民　　族：汉族
政治面貌：群众
职　　称：副高
学　　历：高中
所在单位：兰州石化三联公司
通讯地址：西固区山丹街539号
成　　就：2011年取得国家一级社会体育指导员。
简　　介：多年来从事体育健身指导工作。

0364 李洋

性　　别：男
出生年月：1966-09-24
民　　族：汉族
政治面貌：党员
职　　称：副高
学　　历：大学本科
所在单位：甘肃省商业学校
通讯地址：甘肃省商业学校
成　　就：1992年被评为讲师，1998年被评为高级讲师，1995年、1998年、2007年被评为优秀教师。2005年被评为优秀班主任。
简　　介：1986年7月至1990年7月就学于西安体育学院。1990年7月参加工作至今，从事体育工作，先后完成了各个教学班的体育教学工作，在工作中先后参加了学校各项体育教学和活动。学校的运动会以及各项体育课外活动，学生的各项达标任务，工作成绩得到了学校的认可。还参加了学校关于健康体育的教学改革活动，近几年还在学校推广了几套国家制定的新的广播操，效果良好。

0365 王小峰

性　　别：男
出生年月：1964-10-20
民　　族：汉族
政治面貌：群众
职　　称：副高
学　　历：大学本科
所在单位：兰州交通大学
通讯地址：兰州交通大学体育部
成　　就：在校期间获得甘肃省教学成果二等奖一项、核心期刊发表论文三篇、省级期刊发表论文20篇、参编体育教材一部。
简　　介：1986年7月至1990年7月西北师范大学上学；1990年7月至2001年7月在甘肃石油化工学校工作；2001年8月至今在兰州交通大学体育部工作。

0366 朱红燕

性　　别：女
出生年月：1975-09-20
民　　族：汉族
政治面貌：群众
职　　称：副高
学　　历：硕士研究生
所在单位：兰州交通大学
通讯地址：兰州交通大学体育部
成　　就：发表论文9篇，出版专著《四十二式太极拳竞赛套路》《杨式太极拳四十式竞赛套路》两部。教学光盘获得奖励：《办公室人员适应性保健操的研究》获甘肃省高等学校科技成果三等奖；兰州交通大学2008年青年教师教学奖；《甘肃省少数民族体育文化传承与发展构想》获2014年度甘肃省体育社会科学研究优秀成果奖二等奖；2013年被兰州市政府评为优秀裁判员。2014年第七届全国健身气功竞赛功法交流比赛获得三等奖两项。

简　　介：武术武英级（健将）运动员、武术六段、武术国家级裁判员、国家级健身指导员，毕业于北京体育大学。所学专业：体育教育训练学；研究方向为民族传统体育；目前主讲课程：武术、体育养生。

0367 李晓康

性　　别：男
出生年月：1963-03-20
民　　族：汉族
政治面貌：群众
职　　称：副高
学　　历：大学本科
所在单位：兰州交通大学
通讯地址：兰州交通大学体育部
成　　就：2011 年参与《学生开展定向运动与野外生存训练的研究和实践》获甘肃省第八届基础教育科研优秀成果二等奖。2012 年训练的学生代表甘肃参加中华人民共和国第九届大学生运动会，获女子甲组 400 米栏银牌。2013 年带本校田径队参加“第十三届全国大学生田径锦标赛”，获金、银牌各一枚。一项第四、两项第六、一项第七和一项第八。2014 年带本校田径队参加“第十四届全国大学生田径锦标赛”，获银牌一枚、一项第五、三项第六和两项第八。参加“甘肃省第十三届运动会”田径比赛，获金牌两枚、银牌一枚、铜牌一枚。
简　　介：1985 年毕业于西安体育学院，分配至兰州铁道学院任教；1989 年 12 月调天水体校担任田径训练工作；2002 年调入兰州交大任教。

0368 李欣

性　　别：男
出生年月：1961-09-20
民　　族：汉族
政治面貌：群众
职　　称：副高
学　　历：大学本科
所在单位：兰州交通大学
通讯地址：兰州交通大学体育部
成　　就：在科研方面，曾在吉林大学出版社出版的《高校田径运动会常设项目技能研究》一书中担任第一副主编，在《兰州大学学报》《甘肃高师学报》《体育世界》《现代企业教育》《新西部》《职业圈》《中国科技博览》《幸福》等杂志发表多篇论文，同时，主持参加学校网络教学工作建设，获得好评，并训练田径队在省级以上比赛中取得十余项冠军。
简　　介：1982 年毕业于兰州师专，1996 年在西北师范大学本科毕业，现任兰州交通大学体育部副教授。从事体育教学和训练工作 30 多年，担任学校“田径”、“定向运动与野外生存”两项课程的教学。

0369 刘昭

性　　别：男
出生年月：1963-03-20
民　　族：汉族
政治面貌：群众
职　　称：副高
学　　历：大学本科
所在单位：兰州交通大学
通讯地址：兰州交通大学体育部
成　　就：近年来发表学术论文多篇，参与编写体育教材 1 部。
简　　介：1985 年毕业于西北师范大学体育系；1985 年至 2005 年就职于兰州铁路机械学校体育教师；2005 年至今就职于兰州交通大学体育部。一直致力于体育教学，教书育人，为人师表，寓教于乐，成绩显著，获得了广大师生的一致好评。

0370 关彦莉

性　　别：女
出生年月：1965-01-20
民　　族：汉族
政治面貌：党员
职　　称：副高
学　　历：大学本科
所在单位：兰州交通大学
通讯地址：兰州交通大学体育部
成　　就：在甘肃省第八届“高校杯”暨第二届普通高等学校“校长杯”乒乓球比赛中被评为优秀教练员，荣获兰州交通大学2003-2004年度优秀教师，发表论文十余篇。
简　　介：1989年9月西北师范大学毕业后在甘肃水利水电学校任教；1999年3月调任兰州交通大学任教；2005年被评聘为高校副教授。

0371 崔强

性　　别：男
出生年月：1962-04-20
民　　族：汉族
政治面貌：群众
职　　称：副高
学　　历：大学本科
所在单位：兰州交通大学
通讯地址：兰州交通大学体育部
成　　就：长期从事高校教育学、体育学、体育教学与训练等领域的研究工作，现任学校篮球课程的教学工作，参编教材、专著一部《篮排足运动——文化与锻炼方法研习》并任主编，论文5篇，校内课题研究2项。连续担任四届兰州国际马拉松赛发令主裁判，担任省全运会自行车、田径、羽毛球比赛裁判员工作并获优秀裁判员称号。
简　　介：1983年毕业于西北师范大学体育系，现就职于兰州交通大学体育部，副教授职称，兰州市自行车协会秘书长。

0372 张连

性　　别：男
出生年月：1970-12-20
民　　族：汉族
政治面貌：党员
职　　称：副高
学　　历：硕士研究生
所在单位：兰州交通大学
通讯地址：兰州交通大学体育部
成　　就：主要从事体育社会学、运动训练、少数民族传统体育、学校体育等领域的研究工作。担任教练员带领大学生参加男子足球比赛分获冠、亚军。在《山西师大学报》《西北师范大学学报》发表论文12篇，参编专著教材2部。
简　　介：西北师范大学硕士研究生毕业，国家体育总局兰州交通大学体育文化研究基地成员之一。

0373 王立民

性　　别：男
出生年月：1963-11-20
民　　族：汉族
政治面貌：群众
职　　称：副高
学　　历：大学本科
所在单位：兰州交通大学
通讯地址：兰州交通大学体育部
成　　就：参加第三、六、七、八届全国大学生运动会乒乓球比赛，获得女子双打第四名。参加甘肃省第三届至第十六届高校杯乒乓球比赛连续多次获得男、女团体、男、女单打第一名和第二名。参加甘肃省第十一、十二、十三届运动会乒乓球比赛获得男、女子团体第一名；男、女子单打第一名；男、女双打第一名等成绩。参加甘肃省第一届、第二届大学生运动会乒乓球比赛获得甲、乙组男、女团体第一名；男、女单打第一名；男、女双打第一名；混合双打第一名等成绩。参加第九届至第十五届全国大学生乒乓球锦标赛获得女子团体第五名；女子单打第三名；女子双打第二名；混合双打第三名等成绩。发表论文 8 篇。

简　　介：现任兰州交通大学体育部教师，兰州交通大学高水平乒乓球队主教练、乒乓球国家级裁判、甘肃省乒乓球协会副秘书长。主要从事体育教学与运动训练等工作。

0374 王岩芳

性　　别：女

出生年月：1970-12-10

民　　族：汉族

政治面貌：党员

职　　称：副高

学　　历：硕士研究生

所在单位：甘肃政法学院

通讯地址：甘肃省兰州市安宁西路 6 号

成　　就：发表论文 20 多篇，其中包括：《体育教学中学生伤害事故的侵权责任与违约责任》（《天津体育学院学报》）；《论体育权利的内涵及实现》（《武汉体育学院学报》）；《论体育法的地位——从法的体系划分谈起》（《天津体育学院学报》）；《西北少数民族妇女享有基本体育服务权利保障途径研究——从完善体育行政执法谈起》（《安徽体育科技》）；《论体育权利的实现》（《军事体育进修学院学报》）；《体育权利的本质探析》（《浙江体育科学》）等。

简　　介：1992 年大学毕业分配到甘肃政法学院体育教学部任教至今，现在主要从事体育教学与研究，研究方向为体育法研究、体育教学研究。

0375 郭雪梅

性　　别：女

出生年月：1973-10-18

民　　族：汉族

政治面貌：群众

职　　称：副高

学　　历：硕士研究生

所在单位：甘肃政法学院体育教学部

通讯地址：甘肃省兰州市安宁西路 6 号

成　　就：1996 年曾被省委宣传部、省教委、团省委授予“全国大中专学生暑期社会实践优秀指导者”；1996 年、1997 年、1998 年连续三年被中专体育协会评为“先进体育工作者”；2003 年 10 月获甘肃省教育厅“全省中职学校第二届学生广播体操大赛优秀教练员三等奖”。主持参加甘肃省科技厅开发项目一项；发表科研论文 10 余篇；曾多次提交学术交流论文获二等奖；获教学竞赛二等奖。2010 年 9 月获得甘肃政法学院“三育人”先进个人的荣誉称号。

简　　介：1995 年 7 月本科毕业于西北师范大学体育系；1995 年 9 月至 2004 年 12 月在甘肃省国防科技工业学校任教，在此期间曾担任甘肃省国防科技工业学校团委书记、体育教研室负责人、工会委员等职务；2004 年 12 月两校合并后至今在甘肃政法学院体育教学部任教。2002 年 12 月被聘为讲师，2010 年 10 月被聘为副教授；2011 年在西北师范大学体育学院取得教育学硕士学位；毕业以来一直从事体育课的教学和科研工作。

0376 王涛

性　　别：男
出生年月：1979-01-19
民　　族：汉族
政治面貌：群众
职　　称：副高
学　　历：硕士研究生
所在单位：甘肃政法学院
通讯地址：甘肃省兰州市安宁西路 6 号
成　　就：主要从事体育课的教学、科研以及校高水平足球代表队竞训工作，曾担任《大学体育》一书的副主编，参与省级课题两项，发表科研论文 10 余篇，其中在国家级核心刊物发表论文 2 篇。在工作期间曾获得甘肃政法学院“三育人先进个人”等荣誉称号。工作以来一直负责校高水平足球代表队的训练与比赛工作，先后 11 次获得全省比赛冠军，个人 9 次被教育厅、体育局授予全省优秀教练员称号。并多次代表甘肃省教育厅、甘肃省体育局参加全国比赛，其中在 2007 年取得了全国前八名的优异成绩。
简　　介：2001 年 7 月本科毕业于西北师范大学体育学院，参加工作后于 2010 年 7 月取得硕士研究生学历。2007 年 12 月被聘为讲师，2013 年 11 月被聘为副教授。本科毕业至今在甘肃政法学院体育教学部任教。

0377 李作平

性　　别：男
出生年月：1970-09-02
民　　族：汉族
政治面貌：群众
职　　称：副高
学　　历：大学本科
所在单位：甘肃政法学院体育教学部
通讯地址：甘肃省兰州市安宁西路 6 号
成　　就：公开发表论文 15 篇，其中在 cssci 刊物上发表论文 4 篇，省级刊物上发表论文 11 篇；参与出版教材 1 部；主持并完成校级科研项目 1 项。获“甘肃省科技成果奖”一等奖 1 项；“甘肃省教学成果奖”三等奖 1 项；“甘肃省大学生田径运动会优秀教练员”称号。获“校优秀科研成果奖”三等奖 1 项；“校优秀教学奖”2 项；“校教改成果奖”二等奖 1 项；“校多媒体教育软件大奖赛”优秀奖 1 项；“校三育人”先进个人等称号。
简　　介：1991 年考入陕西师范大学体育教育专业；1995 年 7 月毕业分配至甘肃政法学院任教至今；2000 年取得讲师资格，2010 取得副教授资格。

0378 任渊

性　　别：女
出生年月：1972-03-18
民　　族：汉族
政治面貌：党员
职　　称：副高
学　　历：硕士研究生
所在单位：甘肃政法学院
通讯地址：甘肃省兰州市安宁西路 6 号
成　　就：近 20 年来，主要从事普体和羽毛球教学工作，从事体育教育训练学方向的研究。分别在《中国运动医学杂志》《卫生职业教育》等国家级、省级刊物发表论文近 30 篇，出版专著 2 部，申请并主持省级课题 4 项，参与课题近 10 项。
简　　介：1995 年 6 月从西北师范大学毕业；1995 年分配到甘肃政法学院体育部工作至今；2008 年被聘为甘肃政法学院体育教学部副教授。

0379 刘晓薇

性　　别：女
出生年月：1968-10-13
民　　族：汉族
政治面貌：群众
职　　称：副高
学　　历：大学本科
所在单位：甘肃政法学院体育教学部
通讯地址：甘肃省兰州市安宁西路 6 号
成　　就：曾担任《现代运动医学机能评定医务监督临床诊疗与运动性伤病防护保健康复及营养务实全书》《体育锻炼的自我保健与营养健康》《大学体育与健康》三部书的主编和《保龄球技巧图解》《21 世纪大学体育》两部书的副主编。发表科研论文 30 余篇，其中在国家级核心刊物发表论文 10 余篇。2004-2005 年度获甘肃省社科基金项目 1 项，2010 年、2012 年获甘肃省社科三等奖各 1 项，2012 年获甘肃政法学院科研二等奖。在工作期间曾获得甘肃政法学院“师德标兵”、“三育人先进个人”、“学科带头人”等荣誉称号。
简　　介：1992 年 7 月毕业于西北师范大学体育系；1999 年 9 月被聘为讲师，2004 年 9 月被聘为副教授；1992 年 7 月至 2001 年 3 月在甘肃省建筑材料工业学校任教；2001 年 3 月至今在甘肃政法学院体育教学部任教。

0380 夏小慧

性　　别：女
出生年月：1973-10-10
民　　族：汉族
政治面貌：群众
职　　称：副高
学　　历：博士研究生
所在单位：兰州城市学院
通讯地址：兰州市安宁区街坊路 11 号
成　　就：主持各级各类课题 6 项；发表核心期刊论文 7 篇，SCI 论文 1 篇；获甘肃省高校社科成果二等奖一项。2012 年主讲的“运动解剖学”课程被评为兰州城市学院“校级精品课”。2012 年被评为“兰州城市学院第三届中青年教学、科研骨干”。获兰州城市学院第三届教学质量优秀奖；获 2014 年甘肃省高校社科成果二等奖。

0381 关雅兰

性　　别：女
出生年月：1969-09-18
民　　族：汉族
政治面貌：群众
职　　称：副高
学　　历：大学本科
所在单位：兰州城市学院
通讯地址：兰州城市学院体育学院
成　　就：1986 年参加甘肃省第七届全省运动会，破三项省纪录（100m、200m、400m）；1986 年代表甘肃参加第六届全国运动会；1988 年代表陕西参加第三届全国大学生运动会，以 1′ 1″ 24 的成绩打破全国体院女子 400 米栏纪录，达到国家一级运动员标准；1989 年代表陕西参加全国体育学院田径比赛，获女子组 400 米栏第四名。
简　　介：现主要从事公共体育课的教学及研究工作。近年来，先后在各级各类专业学术期刊上发表论文 20 余篇。

0382 周有理

性　　别：男
出生年月：1963-12-19
民　　族：汉族
政治面貌：党员
职　　称：副高

学　　历：大学专科
所在单位：兰州市第五十七中学
通讯地址：兰州市安宁区万里东村万新路3号
成　　就：兰州市第三届中学生体育大课间（高中组）指导教师奖、甘肃省首届中学生运动会优秀工作人员奖。2008年在《甘肃教育》上发表论文《丰富奥林匹克知识，实施奥林匹克教育》。
简　　介：从事体育教学工作30多年，在体育工作中多次承担体育代表队的训练和比赛工作，并有多人次在市运动会中取得好成绩。

0383 田宏

性　　别：男
出生年月：1961-02-27
民　　族：汉族
政治面貌：群众
职　　称：副高
学　　历：大学本科
所在单位：兰州市第四十九中学
通讯地址：安宁区万新路42号
成　　就：2005年兰州市教育局大课间自编团体操二等奖；2006年兰州市“三好杯”篮球赛“精神文明奖”。在教学上擅长排球、乒乓球等方面教育。曾代表甘肃少年队参加排球夏令营获得全国第九名；1989年所带学生朱煜被选入国家青年女子垒球队。发表《关于九年义务教育初中三年体育理论教学之建议》《新课程标准下的体育教学之我见》等论文。
简　　介：1980年毕业于兰州师专，中学高级教师。从事中学体育教育30多年，拥有丰富的教育教学经验，现任兰州市第四十九中学体育教师练。

0384 王汝东

性　　别：男
出生年月：1963-10-24
民　　族：汉族
政治面貌：党员
职　　称：副高
学　　历：大学本科
所在单位：兰州市第二十中学
通讯地址：兰州市第二十中学
成　　就：1994年获安宁区优秀教师。2001年至2012年，先后六次获兰州市体育训练优秀教练员。2014年获学校优秀党员称号。2000年在《体育教学》发表论文1篇。2010年在《西部体育研究》杂志发表论文1篇。
简　　介：1983年毕业于兰州师专体育系；2007年首都体育大学本科毕业；1983年分配到甘肃省水电水利工程局子弟中学任教；1986年调入兰州二十中任教至今；长期从事体育课堂教学和体育专业训练，所带体育田径队多次参加省市区比赛并获奖。

0385 元照东

性　　别：男
出生年月：1962-07-04
民　　族：汉族
政治面貌：民主党派
职　　称：副高
学　　历：大学本科
所在单位：兰州市第二十中学
通讯地址：兰州市第二十中学
成　　就：1999年4月获得兰州市体育重点项目业余训练工作优秀教练员；2009年5月获得兰州市第三届优秀百所中小学大课间及自编操评选活动组织工作先进个人。
简　　介：1982年7月至1987年9月在兰州第市十七中学工作；1987年9月至今在兰州市第二十中学工作。

0386 赵春阳

性　　别：男

出生年月：1955-03-27

民　　族：汉族

政治面貌：党员

职　　称：副高

学　　历：大学本科

所在单位：兰州市第四十九中学

通讯地址：安宁区万新路 42 号

成　　就：1997 年二级全国优秀裁判员；2001-2004 年度兰州市优秀裁判员；2006-2009 年度兰州市优秀裁判员。

简　　介：1972 年参加工作至今，现为兰州市第四十九中学体育高级教师，曾担任总务处、政教处主任。自幼学习武术，从事中学体育教学 42 年。

0387 赵瑾

性　　别：男

出生年月：1969-01-30

民　　族：汉族

政治面貌：民主党派

职　　称：副高

学　　历：大学本科

所在单位：西北师大附中

通讯地址：西北师大附中

简　　介：甘肃酒泉人，2007 年获得副高职称。

0388 胡牛子

性　　别：男

出生年月：1963-10-10

民　　族：汉族

政治面貌：党员

职　　称：副高

学　　历：大学本科

所在单位：西北师大附中

通讯地址：西北师大附中

简　　介：甘肃静宁人，2000 年获得副高职称。

0389 秦斌

性　　别：男

出生年月：1965-09-06

民　　族：汉族

政治面貌：党员

职　　称：副高

学　　历：大学本科

所在单位：兰州市第四十五中学

通讯地址：兰州市第四十五中学

成　　就：《兰州市中学生体质调查分析》在中运会科报会上被评为二等奖。

简　　介：1989 年开始任教，获安宁区优秀教师称号，安宁区骨干教师。

0390 王卫平

性　　别：男

出生年月：1963-06-28

民　　族：汉族

政治面貌：群众

职　　称：副高

学　　历：大学本科

所在单位：西北师大附中

通讯地址：西北师大附中

简　　介：辽宁复县人，1996 年获得副高职称。

0391 鞠海涛

性　　别：男

出生年月：1976-09-01

民　　族：汉族

政治面貌：群众

职　　称：副高

学　　历：大学本科

所在单位：甘肃交通职业技术学院
通讯地址：甘肃交通职业技术学院
成　　就：第十一届全国运动会曲棍球裁判员；第十二届全国运动会曲棍球裁判员。
简　　介：国家曲棍球国家级裁判。

0392 张晓彤

性　　别：男
出生年月：1966-03-03
民　　族：汉族
政治面貌：民主党派
职　　称：副高
学　　历：大学本科
所在单位：西北师大附中
通讯地址：西北师大附中
简　　介：甘肃通渭人，2004 年获得副高职称。

0393 丁进正

性　　别：男
出生年月：1964-09-02
民　　族：汉族
政治面貌：党员
职　　称：副高
学　　历：大学本科
所在单位：西北师大附中
通讯地址：西北师大附中
简　　介：甘肃兰州人，2004 年获得副高职称。

0394 李正贤

性　　别：男
出生年月：1981-02-01
民　　族：汉族
政治面貌：党员
职　　称：副高
学　　历：大学本科
所在单位：兰州职业技术学院
通讯地址：兰州职业技术学院
成　　就：国家田径二级、排球二级裁判。

0395 范景鹏

性　　别：男
出生年月：1982-03-02
民　　族：汉族
政治面貌：党员
职　　称：副高
学　　历：博士研究生
所在单位：中共甘肃省委党校
通讯地址：甘肃省兰州市安宁区健宁路 199 号
成　　就：2011 年 10 月，甘肃省“贵宾宴杯”散打短兵暨高校跆拳道比赛，获得成人组 B 组第 5 名；2012 年 7 月，“兰洋杯”2012 兰州国际武术交流大会，获得短兵项目 75 公斤级第 1 名；2014 年 5 月，“体彩杯”甘肃省传统武术锦标赛暨全国首届武术运动大会选拔赛，获得 75 公斤级第 1 名。

0396 张盛庆

性　　别：男
出生年月：1955-05-10
民　　族：汉族
政治面貌：党员
职　　称：副高
学　　历：大学本科
所在单位：西北师大附中
通讯地址：西北师大附中家属院
成　　就：全国学校体育工作先进个人（1999 年）；全国“绿色学校园丁奖”（2003 年）；甘肃省优秀教师“园丁奖”（2012 年）。

0397 杨吉州

性　　别：男

出生年月：1990-06-09
民　　族：回族
政治面貌：群众
职　　称：副高
学　　历：大学本科
所在单位：东方中学
通讯地址：东方中学
成　　就：2013 年担任兰州市第七届运动会武术裁判；2013 年担任甘肃省第二届中运会武术裁判；2014 年获甘肃省第八届少数民族运动会武术比赛第一名；2014 年获甘肃省第十三届运动会武术比赛男子第二名；2014 年获兰州市第一届体育教师技能大赛三等奖。
简　　介：国家二级武术裁判，国家二级运动员。

0398 陈栋

性　　别：男
出生年月：1979-12-01
民　　族：汉族
政治面貌：党员
职　　称：副高
学　　历：大学本科
所在单位：兰州职业技术学院
通讯地址：兰州职业技术学院
成　　就：甘肃省第十一届、第十二届、第十三届运动会足球裁判工作；2010 年至 2014 年中国足球协会乙级联赛裁判工作；2008 年至今参加全国青少年足球比赛裁判工作；2002 年至今参加甘肃省足球裁判比赛工作。
简　　介：国家足球国家级裁判。

0399 宏永锋

性　　别：男
出生年月：1966-11-11
民　　族：汉族
政治面貌：民主党派
职　　称：副高
学　　历：大学本科
所在单位：兰州城市学院信息中心
通讯地址：甘肃省兰州市安宁区街坊路 11 号
成　　就：副教授、高级工程师，“双师型”科研人员。中国武术六段，中国武术段位制考评员、指导员；国家计算机信息高新技术考评员（OSTA）。作为“武术文化学科结构”创立者，于 2012 年 4 月荣获“世界著名武术家”勋章，被载入《世界武术人物史・世界著名武术家大型画册・第三卷》。从事中国功夫、信息技术及材料科学领域的交叉学科研究，有主持大型横向项目（项目金额 1600 万元）的经验。作为国际武术大赛优秀运动员获得 16 枚奖牌，作为优秀教练员指导学生获国际和省级武术大赛 62 枚奖牌。有 2 篇论文获国际武术高峰论坛金奖。作为太极拳、形意拳第六代传人，分别在 2012 年、2013 年国际武术竞赛中夺得形意拳冠军、太极拳冠军、太极推手冠军。

0400 杨华

性　　别：男
出生年月：1978-10-13
民　　族：汉族
政治面貌：党员
职　　称：副高
学　　历：大学本科
所在单位：兰州商学院陇桥学院体育部
通讯地址：兰州市和平开发区兰州商学院陇桥学院体育部
成　　就：自 2001 年参加工作以来，先后在《长春理工大学学报》《西北民族大学学报》《科技博览》《青年文学家》等学报期刊发表论文十余篇，2009 年 9 月人民体育出版社出版的《现代大学体育选项教程》担任副主编，2011 年 7 月参编中国科学技术出版社《大学体育与健康教程》教材。

简　　介：1997 年 9 月至 2001 年 7 月在西北师范大学体育学院体育教育专业学习，并获得学士学位；2001 年 9 月至今在兰州商学院陇桥学院工作任教，先后在基础课部、外国语言文学系、大学体育教学部等部门承担学校班级管理工作和教学任务，并先后担任院篮球队及田径队主教练；主要承担篮球选项课、大学体育普修课程的教学工作。2013 年被聘为副教授。

0401 南萍

性　　别：女
出生年月：1979-06-04
民　　族：汉族
政治面貌：党员
职　　称：副高
学　　历：硕士研究生
所在单位：兰州商学院陇桥学院体育部
通讯地址：兰州市和平开发区兰州商学院陇桥学院体育部
成　　就：发表论文数篇，主参编教材 3 部，主持省级科研项目 1 项，获得比赛荣誉数项，先后被学院评为“三育人”先进个人、“优秀共产党员”等荣誉称号。指导竞赛：甘肃省第二届大学生运动会女子跳高第一名，女子跳远第四名，女子 110 栏第四名；甘肃省第二届体育舞蹈锦标赛女子组 L 第一名，新秀 A 组 L 第一名，新秀 B 组 L 第一名，A 组 L 第二名；甘肃省首届大众健身操锦标赛青年组三等奖。
简　　介：现任兰州商学院陇桥学院体育教学部主任兼党支部书记。1997 年至 2001 年就读于西北师范大学体育系；2008 年至 2011 年就读于西安体育学院体育硕士；2012 年晋升为副教授。主要从事体育教学、科研及管理工作，主要研究方向为体育教学与训练。主讲课程为《大学体育选项课－排球》《大学体育选项课－健美操》和《大学体育普修》。

0402 金杰军

性　　别：男
出生年月：1958-01-12
民　　族：汉族
政治面貌：群众
职　　称：副高
学　　历：大学本科
所在单位：榆中一中
通讯地址：榆中县太白东路 65 号
成　　就：1988 年被评为榆中一中优秀教师；1995 年被评为榆中一中优秀教师；1999 年被评为榆中一中优秀工作者；2002 年被评为兰州市骨干教师；2005 年被评为榆中一中优秀教师；2010 年发表《体育教学过程中学生自身锻炼的培养》，并获得二等奖。
简　　介：1980 年至今任教于榆中一中。

0403 丁以心

性　　别：男
出生年月：1966-05-25
民　　族：汉族
政治面貌：群众
职　　称：副高
学　　历：大学本科
所在单位：榆中县恩玲中学
通讯地址：榆中县太白东路 65 号
成　　就：榆中县骨干教师。榆中县优秀教练员、优秀裁判员，榆中县体育教研员，恩玲中学优秀教师、体育学科带头人。
简　　介：1990 年参加工作。1990 年 7 月至 1997 年 8 月在榆中县第七中学任教；

1997 年 9 月至今在榆中县恩玲中学任教；多年来一直担任中学体育教学工作，并主要负责体育运动队高考学生的训练指导工作。主持学校音体美教研组工作、校工会文体工作。

0404 施建宏

性　　别：男

出生年月：1972-02-14

民　　族：汉族

政治面貌：群众

职　　称：副高

学　　历：大学本科

所在单位：榆中县第六中学

通讯地址：榆中县城关镇兴隆路 301 号

成　　就：2001 年组队参加榆中县第一届团体操比赛获得第二名。2000 年至 2002 年组队获得县级中学生田径运动会高中组一、二、三名。2001 年组队参加县级中学生篮球赛获得高中组第二名，获得榆中县第一届教师技能大赛比第二名。2014 年被评为二级社会体育指导员资格。

简　　介：1995 年毕业于兰州师专体育系；1995 年至 2013 年在榆中五中学校从事体育教学与业余训练；2014 年至今在榆中六中从事体育教学与业余训练工作。

0405 梁迎春

性　　别：男

出生年月：1972-02-01

民　　族：汉族

政治面貌：党员

职　　称：副高

学　　历：大学本科

所在单位：榆中县恩玲中学

通讯地址：榆中县太白东路 65 号

成　　就：荣获全国模范辅导员 3 次，市县级优秀教练员、优秀团干部、优秀辅导员、优秀指导教师、优秀裁判员 10 次，校级优秀教师、优秀班主任、优质课教师、优秀教育工作者、优秀党员 6 次，全县中小学课堂大比武优质课高中组一等奖，在全国以及省内外有关报刊发表论文 7 篇。

简　　介：榆中县第八届政协委员、中国摄影家协会会员、中国职业摄影师协会会员、《摄影世界》杂志社记者、甘肃省摄影家协会会员、甘肃省摄影艺术家协会会员、榆中县摄影协会副主席兼秘书长、榆中县苑川文学社理事、恩玲中学教师，毕业于首都体院，高级教师。1995 年 7 月参加工作，先后在榆中三中（1995 年 6 月至 1996 年 7 月）、榆中二中、榆中县职业技术学校（1996 年 7 月至 2000 年 7 月）任教；2000 年调入恩玲中学工作，担任团委副书记、书记职务；现为恩玲中学学生服务中心副主任，除教学、教育外，主管学校宣传、科技创新教育、学生会、学生社团工作。

0406 徐源

性　　别：男

出生年月：1973-11-12

民　　族：汉族

政治面貌：党员

职　　称：副高

学　　历：大学本科

所在单位：榆中县小康营学区

通讯地址：榆中县太白东路 65 号

成　　就：2009 年荣获榆中县先进教育工作者荣誉称号。

简　　介：1993 年 8 月至 1995 年 6 月在兰州师专体育系就读；1996 年 7 月至 1999 年 7 月在北京体育师范学院函授本科；1995 年 8 月至今在小康营学区任教。

0407 金延宏

性　　别：男
出生年月：1968-05-03
民　　族：汉族
政治面貌：党员
职　　称：副高
学　　历：大学本科
所在单位：榆中一中
通讯地址：榆中县太白东路 65 号
成　　就：1993 年获得榆中县“十佳园丁”称号。2004 年省级骨干教师。2003 年、2004 年兰州市优秀教练员。2001 年至 2004 年群众体育先进个人称号。2005 年甘肃省优秀教练员。2008 年当选奥运火炬手。2008 年榆中县优秀德育工作者。2002 年参加甘肃省体育传统项目篮球比赛获季军，兰州市中学生篮球赛季军。2003 年代表兰州市参加甘肃省农民运动会第五名，兰州市中学生篮球赛季军。2004 年兰州市中学生篮球赛亚军。2005 年参加甘肃省体育传统项目篮球比赛获冠军，兰州市参加甘肃省农民运动会季军。2006 年指导 93993 部队篮球队获兰州军区空军篮球比赛季军。2010 年被评为兰州市普通高中课程改革专家组成员。
简　　介：1991 年 6 月至 2002 年 1 月榆中师范任教；2002 年 2 月至今榆中一中任教。

0408 范希龙

性　　别：男
出生年月：1974-02-20
民　　族：汉族
政治面貌：党员
职　　称：副高
学　　历：大学本科
所在单位：榆中县一悟小学
通讯地址：榆中县城关镇兴隆路 301 号
成　　就：2007 年 4 月带领田径队参加榆中县中、小学生田径运动会获团体总分第一名，被评为优秀教练员。2007 年 5 月带领垒球队参加兰州市中、小学生女子垒球比赛获得小学组第四名。2007 年 7 月带领篮球队参加榆中县中、小学生篮球赛获团体总分第一名，被评为优秀教练员。2008 年 1 月带领田径队参加榆中县中、小学生迎奥运长跑比赛获团体总分第一名，被评为优秀教练员。2008 年 4 月带领田径队参加榆中县中、小学生田径运动会获团体总分第一名，被评为优秀教练员。2008 年 4 月带领田径队代表榆中县参加兰州市中、小学生田径运动会获得县区团体总分第一名。2008 年 9 月带领垒球队参加兰州市中、小学生女子垒球比赛荣获第三名，被评为优秀教练员。2010 年 4 月荣获兰州市 2008-2009 年度群众体育“先进个人”。2013 年 6 月带领垒球队参加兰州市中、小学生女子垒球比赛荣获榆中赛区第一名，被评为优秀教练员。
简　　介：1999 年 8 月参加工作，在麻家寺学校任教；2004 年 6 月在西北师范大学函授体育教育专业并取得本科学历；于 2006 年 8 月调入榆中县一悟小学任教体育教师。

0409 水涛

性　　别：男
出生年月：1969-01-01
民　　族：汉族
政治面貌：党员
职　　称：副高
学　　历：大学专科
所在单位：榆中县文化体育局
通讯地址：榆中县城关镇兴隆路 301 号
成　　就：1999 年被中共榆中县委评为优秀共产党员；2010 年被甘肃省体育局评为推广健身气功先进个人；2011 年被甘肃省体育局评为健身气功管理工作先进个人；2012 年 6

月被中共榆中县委评为创先争优活动优秀共产党员；2012 年被甘肃省体育局评为 2011 年至 2012 年度全省优秀社会体育指导员；2013 年被国家体育总局评为 2009 年至 2012 年度全国群众体育先进个人。

简　　介：现为国家级社会体育指导员。

0410 张茂杰

性　　别：男

出生年月：1971-02-11

民　　族：汉族

政治面貌：党员

职　　称：副高

学　　历：大学本科

所在单位：榆中五中

通讯地址：榆中县太白东路 65 号

简　　介：1993 年 7 月至 1994 年 7 月任教于榆中县第三中学；1994 年 8 月至 1998 年 7 月任教于榆中县定远镇初级中学；1998 年 8 月至今在榆中县第五中学担任体育教学；2012 年 8 月至 2014 年 2 月任政教处副主任，2014 年 3 月任总务处主任至今。

0411 邓庭

性　　别：男

出生年月：1989-01-17

民　　族：汉族

政治面貌：党员

职　　称：副高

学　　历：大学本科

所在单位：皋兰县业余体育学校

通讯地址：皋兰县石洞镇名藩路

成　　就：2007 年在第六届城市运动会中夺得自行车男子团体竟速赛第五名；同年，在安特杯全国场地自行车锦标赛暨青年锦标赛中夺得男子青年 1 公里计时赛第五名；在 2010 年环太湖国际自行车赛中总成绩第五名、亚洲第三名的优异成绩；在全国公路自行车赛中取得第四名的好成绩；在 2011 年全国公路自行车锦标赛中获得团体第三名的优异成绩；在千森杯全国场地自行车冠军赛中夺得男子记分赛第五名；在全国公路自行车锦标赛暨全国青年公路自行车锦标赛中夺得成年男子团体第三名；在 2012 年全国场地锦标赛中获得积分赛中第四名的好成绩。

简　　介：1996 年 9 月至 2002 年 7 月在皋兰县树屏镇崖头小学读书；2002 年至 2003 年在皋兰县树屏中学就学；2003 年至 2006 年在皋兰县业余体育学校自行车专业。2011 年取得大学本科文凭。

0412 牟先勤

性　　别：男

出生年月：1959-11-29

民　　族：汉族

政治面貌：群众

职　　称：副高

学　　历：中专

所在单位：皋兰县体育馆

通讯地址：皋兰县石洞镇名藩大道南段

成　　就：1988 年参加甘肃省第一届青运会（田径）比赛，夺得儿童女子组 400 米第一名，任主教练。2008 年 9 月在甘肃省第五届体育运动学校运动会上被兰州市体育局颁发给冠军教练奖牌。2010 年 10 月参加甘肃省第十二届运动会被兰州市人民政府评为优秀教练员。2012 年 2 月被兰州市体育局、兰州市教育局评为 2010—2011 年度业务训练优秀教练员。1997 年至 2012 年期间所训练的运动员参加甘肃省自行车比赛共夺得 42 枚金牌，任助理教练。多次被兰州市体育局、兰州市教育局、兰州市政府评为优秀教练员。

简　　介：1975 年 9 月参加工作，一级教练员。

0413 杨国增

性　　别：男

出生年月：1966-05-01

民　　族：汉族

政治面貌：党员

职　　称：副高

学　　历：大学专科

所在单位：皋兰县体育馆

通讯地址：皋兰县石洞镇名藩大道南段

成　　就：在1997年至2012年任主教练期间，所训练的运动员参加甘肃省自行车比赛共夺得42枚金牌。2006年8月被甘肃省体育局评为全省业务体育训练工作先进个人并颁发奖牌。2007年1月被兰州市人民政府授予参赛甘肃省第十一届运动会成绩突出奖并颁发荣誉证书。2010年10月被兰州市人民政府评为参加甘肃省第十二届运动会优秀教练员并颁发奖牌。多次被兰州市体育局、兰州市教育局、兰州市政府、甘肃省体育局评为优秀教练员。

简　　介：1989年7月参加工作，高级教练员，皋兰业余体校校长。

0414 张大林

性　　别：男

出生年月：1956-04-04

民　　族：汉族

政治面貌：群众

职　　称：副高

学　　历：大学专科

所在单位：永登县第四中学

通讯地址：永登县城关镇文昌路

成　　就：坚持山区体育教学工作37年，为山区孩子的体质健康做出来一定贡献。

0415 李友平

性　　别：男

出生年月：1967-02-19

民　　族：汉族

政治面貌：群众

职　　称：副高

学　　历：大学本科

所在单位：永登县第一中学

通讯地址：永登县城关文昌路

成　　就：1992年兰州市第二届“教学新秀”；1993年永登县“优秀教育工作者”。

简　　介：1987年9月至1991年6月就读于西安体育学院体育教育专业，大学文化；1991年7月至今在永登县第一中学工作；1997年7月至2006年6月担任音体美教研组组长，2008年3月起担任学校办公室主任至今。

0416 周芳

性　　别：女

出生年月：1970-11-05

民　　族：汉族

政治面貌：群众

职　　称：副高

学　　历：大学本科

所在单位：永登县西铁中学

通讯地址：永登县城关镇文昌路

成　　就：2000年11月被评为中学一级教师，2009年晋升为中学高级教师。具有高中体育教师资格证；先后被评为永登县体育教学骨干、优秀教练员和优秀裁判员。论文《贯彻实施体育与健康新课程标准过程中的思考》在2004年5月《中国当代教育文集》刊登并获二等奖；论文《浅议如何将德育寓于体育教学》发表于《科教文汇》杂志2006年第一期；论文《新课程理念下体育教学观念的转变》发表于《甘肃教育》杂志2007年第二期；论文《浅谈新课标下高中排球教学比赛》发表于《中国科教创新》杂志2008

年第一期；论文《课外体育比赛效应浅议》发表于《吉林教育》杂志 2009 年第三期；论文《浅议中学韵律操教学》发表于《学周刊》杂志 2010 年第三期；论文《健美操兴趣教学法小解》发表于《中国学校体育》2011 年第六期；文章《无悔的选择与坚持》发表于《中国学校体育》2012 年第三期；论文《巧用三法化解师生间摩擦》发表于《体育师友》2013 年第三期；论文《师德师风建设是人文教学之本》荣获 2007 年永登县“师德师风建设、师生心理健康教育”主题征文三等奖。
简　　介：1993 年 7 月毕业于庆阳师范高等专科学校体育系；1993 年 8 月任教于永登县西铁中学至今；2000 年 7 月本科函授毕业于首都体育学院教育专业，获教育学学士学位。

0417 张文燕

性　　别：女
出生年月：1970-09-06
民　　族：汉族
政治面貌：群众
职　　称：副高
学　　历：大学本科
所在单位：永登县连电学校
通讯地址：永登县城关镇文昌路
成　　就：1996 年、1997 年参加永登县田径运动会获团体第一，单项奖多项。

0418 张得桢

性　　别：男
出生年月：1965-02-01
民　　族：汉族
政治面貌：群众
职　　称：副高
学　　历：大学本科
所在单位：永登县西铁中学
通讯地址：永登县城关镇文昌路
成　　就：1990 年至今一直在体育一线工作，给学生传授了体育锻炼的方法和技巧，工作优异和突出。在此期间先后将 2 名学生送入高等院校体育系学习。工作期间一直担任音体美组组长的任务，负责音体美的工作和教研活动，很好地开展了活动使学校的文体活动有声有色。长期训练学校田径校队并在县运动会上取得了好的成绩。1990 年至 2000 年期间负责厂运会的组织和裁判工作。1999 年和 2000 年被厂工会评为厂工会积极分子的称号。2000 年被评为西铁中学教学新秀称号。2000 年在《北京体育学报》上发表《浅谈素质教育和体育教师素质》的论文。2006 年获国家田径二级裁判员的称号。2009 年在联合大学杂志上发表了《浅谈学生体育游戏在心里健康教育中的作用》一文。2009 年获永登县中学生田径运动会优秀裁判员的称号。
简　　介：1983 年至 1986 年在武威六中就读高中；1986 年至 1990 年在西北师范大学体育系就读；1990 年至今在永登县西铁中学担任体育教师。

0419 陈志荣

性　　别：男
出生年月：1966-05-17
民　　族：汉族
政治面貌：党员
职　　称：副高
学　　历：大学本科
所在单位：酒泉市体育运动学校
通讯地址：酒泉市体育运动学校
成　　就：田径教练员、田径国家一级裁判、全省优秀教练员。任教期间由酒泉市体育局评选为“全市体育工作先进个人”，在多年的教学训练中培养出了数名优秀运动员，并在各级各类比赛中取得了优异的成绩，每年向省体工队、省体校输送多名运动员人才。

简　　介：1984 年 8 月至 1986 年 7 月在甘肃省体校任田径中心教练员；1986 年 7 月到酒泉市体校任教至今；现任酒泉市体校训练科副科长、高级教练。

0420 陈勇虎

性　　别：男
出生年月：1970-03-08
民　　族：汉族
政治面貌：党员
职　　称：副高
学　　历：大学本科
所在单位：酒泉市体育运动学校
通讯地址：酒泉市体育运动学校
成　　就：田径教练员、田径国家一级裁判、全省体育后备人才培养优秀教练员、全省业余体育训练工作先进个人、全省业余体育训练工作先进者。任教期间先后在西北师范大学体育教育专业、成都体院运动训练专业、北京体育大学体育管理研究生班学习，获得了“全省业余体育训练先进个人”、“全省体育后备人才培养优秀教练员”等多项省、市级荣誉称号，每年向省体工队、省体校输送多名运动员人才。
简　　介：1989 年 7 月到酒泉市体校任教，现任酒泉市体校训练科科长、高级教练。

0421 额尔敦朝鲁

性　　别：男
出生年月：1965-12-09
民　　族：蒙古族
政治面貌：党员
职　　称：副高
学　　历：大学本科
所在单位：酒泉市体育运动学校
通讯地址：酒泉市肃州区西大街 2 号
成　　就：执教 30 多年来，爱岗敬业，辛勤耕耘，训练育人，取得了优异的业绩，由他培养输送的运动员叶尔兰别克・卡泰，在第十二届全运会开幕以后为甘肃夺得了唯一一枚金牌，为甘肃代表团立下了汗马功劳。本人评为酒泉市第三届劳动模范。

0422 莫文邦

性　　别：男
出生年月：1957-02-03
民　　族：汉族
政治面貌：党员
职　　称：副高
学　　历：大学专科
所在单位：玉门市油城学校
通讯地址：玉门市新市区统办楼
成　　就：2013 年“南洋杯”国际友人武术交流大会一枚金牌、两枚银牌、一枚铜牌。2000 年至 2004 年甘肃省武术比赛一等奖两个、二等奖一个。被评为甘肃省百名优秀体育教师。连续三届酒泉市成年组武术全能冠军。

0423 祁海赟

性　　别：男
出生年月：1972-03-19
民　　族：汉族
政治面貌：党员
职　　称：副高
学　　历：大学本科
所在单位：敦煌市敦煌中学
通讯地址：敦煌市敦煌中学
成　　就：北京奥运护跑手，2007 年 12 月甘肃省体育人才基地中长跑比赛获优秀教练。2009 年 8 月酒泉市“动感地带杯”中学生三人制篮球赛优秀教练。2010 年 8 月甘肃省第一届中学生运动会获优秀教练。2002

年被酒泉市教育局、酒泉体委授予“省地体育传统项目学校先进个人”，2002年、2007年被酒泉市委、市政府、体育局授予“体育工作先进个人”；同年又被省体育局授予“十运会体育道德先进个人”；2001年被国家体育总局授予“全国群众体育先进个人”；2008年被敦煌市委、市政府、授予“德育工作先进个人”。所带的训练队先后向国家队输送优秀运动员3名，向高等普通院校输送大中专本科生共计57人，培养国家二级运动员6名，其中，亚洲锦标赛、亚运会山地自行车项目第三、第五名获得者张新华就是他所培养的。

简　　介：1990年7月至2001年7月在敦煌市吕家堡中学任教；1992年8月至2002年7月在敦煌市第三中学任教；2012年8月至今在敦煌中学任政教主任；国家田径一级裁判员。

0424 孙琦

性　　别：男

出生年月：1954-06-24

民　　族：汉族

政治面貌：党员

职　　称：副高

学　　历：大学本科

所在单位：敦煌市体育中心

通讯地址：敦煌市鸣山北路470号

成　　就：在他的领导下我市全民健身活动开展得丰富多彩，全年约10万人次参加各种健身活动，全市体育人口达43%。敦煌市1986年被命名为甘肃省体育先进县，1988年被命名为全国体育先进县，1997年获得全国群众体育先进集体称号，2000年获全国职工体质测定序列活动优秀组织奖，2006年获得全国贯彻《公共文化体育设施条例》先进单位。2005年他获得全国群众体育先进个人称号。2008年圆满地完成了奥运火炬在敦煌的传递活动，他被省委省政府评为奥运火炬传递先进个人，得到了省委省政府的表彰奖励。

简　　介：1972年2月至1974年8月在敦煌市黄渠乡任教师；1972年8月至1976年8月在西北师大体育学院学习；1976年9月至1978年10月在黄渠中学任教师；1978年10月至1992年2月在市业余体校、敦煌二中任教师；1992年2月至1996年10月在市体委任副主任；1996年10月至2011年4月在市体育活动中心任主任；2011年4月任同级干部；2014年6月退休。

0425 俞生荣

性　　别：男

出生年月：1959-07-22

民　　族：汉族

政治面貌：群众

职　　称：副高

学　　历：大学专科

所在单位：金塔县中学

通讯地址：金塔县文化街66号

成　　就：荣获1993年酒泉市中学生篮球赛男子组第二名。荣获1995年第六届全市中学生篮球运动会女子组第一名。荣获2002年全省体育传统项目学校篮球赛第四名。2005年全省体育传统项目学校夏令营篮球比赛中被评为“优秀教练员”。荣获酒泉市第二届体育运动会乒乓球比赛个人体育道德风尚奖。

简　　介：1979年至1981年7月在天水师专体育教育专业学习，毕业后被分配到金塔县中学从事体育教育教学工作，先后担任初中和高中体育课的教学工作。

0426 呼格吉勒图

性　　别：男
出生年月：1976-06-22
民　　族：蒙古族
政治面貌：党员
职　　称：副高
学　　历：大学本科
所在单位：肃北县文体局
通讯地址：肃北县党城湾镇梦柯路北 2 号
成　　就：从事多年的民族体育工作，为肃北县蒙古族传统民族体育的传承和发展起到了积极的促进作用。工作以来，先后多次受到省、市在民族体育工作方面的表彰奖励。同时，对肃北县群众体育的推广和发展作出了积极的贡献。2013 年 8 月酒泉市民族事务委员会、酒泉市体育局评为“全市少数民族体育先进个人”，2014 年 8 月被甘肃省体育局授予“甘肃省第十三届运动会优秀裁判员”称号，2014 年 12 月被评为全国第六次体育场地普查甘肃省先进个人。

0427 郭强

性　　别：男
出生年月：1966-12-27
民　　族：汉族
政治面貌：党员
职　　称：副高
学　　历：大学本科
所在单位：嘉峪关市体育运动学校
通讯地址：嘉峪关市体育局
成　　就：《论体育教学中人文素质教育的导向功能》发表于《中国体育教育学报》(2006 年第 5 期)；《短跑训练中应注意心理因素的影响》发表于《体育科研》(2008 年第 2 期)；省级科研项目（项目编号：GST201027）《甘肃省市级体育运动学校生存状况与发展趋势研究》获甘肃省体育社会科学研究成果三等奖。获得 2005 年至 2008 年全国群众体育先进个人荣誉称号，2007 年荣获全省农村体育工作先进个人荣誉称号，国家一级铁人三项裁判员，国家一级社会体育指导员。
简　　介：大学本科学历，教育学学士学位。田径（短跑）副高级教练。现任嘉峪关体育局党总支委员，体育运动学校党支部书记。

0428 王锋明

性　　别：男
出生年月：1972-08-12
民　　族：汉族
政治面貌：党员
职　　称：副高
学　　历：大学本科
所在单位：甘肃省嘉峪关市体育运动学校
通讯地址：嘉峪关市体育局
成　　就：培养了祁龙伟、毛云霞、吴曦、王宏等一批省运会冠军运动员；负责嘉峪关市参赛第十一、十二、十三届省运会、第六届省民运会、第四、五、六届运动校运动会的备战、参赛工作的组织和实施；公开发表论文《情绪在运动训练竞赛中的地位作用初探》（《体育科研》1999 年第 2 期）、《青少年女子跳高运动员训练方法》（《中国体育教练员》总第 60 期）；荣获全省业余训练先进个人（2000 年）、全国群众体育先进个人(2001 年)、嘉峪关市优秀教师(2006 年)、全省体育后备人才培养优秀教练员（2010 年）。
简　　介：甘肃省嘉峪关市体育运动学校副校长。

0429 谷安利

性　　别：男
出生年月：1960-02-08
民　　族：汉族

政治面貌：党员
职　　称：副高
学　　历：大学本科
所在单位：嘉峪关市体育局
通讯地址：嘉峪关市体育局
成　　就：培养了张俊、王丽红、白英、杨艳玲等一批省级冠军运动员；向省体校、省体工一大队和国家队输送了茹作儒、韩碧荣、刘娟、张俊、苏巍、白英、王丽红、高松、张巧荣、杨艳玲等一批优秀运动员。向国家队输送的队员张巧荣（荣获远东运动会女子坐式排球冠军）、杨艳玲（荣获2004雅典残奥会坐式排球冠军）。负责组织嘉峪关市代表队参加全省田径、曲棍球、篮球等项目的青少年比赛、甘肃省第五届至十三届运动会和全国残疾人女子坐地排球锦标赛，均取得优异成绩。其中，全国残疾人女子坐地排球锦标赛荣获第三名；特别是在甘肃省第十一、十二届运动会上取得全省金牌总数第三名和第四名历史最好成绩，为嘉峪关增光添彩。公开发表论文《体育运动学校的办学现状及时策研究》（《体育科研》2007年9月第3期）；2011年期间撰写的论文《创新联办模式推进体校发展》荣获"体彩杯"全省第二届运动校、重点业余体校、优秀运动队文化节论文优秀纪念奖。2011年国家体育总局授予"全国业余训练先进个人"称号。
简　　介：现任嘉峪关市体育局调研员。

0430 王国林

性　　别：男
出生年月：1967年3月
民　　族：汉族
政治面貌：党员
职　　称：副高
学　　历：大学本科
所在单位：永昌第七中学
通讯地址：甘肃省永昌县第七中学
成　　就：论文《依托国学经典开发校本德育课程》发表在《现代中小学教育》2013年5期；2012年6月被评为甘肃省优秀专家；2011年课题研究报告《弘扬传统文化拓宽育人途径》获得甘肃省第十二届社会科学优秀成果三等奖。
简　　介：1990年7月毕业于西北师范大学，中学高级教师。

0431 伏熊林

性　　别：男
出生年月：1975-09
民　　族：汉族
政治面貌：群众
职　　称：副高
学　　历：大学本科
所在单位：永昌县第四中学
通讯地址：永昌县第四中学
成　　就：在县《教研通讯》《甘肃教育》《教师文苑》发表论文4篇，主持市、县级课题各一项，并结题。2013年评为金昌市青年教学能手，2014年评为金昌市骨干教师。参加县市优质课竞赛多次获奖。
简　　介：1997年毕业于天水师范学院体育教育专业；1997年至2003年在永昌县第三中学担任体育教学工作；2003年至今在永昌县第四中学担任体育教学、专业生训练、班主任工作。

0432 张得守

性　　别：男
出生年月：1969-12
民　　族：汉族
政治面貌：群众
职　　称：副高
学　　历：大学本科

所在单位：永昌县农业中学
通讯地址：永昌县农业中学
成　　就：2003年荣获“第二届甘肃省中职学校广播操比赛优秀教练员”荣誉称号。
简　　介：1991年参加工作，一直任教于永昌县农业中学，中学高级教师。

0433 杨武山

性　　别：男
出生年月：1971-02
民　　族：汉族
政治面貌：群众
职　　称：副高
学　　历：大学本科
所在单位：永昌一中
通讯地址：永昌一中
成　　就：2006年8月被甘肃省体育局授予甘肃省群体工作先进个人，2007年7月甘肃省第五届农民运动会组委会授予甘肃省体育道德风尚先进个人；发表于省级刊物的论文《民间传统体育项目赵定庄节子在体育教学中的开发利用》(《体育教学》2007年7月)。
简　　介：1996年7月西安体育学院体育系毕业，大学本科学历，1996年9月参加工作，中学高级教师，现承担永昌县第一高级中学体育学科教学。

0434 王岳基

性　　别：男
出生年月：1964-03-25
民　　族：汉族
政治面貌：党员
职　　称：副高
学　　历：大学本科
所在单位：金昌市永昌县金化小学
通讯地址：金昌市永昌县金化小学
成　　就：2003年4月在《中小学教师论文选》上发表《21世纪学校体育的最佳选择——论智能造型体育教育》论文；2003年10月在《甘肃教育督导》上发表《对高中生教育应讲求因势利导》论文；2005年1月在《甘肃教育督导》上发表《新课改下教师的四个转位》论文；2000年所带的训练队在市中学生运动会中获得“体育道德风尚奖”和团体总分第三名，并被评为“优秀教练员”。2012年获金昌市优秀教师。

0435 杨岳山

性　　别：男
出生年月：1968-10-11
民　　族：汉族
政治面貌：党员
职　　称：副高
学　　历：大学本科
所在单位：金昌市永昌县职业中学
通讯地址：金昌市永昌县城关镇北环路1号
成　　就：1999年论文《浅议成功体育和中学体育教学》在《体育教学》上发表；2002年论文《怎样使学生尽快掌握头顶球技术》在《体育教学》上发表；2003年论文《试论中学生行为养成教育》在《教学与管理》上发表；2005年论文《警惕校园厕所危机》在《现代教育报》上发表；2009年论文《浅议校园语言伤害的根源与对策》在《教育实践与研究》上发表；2010年论文《浅议校园语言伤害的根源与对策》在全国优秀教育论文评选活动中获甘肃赛区三等奖。
简　　介：1988年参加工作，先后从事班主任、教研组长、办公室秘书、工会主席工作，一直从事职高体育教学，现任永昌县职业中学政教处主任。

0436 曹文玺

性　　别：男

出生年月：1971-09
民　　族：汉族
政治面貌：群众
职　　称：副高
学　　历：大学本科
所在单位：永昌一中
通讯地址：永昌一中
成　　就：2013年3月参与县级课题《永昌县区域内民间传统体育项目开发研究》并通过鉴定。
简　　介：1995年7月西北师范大学体育教育专业专科毕业；2004年7月西北师范大学体育系毕业，取得大学本科学历；1995年8月参加工作，中学高级教师，现承担永昌县第一高级中学体育学科教学。

0437 达建宇

性　　别：男
出生年月：1968-04
民　　族：汉族
政治面貌：群众
职　　称：副高
学　　历：大学本科
所在单位：永昌一中
通讯地址：永昌一中
成　　就：课题《体育课程资源的开发与利用研究》于2006年10月通过甘肃省教育科学规划领导小组专家鉴定验收；在省级刊物上发表论文《传统体育游戏创新三例》(《体育师友》2008年2月)。
简　　介：1992年7月兰州师专体育系毕业；2004年7月西北师大体育系毕业，取得大学本科学历；1992年8月参加工作，中学高级教师，现承担永昌县第一高级中学体育学科教学。

0438 丁胜

性　　别：男
出生年月：1970-9-11
民　　族：汉族
政治面貌：党员
职　　称：副高
学　　历：大学本科
所在单位：永昌六中
通讯地址：永昌六中
成　　就：论文《7×7足球教学与反思》发表于《中国校外教育》；论文《对学校体育的几点思考》发表于《中学教育科研》；2009年永昌县骨干教师、2011年甘肃省全省农村体育先进个人、2012年中国·金昌丝绸之路国际青少年生存训练营活动“优秀裁判员”。
简　　介：1989年8月至1995年2月永昌三中工作；1995年3月至2010年8月河西堡中学；2010年9月至现在永昌县第六中学；1989年7月毕业于金昌师范，1996年甘肃教育学院体育专科毕业，2007年1月西北师大体育教育本科函授毕业；2002年取得中国足协C级教练员资格证，2008年取得篮球一级裁判员资格；一直以来从事中学体育教学工作。2013年9月获中学高级教师任职资格。

0439 严万泰

性　　别：男
出生年月：1975-12
民　　族：汉族
政治面貌：群众
职　　称：副高
学　　历：大学本科
所在单位：永昌县第四中学
通讯地址：永昌县第四中学
成　　就：所辅导的专业生有20多人被大

学录取。期间辅导学校田径队分别在金昌市第六届、第七届中学生运动会上获高中组团体总分第一名，排球队获第三名，并获得优秀教练员称号。辅导学生狄娜、李玲秀在甘肃省第十二届运动会及甘肃省青少年田径比赛中获第三、四名6人次。在《甘肃教育》、金昌市《教研通讯》上发表论文多篇，论文《体育生铅球训练应注重实效性》发表于《甘肃教育》2011年第6期。主持参与市县级课题研究5项。参加县级优质课竞赛多次获奖。教学工作得到师生的肯定。

简　　介：1997年7月西北师范大学体育教育专科毕业；1997年8月参加工作在永昌县六坝中学担任初中体育教学（期间：1998年7月至2001年8月在西北师范大学体育教育专业函授本科）；2005年至今在永昌县第四中学担任高中体育教学、专业生训练及班主任工作。

0440 宗有志

性　　别：男
出生年月：1973-03
民　　族：汉族
政治面貌：党员
职　　称：副高
学　　历：大学本科
所在单位：永昌一中
通讯地址：永昌一中
简　　介：1994年7月兰州师专体育教育专业毕业；1999年7月北京体育师范学院体育系毕业，取得大学本科学历；1994年8月参加工作，中学高级教师，现承担永昌县第一高级中学体育学科教学。

0441 孟娟

性　　别：女
出生年月：1972-06-07
民　　族：汉族
政治面貌：党员
职　　称：副高
学　　历：大学专科
所在单位：秦州区教体局
通讯地址：环城中路天河西楼
成　　就：国家级社会体育指导员。

0442 马建刚

性　　别：男
出生年月：1981-03-27
民　　族：汉族
政治面貌：党员
职　　称：副高
学　　历：大学本科
所在单位：天水市体育运动学校
通讯地址：天水市体育运动学校（秦州区环城西路九号）
成　　就：2007年被市政府授予“优秀教练员”称号。在甘肃省第十二届运动会田径项目比赛中带队夺得1枚金牌。2014年7月带队获得全国阳光体育青少年俱乐部三人制足球赛第三名。
简　　介：2003年6月毕业于西安体育学院体育教育专业，一级教练，2003年12月进入天水市体育运动学校任田径队教练，2011年3月担任足球队教练。

0443 钟强录

性　　别：男
出生年月：1979-07-11
民　　族：汉族
政治面貌：党员
职　　称：副高
学　　历：硕士研究生
所在单位：天水市体育运动学校
通讯地址：天水市体育运动学校（秦州区环

城西路九号）

成　　就：在 2012 年在甘肃省第六届运动校运动会上获得男子篮球第六名。发表科研论文《对第 28 届奥运会中国篮球比赛情况的研究分析》《四川篮球优秀后备人才培养现状与发展对策研究》。

简　　介：2010 年 6 月毕业于成都体育学院体育教育训练学专业；2010 年 9 月进入天水体校担任男篮教练。

0444 金航宇

性　　别：男

出生年月：1969-11-19

民　　族：满族

政治面貌：群众

职　　称：副高

学　　历：大学本科

所在单位：天水市体育运动学校

通讯地址：天水市体育运动学校（秦州区环城西路九号）

成　　就：在甘肃省第十一届运动会上获得一枚铜牌，甘肃省第八届残疾人运动会上获得 15 金、20 银。

简　　介：国家一级教练。1997 年调入天水市体校任田径队教练。

0445 李亚平

性　　别：男

出生年月：1965-03-06

民　　族：汉族

政治面貌：党员

职　　称：副高

学　　历：大学本科

所在单位：天水市体育运动学校

通讯地址：天水市体育运动学校（秦州区环城西路九号）

成　　就：所输送的队员多次在国际、国内诸多赛事中取得优异成绩，一人达国际健将、二人达国家运动健将。其中，李贺兰同学获 2001 年全国马拉松锦标赛第二名；2001 年全国田径锦标赛 5000 米第三名、10000 米第三名；尤其在 2004 年参加了雅典奥运会，取得了马拉松项目第 22 名，这也是我市唯一一名参加奥运会的运动员。柴文华同学在 2000 年取得了亚洲青年田径锦标赛 10000 米第四名；2000 年 12 月澳门国际马拉松赛第六名；2000 年北京国际马拉松赛第二名。

简　　介：1988 年毕业于西北师范大学体育系，国家高级教练员，1989 年 12 月调入天水市体育运动学校任田径组中长跑队教练。

0446 范大明

性　　别：男

出生年月：1968-10-12

民　　族：汉族

政治面貌：群众

职　　称：副高

学　　历：大学本科

所在单位：天水市师范学院

通讯地址：天水市师范学院

成　　就：国家级社会体育指导员、健美操。

0447 张帆

性　　别：男

出生年月：1965-04-08

民　　族：汉族

政治面貌：群众

职　　称：副高

学　　历：大学本科

所在单位：天水市教体局

通讯地址：天水市秦州区教体局

成　　就：国家级社会体育指导员。

0448 高曦

性　　别：男
出生年月：1986-10-24
民　　族：汉族
政治面貌：群众
职　　称：副高
学　　历：大学本科
所在单位：天水市体育运动学校
通讯地址：天水市体育运动学校（秦州区环城西路九号）
成　　就：在甘肃省第十三届运动会上获得2金。
简　　介：2009年7月毕业于北京体育大学，国家二级教练，田径一级裁判，2012年4月进入天水市体育运动学校任田径教练。

0449 张健

性　　别：男
出生年月：1986-04-29
民　　族：汉族
政治面貌：群众
职　　称：副高
学　　历：大学本科
所在单位：天水市体育运动学校
通讯地址：天水市体育运动学校（秦州区环城西路九号）
成　　就：在甘肃省第十二届、十三届运动会上共获得6金、6银、5铜。2012年被甘肃省体育局评为“优秀教练员”。
简　　介：2010年10月进入天水市体校。

0450 胡燕君

性　　别：女
出生年月：1977-01-05
民　　族：汉族
政治面貌：群众
职　　称：副高
学　　历：大学专科
所在单位：天水市秦州区教体局
通讯地址：天水市秦州区教体局
成　　就：国家级社会体育指导员、柔道。

0451 杨小军

性　　别：男
出生年月：1986-06-19
民　　族：汉族
政治面貌：群众
职　　称：副高
学　　历：大学本科
所在单位：天水市体育运动学校
通讯地址：天水市体育运动学校（秦州区环城西路九号）
成　　就：在甘肃省第十三届运动会上获得14金、7银、4铜。
简　　介：2000年进入甘肃省体工队田径队训练；2010年调入天水市体校任田径队教练。

0452 张涛

性　　别：女
出生年月：1977-04-05
民　　族：汉族
政治面貌：民主党派
职　　称：副高
学　　历：大学本科
所在单位：天水市体育运动学校
通讯地址：天水市体育运动学校（秦州区环城西路九号）
成　　就：从事教练工作以来，向省队、省体校输送多名运动员，其中有世界青少年武术锦标赛南拳冠军王璐，全国冠军赛铜牌杨洪斌，全国青少年锦标赛棍术亚军李孟楠，南拳亚军王新月等一批优秀运动员。带队参加甘肃省第十三届全省运动会武术比赛获得13金、10银、4铜的优异成绩。2000年、

2006 年被市政府评为优秀教练员，2011 年被市委评为“天水市十大优秀青年”。
简　　介：1999 年担任天水市体校武术队教练。

0453 周鹏

性　　别：男
出生年月：1973–06–26
民　　族：汉族
政治面貌：群众
职　　称：副高
学　　历：大学本科
所在单位：天水市体育运动学校
通讯地址：天水市体育运动学校（秦州区环城西路九号）
成　　就：2001 年 12 月取得一级教练员任职资格，2000 年、2006 年、2010 年被市委市政府评为“优秀教练员”，2010 年 8 月被甘肃省体育局评为“全省体育人才培养先进个人”，甘肃省第十一、十二、十三届运动会上共获得 8 金、2 银。
简　　介：1995 年 6 月毕业于西北师范大学体育系；1995 年 8 月分配到天水市体校任田径队教练。

0454 孙健彬

性　　别：男
出生年月：1989–05–17
民　　族：汉族
政治面貌：群众
职　　称：副高
学　　历：大学本科
所在单位：天水市体育运动学校
通讯地址：天水市体育运动学校（秦州区环城西路九号）
成　　就：2006 年甘肃省高校杯单打冠军、2007 年甘肃省大运会单打冠军、天水市三运会单打冠军。在甘肃省第十三届运动会上带队获得 3 枚铜牌。
简　　介：2006 年毕业于天水师范学院体育系运动训练专业；2011 年 1 月进入天水市体校担任乒乓球教练。

0455 周集岐

性　　别：男
出生年月：1944–12–18
民　　族：汉族
政治面貌：党员
职　　称：副高
学　　历：大学本科
所在单位：天水市体育局
通讯地址：天水市体育局
成　　就：国家级社会体育指导员、太极拳。

0456 何玉萍

性　　别：女
出生年月：1952–04–16
民　　族：汉族
政治面貌：群众
职　　称：副高
学　　历：高中
所在单位：麦积区体育发展中心
通讯地址：天水市秦州区新华路兰天新华苑
成　　就：国家级社会体育指导员、健身操。

0457 韩西玲

性　　别：女
出生年月：1971–11–19
民　　族：汉族
政治面貌：群众
职　　称：副高
学　　历：大学本科
所在单位：天水市体育运动学校
通讯地址：天水市体育运动学校（秦州区环

城西路九号）
成　　就：在甘肃省第十一、十二届运动会上被市委市政府评为优秀教练员。2011 年被市委市政府评为巾帼建功先进个人。为我省训练出一大批专业运动员，代表我省取得了辉煌的成绩。在甘肃省第十三届运动会上获得 2 金、2 银、2 铜。
简　　介：2004 年 2 月进入天水市体校担任射击步枪教练员。射击国家一级运动员、射击国家一级裁判员。

0458 李健

性　　别：男
出生年月：1981–02–10
民　　族：汉族
政治面貌：群众
职　　称：副高
学　　历：大学本科
所在单位：天水市体育运动学校
通讯地址：天水市体育运动学校（秦州区环城西路九号）
成　　就：培养出世界杯女子自由跤 48 公斤冠军刘洁，第十一届全国运动会男子自由跤 76 公斤亚军马志。2010 年被市委市政府评为参加甘肃省第十二届运动会“优秀教练员”。在甘肃省第十一、十二、十三届运动会上共获得 9 金、20 银。
简　　介：1995 年进入甘肃省体工一大队训练；2000 年调入天水市体校摔跤队任教练。国家一级教练员。

0459 胡锐

性　　别：女
出生年月：1942–11–17
民　　族：汉族
政治面貌：群众
职　　称：副高
学　　历：大学本科
通讯地址：秦州区新华路兰天新华苑
成　　就：健身操国家级社会体育指导员。

0460 王好时

性　　别：男
出生年月：1958–05–06
民　　族：汉族
政治面貌：党员
职　　称：副高
学　　历：大学本科
所在单位：天水市体育运动学校
通讯地址：天水市体育运动学校（秦州区环城西路九号）
成　　就：多次被市委市政府评为“优秀教练员”。2000 年被甘肃省体育局评为“优秀教练员”。
简　　介：1985 年 11 月进入天水市体育运动学校任田径教练。

0461 陈荣

性　　别：男
出生年月：1972–01–03
民　　族：汉族
政治面貌：党员
职　　称：副高
学　　历：大学本科
所在单位：天水市体育运动学校
通讯地址：天水市体育运动学校（秦州区环城西路九号）
成　　就：甘肃省第十一、十二、十三届运动会上共获得 12 金、10 银、7 铜。2000 年获省优秀教练，2002 年获天水市优秀教练、十佳教练，2006 年获得天水市政府表彰并授予“优秀教练员”称号。
简　　介：1988 年 9 月进入天水市体校射击队学习；2010 年调入天水市体校任射击教练。

0462 张朝晖

性　　别：男
出生年月：1969-09-19
民　　族：汉族
政治面貌：群众
职　　称：副高
学　　历：大学本科
所在单位：天水市体育运动学校
通讯地址：天水市体育运动学校（秦州区环城西路九号）
成　　就：甘肃省第十三届运动会上获得5金、3银、1铜。
简　　介：1993年7月毕业于西安体育运动学院体育教育系，国家一级教练，篮球一级裁判，2003年9月调入天水市体育运动学校任田径教练。

0463 陈华

性　　别：女
出生年月：1986-11-02
民　　族：汉族
政治面貌：群众
职　　称：副高
学　　历：大学本科
所在单位：天水市体育运动学校
通讯地址：天水市体育运动学校（秦州区环城西路九号）
成　　就：在甘肃省第十三届运动会上获得4金、8银、5铜。
简　　介：国家级健将，国家一级裁判员，2011年1月进入天水市体校。

0464 张钧良

性　　别：男
出生年月：1973-04-15
民　　族：汉族
政治面貌：党员
职　　称：副高
学　　历：大学本科
所在单位：天水市体育运动学校
通讯地址：天水市体育运动学校（秦州区环城西路九号）
成　　就：在甘肃省第十三届运动会上带领天水田径代表队取得27金、10银、5铜，并有两人打破省纪录的优异成绩。曾三次被市政府授予“优秀教练员”称号。2013年被国家体育总局评为“田径耐力性项目高原人才开发计划优秀基层工作者”，向省体工队输送20多名优秀体育人才。
简　　介：1992年参加工作，2000年调入体校田径队工作；1988年9月进入天水市体校训练；2000年调入天水市体校工作；现任田径队总教练。

0465 孟建设

性　　别：男
出生年月：1957-08-15
民　　族：汉族
政治面貌：群众
职　　称：副高
学　　历：大学专科
所在单位：天水市体育运动学校
通讯地址：天水市体育运动学校（秦州区环城西路九号）
成　　就：2000年被市委市政府评为“优秀教练员”。
简　　介：大专学历，国家一级教练，1985年进入天水市体校任射击队教练。

0466 陈鹏

性　　别：男
出生年月：1987-10-02
民　　族：汉族
政治面貌：群众

职　　称：副高
学　　历：大学本科
所在单位：天水市体育运动学校
通讯地址：天水市体育运动学校（秦州区环城西路九号）
成　　就：在甘肃省第十三届运动会上获得 13 金、10 银、4 铜。2009 年至 2010 年间连续两年参加全国武术竞标赛传统拳冠军，多次获得甘肃省枪术、剑术、拳术、冠军。2010 年 7 月参加香港国术竞标赛短兵第二名。
简　　介：2002 年至 2010 年在广州解放军八一队服役运动员；2011 年 12 月进入天水市体校任武术队教练。

0467 常春

性　　别：男
出生年月：1967-12-18
民　　族：汉族
政治面貌：群众
职　　称：副高
学　　历：大学专科
所在单位：天水市体育运动学校
通讯地址：天水市体育运动学校（秦州区环城西路九号）
成　　就：在甘肃省第十二、十三届运动会上共获得 2 银、5 铜。培养了徐玄冲等一大批优秀运动员，向上级优秀运动队培养输送了 10 名优秀运动员，1991 年被甘肃省体育运动委员会授予“优秀教练员”称号。
简　　介：1987 年调入天水市体育运动学校担任摔跤教练；2008 年起任跆拳道教练教练。

0468 汪龙耀

性　　别：男
出生年月：1980-10-08
民　　族：汉族
政治面貌：党员
职　　称：副高
学　　历：硕士研究生
所在单位：天水市体育运动学校
通讯地址：天水市体育运动学校（秦州区环城西路九号）
成　　就：2011 年出版专著《学校体育文化新论》，在甘肃省第十三届运动会上获得女子篮球第五名。2010 年被市委政府评为“优秀教练员”。
简　　介：2011 年 6 月毕业于成都体育学院，硕士研究生；2012 年 12 月分配到市体校任女子篮球队教练。

0469 曹淑珍

性　　别：女
出生年月：1941-10-29
民　　族：汉族
政治面貌：群众
职　　称：副高
学　　历：大学本科
所在单位：秦州区健身活动点
通讯地址：秦州区新华路 2 号
成　　就：专攻陀螺，国家级体育社会指导员。

0470 张强

性　　别：女
出生年月：1978-04-05
民　　族：汉族
政治面貌：党员
职　　称：副高
学　　历：大学本科
所在单位：天水市体育运动学校
通讯地址：天水市体育运动学校（秦州区环城西路九号）
成　　就：在甘肃省第十一、十二，十三届运动会上共获得 11 金、21 银、9 铜。

简　　介：一级教练员，柔道国家一级裁判员，毕业于陕西师范大学，2001 年 4 月进入天水市体校。

0471 王英军

性　　别：男
出生年月：1963-05-27
民　　族：汉族
政治面貌：群众
职　　称：副高
学　　历：大学专科
所在单位：天水市体育运动学校
通讯地址：天水市体育运动学校（秦州区环城西路九号）
成　　就：2000 年被市委市政府评为“优秀教练员”。
简　　介：国家一级教练，1986 年进入天水市体校任射击队教练。

0472 马亚君

性　　别：女
出生年月：1966-04-03
民　　族：汉族
政治面貌：群众
职　　称：副高
学　　历：大学本科
所在单位：秦州区教体局
通讯地址：天水市教体局
成　　就：国家级社会体育指导员，专业方向为武术。

0473 廉梅

性　　别：女
出生年月：1969-02-28
民　　族：汉族
政治面貌：党员
职　　称：副高
学　　历：大学专科
所在单位：天水市体育局
通讯地址：天水市体育局
成　　就：国家级社会体育指导员，专业方向为跆拳道。

0474 王晓东

性　　别：男
出生年月：1982-01-18
民　　族：汉族
政治面貌：党员
职　　称：副高
学　　历：硕士研究生
所在单位：甘肃机电职业技术学院
通讯地址：甘肃省天水市秦州区赤峪路 107 号
成　　就：2005 年至今一直担任学院田径队和篮球队教练，多次取得省市级比赛好成绩。2011 年所带的队员获得甘肃省第二届大学生运动会女子铅球铜牌的好成绩。社会兼职：天水市篮球协会副秘书长、天水市裁判委员会副主任。所获奖励和荣誉：2008 年北京奥运会火炬手，陕西省 CUBA 大学生篮球联赛优秀裁判员，天水市第三届运动会体育道德风尚奖，甘肃省中职学校教职工篮球比赛第三名，天水市篮球联赛优秀裁判员，甘肃省暑期三下乡优秀指导教师，多次获得甘肃省、天水市优秀团干部，甘肃机电职业技术学院优秀党员。
简　　介：现任甘肃机电职业技术学院学工部部长兼团委书记；承担体育专选课和普修课教学。运动等级：先后获得国家田径二级运动员、篮球二级运动员等级；裁判等级：篮球、田径国家一级裁判，排球、足球国家二级裁判。

0475 王晓军

性　　别：男
出生年月：1975-03-20
民　　族：汉族
政治面貌：群众
职　　称：副高
学　　历：大学本科
所在单位：甘肃机电职业技术学院
通讯地址：甘肃省天水市秦州区赤峪路107号
成　　就：多年来一直从事体育教学和学生管理等工作，并取得优异成绩，其中2000年荣获学校“优秀教师”称号；2003-2004年度荣获学校“优秀教育工作者”称号；2010-2011年度被评为甘肃省工信委所属学校先进教育工作者。工作期间积极钻研业务，于2009年代表学校参加甘肃省职业学校教工篮球比赛，取得第三名的成绩；多次带队训练并参加学院各种体育比赛取得优异成绩。同时，以实践为指导，研究和编写论文和书籍，在学校刊物上发表《对中职学校专职班主任队伍建设的若干思考》一文；以第三主编身份在中国时代经济出版社出版《现代球类教育运动理论新探与教学训练指导》一书。
简　　介：现任甘肃机电职业技术学院体育教师。1994年考入西北师范大学，1998年毕业，获学士学位；毕业后在甘肃省机械工业学校任体育教师，于2010年转入甘肃机电职业技术学院任教。

0476 齐雪松

性　　别：男
出生年月：1973-02-10
民　　族：汉族
政治面貌：群众
职　　称：副高
学　　历：大学本科
所在单位：天水市体育运动学校
通讯地址：天水市体育运动学校
成　　就：曾带队在全省第八、九、十、十一、十二、十三届运动会上共获得24枚金牌，向上级运动队输送了20多名优秀运动员，其中健将1人、一级运动员18人。其培养的优秀运动员吴徐峰曾获得第十五届亚洲青年田径锦标赛女子3000米第三名和5000米第四名，第十二届全国运动会马拉松女子组团体第四名，2013年全国越野公开赛国际半程马拉松女子国际组亚军、国内组冠军等；汪雅兰曾获得第十五届亚洲青年田径锦标赛女子10000米竞走亚军，2014年全国竞走锦标赛女子20公里竞走亚军等。三次被天水市委市政府授予“优秀教练员”称号，2013年获得天水市青年“十佳岗位能手”称号。
简　　介：1987年8月进入甘肃省体工一大队竞走队；1990年5月进入天水市体校任竞走教练。

0477 吕建平

性　　别：男
出生年月：1980-05-13
民　　族：汉族
政治面貌：党员
职　　称：副高
学　　历：硕士研究生
所在单位：甘肃机电职业技术学院
通讯地址：甘肃省天水市秦州区赤峪路107号
成　　就：先后获得“篮球一级裁判员”、“足球二级裁判员”、“篮球二级运动员”、“田径一级裁判员”、“优秀教师”、“优秀党员”、“天水市第三届运动会体育道德风尚奖个人”、“甘肃省中职学校教职工篮球比赛第三名”、“甘肃省第二届大学生运动会优秀教练员”等荣誉，并在省级期刊发表《篮球运动中基本技战术训练研究》等学术论文。2007年当选为天水市篮球协会裁判委员会成员；2008年当选为北京奥运会火炬传递护跑手；2010年担任学院体育部部长，全面负责各项体育工作；2014年至今担任机械工程系副主任，全面负责学生管理工作。

简　　介：2005年毕业于西安体育学院体育教育专业，2011年在职攻读西安体育学院硕士研究生。工作以来一直从事体育教学、运动训练、体育活动组织和班级管理等相关工作，业余参与组织天水市篮球等运动项目的裁判工作。

0478 焦伟

性　　别：男
出生年月：1959-10-05
民　　族：汉族
政治面貌：党员
职　　称：副高
学　　历：大学本科
所在单位：甘肃省广播电视大学天水分校
通讯地址：天水市滨河东路17号
成　　就：多年来一直从事班主任和体育教学工作。所带班级88工商一班、92财会一班先后于1990年、1994年获得省电大电视中专先进集体。1997年获省电大优秀班主任、1998年获天水电大优秀班主任、2000年获省电视中专优秀班主任称号。教练球队取得良好名次。增强了师生体质、活跃了校园气氛，培养了学生爱国主义、集体主义精神，收效良好。先后带领各专业学生到工厂、单位、学校进行实践、实习、社会调查活动。完成指导了各专业学生的毕业设计、论文、实习报告、论文答辩、毕业生建档工作，均被省电大验收通过。2002年9月在《甘肃广播电视大学学报》上发表《电大师范类普专体育课教学改革初探》，2003年8月在《天水师范学院学报》上发表论文《论体育教学中的德育》。

简　　介：1976年3月参加工作。1981年9月至今在甘肃广播电视大学天水分校工作，先后担任体育教学、班主任及行政管理工作。1997年4月担任政教科长，2004年3月担任工会副主席（正科级）。2004年6月毕业于中央电大法学本科，高级讲师。

0479 李恒敏

性　　别：男
出生年月：1963-10-27
民　　族：汉族
政治面貌：群众
职　　称：副高
学　　历：大学本科
所在单位：天水市体育运动学校
通讯地址：天水市体育运动学校
成　　就：培养优秀运动员张冬琴2002年获得全国柔道锦标赛女子63公斤冠军，1996年带队参加甘肃省第九届运动会柔道比赛获得团体总分第一名，1996年被市委市政府授予天水市“劳动模范”称号。

简　　介：1986年7月毕业于西安体育学院；1986年7月分配到天水市体校任柔道教练；2002年4月任天水市体校训练科副科长；2010年9月任天水市体校训练科科长；2014年8月任天水市体校副校长。

0480 徐德辉

性　　别：男
出生年月：1966-03-10
民　　族：汉族
政治面貌：党员
职　　称：副高

学　　历：大学本科
所在单位：甘肃机电职业技术学院
通讯地址：甘肃省天水市秦州区赤峪路 107 号
成　　就：长期在教学一线工作，多年从事学校体育管理工作。在教学研究和科研上，公开发表过学术论文 10 余篇。多次指导学校代表队参加省市各类体育活动与竞赛，并取得较好成绩。曾荣获省教育厅体育先进个人、市体育骨干教师、校体育学科带头人、校学术委员会委员与督导委员、校优秀教育工作者与优秀教师、校优秀党员等荣誉称号。
简　　介：毕业于西北师大体育教育专业，现任机电职业技术学院体育工作部部长。

0481 汪荣

性　　别：男
出生年月：1973-05-15
民　　族：汉族
政治面貌：群众
职　　称：副高
学　　历：大学专科
所在单位：天水市麦积区体育发展中心
通讯地址：天水市麦积区体育发展中心
成　　就：国家级社会体育指导员，专业方向为太极拳。

0482 雒莉

性　　别：女
出生年月：1951-06-01
民　　族：汉族
政治面貌：群众
职　　称：副高
学　　历：大学专科
所在单位：麦积区绒线厂
通讯地址：麦积区渭滨南路
成　　就：国家级社会体育指导员，专业方向为健身操。

0483 魏平

性　　别：女
出生年月：1952-10-22
民　　族：汉族
政治面貌：群众
职　　称：副高
学　　历：大学专科
所在单位：麦积区健身点
通讯地址：麦积区渭滨南路
成　　就：国家级社会体育指导员，专业方向为健身操。

0484 胡晓琴

性　　别：女
出生年月：1963-06-23
民　　族：汉族
政治面貌：群众
职　　称：副高
学　　历：大学本科
所在单位：天水市七中
通讯地址：天水市七中
成　　就：国家级社会体育指导员，专业方向为篮球。

0485 杨玉金

性　　别：男
出生年月：1962-09-19
民　　族：汉族
政治面貌：党员
职　　称：副高
学　　历：大学本科
所在单位：天水市第七中学
通讯地址：甘肃省天水市麦积区教体局
成　　就：1996 年获得甘肃省体育优秀教练。

0486 杨会平

性　　别：男

出生年月：1976-09-20
民　　族：汉族
政治面貌：群众
职　　称：副高
学　　历：大学本科
所在单位：麦积区西坪初中
通讯地址：甘肃省天水市麦积区教体局
成　　就：篮球省级二级裁判。经常参加学校篮球比赛裁判工作，组织学校及乡政府篮球比赛，熟练掌握篮球竞赛规则和裁判法，具有丰富的临场执法经验和组织工作能力。
简　　介：就职于麦积区西枰初中，篮球省级二级裁判。

0487 张三虎

性　　别：男
出生年月：1966-11-20
民　　族：汉族
政治面貌：党员
职　　称：副高
学　　历：大学本科
所在单位：麦积区西坪初中
通讯地址：甘肃省天水市麦积区教体局
成　　就：经常参加区上篮球比赛裁判工作，组织学校及乡政府篮球比赛，熟练掌握篮球竞赛规则和裁判法，具有丰富的临场执法经验和组织工作能力。
简　　介：就职于天水市麦积区西坪初中，篮球省级二级裁判。

0488 郭峰

性　　别：男
出生年月：1984-02-02
民　　族：汉族
政治面貌：群众
职　　称：副高
学　　历：大学本科
所在单位：麦积区凤凰初中
通讯地址：甘肃省天水市麦积区教体局
成　　就：经常参加省、市、区校园足球比赛裁判工作，熟练掌握足球竞赛规则和裁判法，具有丰富的临场执法经验和组织工作能力。
简　　介：就职于麦积区凤凰初中，足球国家级二级裁判。

0489 李根才

性　　别：男
出生年月：1953-08-01
民　　族：汉族
政治面貌：党员
职　　称：副高
学　　历：大学本科
所在单位：清水县教育体育局
通讯地址：清水县上邽花园4号楼2单元402室
成　　就：以晨练为主，以太极拳系列活动为主要内容，达到强身健体的目的；在清水县老年大学拳剑班学习期间，曾多次受到清水县县委组织部、县老干局表彰奖励；2012年被甘肃省体育局评为全省优秀社会体育指导员；2011年9月取得一级社会体育指导员资格。
简　　介：1975年至1977年兰州大学上学；1978年至1990年县三中任教；1991年至2002年县志办工作；2003年至2014年教体局工作。

0490 杨建军

性　　别：男
出生年月：1960-01-06
民　　族：汉族
政治面貌：党员
职　　称：副高

学　　历：大学专科
所在单位：秦安县业余体校
通讯地址：秦安县解放路 27 号
成　　就：省级“优秀教练员”一次，1988 年至 1993 年连续获市级优秀教练员，省级刊物发表论文 2 篇。
简　　介：1976 年 12 月参加工作；1976 年 12 月至 1980 年在 39234 部队服役；1981 年 3 月至 1994 年 12 月在县体委工作；1995 年 1 月至 1995 年 12 月在千户乡任副乡长；1996 年 1 月至 1999 年 5 月在叶堡乡任科协主席；1999 年 6 月至 2012 年 5 月在县体校任校长；2012 年 6 月至现在在体校任副科级干部，高级教练员。

0491 杜建文

性　　别：男
出生年月：1960-08-23
民　　族：汉族
政治面貌：群众
职　　称：副高
学　　历：大学本科
所在单位：秦安二中
通讯地址：秦安二中
简　　介：毕业于西北师范大学体育教育专业，参加工作后一直在秦安二中任教。

0492 张建中

性　　别：男
出生年月：1962-07-04
民　　族：汉族
政治面貌：群众
职　　称：副高
学　　历：大学专科
所在单位：秦安县业余体校
通讯地址：秦安县解放路 27 号
成　　就：荣获省级“优秀教练员”二次，市级优秀教练员三次，培养运动员徐玄冲（国际级运动健将）获全国九运动会摔跤 69 公斤级冠军，1998 年获东亚杯 69 公斤级冠军。省级刊物发表论文二篇。
简　　介：1979 年 11 月参加工作；1979 年 12 月至 1994 年 1 月在县体委工作；1994 年 1 月至现在在县体校工作。

0493 陈双满

性　　别：男
出生年月：1955-12-01
民　　族：汉族
政治面貌：群众
职　　称：副高
学　　历：大学专科
所在单位：秦安四中
通讯地址：秦安四中
简　　介：毕业于天水师专体育系，1978 年参加工作，在秦安四中任教。

0494 李三根

性　　别：男
出生年月：1955-11-01
民　　族：汉族
政治面貌：群众
职　　称：副高
学　　历：大学专科
所在单位：秦安五中
通讯地址：秦安五中
简　　介：毕业于天水师专体育系，1976 年参加工作，在秦安五中任教。

0495 伏霄

性　　别：男
出生年月：1967-12-01
民　　族：汉族
政治面貌：党员

职　　称：副高
学　　历：大学专科
所在单位：秦安县少儿业余体校
通讯地址：秦安县少儿业余体校
简　　介：毕业于天水师专体育系，1987 年 8 月参加工作，在秦安教体局工作。

0496 李亚霞

性　　别：女
出生年月：1966-08-01
民　　族：汉族
政治面貌：群众
职　　称：副高
学　　历：大学本科
所在单位：秦安县职教中心
通讯地址：秦安县职教中心
成　　就：2010 年获得“市骨干教师”称号。
简　　介：毕业于庆阳师专体育专业，1985 年 8 月参加工作，在秦安职教中心任教。

0497 黄建新

性　　别：男
出生年月：1971-07-13
民　　族：汉族
政治面貌：群众
职　　称：副高
学　　历：大学专科
所在单位：甘谷县体育发展中心
通讯地址：甘谷县文广局
成　　就：2000 年获全省业余训练先进个人；2003 年获全国优秀社会体育指导员；2006 年获全市业余训练先进个人、全市优秀体育工作者；2007 年获全市体育工作先进个人、全省优秀社会体育指导员；2010 年获全省后备人才培养先进个人。

0498 柴梦虎

性　　别：男
出生年月：1953-11-01
民　　族：汉族
政治面貌：群众
职　　称：副高
学　　历：大学本科
所在单位：天水市武山教体局
通讯地址：武山县教体局
成　　就：专业方向为篮球，国家级社会体育指导员。

0499 韩春生

性　　别：男
出生年月：1975-3-5
民　　族：汉族
政治面貌：群众
职　　称：副高
学　　历：大学本科
所在单位：武山县滩歌初级中学
通讯地址：武山县滩歌初级中学
成　　就：在校期间，经常组织教练全校师生开展各类全民健身活动，训练学校田径、篮球等兴趣小组，经常参加市县各类体育比赛；大学期间先后荣获了 1997 年甘肃省大学生技能大赛团体第一名；同年，获甘肃省大学生运动会 110 米栏第一名，4×100 米第三名；全国首届大学生技能大赛被评为精神文明运动员；1998 年获 CUBA 甘肃赛区第三名。
简　　介：中学二级体育教师，二级社会体育指导员。

0500 孙真平

性　　别：男
出生年月：1979-01-16
民　　族：汉族

政治面貌：党员
职　　称：副高
学　　历：大学本科
所在单位：武山县四门初级中学
通讯地址：武山县四门初级中学
成　　就：在校期间，经常组织教练全校师生开展各类全民健身活动，训练学校武术、田径、篮球等兴趣小组，经常参加市县各类体育比赛，多次承担市县各类体育比赛裁判工作。
简　　介：中学二级体育教师，二级社会体育指导员。

0501 令三林

性　　别：男
出生年月：1951-09-07
民　　族：汉族
政治面貌：群众
学　　历：高中
所在单位：武山县城关镇老庄村
通讯地址：武山县城关镇老庄村
成　　就：分别在1985年、1987年、1991年全县象棋比赛中荣获第一名；多次代表武山县参加天水市象棋比赛，曾5次荣获第三名，被天水市评为“二级棋士”；在1990年代表天水市参加首届农民运动会上，荣获象棋比赛个人第三名。
简　　介：象棋优秀运动员，1969年毕业于武山县令川学校，经常参加各类象棋比赛。

0502 焦扬

性　　别：男
出生年月：1991-09-27
民　　族：汉族
政治面貌：群众
职　　称：副高
学　　历：大学本科
所在单位：武山县渭北初级中学
通讯地址：武山县渭北初级中学
成　　就：2007年4月在兰州举行的全国射击一站西北赛区比赛中获男子少年组10米气手枪第五名；2009年考入天水师范学院体育学院，2010年7月代表天水师范学院参加了在清华大学举办的2010年全国大学生射击锦标赛获2枚金牌和一个第5名。
简　　介：曾为优秀运动员，现为中学二级体育教师；1997年9月至2002年7月在城关小学读书；2002年9月至2004年7月在渭北初级中学读书；2004年9月至2006年7月在天水体校读书；2006年9月至2009年7月在甘肃省体工二队训练，甘肃省体校读书；2009年9月至2013年7月在天水师范学院体育学院读书；2014年7月至今在渭北初级中学任教。

0503 康鸿鸣

性　　别：男
出生年月：1974-10-07
民　　族：汉族
政治面貌：党员
职　　称：副高
学　　历：大学本科
所在单位：武山县业余体校
通讯地址：武山县业余体校
成　　就：自任教以来，长期从事体育教学工作，积极指导开展全校师生全民健身活动，认真训练学校篮球、田径队参加市县体育比赛，获得了优异的成绩，多次承担省市县各类体育比赛裁判工作。
简　　介：中学一级体育教师，二级社会体育指导员。

0504 李树华

性　　别：女

出生年月：1969-12-06
民　　族：汉族
政治面貌：群众
职　　称：副高
学　　历：大学本科
所在单位：武山县委党校
通讯地址：武山县委党校
成　　就：自2006年参加西关晨练队以来，每年都参加县妇联组织的歌舞晚会表演。2009年该队命名为宁远心悦健身队；2013年参加了县里组织的全民健身比赛，荣获优秀组织奖；先后指导排练该队表演了《山丹丹开花红艳艳》《走向复兴》《第五套健身秧歌》等广场舞。参加了中华广舞网举行的第二届广场舞比赛，获优秀奖。近期由她教练的广场舞《圣洁的西藏》正在参加枫网广场舞大赛。
简　　介：党校讲师，二级社会体育指导员。

0505 赵连子

性　　别：男
出生年月：1945-12-10
民　　族：汉族
政治面貌：群众
学　　历：高中
所在单位：武山县滩歌镇武协
通讯地址：武山县滩歌镇上街村
成　　就：2003年第四届全国武术之乡武术比赛获二等奖2项；2007年全国农民武术大赛获二等奖和三等奖各1项；2010年全国农民武术比赛获二等奖2项；2011年第八届全国武术之乡比赛获二等奖2项；2013年全国传统武术比赛获二等奖和三等奖各1项。
简　　介：农民，优秀运动员，自幼受到家父赵世贤的熏陶，擅长家传武术（棍术）。后又受到陇上名家丁世雄老师的指导，系统学习了流星锤、大春秋刀、铁门扭丝栓子鞭、单刀、六合枪、混元刀等器械。

0506 王招平

性　　别：男
出生年月：1991-01-01
民　　族：汉族
政治面貌：群众
职　　称：副高
学　　历：大学本科
所在单位：武山县第三高级中学
通讯地址：武山县第三高级中学
成　　就：2000年甘肃省第十届运动会获3000米障碍第六名。2001年省运会3000米障碍第一名，5000米第一名。2002年省运会3000米障碍第一名。2002年省农运会10000米第一名。2005年代表天水师范学院参加全国大学生锦标赛，3000米障碍第三名，5000米第五名。
简　　介：曾为优秀运动员，现为中学二级体育教师。

0507 任晓兰

性　　别：女
出生年月：1963-04-12
民　　族：汉族
政治面貌：党员
学　　历：大学专科
所在单位：武山县工商局
通讯地址：武山县工商局
成　　就：组织“渭水源太极人”晨练点人员日常训练、比赛、演出等工作。教练项目以太极拳、太极剑、太极扇、广场舞等。
简　　介：在职公务员，二级社会体育指导员。

0508 王　瑀

性　　别：男

出生年月：1967-02-08
民　　族：汉族
政治面貌：群众
职　　称：副高
学　　历：大学专科
所在单位：武山县滩歌初级中学
通讯地址：武山县滩歌初级中学
成　　就：在基层学校从事体育教学工作 20 多年，在《中国学校体育》杂志先后发表论文《提倡课前侯课》（1998 年）、《女生后滚翻成半劈腿的逆向教学法》（2001 年）、《体操棒的妙用》（2005 年）、《你我他互为师》（2006 年）、《跨栏架在足球教学中的妙用》(2006 年)、《巧用双杠做练习》(2006 年）；在《体育教学》杂志先后发表论文《民俗“旋鼓舞”校本课程的开发研究》（2008 年）、《以赛促练提高学生耐力素质》（2010 年）。2001 年评为中学一级教师，同年被评为天水市“骨干教师”；2003 年评为甘肃省青年教学能手；2008 年评为中学高级教师。
简　　介：1986 年 9 月至 1989 年 7 月在庆阳师专体育系读书；1989 年 9 月至今在滩歌中学从事体育教学工作。

0509 罗建红

性　　别：男
出生年月：1979-09-04
民　　族：汉族
政治面貌：群众
职　　称：副高
学　　历：大学本科
所在单位：武山县城关初级中学
通讯地址：武山县城关初级中学
成　　就：在校期间经常组织教练全校师生开展各类全民健身活动，训练学校武术、田径、篮球等兴趣小组，经常参加市县各类体育比赛，多次承担市县各类体育比赛裁判工作。
简　　介：中学二级体育教师，二级社会体育指导员。

0510 陈太平

性　　别：男
出生年月：1964-08-01
民　　族：汉族
政治面貌：党员
职　　称：副高
学　　历：高中
所在单位：武山县洛门镇西街村
通讯地址：武山县洛门镇西街村二组
成　　就：2000 年荣获天水市“建行杯”名手赛冠军，同年，代表天水市参加甘肃省十运会荣获团体亚军；获 2001 年获天水市“小灵通杯”团体第二名，同年获天水市“青峡杯”第二名；获 2002 年天水市“奔马杯”第四名，2004 年天水“师院杯”第一名；获 2008 年甘肃省联合大学“迎新杯”特等奖；获 2012 年西安举办的全国“莱城杯”战和特级大师蒋川。2001 年获国家二级运动员证，2010 年荣获天水市优秀教练员称号。
简　　介：国家二级象棋运动员，二级棋士，现任武山县象棋协会主席。

0511 康晨东

性　　别：男
出生年月：1979-6-30
民　　族：汉族
政治面貌：群众
职　　称：副高
学　　历：大学本科
所在单位：武山县榆盘初级中学
通讯地址：武山县榆盘初级中学
成　　就：在校期间经常组织教练全校师生开展各类全民健身活动，训练学校武术、田径、篮球等兴趣小组，经常参加市县各类体育比赛，多次承担市县各类体育比赛裁判工作。
简　　介：中学一级体育教师，二级社会体育指导员。

0512 令桂英

性　　别：女
出生年月：1960-05-25
民　　族：汉族
政治面貌：群众
学　　历：高中
所在单位：武山县城关镇坡儿村
通讯地址：武山县城关镇坡儿村
成　　就：优秀武术运动员。在 2014 年第十一届全国武术之乡武术比赛中获银牌2枚。

0513 陶小莉

性　　别：女
出生年月：1963-10-29
民　　族：汉族
政治面貌：群众
学　　历：高中
所在单位：武山县农电局
通讯地址：武山县农电局
成　　就：自 2006 年参加西关晨练队以来，每年都参加县妇联组织的歌舞晚会表演。2009 年该队命名为宁远心悦健身队；2013 年参加了县里组织的全民健身比赛，荣获优秀组织奖；先后指导排练该队表演了《山丹丹开花红艳艳》《走向复兴》《第五套健身秧歌》等广场舞。参加了中华广舞网举行的第二届广场舞比赛，获优秀奖。近期由她教练的广场舞《春到最北方》参加了中华广舞网举办的第二届广场舞比赛，获优秀奖。
简　　介：二级社会体育指导员。

0514 董元斌

性　　别：男
出生年月：1979-06-15
民　　族：汉族
政治面貌：群众
学　　历：高中
所在单位：武山县城关镇南关村
通讯地址：武山县城关镇文化路
成　　就：优秀武术运动员。2014 年第十一届全国武术之乡武术比赛中获青年组棍术和拳术铜牌各 1 枚。

0515 马天祥

性　　别：男
出生年月：1958-05-21
民　　族：汉族
政治面貌：群众
学　　历：高中
所在单位：武山县洛门镇赵家辗村
通讯地址：武山县洛门镇赵家辗村
成　　就：1987 年获武山县洛门镇组织的象棋比赛获第一名；曾代表天水市参加甘肃省八运会、九运会荣获亚军。
简　　介：一级棋士（象棋运动员），自幼喜欢象棋，1987 年参加各类象棋比赛至今。

0516 李瑞军

性　　别：男
出生年月：1979-02-12
民　　族：汉族
政治面貌：党员
职　　称：副高
学　　历：大学本科
所在单位：武山县鸳鸯初级中学
通讯地址：武山县鸳鸯初级中学
成　　就：在校期间经常组织教练全校师生开展各类全民健身活动，训练学校武术、田径、篮球等兴趣小组，经常参加市县各类体育比赛，多次承担市县各类体育比赛裁判工作。

简　　介：中学二级体育教师，二级社会体育指导员。

0517 王刚

性　　别：男

出生年月：1989-10-1

民　　族：汉族

政治面貌：群众

学　　历：大学本科

所在单位：定西电大武校

通讯地址：武山县马力镇王门村

成　　就：优秀武术运动员。2009 年全国农民武术比赛暨第七届全国武术之乡套路比赛南拳二等奖，棍术二等奖。2009 年天水市运动会刀术第一名，棍术第一名，规定拳第三名。2011 年第八届全国武术之乡套路比赛八极拳二等奖，风磨棍二等奖。

0518 丁芙蓁

性　　别：女

出生年月：1965-02-13

民　　族：汉族

政治面貌：党员

学　　历：大学专科

所在单位：武山县残联

通讯地址：武山县东关村

成　　就：2010 至今在风云雷雨坛教健身操健身舞，主要有《梦里水乡》《噢呀郭庄》《黑山姑娘》等三十多首；2012 年带队参加县里举办的纳凉晚会，获得好评；2013 年带队参加了县里举办的全民健身活动，获优秀奖；2014 年带队参加了城关社区举办的庆七一慰问演出。

简　　介：公务员，二级社会体育指导员，现任残联副主席。

0519 李平

性　　别：女

出生年月：1967-09-04

民　　族：汉族

政治面貌：群众

学　　历：高中

所在单位：武山县滩歌镇上街村晨练点

通讯地址：武山县滩歌镇上街村

成　　就：组织的滩歌镇上街村晨练点健身人数达到 400 多人，于 2012 年 5 月正式成立为滩歌镇“太阳花”艺术团，担任该团团长，一年来先后参加县内外演出 20 多场次，组织群众开展健身活动 320 多场次，每年八一建军节深入到驻地部队慰问演出，2013 年“7・22 岷县、漳县 6・6 级地震”后，“太阳花”艺术团成员踊跃捐款，以自己的实际行动谱写了一曲“一方有难，八方支援”的中华传统美德。2013 年 8 月 8 日太阳花艺术团参加了武山县全民健身大赛，颁发了优秀组织奖，同年 10 月省市县新闻媒体深入该团进行了采访，并拍摄了专题节目；2014 年 6 月参加天水“建行杯”大赛，荣获第三名的好成绩，受得了社会各界人士的一致好评。

简　　介：二级社会体育指导员。

0520 杨顺保

性　　别：男

出生年月：1956-12-27

民　　族：汉族

政治面貌：党员

职　　称：副高

学　　历：大学专科

所在单位：武山县业余体育运动学校

通讯地址：武山县业余体育运动学校

成　　就：在县体校工作 30 多年以来，为县群众性体育和竞技体育工作做出了较大贡献，培养和输送了大批体育后备人才和体育工作者。所训练的队员参加全国及省市比赛多次取得了较好成绩，如运动员柴文华，1992 年被输送到天水体校，经过科学系统的训练，1994 年代表甘肃省参加在浙江举行的全国田径分龄赛获少年乙组 3000 米和 5000 米两项冠军；1995 年参加在武汉举行的全国中学生田径运动会获 3000 米第三名；1996 年参加甘肃省第九届运动会获3000米亚军、5000 米季军；1999 年代表中国参加东亚运动会获马拉松比赛第三名；2000 年 3 月代表中国参加北京国际马拉松邀请赛获亚军。因工作突出，多次被原天水市体委、天水市体育局及县教体局评为优秀教练员和体育先进工作者。

简　　介：1973 年 8 月至 1974 年 7 月在武山县业余体校聘任为教练员；1974 年 8 月至 1976 年 7 月在西北师范大学体育系学习；1976 年 8 月至今在武山县体校任教；1987 年被评为一级教练（中级职称）；2011 年 3 月被评为高级教练（副高）。

0521 周怀亮

性　　别：男

出生年月：1986-5-24

民　　族：汉族

政治面貌：群众

学　　历：大学专科

所在单位：武山县体育中心

通讯地址：武山县体育中心

成　　就：2000 年参加了全省体校运动会获 100 米和 200 米 2 项第四名；获 2001 年成阳市七运会 100 米第二名、200 米第一名、400 米第二名；2014 年第十一届武术之乡武术比赛获优秀教练员。

简　　介：中学二级体育教师，优秀田径运动员。

0522 马栋梁

性　　别：男

出生年月：1987-02-28

民　　族：汉族

政治面貌：群众

学　　历：大学本科

所在单位：武山县体育中心

通讯地址：武山县体育中心

成　　就：2011 年代表武山县参加了全国武术之乡武术比赛获棍术第三名、拳术第四名；2014 年代表武山县参加了甘肃省第一届武术锦标赛获拳术第一名、棍术第一名。

简　　介：中学二级体育教师，优秀武术运动员。

0523 李雅静

性　　别：女

出生年月：1982-06-09

民　　族：汉族

政治面貌：群众

职　　称：副高

学　　历：硕士研究生

所在单位：武山县体育中心

通讯地址：武山县体育中心

成　　就：2009 年甘肃省第一届大学生运动会女子乙组篮球比赛第二名；2011 年至 2014 年连续被评为武山县春节群众篮球比赛优秀裁判员。

简　　介：中学二级体育教师，二级社会体育指导员。

0524 张升升

性　　别：男

出生年月：1983-12-11

民　　族：汉族

政治面貌：党员
职　　称：副高
学　　历：大学本科
所在单位：武山县体育中心
通讯地址：武山县体育中心
成　　就：2012 年获得天水市教育局颁发的“优秀教练员”荣誉称号。
简　　介：中学二级体育教师，优秀乒乓球运动员。

0525 唐淑媛

性　　别：女
出生年月：1962-10-07
民　　族：汉族
政治面貌：群众
职　　称：副高
学　　历：大学专科
所在单位：武山县城关初级中学
通讯地址：武山县城关初级中学
成　　就：自任教以来，长期从事体育教学工作，积极开展全校师生全民健身活动，认真训练学校武术、篮球、田径队参加市县体育比赛，获得了优异的成绩，多次承担省市县各类体育比赛裁判工作。2014 年代表武山县武术之乡参加了湖南东安县举办的全国武术之乡武术比赛荣获双手剑银牌、查拳铜牌。
简　　介：中学一级体育教师，一级社会体育指导员。

0526 焦坤明

性　　别：男
出生年月：1969-11-28
民　　族：汉族
政治面貌：党员
职　　称：副高
学　　历：大学专科
所在单位：武山县业余体育运动学校
通讯地址：武山县业余体育运动学校
成　　就：在县体校工作 20 多年，累计训练的队员获得金牌 96 块，银牌 85 块，铜牌 62 块；为上一级体校输送运动员 90 多人，训练队员柴文华，2000 年 3 月代表中国参加北京国际马拉松邀请赛获亚军；汪雅兰 2012 年 4 月代表中国参加在斯里兰卡举办的亚洲田径锦标赛上获女子 10000 米竞走第二名，2014 年该队员获泰安全国竞走 20000 米亚军。1997 年被天水市第一届运动会组委会评为全市业余训练先进个人；2002 年又被天水市第二届运动会组委会评为全市体育工作先进个人；2004 年被评为 2003 年度全市“教体结合”先进个人；2006 年 3 月被天水市体育局评为 2005 年度体育工作先进个人；2012 年 7 月被天水市第三届中学生运动会大会组委会评为优秀教练员；同年 12 月被甘肃省体育局评为全省体育后备人才培养优秀教练员。
简　　介：1976 年 9 月至 1978 年 7 月在原郭槐乡郭台小学读书；1978 年 9 月至 1980 年 7 月在城关镇韩川小学读书；1980 年 9 月至 1983 年 7 月在武山一中就读初中；1983 年 9 月至 1985 年 7 月在天水市体育中学读书；1985 年 9 月至 1989 年 7 月在天水市体育运动学校读书；1989 年 8 月至今在武山县体校任教；1999 年被评为助理教练（初级职称）；2003 年被评为一级教练（中级职称）；2013 年被评为高级教练（副高）。

0527 刘甦

性　　别：男
出生年月：1969-01-07
民　　族：汉族
政治面貌：党员
职　　称：副高
学　　历：大学本科

所在单位：武山县体育中心
通讯地址：武山县体育中心
成　　就：2007 年第六届全国“武术之乡”武术比赛中，武山代表团获一等奖 4 个，二等奖 1 个，三等奖 1 个；2009 年 6 月第七届全国“武术之乡”武术比赛中，获得金牌6枚，团体总分荣获全国第 5 名，受到了国家体育总局的表彰和奖励。2011 年 7 月第八届全国“武术之乡”武术比赛，我县以 4 金、4 银的优异成绩，团体总分居全国第 6 名。武山县武术代表队在 2007 年在天水举行的“麦积山杯”全国农民武术大赛上获得一等奖 2 个、二等奖 4 个、三等奖 11 个的优异成绩。2008 年 3 月迎“奥运杯”第六届香港国际武术节武术比赛中，武山代表团荣获 2 金、2 银、1 铜和一个第四名的优异成绩；2010 年 6 月 17 日至 21 日，在宝鸡举办的全国“武术之乡”传统拳传承人演武大会上，我县代表队获 8 个一等奖、4 个二等奖。
简　　介：1989 年 7 月至 1991 年 7 月在天水师范学院（原天水师专）学习；1989 年 7 月至 2002 年 10 月在武山一中任教；1999 年 7 月至 2002 年 7 月在北京师范大学体育系学习并获得学士学位（体育教育）；2002 年 10 月至 2008 年 12 月在县教育体育局任体育股股长；2008 年 12 月至 2012 年 8 月任县体育中心副主任；2012 年 8 月至今任县体育中心主任；2011 年被国家体育总局聘任为国家级社会体育指导员。

0528 王庆勋

性　　别：男
出生年月：1983-10-13
民　　族：汉族
政治面貌：党员
职　　称：副高
学　　历：大学本科
所在单位：武山县北顺九年制学校
通讯地址：武山县北顺九年制学校
成　　就：在校期间经常组织教练全校师生开展各类全民健身活动，训练学校武术、田径、篮球等兴趣小组，经常参加市县各类体育比赛，多次承担市县各类体育比赛裁判工作，2014 年代表武山县武术之乡参加张掖市举办的全省武术比赛荣获拳术、棍术二等奖。
简　　介：中学二级体育教师，二社会体育指导员。

0529 郭艳春

性　　别：男
出生年月：1982-03-17
民　　族：汉族
政治面貌：党员
学　　历：大学本科
所在单位：武山县体育中心
通讯地址：武山县体育中心
成　　就：2007 年 4 月在第六届全国武术之乡比赛中荣获自选棍术第三名、自选太极拳第二名；2007 年 6 月在首届全国农民武术大赛中荣获太极剑一等奖、太极拳三等奖；2010 年 6 月在中国农民武术大赛中荣获传统拳一等奖、太极剑三等奖；2010 年 8 月荣获全省体育后备人才培养优秀教师。
简　　介：曾为优秀运动员。2003 年就读于西北师范大学体育学院；2007 年工作于武山县教师进修学校，后借调在武山县体育中心工作至今；现为中国武术协会会员，武术四段、武术段位制四段考评员和武术段位制四段指导员。

0530 黄海鹰

性　　别：男
出生年月：1963-07-17
民　　族：汉族

政治面貌：党员
职　　称：副高
学　　历：大学本科
所在单位：武威市体育运动学校
通讯地址：武威市体育运动学校
成　　就：2008年6月获得第五届校运会第二名。2010年6月第十二届运动会获得第三名。2012年7月获得第六届校运会第四名。
简　　介：毕业于西北师范大学，现工作于武威市体育运动学校。

0531 万国江

性　　别：男
出生年月：1957-10-15
民　　族：汉族
政治面貌：党员
职　　称：副高
学　　历：大学专科
所在单位：武威市体育运动学校
通讯地址：武威市体育运动学校
成　　就：培养的运动员闫汉英1991年在甘肃省第八届运动会上获得男子青少年组5000米第一名，尹红获女子3000米第一名。1992年所带运动员南晓明参加全国青少年田径比赛（太原赛区）获女子3000米第三名。

0532 董长虎

性　　别：男
出生年月：1963-03-05
民　　族：汉族
政治面貌：党员
职　　称：副高
学　　历：大学专科
所在单位：武威市体育运动学校
通讯地址：武威市体育运动学校
成　　就：他撰写的《强化体校业余训练的常规管理》《浅析原地投标枪“满弓”形成的条件》和《新形势下体校学生业余训练的常规管理》在全国社科论文报告评选中获一等奖。三次率我省代表参加全国性比赛，六次率我市代队参加省运会、四次省农运会、三次省残运会。所培养的队员考入本科5人，专科2人，向省体工队输送17名，省体校4人，所培养和输送的运动员在全国、全省各级各类比赛中获金牌41枚，银牌50枚，铜牌34枚，有4人次破四项省纪录。曾三次被省体育局表彰为全省体育业余训练先进工作者，二次被市体育局评为体育训练比赛“优秀教练员”。
简　　介：毕业于西安体育学院运动系，现工作于武威市体育运动学校，任训练科科长。

0533 侯月英

性　　别：女
出生年月：1962-10-25
民　　族：汉族
政治面貌：党员
职　　称：副高
学　　历：大学本科
所在单位：武威市体育运动学校
通讯地址：武威市体育运动学校
成　　就：自担任教练员工作以来获得金牌9枚，银牌10枚，铜牌12枚，其他名次多次获奖。
简　　介：毕业于西北师范学院体育教育专业，现工作于市体育运动学校，副高级教练员。

0534 康西良

性　　别：男
出生年月：1954-12-09
民　　族：汉族
政治面貌：党员
职　　称：副高

学　　历：大学专科
所在单位：武威市体育运动学校
通讯地址：武威市体育运动学校
成　　就：从事教练员工作以来，所带队员取得成绩：1988年汉城残运会银牌1枚，1989年伤残人远东运动会获金牌2枚，并打破世界纪录。在历届全国分龄赛中获得金牌3枚，银牌8枚，铜牌13枚。在全省各级运动会中所带队员获得金牌13枚，银牌、铜牌30余枚。1991年获得"全省优秀教练员"。1993年被武威市政府授予"先进工作者"，多次被市体育局、市体校评为"优秀教练员"。
简　　介：毕业于北京体育大学，现工作于武威市体育运动学校。

0535 祁雪英

性　　别：女
出生年月：1965-02-25
民　　族：汉族
政治面貌：群众
职　　称：副高
学　　历：大学本科
所在单位：武威六中
通讯地址：武威六中家属院
成　　就：任现职后发表主要论著论文：2003年在《西北师范大学学报》发表论文《怎样合理安排预习和复习时间》。2007年在《教育教学研究》发表论文《中长跑教学中如何培养学生的意志品质》。2009年在《内蒙古教育》第十二期发表论文《单杠骑撑后回环（男）骑撑后倒挂膝上（女）》。获专业技术荣誉称号：2009年9月被武威市体育局授予优秀裁判员称号；2010年11月被甘肃省教育科学研究所授予"第四届甘肃省中小学体育观摩展示活动"优秀体育课二等奖荣誉称号。
简　　介：1987年7月西北师范大学体育系毕业；1987年8月参加工作，1987年7月至1992年7月在武威第五中学从事体育教学工作；1992年8月至2010年12月在武威第六中学从事体育教学工作；从事高中体育教学工作20多年，现为中学高级教师。

0536 佘志彬

性　　别：男
出生年月：1964-12-20
民　　族：汉族
政治面貌：群众
职　　称：副高
学　　历：大学专科
所在单位：古浪县文化体育局
通讯地址：武威市古浪县昌松路文体局大楼
成　　就：向市体校输送运动员32名，在全省少年公路自行车比赛中共获金牌20枚，银牌23枚，铜牌18枚，在全国第三届民运会获自行车铜牌1枚，在2006年甘肃省残疾人运动会上获公路自行车比赛金牌3枚；向甘肃省自行车队输送运动员10名，输送后获亚洲锦标赛山地自行车越野赛金牌1枚，银牌1枚，全国八运会女子山地自行车越野赛金牌1枚，全国山地自行车锦标赛团体越野赛金牌1枚，全国山地自行车冠军赛铜牌2枚、第八名1个，全国山地自行车锦标赛第六名1个，全国青年自行车锦标赛第五名1个，第四届全国民运会自行车比赛银牌1枚。2000年以来，获全国省级优秀裁判员称号，全省农村体育先进个人称号，全省群众体育先进个人称号，全省体育竞赛先进个人称号，全省优秀体育指导员称号，2001年被古浪县政府授予优秀教练员称号，2006年被武威市体育局授予优秀体育竞赛管理干部称号。
简　　介：1982年8月至1985年8月在武威师范学校学习；1985年8月至1986年8

月在裴家营中学任教；1986 年 8 月至 1988 年 7 月在兰州师范专科学校学习；1988 年 7 月至 1990 年 4 月在裴家营职业中学任教；1990 年 4 月至 1998 年 11 月在古浪县体委工作；1998 年 11 月至今在古浪县文化体育局工作。

0537 赵生忠

性　　别：男
出生年月：1974-04-10
民　　族：汉族
政治面貌：群众
职　　称：副高
学　　历：大学本科
所在单位：民勤县职专
通讯地址：民勤县职专
成　　就：2000 年 5 月西安市碑林区职工篮球赛篮球裁判；2000 年 4 月西安市高校篮球对抗赛篮球裁判；2014 年武威市篮球比赛裁判。

0538 潘从宽

性　　别：男
出生年月：1972-01-08
民　　族：汉族
政治面貌：群众
职　　称：副高
学　　历：大学本科
所在单位：民勤县文化体育局
通讯地址：民勤县文化体育局
成　　就：武威市第一届运动会田径裁判员；民勤县第一届全民健身运动会篮球裁判。
简　　介：1992 年 8 月至 1994 年 7 月在西安体育学院就读；1994 年 8 月至 1997 年 12 月在民勤县体委工作；1998 年 1 月至 2014 年 12 月在民勤县文化体育局工作；2006 年 9 月份在武威市第一届运动会上担任田径裁判员。

0539 聂振新

性　　别：男
出生年月：1965-08-10
民　　族：汉族
政治面貌：党员
职　　称：副高
学　　历：大学本科
所在单位：民勤县文化体育局
通讯地址：民勤县三雷镇北内环路 3 号
简　　介：1985 年 7 月参加工作，2006 年 7 月任文体局副局长，2010 年 4 月兼任业余体校校长。

0540 邓玉虎

性　　别：男
出生年月：1977-01-23
民　　族：汉族
政治面貌：群众
职　　称：副高
学　　历：大学本科
所在单位：民勤县一中
通讯地址：民勤县一中
成　　就：民勤县第一届全民健身运动会篮球裁判。

0541 陈国文

性　　别：男
出生年月：1953-06-03
民　　族：汉族
政治面貌：党员
职　　称：副高
学　　历：大学本科
所在单位：天祝县文化体育局
通讯地址：天祝县人社局
成　　就：在裁判、业务训练工作中成绩突

出，多次受表彰。1987 年在体育社会化中做出优异成绩，受到中华体育总会、甘肃省分会的表彰奖励；1989 年被评为全国优秀裁判员，受到国家体委的表彰奖励；1990 年至 1991 年在业余训练工作中做出优异成绩，受到省体委的表彰奖励；1994 年在全省第三届少数民族传统体育运动会中成绩突出，受到地区行署的表彰奖励；1995 年在云南昆明举行的全国第五届少数民族传统体育运动会中成绩突出，受到省民委、省体委的表彰奖励；1998 年被评为全区群众体育先进个人，受到地区体工处的表彰奖励；1999 年至 2000 年被评为全省体育工作先进个人，在甘肃省第十届运动会上受到表彰；1998 年至 2001 年被评为全省优秀裁判员，受到省体育局表彰；2003 年在银川举行的第七届全国少数民族传统体育运动会中获得优异成绩，受到省民委、省体育局的表彰奖励；2003 年被评为全国优秀社会体育指导员，受到国家体育总局的表彰奖励；2005 年在嘉峪关举行的第六届少数民族传统体育运动会和兰州举行的全省射击比赛中成绩突出，受到了市政府和体育局的表彰奖励。

简　　介：天祝县文体局退休干部，国家级社会体育指导员，多次担任我县省、市运动会教练员。

0542 吴正升

性　　别：男

出生年月：1980-01-26

民　　族：汉族

政治面貌：党员

职　　称：副高

学　　历：大学本科

所在单位：天祝藏族自治县第一中学

通讯地址：天祝藏族自治县第一中学

成　　就：多次荣获校级优秀教师、县级骨干教师、甘肃省优秀共青团干部、篮球项目国家一级裁判员；2005 年、2006 年连续两年荣获甘肃省体育业余训练优秀教练员；2009 年、2013 年荣获武威市优秀体育教师；2010 年、2011 年、2012 年、2013 年连续荣获甘肃省篮球项目优秀裁判员；发表论文在国家级刊物 1 篇、在省级刊物 4 篇、在市级刊物 2 篇；向高校输送体育专业体育大学生 40 多名；所带男子篮球队多次参加省、市、县组织的体育比赛，曾获得天祝县第一名、武威市第一名、甘肃省第二届中运会第七名、甘肃省第十三届运动会第六名的好成绩。多次担任我县省、市运动会裁判员。

简　　介：现就职于天祝一中。

0543 段好云

性　　别：男

出生年月：1960-07-22

民　　族：汉族

政治面貌：民主党派

职　　称：副高

学　　历：大学专科

所在单位：天祝藏族自治县新华中学

通讯地址：天祝藏族自治县新华中学

成　　就：曾多次被评为校、县、市级优秀体育教师、先进工作者、优秀教练员。武威市第一届全运会上获优秀教练员，2010 年获省教育厅优秀体育教师奖。论文《体育教学中游戏的应用》2009 年发表于《甘肃教育》。

简　　介：民盟盟员，1981 年 7 月毕业于天水师院体育系，1981 年 8 月参加工作，现就职于天祝藏族自治县新华中学。

0544 张好儒

性　　别：男

出生年月：1958-08-21

民　　族：汉族

政治面貌：党员
职　　称：副高
学　　历：大学专科
所在单位：天祝县职业教育中心
通讯地址：天祝藏族自治县职业教育中心
成　　就：曾多次被评为校、县、市级优秀教师、先进工作者、优秀共产党员、优秀教练员。多次在市县级比赛中取得优异成绩。为全县教育事业和社会培养了许多优秀体育人才。曾获《甘肃师生书画大赛硬笑书法》三等奖，参与了编写《中等专业学校体育教材》，《想望的绿色世界》发表于《甘肃教育报》,《民族师范体育教学如何面向农牧区》发表于《师范周报》，《重视民族地区学校体育基础知识教学》发表于《音体美报》，《刍议西部民族学校艺术基础教育的重要性》发表于《西北成人教育》。
简　　介：1975年参加工作，先后任天祝民族师范学校和天祝县职教中心艺体组组长。

0545 香军元

性　　别：男
出生年月：1963-12-20
民　　族：汉族
政治面貌：党员
职　　称：副高
学　　历：大学本科
所在单位：天祝藏族自治县第一中学
通讯地址：天祝藏族自治县第一中学
成　　就：多年来一直从事高考体育学生辅导，多次在国家、省、市级刊物上发表论文。
简　　介：1988年6月西北师大体育学院毕业，1988年9月参加工作，2001年2月被评为中学高级教师。

0546 韩有宝

性　　别：男
出生年月：1964-12-05
民　　族：汉族
政治面貌：党员
职　　称：副高
学　　历：大学本科
所在单位：天祝县文化体育局
通讯地址：天祝县人社局
成　　就：多次担任我县省、市运动会教练员。

0547 冉孟华

性　　别：男
出生年月：1964-10-05
民　　族：汉族
政治面貌：群众
职　　称：副高
学　　历：大学本科
所在单位：河西学院体育学院
通讯地址：甘肃省张掖市环城北路846号河西学院
成　　就：发表论文13篇，1990年获“甘肃省首届学校体育论文报告会”优秀论文三等奖，2000年获甘肃省教育厅学校体育卫生优秀教学成果三等奖，2006年获甘肃省教育厅学校体育卫生优秀教学成果一等奖。
简　　介：1982年至1986年，在西北师范大学体育系学习；2000年9月入西北师范大学体育学院学习，2003年6月获教育学硕士学位；1986年至1998年在张掖一中教学；1998年至2001年在张掖二中教学；2001年至现在，在河西学院体育系教学；专业课：足球、中学体育教材教法等，公共课：篮球、排球、足球、基础课等，选修课：奥林匹克运动、足球裁判法。

0548 朱忠锋

性　　别：男

出生年月：1968-11-29
民　　族：汉族
政治面貌：党员
职　　称：副高
学　　历：大学本科
所在单位：河西学院体育学院
通讯地址：甘肃省张掖市环城北路 846 号河西学院
成　　就：在各级各类刊物上发表论文 20 余篇。2007 年《体育教学大纲与新课标的对比研究》获河西学院教学研究论文二等奖。2007 年《讲授体育专业〈排球〉课程》被评为校级精品课 2008 年张掖市第二届运动会获排球比赛第一名（教练）。2008 年讲授《排球》课程（体育专业）获第八届"教学优秀奖"。2011 年获河西学院优秀共产党员称号。2011 年甘肃省第二届大学生运动会排球比赛第六名（男子乙组，教练）。2012 年张掖市第三届运动会排球比赛第一名（教练）。2012 年获张掖市第三届运动会优秀教练员称号。2012 年《学校体育与游戏》获甘肃省高校社科成果二等奖。
简　　介：1992 年毕业于西北师范大学体育系。多年来主要承担体育学院排球、羽毛球、健康教育学等课程的教学工作。

0549 彭恩嘉

性　　别：男
出生年月：1974-10-01
民　　族：汉族
政治面貌：党员
职　　称：副高
学　　历：硕士研究生
所在单位：河西学院体育学院
通讯地址：甘肃省张掖市环城北路 846 号河西学院
成　　就：发表论文 8 篇。
简　　介：1994 年 9 月至 1998 年 6 月在西北师范大学体育学院攻读教育学学士学位；2002 年 9 月至 2005 年 6 月在西北师范大学体育学院攻读体育教育训练学专业足球硕士学位；1998 年 9 月至 2002 年 7 月在甘肃省兰州市皋兰一中任教；2005 年 9 月至现在在河西学院体育系任教。

0550 周小莲

性　　别：女
出生年月：1969-06-07
民　　族：汉族
政治面貌：群众
职　　称：副高
学　　历：大学本科
所在单位：河西学院体育学院
通讯地址：甘肃省张掖市环城北路 846 号河西学院
成　　就：发表论文 10 篇。

0551 邓金

性　　别：男
出生年月：1965-03-19
民　　族：汉族
政治面貌：民主党派
职　　称：副高
学　　历：大学本科
所在单位：河西学院体育学院
通讯地址：甘肃省张掖市环城北路 846 号河西学院
成　　就：发表论文 13 篇，省教育厅立项课题一项。
简　　介：1988 年至 2000 年张掖农校从事体育教学工作；2000 年至现在河西学院体育学院工作，承担男、女篮教学任务。

0552 王志勇

性　　别：男
出生年月：1968-11-25
民　　族：汉族
政治面貌：党员
职　　称：副高
学　　历：大学本科
所在单位：河西学院体育学院
通讯地址：甘肃省张掖市环城北路 846 号河西学院
成　　就：发表论文 10 余篇。
简　　介：承担武术、体操、羽毛球教学工作。

0553 罗文俊

性　　别：男
出生年月：1963-06-15
民　　族：汉族
政治面貌：民主党派
职　　称：副高
学　　历：大学本科
所在单位：河西学院体育学院
通讯地址：甘肃省张掖市环城北路 846 号河西学院
成　　就：发表论文 10 余篇，主编专著一部。
简　　介：2000 年 12 月晋升副高职称。

0554 沈兴珠

性　　别：女
出生年月：1975-01-01
民　　族：汉族
政治面貌：群众
职　　称：副高
学　　历：硕士研究生
所在单位：河西学院体育学院
通讯地址：甘肃省张掖市环城北路 846 号河西
成　　就：发表论文 10 篇。
简　　介：承担体操、健美操等教学工作。

0555 姚键梅

性　　别：女
出生年月：1969-06-05
民　　族：汉族
政治面貌：群众
职　　称：副高
学　　历：大学本科
所在单位：河西学院体育学院
通讯地址：甘肃省张掖市环城北路 846 号河西学院
成　　就：发表论文 9 篇，荣获甘肃省高等学校社科成果一等奖。
简　　介：1990 年 9 月至 1994 年 7 月就读于西北师大体育教育专业，获得体育教育专业学士学位；1994 年 7 月进入河西学院体育系参加工作；2000 年 9 月至 2001 年 7 月在西北师大体育学院在职研究生培训班进修学习，获得结业证。承担健美操、排球等教学任务。

0556 刘茂昌

性　　别：男
出生年月：1970-06-15
民　　族：汉族
政治面貌：民主党派
职　　称：副高
学　　历：大学本科
所在单位：河西学院体育学院
通讯地址：甘肃省张掖市环城北路 846 号河西学院
成　　就：2011 年获得河西学院教学优秀奖，2010 年获得河西学院理科“随机组”教学技能大赛三等奖，2011 年获得河西学院校级优秀班主任，2011 年获得中共河西学院“优秀共产党员”。

简　　介：1993 年至 1997 年在西北师范大学体育系读本科；2004 年至 2007 年在西北师范大学体育学院读硕士研究生；承担篮球、排球等公共课教学任务。

0557 王虎

性　　别：男
出生年月：1972-04-17
民　　族：汉族
政治面貌：党员
职　　称：副高
学　　历：大学本科
所在单位：河西学院体育学院
通讯地址：甘肃省张掖市环城北路 846 号
成　　就：发表论文 10 篇。曾获“优秀共产党员”、“思想政治工作先进个人”、“优秀班主任”、社会实践“优秀指导教师”、田径运动会“先进个人”、第八届、第十三届教学优秀奖等荣誉称号。
简　　介：1993 年 9 月至 1997 年 7 月西北师范大学体育系读书；1997 年 7 月至 1998 年 3 月张掖师专体育系任教；1998 年 3 月至 1998 年 7 月肃南职教中心支教；1998 年 7 月至今河西学院体育学院任教（期间：1998 年 9 月至 2000 年 12 月兼任体育系辅导员工作，2008 年 9 月至 2014 年 5 月兼任体育学院场馆中心主任）；2014 年 5 月至今任河西学院体育学院副院长（期间：2014 年 9 月 22 日至 9 年 27 日复旦大学“河西学院高校综合改革与制度机制创新高级研修班”学习）。

0558 香成福

性　　别：男
出生年月：1966-12-06
民　　族：汉族
政治面貌：党员
职　　称：副高
学　　历：大学本科
所在单位：河西学院体育学院
通讯地址：甘肃省张掖市环城北路 846 号
成　　就：发表论文 13 篇，参编教材 2 部。
简　　介：1990 年 7 月至 1996 年 8 月在甘肃张掖师范高等专科学校体育教研室任教；1996 年 9 月至 2000 年 12 月在甘肃张掖师范高等专科学校体育系任教；2001 年 1 月至今，在甘肃省河西学院体育学院任教；主要承担《篮球》《排球》等课程的教学和研究工作，河西学院男篮代表队的训练工作。

0559 张生芳

性　　别：男
出生年月：1964-09-24
民　　族：汉族
政治面貌：民主党派
职　　称：副高
学　　历：大学本科
所在单位：河西学院体育学院
通讯地址：甘肃省张掖市环城北路 846 号
成　　就：发表论文 20 余篇，主编教材、著作 4 部。
简　　介：1989 年毕业于陕西师范大学体育系；1989 年至现在在河西学院体育学院任教，承担田径、体育统计学、运动生物力学专业课教学工作，承担篮球、排球、足球、基础课公共课教学任务，承担健康教育选修课教学任务。

0560 毛建民

性　　别：男
出生年月：1962-02-18
民　　族：汉族
政治面貌：民主党派
职　　称：副高

学　　历：大学本科
所在单位：河西学院体育学院
通讯地址：甘肃省张掖市环城北路 846 号河西学院
成　　就：发表学术论文 10 余篇；编写教材和著作 3 部；参与《河西小康文化建设研究》，获省社科三等奖。
简　　介：1982 年 7 月毕业于西北师范大学体育教育专业；1982 年 7 月参加工作，现任河西学院纪委副书记、监察室主任、审计处处长；1978 年 9 月至 1982 年 7 月在西北师范大学体育教育专业学习；毕业后进入张掖师专（现河西学院）工作至今（其中：1982 年 7 月至 1998 年 9 月从事体育教学和教学管理工作，历任体育教研组组长（正科），体育教研室副主任（副处），主持工作）；1998 年 9 月至 2002 年 10 月任总务处处长；2002 年 10 月至 2006 年 6 月任后勤管理处处长；2006 年 7 月至 2009 年 12 月任国资后勤处长；2009 年 12 月至 2014 年 4 月任财务处处长；2014 年 4 月至今任纪委副书记、监察室主任、审计处长。

0561 唐晓宏

性　　别：男
出生年月：1962−04−30
民　　族：汉族
政治面貌：群众
职　　称：副高
学　　历：大学本科
所在单位：河西学院体育学院
通讯地址：甘肃省张掖市环城北路 846 号
成　　就：曾获得河西学院教学优秀奖，两次获得甘肃省大学生运动会优秀教练员奖。主编著作一部，参编教材一部，发表论文十余篇。
简　　介：1983 年 7 月毕业于西北师范大学；1983 年 7 月在原张掖师范学校就职；1986 年调入张掖体校就职；1996 年调入河西学院任教至今。

0562 丁斌

性　　别：男
出生年月：1974−01−30
民　　族：汉族
政治面貌：党员
职　　称：副高
学　　历：大学本科
所在单位：河西学院体育学院
通讯地址：甘肃省张掖市环城北路 846 号河西学院
成　　就：发表论文 10 篇。
简　　介：1994 年 9 月至 1998 年 7 月西北师范大学体育系学习；1998 年至 2000 年在张掖职业中专任教；2000 年至现在在河西学院体育系任教，承担专业课：足球、体育概论、体育科研方法，承担公共课：武术、排球、足球、基础课等，承担选修课：五人制足球。

0563 张建平

性　　别：男
出生年月：1961−09−09
民　　族：汉族
政治面貌：群众
职　　称：副高
学　　历：大学本科
所在单位：河西学院体育学院
通讯地址：甘肃省张掖市环城北路 846 号河西学院
成　　就：发表科研论文 10 篇，主编教材 1 部，1989 年获甘肃省“保险杯”青年健美操大奖赛二等奖，1990 年获甘肃省第一届大学生文艺汇演一等奖 1 个、二等奖 3 个、三等奖 2 个，任艺术指导。

简　　介：1980年9月至1984年7月在西安体育学院学习，获学士学位；1987年9月至1988年8月在西安体育学院进修（助教班，学习硕士研究生课程）；1984年至现在在河西学院任教，承担田径、体育游戏、排球、学校卫生学等专业课教学工作，承担公共体育课教学任务。

0564 钟卫民

性　　别：男
出生年月：1957-07-23
民　　族：汉族
政治面貌：群众
职　　称：副高
学　　历：大学本科
所在单位：河西学院体育学院
通讯地址：甘肃省张掖市环城北路846号河西学院
成　　就：发表论文20篇，出版专著1部。
简　　介：承担武术、篮球等教学任务。

0565 张晶

性　　别：女
出生年月：1962-05-04
民　　族：汉族
政治面貌：群众
职　　称：副高
学　　历：大学本科
所在单位：河西学院体育学院
通讯地址：甘肃省张掖市环城北路846号河西学院
成　　就：发表论文10篇。2001年获学院"优秀教师"称号，2003年和2006年分别获学院第三、第六届"教学优秀奖"，2006年获学院首届教师多媒体课件大赛优秀奖。
简　　介：1978年春至1982年1月在西北师范大学体育系学习；1982年1月至1996年3月在张掖体育运动学校任教；1996年4月至今在河西学院体育系任教，承担《人体解剖学》《篮球》教学任务，承担《篮球》《排球》公共体育课教学工作，承担《街头篮球》选修课教学工作。

0566 盛建国

性　　别：男
出生年月：1970-10-07
民　　族：汉族
政治面貌：党员
职　　称：副高
学　　历：大学本科
所在单位：河西学院体育学院
通讯地址：甘肃省张掖市环城北路846号
成　　就：发表论文12篇，出版专著1部。出版专著1部，主编参编教材2部，发表学术论文23篇（第一作者14篇），《榆中高原训练基地与多巴、海埂高原训练基地的比较研究》获得甘肃省2005年体育发展新思路一等奖。《人文视角下残疾人体育运动研究》获得甘肃省高校社科成果三等级；论文《初中阶段青少年自主健身行为评价及干预策略》获得第十二届全国学生运动会科学论文报告会二等奖；获得2012年学校教学合格评估先进个人，获得2006年河西学院第五届教学优秀奖。
简　　介：1990年9月入西安体育学院体育系学习，1994年6月毕业，获学士学位；1994年至1995年在张掖体校教学见习；1995年至1999年在本校任教，承担公共体育课、体育专业课教学工作；1999年9月入西北师范大学体育学院学习，2001年6月获教育学硕士学位；2001至现在在本校任教。

0567 唐光旭

性　　别：男

出生年月：1976-03-12
民　　族：汉族
政治面貌：党员
职　　称：副高
学　　历：大学本科
所在单位：河西学院体育学院
通讯地址：甘肃省张掖市环城北路846号河西学院
成　　就：发表核心论文3篇，省级论文12篇，出版专著1部，主持2项厅局级科研项目、3项校级科研项目；参与十一五、十二五科技支撑计划课题、国家自然科学基金项目。2011年被为河西学院评为“青年骨干”教师荣誉称号。
简　　介：毕业于北京体育大学。主要从事运动生理学课程的教学研究工作，体育科学学会会员、中国运动生理学学会会员。

0568 丁在祥

性　　别：男
出生年月：1961-02-10
民　　族：汉族
政治面貌：党员
职　　称：副高
学　　历：大学本科
所在单位：张掖市全民健身中心
通讯地址：张掖市体育局
成　　就：近年来中心发展会员近2000人，综合接待各类健身群众近20万人次，承办各类比赛活动近100次，来馆健身群众越来越多，有效带动了我市全民健身事业的发展。在推动我市贯彻落实《甘肃省全民健身条例》《甘肃省全民健身实施计划（2011—2015）》方面，在满足群众体育健身需求，转变群众生活方式，提升社会文明程度等方面都发挥了重要作用，贡献了自己的力量。2013年8月张掖市全民健身活动中心、张掖市青少年活动中心阳光体育俱乐部荣获“2009—2012年度全国群众体育先进单位”称号。2014年荣获甘肃省“群众体育先进个人”称号。
简　　介：1981年9月至1984年8月张掖市师范学校学习；1984年8月至1989年8月高台县第三中学任教；1989年8月至1995年8月高台县职业中专任教；1995年8月至1999年8月高台县职业中专学校教务处主任；1999年8月至2001年8月高台县职业中专学校副校长；2001年8月至2007年11月高台县职业中专学校校长（1999年9月至2002年8月西北师范大学教育管理专业函授班学习）；2007年11月至2009年8月张掖市职业技术学院筹建办公室；2009年8月至2010年11月张掖市人力资源和社会保障局；2010年11月至今张掖市全民健身中心主任。

0569 冯进炜

性　　别：男
出生年月：1968-09-10
民　　族：汉族
政治面貌：群众
职　　称：副高
学　　历：大学本科
所在单位：甘肃省张掖中学
通讯地址：张掖市教育局
成　　就：1996年开始一直进行体育生高考的辅导工作，向北京体育、西安体院等各大院校输送体育人才三百余名。2011年被甘肃省教育厅聘为开展阳光体育指导专家。2004年、2006年、2013年三次评为全省优秀社会体育指导员。2010年、2013年两次组织训练男子篮球队代表张掖市参加全省中学生运动会获得第五名、第三名的好成绩。多次带队参加张掖市体育局、教育局组织的各类比赛获得一、二、三名。一项“十一五”规划课题获得省级鉴定，一项课题立为市级优秀课题。2004年至今发表省级论文8篇。多次被武警支队、工商银行、人寿保险公司、邮局等单位聘为教练指导体操、排球等项目。

0570 何冠年

性　　别：男
出生年月：1974-08-08
民　　族：汉族
政治面貌：党员
职　　称：副高
学　　历：大学本科
所在单位：张掖市全民健身中心
通讯地址：张掖市体育局
成　　就：国家级社会体育指导员，篮球、田径项目国家一级裁判员，中学一级教师。张掖市羽毛球运动协会常务副秘书长，张掖市教育学会体育教学研究会理事，张掖市体育总会田径专业委员会委员。近年来先后获得张掖市“体育工作先进个人”、“体育达标先进个人”，全省“优秀社会体育指导员”和“职工体育先进个人”等荣誉称号，并多次在省、市级比赛中被评为“优秀教练员”和“优秀裁判员”。在《田径》《中国学校体育》《体育教学》等刊物上发表论文多篇。2013年7月带领张掖市阳光青少年体育俱乐部代表甘肃省参加2013年阳光体育全国青少年体育俱乐部比赛，取得较好成绩，做出显著贡献，受到甘肃省体育局、甘肃省教育厅和共青团甘肃省委的联合表彰。
简　　介：1995年9月至1997年7月西安体育学院学习；1997年7至2002年8月张掖市上秦镇中学任教（1998年9月至2001年6月西安体育学院体育教育函授班学习）；2002年8月至2011年5月张掖市第二中学任教；2011年5至今张掖市全民健身中心工作。

0571 屈春兰

性　　别：女
出生年月：1972-02-10
民　　族：汉族
政治面貌：党员
职　　称：副高
学　　历：大学本科
所在单位：张掖医学高等专科学校
通讯地址：张掖市教育局
成　　就：参编教材1部；发表论文10余篇；参与体育科研课题1项；近5年完成体育教学工作量3000多学时。曾获“优秀共产党员”、“优秀教师”、“优秀班主任”、“贯彻中央7号文件和体育工作条例先进个人”等荣誉称号。参编教材一部，主持省教育科学规划办课题一项，发表论文10余篇。
简　　介：1997年毕业于西北师范大学体育教育专业，获教育学学士学位。主要担任体育课程的教学与训练。一级社会体育指导员。

0572 曹生

性　　别：男
出生年月：1965-10-28
民　　族：汉族
政治面貌：党员
职　　称：副高
学　　历：大学本科
所在单位：张掖医学高等专科学校
通讯地址：张掖市教育局
成　　就：1986年7月至今，发表论文10多篇，以主编、副主编、编委参编教材8部，1995年获得张掖地区优秀教师，10多次获得学校优秀教师、优秀班主任、优秀党员、党务工作者等荣誉，2004年至2006年连续三年获张掖市优秀社会体育指导员，张掖市体育总会委员，承担过省、市、区、行业系统体育指导服务工作。

简　　介：1982年9月至1986年6月西北师范学院体育系学习；1986年7月至2003年3月张掖卫校任教；2003年4月至今张掖医专任教。

0573 赵翔

性　　别：男

出生年月：1974-08-05

民　　族：汉族

政治面貌：党员

职　　称：副高

学　　历：大学本科

所在单位：教师

通讯地址：甘肃省民乐县人社局

成　　就：篮球国家二级裁判员。曾获“甘肃省第二届中学生运动会优秀教练员”、“甘肃省优秀社会体育指导员”称号，多次荣获“张掖市优秀教练员”，有多篇论文发表或获奖。

0574 宋华儒

性　　别：男

出生年月：1978-10-05

民　　族：汉族

政治面貌：群众

职　　称：副高

学　　历：大学本科

所在单位：机构编制委员会办公室

通讯地址：甘肃省民乐县人社局

成　　就：篮球国家二级裁判员；国家二级社会体育指导员。

简　　介：1999年6月参加工作；1999年6月至2001年3月在民乐县南丰卫生院工作；2001年3月至2010年6月在民乐县人事局工作；2010年6月至今在民乐县机构编制委员会办公室工作。

0575 马长祥

性　　别：男

出生年月：1960-06-05

民　　族：汉族

政治面貌：群众

职　　称：副高

学　　历：大学本科

所在单位：民乐一中

通讯地址：甘肃省民乐县人社局

成　　就：国家一级社会体育指导员。多次被评为优秀教练。1999年被甘肃省评为推行国家体育锻炼标准达标先进个人。1999年至2001年参与四步教学法实验教学课题。同时完成《创新型学习与自主创新能力的培养》的论文并获得二等奖。2011年至2012年被评为全省优秀社会体育指导员。

简　　介：1960年参加工作，现就职于甘肃省民乐县第一中学，于1981年至今从事中学体育教育。

0576 李正彪

性　　别：男

出生年月：1965-02-05

民　　族：汉族

政治面貌：党员

职　　称：副高

学　　历：大学专科

所在单位：洪水小学

通讯地址：甘肃省民乐县人社局

成　　就：国家一级社会体育指导员。

简　　介：1987年8月参加工作；1987年8月至今在民乐县洪水小学工作。

0577 周兴

性　　别：男

出生年月：1968-03-08
民　　族：汉族
政治面貌：党员
职　　称：副高
学　　历：大学专科
所在单位：高台县教育体育局
通讯地址：高台县城关镇解放北路 287 号
成　　就：国家级社会体育指导员，全省优秀社会体育指导员，篮球、田径、排球、羽毛球国家二级裁判员。
简　　介：1987 年 8 月至 1993 年 9 月甘肃省高台县体育运动委员会干部；1993 年 9 月至 1995 年 5 月甘肃省高台县五一面粉厂和县锦荣食品厂挂职任副厂长；1995 年 5 月至 2003 年 4 月甘肃省高台县社会体育运动中心干部（期间：2001 年 7 月至 2004 年 7 月在西北师范大学体育教育专业在职大专班函授学习）；2003 年 4 至今甘肃省高台县社会体育运动中心副主任。

0578 刘治国

性　　别：男
出生年月：1967-07-24
民　　族：汉族
政治面貌：党员
职　　称：副高
学　　历：大学本科
所在单位：高台县教育体育局
通讯地址：高台县城关镇解放北路 287 号
成　　就：全省优秀通讯员，国家级社会体育指导员，田径、篮球、足球国家二级裁判员。
简　　介：1981 年至 1984 年 7 月在张掖地区体育运动学校上学；1984 年 7 月至 1988 年 7 月在西安体育学院上学；1988 年 7 月至 1997 年 9 月在高台县体育运动委员会工作；1997 年 8 月至 2002 年 3 月在高台县文化体育局工作；2002 年 4 月至今高台县社会体育运动中心工作。

0579 桑万禄

性　　别：男
出生年月：1950-02-02
民　　族：汉族
政治面貌：群众
职　　称：副高
学　　历：高中
所在单位：高台县城关镇
通讯地址：高台县城关镇
成　　就：曾获全国武术比赛梅花枪第三名。

0580 张海霞

性　　别：女
出生年月：1986-9-16
民　　族：汉族
政治面貌：群众
职　　称：副高
学　　历：大学本科
所在单位：高台县解放街小学
通讯地址：高台县解放街小学
成　　就：曾在甘肃省体工二大队参加铁人三项专业训练，2003 年在上海佘山举办的全国冠军赛中取得青年组第四名，在杭州西湖举办的全国精英赛中取得第六名。2004 年在甘肃嘉峪关举办的全国冠军赛中取得第四名，2005 年 9 月参加了第十届全国人民运动会取得第 25 名。自 2010 年 1 月开始从事小学体育教育工作，一直担任五、六年级体育与健康课程的工作和学校体育器材室工作，以及学校田径队和羽毛球队的训练工作。所带领的羽毛球队在 2010 年 7 月全县举办的中小学球类运动会中取得男子单打第一和第三名的成绩，在 2013 年 7 月全县举办的中小学球类运动会中取得男子团体第三和个人第一、第三。田径队在 2012 年全县元旦环城赛中取得小学组第三名，2012 年全县元旦环城赛中取得小学组第四名。

简　　介：退役后分配至张掖地区高台县解放街小学从事小学体育教育工作。

0581 张新虎

性　　别：男
出生年月：1960–04–22
民　　族：汉族
政治面貌：党员
职　　称：副高
学　　历：大学本科
所在单位：高台县教育体育局
通讯地址：高台县城关镇解放北路 287 号
成　　就：全国群众体育先进个人，全国优秀社会体育指导员，篮球、举重国家一级裁判员。

简　　介：1979 年 9 月至 1991 年 7 月甘肃省高台县巷道中学教师（期间：1990 年 7 月至 1993 年 7 月在西北师大体育教育专业在职大专班函授学习）；1991 年 7 月至 1998 年 9 月甘肃省高台县巷道中学校长（期间：1995 年 11 月至 1998 年 4 月在西安体育学院体育教育专业在职本科班函授学习）；1998 年 9 月至 2001 年 8 月甘肃省高台县第一中学总务处副主任；2001 年 8 月至 2004 年 8 月甘肃省高台县第一中学总务处主任；2004 年 8 月至 2006 年 4 月甘肃省高台县第一中学副校长兼总务处主任；2006 年 4 月至 2008 年 9 月甘肃省高台县社会体育运动中心主任；2008 年 9 月至 2012 年 10 月甘肃省高台县教育体育局副局长兼社会体育运动中心主任；2012 年 10 月至今甘肃省高台县教育体育局副局长兼政府教育督导室督学、社会体育运动中心主任。

0582 方晓红

性　　别：女
出生年月：1974–12–03
民　　族：汉族
政治面貌：群众
职　　称：副高
学　　历：高中
所在单位：高台县城关镇
通讯地址：高台县意尔康专卖店
成　　就：获全省太极拳比赛冠军 2 次，一等奖 1 次，培养弟子数 10 人。

0583 马建荣

性　　别：男
出生年月：1962–11–02
民　　族：回族
政治面貌：党员
职　　称：副高
学　　历：大学本科
所在单位：肃南县第一中学
通讯地址：张掖市肃南县红湾寺镇
成　　就：2006 年张掖市中学体育课评比三等奖。2009 年被授予张掖市高中生运动会优秀教练员。2009 年课件《快速跑》获全市中小学多媒体课件评比二等奖。被评为县教学能手。2010 年肃南县初中优质课体育学科二等奖。2010 年被授予全省社会体育指导员。2010 年荣获全省贯彻落实中央 7 号文件和《学校体育工作条列》先进个人。

简　　介：1981 年 7 月参加工作，现为肃南一中体育教师。

0584 陈宗武

性　　别：男
出生年月：1962–08–07
民　　族：汉族
政治面貌：党员

职　　称：副高
学　　历：大学本科
所在单位：肃南县第一中学
通讯地址：张掖市肃南县红湾寺镇
成　　就：《甘肃省裕固族中学生心理健康状况》发表在《中国学校卫生》2004年5期；《“激趣”教育》发表在《中国教育创新》2007第11期；《“双困生”转化初探》发表在《沈阳教育》2010第4期。
简　　介：1984年8月参加工作，现为肃南县一中音、体、美教研组组长。

0585 惠祥云

性　　别：男
出生年月：1947-09-08
民　　族：汉族
政治面貌：群众
职　　称：副高
学　　历：大学专科
所在单位：白银市老年人体育协会
通讯地址：白银市老年人体育协会
成　　就：多年来一直在白银市老年人体育协会担任秘书长一职，每年培训健身气功、太极拳爱好者数千人，多次代表白银市组织参加国家、省市举办的各类健身气功、太极系列的比赛和培训，多次获得国家和省里的奖励。

0586 罗春泰

性　　别：男
出生年月：1959-03-15
民　　族：汉族
政治面貌：群众
职　　称：副高
学　　历：大学专科
所在单位：白银市体育运动学校
通讯地址：白银市体育中心
成　　就：多年来从事体育训练工作，培养了一批优秀的运动员。

0587 张桂芳

性　　别：女
出生年月：1962-02-01
民　　族：汉族
政治面貌：党员
职　　称：副高
学　　历：大学专科
所在单位：白银市体校
通讯地址：白银市体育中心
成　　就：参加工作以来，多次带领运动员代表白银参加省里比赛，多次获得奖励荣誉。

0588 吕志杰

性　　别：男
出生年月：1955-08-09
民　　族：汉族
政治面貌：群众
职　　称：副高
学　　历：大学专科
所在单位：白银市体育运动学校
通讯地址：白银市体育中心
成　　就：从事体育训练工作，培养一大批优秀运动员。

0589 赵风云

性　　别：女
出生年月：1957-12-11
民　　族：汉族
政治面貌：群众
职　　称：副高
学　　历：高中
所在单位：白银市武术协会
通讯地址：白银市武术协会
成　　就：依托白银市武术协会主要指导培

训体育爱好者。

0590 李玉杰

性　　别：女
出生年月：1959-03-23
民　　族：汉族
政治面貌：党员
职　　称：副高
学　　历：中专
所在单位：白银市体育运动学校
通讯地址：白银市体育中心
成　　就：多年来一直从事训练工作，培养了一大批优秀的运动员，代表白银市多次参加甘肃省体育比赛并获得荣誉。

0591 来进红

性　　别：女
出生年月：1969-12-14
民　　族：汉族
政治面貌：群众
职　　称：副高
学　　历：大学本科
所在单位：白银市第一中学
通讯地址：白银市第一中学
成　　就：多次担任省市区田径运动会的裁判，能够出色地完成学校的教育教学任务。先后在省、市、区体育学科优质课竞赛中荣获省级录像课二等奖一次，市级说课一等奖一次，区级优质课二等奖一次。在省、市级刊物上发表多篇论文。国家一级田径裁判员，多次担任省市区各类运动会的裁判工作，并被评为甘肃省第十二届田径运动会优秀裁判员、白银市第二届运动会优秀裁判员、白银区球类运动会优秀裁判员。数次参与大型团体操的编导工作。
简　　介：1992 年 7 月毕业于西北师范大学体育专业，同年分配到白银市一中，一直从事体育学科教学和研究工作，近几年一直承担高中体育教学工作。

0592 韩国皐

性　　别：男
出生年月：1971-03-22
民　　族：汉族
政治面貌：党员
职　　称：副高
学　　历：大学本科
所在单位：白银市第一中学
通讯地址：白银市公园路 443 号
成　　就：甘肃省业余训练先进工作者，省级优秀裁判员、市级优秀教练员、市级优质课一等奖。
简　　介：1995 年 6 月毕业于西北师范大学体育系体育教育专业，理学学士，同年 7 月在白银市第一中学参加工作，自参加工作以来，一直从事体育教育教学工作，2001 年起担任白银市第一中学体育教研组副组长，2005 年担任安全保卫办公室主任，2010 年担任总务处副主任，2014 年担任总务处主任。2011 年 7 月取得“中学高级教师（副高级）”任职资格。

0593 吴守宏

性　　别：男
出生年月：1969-09-01
民　　族：汉族
政治面貌：党员
职　　称：副高
学　　历：大学专科
所在单位：白银市平川区体育中心
通讯地址：白银市平川区体育中心
成　　就：共向高等体育院校输送体育后备人才 23 人，向省体工队和省体育运动学校输送队员 38 人，参加省第十届运动会获得男子单人单桨皮划艇第一名；2012 年所训队员田园、李勇娟、王广雪三人去广州获得全国少儿硬式垒球锦标赛第四名，2012 年张楠在成都获全国少儿软式垒球锦标赛第二名，所训练运动员在省、市运动会上获得金牌 41 枚，有 6 人破省、市纪录。1991 年被平川区委、区政府评为优秀工作队员；2004 年被评为甘肃省体育场地普查先进个人；2005 年被评为优秀共产党员；2006 年被评为全省业余训练工作先进个人；2010 年被评为全省优秀社会体育指导员；2013 年被市政府授予白银市体育工作优秀教练员。撰写论文《浅谈在跳远训练中如何掌握和控制助跑节奏的训练》在省级学术刊物《甘肃省第十一届运动会论文报告会论文集》（人民出版社 2007 年）发表；《中药泡脚对冻疮的治疗效果的研究》在《甘肃科技》（2010 年）刊物上发表。

简　　介：甘肃联合大学毕业，高级教练，国家田径二级裁判，一级社会体育指导员，平川区体育总会秘书长。1990 年至今在平川区体育中心任教，从事体育教学与训练 20 多年。

0594 亢锦辉

性　　别：男

出生年月：1965-12-02

民　　族：汉族

政治面貌：群众

职　　称：副高

学　　历：大学本科

所在单位：白银市平川区体育中心

通讯地址：白银市平川区体育中心

成　　就：共输送优秀体育后备人才 83 人，所训练运动员在白银市运动会上获得金牌 64 枚，有 16 人（次）破市纪录，3 人（次）打破甘肃省田径最高纪录（高兴伟，刘强）。1992 年被甘肃省体委评为全省业余训练优秀教练员，1992 年至 1994 年度被白银市体育局评为全市体育工作先进个人和全市优秀教练员，1997 年被省政府授予“全省助残先进个人”，2003 年被评为全市优秀教练员，2004 年被评为体育场的普查先进工作者。撰写的论文《快乐教学法在田径课中的应用》《田径教学与训练中‘扒地式’落地诱导练习六法》在国家级学术刊物《体育教学》上全文发表，《浅谈素质迁移规律在体育考生训练中的应用》在国家级刊物《田径》杂志上发表，《素质“转移”规律在高考体育训练中的应用》在《中国学校体育》刊物上全文发表，《如何提高青少年运动员的爆发力》获白银市体育论文一等奖。

简　　介：首都体育学院毕业，高级教练，国家田径一级裁判、国家级社会体育指导员，从事体育教学与训练 20 多年。1987 年至 1989 年在通渭县体校任中长跑教练；1989 年至今在平川区体育中心任田径教练。

0595 吴宣福

性　　别：男

出生年月：1994-06-08

民　　族：汉族

政治面貌：党员

职　　称：副高

学　　历：大学专科

所在单位：省体工队

通讯地址：甘肃省会宁县会师镇延安街 1 号

成　　就：2009 年中华人民共和国第十一届全运会山地越野赛个人第六名；2010 年甘肃省第十二届运动会自行车比赛男子越野赛第一名；2010 年全国山地车锦标赛男子越野赛个人第五名；2011 年全国山地车锦标赛黄山站团体第一名；2012 年全国山地自行车锦标赛暨青年锦标赛男子个人计时赛第三名；2012 年贵阳国际山地车邀请赛第二名。

简　　介：天水师范学院体育系毕业生，现为甘肃省自行车管理中心现役自行车国家一级运动员。2010 年考入了天水师范学院体育系。效力于省队的八年多时间里，曾代表中国 361 度洲际职业车队参加了环海南岛国际公路自行车赛，参加了两届全运会、一届省运会，共参加国内外大小赛事数百次，为国家、省市争得了荣誉。

0596 吴胜萍

性　　别：女
出生年月：1977-02-15
民　　族：汉族
政治面貌：党员
职　　称：副高
学　　历：大学专科
所在单位：平凉市庄浪县第一小学
通讯地址：甘肃省会宁县会师镇延安街 1 号
成　　就：1990 年代表白银市代表团在甘肃省第八届运动会上分别获得女子 1500 米第一名，女子 800 米第一名，女子 4×100 米接力赛第三名的好成绩，为家乡争得了荣誉，在陇塬大地已经小有名气。1991 年被省体校录用，1991 年 8 月至 1995 年 7 月在甘肃省体校继续学习深造，通过苦练基本功，熟练掌握比赛技巧，达到了运动生涯的顶点，在省体校期间，代表省里参加了 1992 年全国第五届中学生运动会，获得女子 1500 米第八名，1994 年在全国少年“碧郁迪”杯田径赛中分别获得女子组 1500 米第五名，800 米第五名的好成绩，被白银市人民政府评为“最佳运动员”和“优秀运动员”荣誉称号。
简　　介：1983 年 7 月至 1988 年 6 月在太平小学学习；1988 年 7 月至 1990 年 1 月在会师中学；1990 年 2 月至 1991 年 7 月在白银市体校。

0597 魏晖

性　　别：男
出生年月：1963-10-03
民　　族：汉族
政治面貌：党员
职　　称：副高
学　　历：大学专科
所在单位：甘肃省体工队
通讯地址：甘肃省会宁县会师镇延安街 1 号
成　　就：在 1987 年第六届全运会上获得男子马拉松银牌，被甘肃省政府记二等功一次；1998 年度被评为兰州市体育系统先进个人；1999 年度被评为兰州市体育系统先进工作者；2003 年度被评为兰州市体育系统体育工作标兵；2008 年被甘肃省人民政府授予“甘肃省参加及备战 2008 年北京奥运会先进个人”；2010 年研究项目“利用亚高原优势培养中长跑运动人才的科技支撑与保障研究”获甘肃省科学技术进步二等奖。
简　　介：1985 年至 1990 年在甘肃省职工体育运动技术学校就读；1987 年至 1991 年在兰州大学图书情报系就读；2008 年至 2010 年在西安体院运动训练专业学习；1983 年至 1989 年为甘肃省体工队运动员；1990 年至 2005 年任兰州市体工队田径中长跑队主教练；2006 年至 2010 年 5 月任甘肃省体工一大队田径男子中长跑队主教练；2008 年 2 月至 8 月兼任国家队马拉松教练；现任兰州市体工队田径中长跑队主教练（借调）。

0598 石万学

性　　别：男
出生年月：1971-10-30
民　　族：汉族
政治面貌：党员
职　　称：副高
学　　历：大学本科

所在单位：靖远县体育运动学校

通讯地址：靖远县体育运动学校

成　　就：多年来领导靖远县体校训练工作扎实有效，2004年县体校被省体育局认定为全省中长跑训练点；2007年被省体育局命名为省级体育后备人才基地；2009年被国家体育总局认定为国家奥林匹克曲棍球后备人才基地。2009年、2010年先后获得全国青少年曲棍球锦标赛男子组和女子组第三名，为国家少年队输送队员1人，进入南京青奥会集训名单并代表甘肃省参加十二届全国运动会；2013年县体校荣获全国青少年曲棍球锦标赛男子组冠军，再次向国家少年队输送队员1人；2014年县体校组织曲棍球队、健美操队、足球队代表白银市参加十三届省运会为白银市代表团赢得10金、5银、8铜、616分的优异成绩。多年来逢节假日组织承办了丰富多彩的全县群众体育活动。2011年被评为全国优秀教练员，2011年被推荐为白银市第七次党代会代表，2014年获得全省群众体育先进个人，多次获得市、县体育工作先进个人。

简　　介：1991年至1995年西北师范大学体育系学习；1995年10月分配到原靖远县体委担任教练员工作至今；2004年6月担任靖远县体校校长（体育中心负责人），2006年破格晋升高级教练，靖远县县政协委员，县体育总会秘书长。

0599 赵岩

性　　别：女

出生年月：1975-05-12

民　　族：汉族

政治面貌：党员

职　　称：副高

学　　历：大学本科

所在单位：靖远业余体校

通讯地址：甘肃省靖远县昌泰源

成　　就：2003年荣获白银市业余训练工作先进个人；2007年荣获市运会优秀教练员；2010年荣获甘肃省第十二届运动会全省优秀裁判员；2011年荣获甘肃省第六届农民运动会优秀裁判员；同年在白银市第三届运动会上由于训练工作成绩突出，特授予“优秀教练员”，2014年荣获甘肃省第十三届运动会全省优秀裁判员。2013年8月带队代表白银市赴金昌参加“2013中国·金昌国际青少年生存训练营”活动，获团体总分第四名和体育道德风尚奖。2013年荣获甘肃省体育局颁发的“一级社会体育指导员”证书。近两年来，先后发展和培养出了一级社会体育指导员100多名，二级社会体育指导员400多名以及500多名三级社会体育指导员，为我县广泛深入开展全民健身运动做出了很大贡献。

简　　介：1995年毕业于武威地区体育运动学校，同年8月份分配到靖远县体育运动学校至今；1999年7月取得西北师范大学体育学院体育教育本科学历；2004年12月获中级教练职称，2006年考取甘肃省田径一级裁判员资格，2010年12月获高级教练职称；现任靖远县体育运动学校省级后备人才训练基地田径教练。

0600 王爱国

性　　别：男

出生年月：1962-04-12

民　　族：汉族

政治面貌：群众

职　　称：副高

学　　历：大学本科

所在单位：靖远县第二中学

通讯地址：靖远县第二中学

成　　就：1987年荣获优秀教学改革者奖

（市教育局）。1998 年荣获白银市二级社会体育指导员证（市体育局）。1998 年荣获白银市第五届少年田径运动会优秀裁判员（市组委会）。2000 年至 2001 年被评为靖远县优秀教师并授予园丁奖光荣称号（县政府）。2003 年荣获靖远县中小学县级中学骨干教师（县教育局）。2007 年被评为优秀教师并授予白银市园丁奖光荣称号（市政府）。2009 年荣获市第一届青少年体彩杯田径运动会优秀教练员（市体育局、市教育局）。2009 年荣获体育教育教学研究会论文交流三等奖（市教育学会）。2011 年荣获市第三届运动会优秀教练员（市县政府）。2013 年所带学生刘玉娇、王雅佳荣获甘肃省第二届中学生运动会女子足球比赛第一名（市体育局、市教育局）。

简　　介：1982 年毕业于陇西师范；1993 年至 1996 年函授卫电高师；1999 年至 2002 年在天水函授北京师范大学。

0601 贾永刚

性　　别：男
出生年月：1975－10－15
民　　族：汉族
政治面貌：群众
职　　称：副高
学　　历：大学本科
所在单位：靖远县第二中学
通讯地址：靖远县第二中学
成　　就：2007 年被白银市政府授予“白银市群众体育工作先进个人”。2010 年被靖远县教育局评为“县百名教坛新秀”。2011 年被中共靖远县委县政府授予“优秀教练员”。2013 年被白银市政府授予“白银市体育工作优秀教练员”。
简　　介：1996 年 7 月参加工作，中学高级教师。

0602 彭可伟

性　　别：男
出生年月：1961－10－09
民　　族：汉族
政治面貌：党员
职　　称：副高
学　　历：大学本科
所在单位：景泰县文化体育和广播影视局
通讯地址：甘肃省白银市景泰县一条山镇振兴路 18 号
成　　就：2012 年被白银市体育局评选为 2011 年度体育工作先进个人。2012 年被省体育局评选为甘肃省体育后备人才培养优秀教练员。所培养的运动员石贵军获得釜山亚运会男子 4 公里团体追逐赛第一名，第 24 届亚洲自行车锦标赛男子麦迪逊赛第一名。
简　　介：1985 年 7 月至 1998 年 7 月景泰县体委工作；1994 年 3 月至 1998 年 7 月任景泰县体委副主任；1998 年 7 月至 2002 年 7 月景泰县体育局工作；1998 年 7 月至 2002 年 3 月任景泰县体育局副局长；2002 年 3 月至今景泰县体育中心工作；2003 年 12 月评为体育高级教练员职称；2007 年 8 月任景泰县体育中心主任。

0603 马玉宏

性　　别：男
出生年月：1960－04－13
民　　族：汉族
政治面貌：群众
职　　称：副高
学　　历：大学专科
所在单位：平凉市体育运动学校
通讯地址：平凉市崆峒区崆峒中路 159 号
简　　介：1981 年 7 月至今在平凉体育运动学校任跆拳道教练。

0604 刘振宇

性　　别：男

出生年月：1969-02-11

民　　族：汉族

政治面貌：党员

职　　称：副高

学　　历：大学本科

所在单位：平凉市体育运动学校

通讯地址：平凉市崆峒区崆峒中路 159 号

简　　介：1991 年 7 月至今在平凉体育运动学校任田径教练。

0605 黄克杰

性　　别：男

出生年月：1967-07-30

民　　族：汉族

政治面貌：党员

职　　称：副高

学　　历：大学专科

所在单位：平凉市体育运动学校

通讯地址：平凉市崆峒区崆峒中路 159 号

简　　介：1989 年 7 月至今在平凉体育运动学校任田径教练。

0606 仇莉

性　　别：女

出生年月：1965-11-13

民　　族：汉族

政治面貌：党员

职　　称：副高

学　　历：大学本科

所在单位：平凉市体育运动学校

通讯地址：平凉市崆峒区崆峒中路 159 号

成　　就：2010 年 8 月获甘肃省体育局授予的全省体育后备人才培养优秀教练员。

简　　介：1980 年 8 月至今在平凉体育运动学校从事篮球教学工作。

0607 高应彪

性　　别：男

出生年月：1958-07-10

民　　族：汉族

政治面貌：党员

职　　称：副高

学　　历：大学专科

所在单位：平凉市体育运动学校

通讯地址：平凉市崆峒区崆峒中路 159 号

简　　介：1975 年 12 月至 1976 年 11 月在平凉崆峒区，崆峒乡插队知青；1976 年 12 月至 1980 年 11 月在平凉军分区服役；1981 年 1 月至 1986 年 7 月在平凉市崆峒区体委工作；1986 年 8 月至 1988 年 6 月在兰州师专体育系进修学习；1989 年 1 月至今在平凉体育运动学校任篮球教练。

0608 张俊喜

性　　别：男

出生年月：1962-10-01

民　　族：汉族

政治面貌：党员

职　　称：副高

学　　历：大学专科

所在单位：灵台县体育中心

通讯地址：灵台县体育中心

成　　就：一级社会体育指导员、体育教练员。

0609 魏玉林

性　　别：男

出生年月：1973-01-01

民　　族：汉族

政治面貌：党员

职　　称：副高

学　　历：大学专科

所在单位：灵台县体育中心

通讯地址：灵台县体育中心
成　　就：一级社会体育指导员、体育教练。

0610 李新全

性　　别：男
出生年月：1986-05-01
民　　族：汉族
政治面貌：群众
职　　称：副高
学　　历：大学本科
所在单位：灵台县体育中心
通讯地址：灵台县人力资源与社会保障局
成　　就：一级社会体育指导员。

0611 董志锋

性　　别：男
出生年月：1963-03-01
民　　族：汉族
政治面貌：党员
职　　称：副高
学　　历：大学专科
所在单位：灵台县体育中心
通讯地址：灵台县人力资源与社会保障局
成　　就：一级社会体育指导员。

0612 苏利香

性　　别：女
出生年月：1969-02-28
民　　族：汉族
政治面貌：群众
职　　称：副高
学　　历：大学本科
所在单位：甘肃省平凉市华亭县一中
通讯地址：华亭县四馆两中心
成　　就：从事教育教学工作20多年来，先后在国家、省级报刊杂志上发表教育教学论文10多篇。所带3届体育专业考生，双上线人数均居全市八所重点中学前2名。所带班级体育课合格率均在99%以上，所带各个代表队在县级比赛中均居第一名，在市级比赛中均居前三名，共收到市、县、校三级各种奖励20多次。甘肃省教育科研“十一五”重点规划优秀课题《高中体育与健康课选项教学研究》参加者，平凉市优秀教师、骨干教师、优秀教练员、优秀裁判员，华亭县优秀教师（3次）、学科带头人、骨干教师、优秀教练员。中学高级体育教师。
简　　介：1993年6月毕业于西北师范大学体育系，同年在华亭一中任教至今。

0613 柳明民

性　　别：男
出生年月：1965-08-20
民　　族：汉族
政治面貌：群众
职　　称：副高
学　　历：大学专科
所在单位：甘肃省平凉市华亭县一中
通讯地址：华亭县四馆两中心
成　　就：所带田径队、篮球队多次获得全市比赛前三名，所带高考体育考生获全市前三名，荣获市级优秀教练员和县级优秀教师、教练员多次。
简　　介：1987年毕业于宁夏大学体育系；1987年至今；从事中学体育教学和业余训练工作。

0614 郭国举

性　　别：男
出生年月：1970-11-12
民　　族：汉族
政治面貌：群众
职　　称：副高
学　　历：大学本科

所在单位：华亭县体育中心
通讯地址：华亭县体育中心
成　　就：2011年获平凉市委市政府“全市群众体育先进个人”；2012年获省体育局“全省优秀社会体育指导员”；所带学生周红艳获甘肃省第十二届运动会田径比赛女子乙组100米第五名，跳高第六名。
简　　介：具备高级教练员职称资格。

0615 王建海

性　　别：男
出生年月：1968-06-13
民　　族：汉族
政治面貌：群众
职　　称：副高
学　　历：大学专科
所在单位：甘肃省平凉市华亭县一中
通讯地址：华亭县四馆两中心
成　　就：所带班级体质健康合格率达到98%以上。2010年代表华亭县参加平凉市中学生运动会获团体第二名，2010年担任平凉市田径队主教练参加甘肃省第一届中学生运动会获团体第五名，2010年所辅导的体育考生有18名学生考入本科院校，2012年担任华亭县田径队主教练参加平凉市田径运动会获团体第二名，2013年担任华亭县田径队主教练参加平凉市中学生田径运动会获团体第二名，2013年担任平凉市田径队主教练参加甘肃省第二届中学生运动会获团体第五名。2010年获平凉市“优秀教练员”和“优秀教师”，2013年获平凉市“优秀教练员”，2013年获华亭县“优秀教练员”。2010年《田径》杂志第7期刊发《浅谈短距离跑途中跑教学方法》。2010年《教育学刊》第2期杂志刊发《学校体育应重视缺陷家庭学生的心理教育》。2010年4月14日《中国体育报》刊发《课堂常规管理“死与活”》。
简　　介：1989年7月毕业于西安体育学院；1989年参加工作至今从事华亭一中高中体育教学和业余训练任务；平凉市体育学科骨干教师和学科带头人，2007年至今担任华亭一中体音美学科主任。

0616 赵彦斌

性　　别：男
出生年月：1968-06-05
民　　族：汉族
政治面貌：党员
职　　称：副高
学　　历：大学本科
所在单位：甘肃省平凉市华亭县一中
通讯地址：华亭县四馆两中心
成　　就：从事教育教学工作20多年来，先后在《中国学校体育》《体育教学》《田径》《中国体育报》《教学与管理》《体育师友》等国家、省级报刊杂志上发表教育教学论文60多篇。所带5届体育专业考生，双上线人数均居全市八所重点中学前2名。所带班级体育课合格率均在99%以上，所带各个代表队在县级比赛中均居第一名，在市级比赛中均居前三名，多次担任省、市、县级田径比赛裁判和裁判长，受到省、市、县三级各种奖励30多次。2013年12月作为甘肃省优秀中青年骨干教师，被省教育厅选派到台湾参访学习。
简　　介：1992年6月毕业于西北师范大学体育系，同年在华亭一中任教至今，现任华亭一中高三年级主任，国家一级田径裁判，《中国学校体育》杂志特邀编辑、通讯员，甘肃省骨干教师，甘肃省教育科研十一五重点规划优秀课题《高中体育与健康课选项教学研究》主持人，平凉市首届名师、十佳高中骨干教师、学科带头人、优秀教研组长、优秀教师，平凉市在社会实践中做出优异成绩的大学毕业生，优秀教练员、优秀裁判员，华亭县政府督学，华亭县优秀教师（4次），中学高级体育教师，现从事高三年级教育教学管理、体育课教学和体育考生辅导工作。

0617 潘世东

性　　别：男
出生年月：1964-04-04
民　　族：汉族
政治面貌：群众
职　　称：副高
学　　历：大学专科
所在单位：庄浪县体育中心
通讯地址：甘肃省平凉市庄浪县体育中心
成　　就：多年以来，一直担任庄浪县全民篮球运动会裁判长。
简　　介：2002年12月被评为国家一级篮球裁判。

0618 刘浩军

性　　别：男
出生年月：1986-12-24
民　　族：汉族
政治面貌：党员
职　　称：副高
学　　历：大学本科
所在单位：甘肃省体工一大队
通讯地址：甘肃省平凉市庄浪县体育中心
成　　就：2008年5月在广州第十七届亚洲铁人三项锦标赛男子U23岁组比赛中，代表中国获得中国铁人三项队从1998年建队以来第一块金牌的历史性突破，获得个人冠军、团体冠军。实现了中国铁人三项冲出亚洲走向世界的进步。2009年8月在嘉峪关国际铁人三项洲际杯赛积分赛获得国际第四、国内亚军。2013年台湾铁人三项海峡两岸交流赛个人第四名。2008年被甘肃省体育工作第二大队评为优秀运动员的称号。在任职期间培养的优秀运动员获得的成绩：侯竞泽获得2014年6月7日宁夏石嘴山全国铁人三项冠军赛青少年组第一名。杨幸获得2014年6月7日宁夏石嘴山全国铁人三项冠军赛青少年组第三名。余汶隆获得2014年6月7日宁夏石嘴山全国铁人三项冠军赛青少年组第四名。侯竞泽、杨幸、余文隆三人获得2014年6月7日宁夏石嘴山全国铁人三项冠赛青少年组的团体冠军。余汶隆获得2013年5月25日安徽池州国际铁人三项赛青少年组第一名，获得2013年7月26日甘肃嘉峪关国际铁人三项赛青少年组第四名，获得2014年5月25日哈萨克斯坦亚洲国际铁人三项赛青少年第六名。
简　　介：2003年毕业平凉体育学校；2009年毕业于成都体育学院；2012年7月毕业于北京体育学院；2002年7月进队，2003年转正；2013年任职甘肃省铁人三项队主教练，2014年任职甘肃省全民健身游泳主教练。

0619 王文霞

性　　别：女
出生年月：1979-10-02
民　　族：汉族
政治面貌：群众
职　　称：副高
学　　历：大学本科
所在单位：甘肃省体工一大队
通讯地址：甘肃省平凉市庄浪县体育中心
成　　就：1995年全国青年锦标赛中获得第三名；1999年全国山地车冠军赛中获女子越野赛第一名；2000年全国山地车赛中获个人越野赛第一名；2002年全国山地车锦标赛中获第一名；2003年全国山地自行车锦标赛女子越野赛获冠军。
简　　介：国家级健将。

0620 杨晓晖

性　　别：男
出生年月：1986-05-29
民　　族：汉族
政治面貌：群众
职　　称：副高
学　　历：大学本科
所在单位：庄浪县职教中心
通讯地址：甘肃省庄浪县天诚花园2号楼八单元301
成　　就：第四届全国大学生跆拳道锦标赛54kg第五名；兰州市庆奥运跆拳道比赛成年男子组57kg第一名；2008兰州市跆拳道比赛成年男子组51kg第一名；2009年甘肃省大众跆拳道比赛成年男子组54kg第一名；2011年甘肃省高校跆拳道比赛成年男子组56kg第一名；2011年甘肃省散打短兵比赛成年男子A组第五名；2012年甘肃省跆拳道对抗赛优秀裁判员；2013年甘肃省大学生跆拳道暨短兵比赛优秀裁判员；2014年甘肃省大众跆拳道比赛优秀裁判员。
简　　介：国家初级跆拳道社会体育指导员、中国跆拳道协会会员、跆拳道黑带三段。毕业于甘肃农业大学，大学期间曾担任校跆拳道队队长，多次代表学校参加全国大学生比赛，甘肃省、兰州市等跆拳道比赛，并协助甘肃省拳击跆拳道运动协会担任兰州市安宁区小学生跆拳道比赛、兰州市七里河区中小学生运动会、兰州市第六届城市运动会、甘肃省大众跆拳道比赛等裁判工作。后经省跆协推荐担任过兰州永登搏涵跆拳道柔道馆、红古青和跆拳道馆、会宁正力跆拳道馆、平凉静武轩跆拳道馆等教练，创办庄浪旭昶跆拳道馆。

0621 李桂宏

性　　别：男
出生年月：1983-10-18
民　　族：汉族
政治面貌：党员
职　　称：副高
学　　历：大学本科
所在单位：甘肃省体工一大队
通讯地址：甘肃省平凉市庄浪县体育中心
成　　就：2000年北京国际马拉松赛男子马拉松第十名；2000年全国马拉松锦标赛男子马拉松第三名；2001年北京国际马拉松赛男子马拉松第七名；2001年九运会男子5000米第三名；2002年北京国际马拉松赛男子马拉松冠军；2004年厦门国际马拉松赛获得了第二名，他跑出的2小时11分43秒的成绩，成为达到参加雅典奥运会A标的中国男子第一人；2005年十运会男子马拉松亚军；2007年3月31日厦门国际马拉松赛男子马拉松冠军（2小时13分17秒），这也是自2003年厦门国际马拉松赛举办以来，中国选手首次获得男子组冠军；2008年4月20日"好运北京"2008国际马拉松赛，以2小时15分32秒获得亚军；2008年北京第二十九届奥运会马拉松第51名。
简　　介：1999年从平凉体校进入甘肃省体工一大队中长跑队，师从中国著名中长跑教练杨建勋。现为甘肃队教练。

0622 张丽霞

性　　别：女
出生年月：1971-01-21
民　　族：汉族
政治面貌：党员
职　　称：副高
学　　历：大学本科
所在单位：甘肃省体工一大队
通讯地址：甘肃省平凉市庄浪县体育中心
成　　就：1998年世界女垒锦标赛第四名；

2002年世界女垒锦标赛第四名；2002年釜山亚运会亚军。

简　　介：1991年考入平凉市体育运动学校；1994年在甘肃省体工队改练垒球；1996年入选国家女垒队，现为南京队教练。

0623 韩宗敏

性　　别：男

出生年月：1968-12-19

民　　族：汉族

政治面貌：群众

职　　称：副高

学　　历：大学本科

所在单位：甘肃省体工一大队

通讯地址：甘肃省平凉市庄浪县体育中心

成　　就：1988年被调入省中长跑队，并连续夺得亚洲青年锦标赛5000米和10000米两项冠军。1991年至1993年连续3年蝉联全国田径锦标赛10000米冠军。1994年在黄山取得了马拉松冠军。从小就表现出过人的长跑天赋。虽然没刻意练过长跑，但中学时他几乎包揽了平凉地区所有5000米冠军，并多次打破地区纪录。

简　　介：1987年考入平凉体育运动学校，1987年考入平凉体育运动学校，接受严格的中长跑训练。国家级健将，现身兼国家队和甘肃队教练两职务。

0624 刘伟

性　　别：男

出生年月：1985-10-10

民　　族：汉族

政治面貌：群众

职　　称：副高

学　　历：硕士研究生

所在单位：中国人民大学（在职研究生）

通讯地址：甘肃省庄浪县水洛镇西关村夹城巷

成　　就：第三届全国大学生跆拳道锦标赛58kg第一名；2005兰州市跆拳道比赛成年男子组58kg第一名；2006年甘肃省大众跆拳道比赛成年男子组58kg第三名；2013年兰洋杯国际武术交流跆拳道最佳表演奖；2012年甘肃省跆拳道对抗赛优秀裁判员；2013年甘肃省大学生跆拳道暨短兵比赛优秀裁判员；2014年甘肃省大众跆拳道比赛优秀裁判员。

简　　介：国家初级跆拳道社会体育指导员、跆拳道国家二级裁判员、跆拳道黑带三段。曾多次参加全国大学生比赛、甘肃省、兰州市等跆拳道比赛。并多次参加省、市级裁判工作。曾担任重庆正太跆拳道、广东黎明少年宫跆拳道、碧权跆拳道基地等主教练，广东军区特种部队跆拳道助理教练。庄浪旭昶跆拳道馆主教练。

0625 苏国安

性　　别：男

出生年月：1957-12-02

民　　族：汉族

政治面貌：党员

职　　称：副高

学　　历：中专

所在单位：庄浪县体育中心

通讯地址：甘肃省平凉市庄浪县体育中心

成　　就：2009年被评为国家级群众体育先进个人。

简　　介：多年以来，一直担任庄浪县全民篮球运动会裁判员。兼职庄浪县全民健身体育指导员。

0626 苟怀杰

性　　别：男

出生年月：1966-01-15

民　　族：汉族
政治面貌：党员
职　　称：副高
学　　历：大学本科
所在单位：庆阳理工中专
通讯地址：庆阳理工中专
成　　就：2003年被省体育局评为业余训练先进工作者，2010年被市政府评为优秀教练员，参加工作至今被市体育局、学校三十余次评为先进工作者和优秀教练员及裁判员。向上一级优秀运动队，高等院校、部队输送80多名优秀运动员，输送运动员田娜、张超、拜丽芳等参加全国比赛共获金牌3块、银牌5块、铜牌6块，带队参加省级全运会八届，年度运动校及锦标赛二十三次，共获金牌7块、银牌12块、铜牌16块，体育道德风尚奖11次，参加的市级比赛共获十七次冠军。撰写的论文《对提高新时期的体育教师道德教育的思考》及《浅议运动时人体生理活动的整体性》分别发表于《甘肃省教育学院学报》和《体育科研》并获二等奖。
简　　介：1986年毕业于庆阳师专体育系；1995年函授毕业于西北师范大学体育系；1986年至今一直担任庆阳市体育运动学校篮球队训练工作；2007年任庆阳市体运动学校体训科副科长，2010年任体训科科长至今；2002年被省职改部门评为高级教练。

0627 栗霞

性　　别：女
出生年月：1966-11-15
民　　族：汉族
政治面貌：群众
职　　称：副高
学　　历：大学本科
所在单位：庆阳七中
通讯地址：西峰区育才路95号
成　　就：2010年获甘肃省第十二届运动会优秀篮球裁判员，2011年获甘肃省第二届千家万村篮球总决赛体育道德风尚奖，2012年获甘肃省第一届中学生运动会论文交流一等奖。
简　　介：1990年毕业于庆阳师专；1990年7月分配至宁县春荣中学担任体育课教学工作；1996年7月调入宁县师范担任体育课教学工作；2003年至今在庆阳师范担任体育课教学工作。

0628 袁社琴

性　　别：女
出生年月：1971-02-09
民　　族：汉族
政治面貌：群众
职　　称：副高
学　　历：大学本科
所在单位：庆阳理工中专
通讯地址：庆阳理工中专
成　　就：高级教练，庆阳市优秀教练员。

0629 吴爱华

性　　别：女
出生年月：1966-07-05
民　　族：汉族
政治面貌：群众
职　　称：副高
学　　历：大学本科
所在单位：庆阳理工中专
通讯地址：庆阳理工中专
成　　就：1996年被甘肃省体育局授予“甘肃省业余训练先进工作者”，2004年、2005年被评为甘肃省优秀篮球教练员，2012年被庆阳市政府授予先进工作者。十余次被学校和体育局评为先进工作者及优秀裁判员，向上级运动队输送五十余名优秀运动员，参加全国比赛获金牌 3 枚、银牌 5 枚、铜牌 2 枚，四至八名七次。参加全省比赛获金牌 5 枚、银牌 7 枚、铜牌 4 枚，体育道德风尚奖 5 次。2007 年被省职改部门评为高级教练。撰写的论文《试论篮球运动训练与青少年运动员全面素质建设》及《对提高新时期体育教师道德素质思考》分别发表于《当代教育》和《甘肃教育学院报》，并获二等奖。

简　　介：1988 年 6 月毕业于甘肃省体育运动学校；1995 年至 2000 年分别函授并毕业于庆阳师专和西安体育学院；1988 年 7 月参加工作，担任庆阳市体育运动学校女子篮球队训练工作至今。

0630 付国勇

性　　别：男
出生年月：1964-01-13
民　　族：汉族
政治面貌：群众
职　　称：副高
学　　历：大学本科
所在单位：庆阳七中
通讯地址：西峰区育才路 95 号
成　　就：2007 年在《西北师大学报》发表论文《浅谈青少年短跑训练中的疲劳与恢复》《试论弹性体育教学管理的实施与方法》《新课标下中学体育教师角色定位》发表于《教育交流》，2010 年获甘肃省第一届中学生运动会优秀教练员。

简　　介：1982 年 6 月毕业于西北师范大学体育学院；1982 年分配至庆阳师范担任师范体育课教学工作，并担任班主任工作；2006 年至今担任高中体育课教学工作及高考体育训练工作。

0631 杨志文

性　　别：男
出生年月：1956-01-15
民　　族：汉族
政治面貌：党员
职　　称：副高
学　　历：中专
所在单位：庆阳市理工中专
通讯地址：庆阳市理工中专
成　　就：高级教练，庆阳市优秀教练员，所培养的运动员白宝琴获全国冠军。

0632 武卫东

性　　别：男
出生年月：1963-04-12
民　　族：汉族
政治面貌：党员
职　　称：副高
学　　历：大学本科
所在单位：庆阳理工中专
通讯地址：庆阳理工中专
成　　就：2012 年被庆阳市政府评为全市第十二届全运会优秀裁判员。2012 年被甘肃省体育局评为优秀教练员。2014 年被甘肃省体育局社会体育管理中心授予庆阳市武术运动贡献者奖。2014 年负责组队参加甘肃省第十三届全运会，射击获 5 枚金牌，破两项省纪录；柔道获 2 金 1 银 2 铜；摔跤获 2 金 2 铜；跆拳道获 2 金 1 银；武术获 3 金 2 银 2 铜；我校参赛运动员代表庆阳市参加十三运共获金牌 24 枚、银牌 20 枚、铜牌 21 枚，奖牌列全省第四名，创庆阳市参加甘肃省运会有史以来在外比赛最好成绩。所培养输送队员参加世界锦标赛获冠军 2 人次，亚洲锦标赛 1 人次，获全国冠军 5 人次。从 1984 年担任教练、领队至今共参加七届甘肃省运会。在国家、省级报刊发表专业论文 5 篇。

简　　介：1984 年毕业于庆阳师专体育系，同年分配到庆阳地区体校任教至今。2005 年

6 月毕业于西安体院。高级教练职称。国家武术 6 级段位、国家武术一级裁判、甘肃省武术协会副秘书长、省摔跤协会委员、庆阳市武术协会主席、庆阳市重竞技协会主席。1984 年 7 在庆阳地区体校任武术教练，1988 年任庆阳地区体校武术、柔道、摔跤队总教练，1994 年任庆阳地区体校训教科副科长，2004 年任庆阳体育运动学校副校长至今。

0633 田玲

性　　别：男
出生年月：1962-03-11
民　　族：汉族
政治面貌：党员
职　　称：副高
学　　历：大学专科
所在单位：庆阳理工中专
通讯地址：庆阳理工中专
成　　就：高级教练，庆阳市优秀教练员，所培养的运动员王祯在仁川亚运会获金牌，并多次获全国比赛金牌。

0634 张国华

性　　别：男
出生年月：1956-11-23
民　　族：汉族
政治面貌：党员
职　　称：副高
学　　历：大学本科
所在单位：庆阳理工中专
通讯地址：庆阳理工中专
成　　就：2006 年被庆阳市政府评为全市优秀教练员，2010 年被庆阳市委市政府评为体育先进工作者。带队参加全国比赛获金牌 18 枚，先后向省专业队输送优秀运动员宋绍强、王祯、白宝强、陈会荣等 24 人，为国家女子足球队输送 1 人，16 人达国家一级运动员标准，10 人达国家健将标准，参加亚洲青年锦标赛获金牌 2 枚、银牌 1 枚，宋绍强破 50 公里竞走亚洲纪录，田径运动员陈会荣达奥运会 A 标报名标准。培养输送到甘肃省自行车运动员王祯，2014 年 9 月代表中国参加第十七届亚运会，获山地自行车金牌，带队参加 2014 年在庆阳举办的甘肃省第十二届全运会，获金牌总数第二名。2014 年组队代表庆阳市参加甘肃省第十三届运动会，取得全省金牌总数第四名。发表的论文《从生理机制谈速度在中长跑比赛中的重要性》被评为 2007 年优秀学术论文一等奖。
简　　介：1978 年 8 月参加工作，1982 年 1 月毕业于西北师范大学体育系，高级教练，庆阳市田径协会副主席、中国管理科学研究院学术委员会特约研究员。1986 年任体校训练专业教研室组长，1990 年至 1994 年任庆阳地区体校学生科副科长、训教科副科长，1994 年任体校训练科科长，田径等项目总教练、领队。2010 年任庆阳市体校副校长，主管教学训练竞赛工作。2012 年体校和庆阳理工合并，兼任庆阳理工中专副校长。

0635 刘勇

性　　别：男
出生年月：1966-07-07
民　　族：汉族
政治面貌：党员
职　　称：副高
学　　历：大学专科
所在单位：体育管理服务中心
通讯地址：西峰区仁杰路体育场
成　　就：2008 年北京奥运会火炬手；2010 年甘肃省十二运火炬传递护跑手；2011 年全国第二届红色运动会火炬手。
简　　介：1983 年 7 月至 1986 年 9 月华池县体委教练员；1986 年 10 月至 1993 年 3 月

西峰市体委教练员；1993年4月至2002年10月西峰市重点业余体校副校长；1997年7月至2002年10月西峰市体委副主任；2002年11月至2008年3月西峰区体委副主任兼西峰区重点业余体校副校长；2008年4月至2010年12月西峰区体委正科级干部；2011年1月至2011年11月西峰区体委主任兼体校校长；2011年12月西峰区体育事业管理服务中心主任；2012年6月区教体局党委委员；2012年7月3日西峰区教体局副局长。

0636 米文军

性　　别：男
出生年月：1968-06-06
民　　族：汉族
政治面貌：党员
职　　称：副高
学　　历：大学本科
所在单位：体育管理服务中心
通讯地址：西峰区仁杰路体育场
成　　就：2006年被甘肃省体育局授予全省业余训练先进个人；2010年被庆阳市市委组织部授予庆阳市高科技领军人才；2011年第二届红色运动会筹备工作先进个人；2012年8月被庆阳市人民政府授予全市群众体育工作先进个人。
简　　介：1988年7月至1991年3月华池县体委教练员；1991年3月至今在西峰区区体委工作。

0637 张志阳

性　　别：女
出生年月：1968-06-19
民　　族：汉族
政治面貌：党员
职　　称：副高
学　　历：大学本科
所在单位：西峰区体育事业管理服务中心
通讯地址：西峰区仁杰路1号
成　　就：为省体工队输送多名优秀运动员，同时也是国家级社会体育指导员。

0638 贺小飞

性　　别：男
出生年月：1968-06-06
民　　族：汉族
政治面貌：党员
职　　称：副高
学　　历：大学本科
所在单位：体育事业管理服务中心
通讯地址：西峰区仁杰路体育场
成　　就：2012年庆阳市群众体育先进个人；2014年甘肃省群众体育先进个人。
简　　介：1982年至1988年在董志小学上学；1988年至1992年在董志中学上学；1993年至1997年在庆阳体校上学；1998年至今在西峰区区体委工作。

0639 高宇宁

性　　别：男
出生年月：1962-04-22
民　　族：汉族
政治面貌：党员
职　　称：副高
学　　历：大学专科
所在单位：正宁县业余体校
通讯地址：正宁县业余体校
成　　就：带领的运动员在市县比赛中多次取得好成绩。

0640 焦新权

性　　别：男
出生年月：1976-10-01
民　　族：汉族

政治面貌：群众
职　　称：副高
学　　历：大学专科
所在单位：正宁县城关初中
通讯地址：正宁县城关初中
成　　就：取得二级裁判员证，二级指导员证。

0641 王红鸿

性　　别：女
出生年月：1980-11-24
民　　族：汉族
政治面貌：群众
学　　历：大学本科
所在单位：正宁县业余体校
通讯地址：正宁县业余体校
成　　就：取得二级指导员证。

0642 闫涛

性　　别：男
出生年月：1984-04-16
民　　族：汉族
政治面貌：群众
职　　称：副高
学　　历：大学本科
所在单位：正宁县一中
通讯地址：正宁县一中
成　　就：取得二级裁判员证。

0643 赵志强

性　　别：男
出生年月：1981-09-01
民　　族：汉族
政治面貌：群众
学　　历：大学本科
所在单位：正宁县业余体校
通讯地址：正宁县业余体校
成　　就：取得一级裁判证，一级体育指导员证。

0644 郭治民

性　　别：男
出生年月：1978-01-06
民　　族：汉族
政治面貌：党员
学　　历：大学专科
所在单位：正宁县业余体校
通讯地址：正宁县业余体校
成　　就：取得一级裁判员证，一级体育指导员证。

0645 张小平

性　　别：男
出生年月：1981-02-13
民　　族：汉族
政治面貌：群众
学　　历：大学本科
所在单位：正宁县业余体校
通讯地址：正宁县业余体校
成　　就：取得一、二级体育项目裁判证。

0646 王一忠

性　　别：男
出生年月：1987-01-11
民　　族：汉族
政治面貌：群众
学　　历：大学本科
所在单位：合水县段家集乡人民政府
通讯地址：庆阳市合水县段家集乡人民政府
成　　就：一级社会体育指导员。

0647 郭红霞

性　　别：女
出生年月：1976-07-12

民　　族：汉族
政治面貌：群众
学　　历：大学专科
所在单位：合水县文化路健身站点
通讯地址：庆阳市合水县文化西路 10 号
成　　就：一级社会体育指导员。

0648 李岩虎

性　　别：男
出生年月：1969-05-25
民　　族：汉族
政治面貌：群众
学　　历：大学专科
所在单位：合水县全民健身中心
通讯地址：庆阳市合水县文化西路 10 号
成　　就：一级社会体育指导员、二级篮球、田径裁判员。

0649 肖永剑

性　　别：男
出生年月：1966-09-28
民　　族：汉族
政治面貌：群众
职　　称：副高
学　　历：大学本科
所在单位：合水一中
通讯地址：庆阳市合水县文化东路
成　　就：一级社会体育指导员、二级篮球、田径裁判员。

0650 郑涛

性　　别：男
出生年月：1976-02-13
民　　族：汉族
政治面貌：党员
学　　历：大学专科
所在单位：合水县全民健身中心
通讯地址：庆阳市合水县文化西路 10 号
成　　就：一级社会体育指导员。

0651 杨丹

性　　别：女
出生年月：1986-02-25
民　　族：汉族
政治面貌：群众
职　　称：副高
学　　历：大学本科
所在单位：合水县西华池初中
通讯地址：庆阳市合水县西华池初中
成　　就：一级篮球裁判员。

0652 李睿

性　　别：男
出生年月：1986-12-24
民　　族：汉族
政治面貌：党员
学　　历：大学专科
所在单位：合水县西华池镇人民政府
通讯地址：合水县西华池镇人民政府
成　　就：一级社会体育指导员。

0653 惠小莹

性　　别：女
出生年月：1974-06-23
民　　族：汉族
政治面貌：群众
学　　历：大学专科
所在单位：文化路社区
通讯地址：庆阳市合水县文化社区
成　　就：一级社会体育指导员。

0654 张亚娟

性　　别：女
出生年月：1982-04-12

民　　族：汉族
政治面貌：群众
学　　历：大学专科
所在单位：合水县老城镇人民政府
通讯地址：庆阳市合水县老城镇人民政府
成　　就：一级社会体育指导员。

0655 肖喜莲

性　　别：女
出生年月：1970-03-23
民　　族：汉族
政治面貌：群众
学　　历：大学专科
所在单位：合水县全民健身中心
通讯地址：庆阳市合水县文化西路 10 号
成　　就：一级社会体育指导员、二级田径裁判员。

0656 弥积峰

性　　别：男
出生年月：1951-05-01
民　　族：汉族
政治面貌：群众
学　　历：高中
所在单位：合水县文化路健身站点
通讯地址：庆阳市合水县文化西路 10 号
成　　就：一级社会体育指导员。

0657 王宏

性　　别：男
出生年月：1961-03-12
民　　族：汉族
政治面貌：群众
职　　称：副高
学　　历：大学专科
所在单位：宁县二中
通讯地址：宁县二中
成　　就：2003 年获全市优秀体育教师奖，2006 年获庆阳市第一届中学生田径运动会优秀教练员奖，2008 年 5 月获全市群众体育工作先进个人奖。论文《素质教育在体育教学中的应用》《谈新课程标准下体育教师应具备的素质》在省级刊物《中国教育科研与创新》和《新课程改革论坛》杂志上发表。

0658 黄杰

性　　别：男
出生年月：1977-01-24
民　　族：汉族
政治面貌：党员
职　　称：副高
学　　历：大学专科
所在单位：宁县第二中学
通讯地址：宁县新宁镇辑宁路文苑小区
成　　就：2008 年被庆阳市评为全市业余训练工作先进个人；2008 年获得由教育部组织的西部骨干体育教师国家级培训合格证书及优秀学员证书。1999 年带领宁县教育局男子篮球队参加宁县职工篮球比赛，获得冠军；2000 年带领宁县四中女子篮球队参加县级比赛，获得第三名；2002 年带领金村乡男子篮球队参加县乡镇篮球运动会，获得冠军；2004 年带领宁县教育局男子篮球队参加县城机关篮球运动会，获得冠军；2007 年带领宁县四中男子篮球队参加县级比赛，获得冠军；2008 年带领宁县成年男子篮球队和少年男子篮球队参加市级比赛，均取得第三名；2009 年带领宁县纪律检查委员会篮球代表队参加市“廉政杯”比赛，获得第三名；2009 年带领宁县企业协会男子篮球代表队参加市工商联比赛，获得第三名；2011 年带领宁县公安局代表队参加市级公安系统比赛，获得第三名，带领县工商联男子篮球队参加市“企业杯”比赛等等。

简　　介：现为宁县第二中学的体育老师。2004年8月在西北师范大学获篮球二级裁判员证；2006年3月被聘为中学二级体育教师。

0659 周旺全

性　　别：男
出生年月：1963-06-05
民　　族：汉族
政治面貌：党员
职　　称：副高
学　　历：大学专科
所在单位：宁县体育局
通讯地址：宁县新宁镇辑宁路3号
成　　就：2006年所指导的宁县夕阳红健身队参加庆阳市庆五一群体节目获先进单位；2008年带领所指导的文体广场健身队参加庆阳市全民健身日活动获先进集体称号；2009年带领所指导的健身队参加庆阳市组织的迎新年群体节目表演获先进单位；2011年组织的宁县夕阳红健身队参加"九龙花园杯"宁县社区文体活动大奖赛获一等奖；2012年所指导的健身队参加宁县第九套广播体操大奖赛获第二名。
简　　介：现任宁县体育局党支部书记，在过去几十年的体育工作中，他以孜孜不倦的工作精神为县群众体育工作事业做出了贡献，极大地促进了县群众体育事业发展。

0660 李新

性　　别：男
出生年月：1969-11-27
民　　族：汉族
政治面貌：党员
职　　称：副高
学　　历：中专
所在单位：宁县体育局
通讯地址：宁县新宁镇辑宁路3号
成　　就：2006年所指导的宁县夕阳红健身队参加庆阳市庆五一群体节目获先进单位；2008年带领所指导的文体广场健身队参加庆阳市全民健身日活动获先进集体称号；2009年带领所指导的健身队参加庆阳市组织的迎新年群体节目表演获先进单位；2011年组织的宁县夕阳红健身队参加"九龙花园杯"宁县社区文体活动大奖赛获一等奖；2012年所指导的健身队参加宁县第九套广播体操大奖赛获第二名。
简　　介：现为宁县体育局副局长。

0661 李会军

性　　别：男
出生年月：1978-08-16
民　　族：汉族
政治面貌：党员
职　　称：副高
学　　历：大学本科
所在单位：宁县一中
通讯地址：宁县一中
成　　就：国家一级篮球裁判员、一级社会体育指导员（省体育局）。

0662 赵虹

性　　别：女
出生年月：1977-12-09
民　　族：汉族
政治面貌：党员
职　　称：副高
学　　历：大学专科
所在单位：宁县体育局
通讯地址：宁县新宁镇辑宁路文苑小区
成　　就：积极组织2011年"庆元宵"健身舞大赛；曾带领宁县队员参加省十二运，并获得了较好的成绩；曾参加宁县体育局组织的"金露杯"篮球比赛，除此之外，还主动配合、组织省市举办的其他各种大型群体赛事。

简　　介：现为宁县体育局业余体校副校长，在工作中，任劳任怨，勤奋进取，多次组织宁县代表队参加省市举办的各种大型体育赛事，为县里体育赛事作出了重大的贡献。

0663 汤俊江

性　　别：男
出生年月：1954-01-10
民　　族：汉族
政治面貌：党员
职　　称：副高
学　　历：中专
所在单位：环县业余体校
通讯地址：环县环城镇翼龙路 27 号
成　　就：热爱体育事业，能积极参加省市县组织的各种体育业务培训。体育知识丰富、业务熟练，曾多次组织全县大型比赛活动，担任裁判长和仲裁委员会成员。积极组织、指导社区群众进行体育锻炼，多次被评为县级优秀社会体育指导员，2001 年获得国家一级社会体育指导员。

0664 王志喜

性　　别：男
出生年月：1980-08-23
民　　族：汉族
政治面貌：群众
职　　称：副高
学　　历：大学本科
所在单位：环县第四中学
通讯地址：环县环城镇翼龙路 27 号
成　　就：曾就读于陇东学院体育学院运动训练专业，在校期间认真钻研篮球裁判技术，多次担任学校及周边大型篮球比赛裁判员，2007 年获得国家一级裁判资格。在 2014 年环县“践行群众路线，健身助力发展”篮球比赛中担任裁判工作。

0665 张志强

性　　别：男
出生年月：1966-12-28
民　　族：汉族
政治面貌：群众
职　　称：副高
学　　历：大学专科
所在单位：环县业余体校
通讯地址：环县环城镇翼龙路 27 号
成　　就：热爱体育事业，积极指导业余训练，为体育后备人才的发展奠定了基础。2013 年在甘肃天水参加甘肃省国民体质监测培训；长期从事全县田径训练工作，2014 年甘肃省第十三届运动会，环县业余体校共有三名队员参加少甲男子 100 米、200 米、400 米和少甲女子 100 米、200 米比赛，取得女子 100 米、200 米第五名的成绩，为庆阳代表队取得 8 分的积分。2012 年获得国家一级社会体育指导员。

0666 蔡国栋

性　　别：男
出生年月：1984-05-18
民　　族：汉族
政治面貌：群众
职　　称：副高
学　　历：大学本科
所在单位：环县职业中专
通讯地址：环县环城镇翼龙路 27 号
成　　就：曾就读于西安体育学院，上学期间，在完成学习任务的同时坚持跆拳道训练，参加过大运动会跆拳道比赛，曾参加过武林风西北赛区比赛。2008 年获得跆拳道项目国家一级裁判资格。

0667 姚建峰

性　　别：男

出生年月：1968-10-23

民　　族：汉族

政治面貌：党员

职　　称：副高

学　　历：大学专科

所在单位：环县曲子镇社区

通讯地址：环县环城镇翼龙路 27 号

成　　就：热爱体育事业，能积极参加省市县组织的各种体育业务培训，积极组织、指导社区群众进行体育锻炼，多次被评为县级优秀社会体育指导员。2011 年获得国家一级社会体育指导员，2014 年被评为甘肃省体育工作先进个人。甘肃省劳动保障厅和甘肃省体育局颁发荣誉证书。

0668 李亚平

性　　别：女

出生年月：1983-02-23

民　　族：汉族

政治面貌：群众

职　　称：副高

学　　历：大学本科

所在单位：环县虎洞中心小学

通讯地址：环县环城镇翼龙路 27 号

成　　就：曾在庆阳市体校训练田径项目。在校期间，她能严格要求自己，服从教练安排，完成训练任务。在历届市运会上获得优异成绩，曾打破庆阳市体校青年女子 400 米纪录。2000 年代表庆阳市参加甘肃省第十届运动会，在青年女子 400 米比赛中以 58.8 秒的成绩获得第二名。

0669 姚红利

性　　别：男

出生年月：1969-03-04

民　　族：汉族

政治面貌：群众

职　　称：副高

学　　历：大学专科

所在单位：环县红星小学

通讯地址：环县环城镇翼龙路 27 号

成　　就：2011 年获“全国中小学体育骨干教师培训优秀学员”称号。多次参加县、市、省级大型运动会的裁判工作，在每次担任裁判工作中都能严格以“严肃、认真、公正、准确”要求自己，赢得了各级领导和运动员的认可，多次荣获县、市、省“优秀裁判员”称号。2008 年庆阳市第十一届运动会武术项目比赛中荣获“优秀裁判员”；2009 年获“庆阳市优秀社会体育辅导员”称号；2009 年环县第二届农运会暨山城堡战役纪念碑揭碑仪式系列活动中获“先进工作者”称号；2010 年甘肃省第十二届运动会田径项目比赛中荣获“优秀裁判员”称号；2011 年在“国培计划”——全国紧缺薄弱学科骨干教师培训时被评“优秀学员”；2012 年荣获“庆阳市群众体育工作先进个人”；2012 年庆阳市第十二届运动会田径项目比赛中，荣获“优秀裁判员”称号。2011 年《别做迷失方向的小羔羊》在《体育教学》上发表并被全国国培教材《小学体育教学案例 100 则》选登；2012 年《口令在中小学队列队形教学中的作用》在《中国学校体育》上发表。

简　　介：小学高级教师，环县红星小学专职体育教师。

0670 黄兴明

性　　别：男

出生年月：1981-04-01

民　　族：汉族

政治面貌：群众

职　　称：副高

学　　历：大学本科
所在单位：环县环城初中
通讯地址：环县环城镇翼龙路 27 号
成　　就：参加了《中学生安全预防与自救常识》（初中版）的编写，陕西出版传媒集团，陕西人民教育出版社出版。2006 年 7 月在庆阳市第一届中学生田径运动会中被评为优秀裁判员。2008 年在庆阳市第十一届运动会少年篮球比赛中被评为优秀裁判员。2010 年在甘肃省第十二届运动会田径项目比赛中被评为优秀裁判员。在 2011 年全县职工篮球赛中获得第二名，2012 年全县职工排球赛中获得第二名。
简　　介：2005 年天水师范学院体育学院本科毕业，获教育学学士学位；2005 年至今一直在环县环城初中工作。环县排球协会委员、环县篮球协会委员。2012 年至今任环城初中体育教研组组长。在学校主抓球类、田径类训练工作，在市中学生各项比赛中获得突出成绩。

0671 刘旭

性　　别：女
出生年月：1985-03-02
民　　族：汉族
政治面貌：群众
职　　称：副高
学　　历：大学本科
所在单位：环县业余体校
通讯地址：环县环城镇翼龙路 27 号
成　　就：1999 年入选甘肃省青年女子足球队，在甘肃队效力 7 年。曾代表甘肃队参加全运会、城运会、大运会、市运会及各种竞标赛、联赛。2003 年代表甘肃队出战全国女足 U—18 青年联赛，获得第二名，创甘肃省近年来团体项目最好成绩。

0672 郭安

性　　别：男
出生年月：1987-01-07
民　　族：汉族
政治面貌：群众
职　　称：副高
学　　历：大学本科
所在单位：环县业余体校
通讯地址：环县环城镇翼龙路 27 号
成　　就：热爱篮球事业，上学期间，在完成学习任务的同时坚持篮球训练，参加了甘肃省第一届大学生运动会，取得了预赛第二名的成绩。毕业后组织参加各类篮球比赛，积累了丰富的赛场经验，2010 年代表庆阳市参加甘肃省第十二届运动会，在大众组篮球比赛中获得第三名。

0673 刘强

性　　别：男
出生年月：1980-11-18
民　　族：汉族
政治面貌：群众
职　　称：副高
学　　历：大学本科
所在单位：环县业余体校
通讯地址：环县环城镇翼龙路 27 号
成　　就：环县业余体校教练。曾先后代表市县参加过各类体育比赛，获得优异成绩。2012 年获得国家一级社会体育指导员。

0674 刘建儒

性　　别：男
出生年月：1970-01-30
民　　族：汉族
政治面貌：群众
职　　称：副高
学　　历：大学专科

所在单位：甘肃省庆阳市环县第四中学
通讯地址：环县环城镇翼龙路 27 号
成　　就：2012 年 9 月中旬率队参加庆阳市第二届中学生运动会围棋项目比赛。在十个代表队参赛下取得集体比赛男子团体第四、女子团体第一；在 40 人参赛下取得女子个人第一、第三、第四、第六名，为环县代表队取得 53 分积分。在 80 人只有 16 人取得段位的条件下有 6 人拿到段位，2 个二段，4 个一段，开创了环县围棋第一页。2013 年 8 月指导并率队参加甘肃省第二届中学生运动会，在十四个代表队参赛下取得围棋男子团体第七、女子团体第六名的成绩。2013 年 12 月被评为庆阳市第二届中学生运动会优秀教练员。
简　　介：1991 年 6 月毕业于庆阳师范专科学校数学教育系；1991 年 9 月至 1993 年 8 月在甘肃省庆阳市环县第二中学任教；1993 年 9 月至 2002 年 8 月在甘肃省庆阳市环县职业技术中学任教；2002 年 9 月至 2005 年 9 月在甘肃省庆阳市环县小南沟中学任教；2005 年 9 月至 2007 年 8 月在甘肃省庆阳市环县虎洞中学任教；2007 年 9 月至今甘肃省庆阳市环县第四中学任教。

0675 邓怀林

性　　别：男
出生年月：1982-07-09
民　　族：汉族
政治面貌：群众
职　　称：副高
学　　历：大学本科
所在单位：环县职业中专
通讯地址：环县环城镇翼龙路 27 号
成　　就：曾就读于西北师范大学体育学院运动训练专业，在校期间认真钻研篮球裁判技术，曾多次担任学校及周边大型篮球比赛裁判员，2006 年获得国家二级裁判资格。在 2014 年环县“践行群众路线，健身助力发展”篮球比赛中担任裁判工作。

0676 邵海军

性　　别：男
出生年月：1993-08-15
民　　族：汉族
政治面貌：群众
职　　称：副高
学　　历：大学本科
所在单位：环县业余体校
通讯地址：环县环城镇翼龙路 27 号
成　　就：环县体校跆拳道教练。曾先后在庆阳市体校、兰州体工队、沈阳竞技体校国家预备队、陕西省体校服役。在役期间多次获得全国、全省跆拳道比赛冠军。2010 年甘肃省第十二届运动会获得男子 51kg 级冠军。

0677 姚彦龙

性　　别：男
出生年月：1968-07-23
民　　族：汉族
政治面貌：群众
职　　称：副高
学　　历：大学本科
所在单位：环县第五中学
通讯地址：环县环城镇翼龙路 27 号
成　　就：1992-1993 学年度教育教学工作中成绩显著，被授予县级优秀教师。1995 年被评为全区优秀体育教师。2005 度被评为庆阳市优秀教练员。2008 年庆阳市第十一届运动会被评为优秀裁判员。2012 年庆阳市第十二届运动会被评为优秀裁判员。2012 年荣获庆阳市 2009-2012 年度业余训练工作先进个人。2013 年被评为庆阳市第二届中学生运动会优秀教练员。
简　　介：1989 年 7 月至 1996 年 7 月在环

县第三中学任教；1996 年 8 月至 2011 年 8 月在环县木钵初级中学任教；2011 年 9 月至今在环县第五中学任教，任教期间担任音体美教研组长及体育教育教学工作；在庆阳市第九、十、十一、十二届运动会中连续担任女子手球教练员、自行车比赛教练员；在庆阳市第二届中学生运动会中担任环县跳绳队教练。

0678 白晓东

性　　别：男
出生年月：1965-04-10
民　　族：汉族
政治面貌：群众
职　　称：副高
学　　历：大学专科
所在单位：定西市安定区体育活动中心
通讯地址：安定区解放路 34 号
成　　就：2003 年被国家体育场总局评选为全国优秀社会体育指导员，2001 被区委区政府评选为群众体育先进个人。
简　　介：1983 年 12 月参加工作；自 1993 年 5 月以来一直从事群众体育工作；1999 年 8 月取得一级体育社会指导员资格，2009 年 11 月取得国家级体育社会指导员资格。

0679 马明生

性　　别：男
出生年月：1962-04-16
民　　族：汉族
政治面貌：党员
职　　称：副高
学　　历：大学专科
所在单位：定西市安定区体育活动中心
通讯地址：甘肃省定西市安定区解放路 34 号
成　　就：从 1981 年开始从事篮球、田径、门球等裁判工作，对裁判工作有深入研究，熟练掌握和运用本项目竞赛规则和裁判法，具有丰富的临场执法经验和本项目竞赛裁判员工作能力，被省体育局授予篮球、田径、门球一级裁判员。1991 年、2002 年两次被国家体委评为“全国优秀裁判员”。1998 年被甘肃省实施全民健身计划领导小组评为“甘肃省全民健身宣传活动月优秀组织工作者”，2006 年荣获“甘肃省体育系统人才状况调研先进个人”，2011 年被甘肃省体育局、甘肃省农牧厅、甘肃省农民体协评为“全省农村体育先进个人”。
简　　介：1981 年 7 月至 1984 年 3 月在安定区教师进修学校任教；1984 年 3 月至 1992 年 8 月在安定区中华路中学任教；1992 年 8 月至今在安定区体育活动中心工作。

0680 赵鹤

性　　别：男
出生年月：1955-09-15
民　　族：汉族
政治面貌：党员
职　　称：副高
学　　历：大学专科
所在单位：定西市安定区体育活动中心
通讯地址：安定区解放路 34 号
成　　就：1985 年 8 月调到定西县体委，一直任田径教练，并多次受到县（区）和市级主管部门的表彰。1993 年被评为全省业余训练先进工作者，2000 年被评为全省体育业余训练工作先进个人。所带队员王江 1998 年 7 月在山西太原举行的全国青年山地车锦标赛暨分站赛总决赛中，获男子越野赛青年组第二名；25 公里越野赛第二名；5 公里计时赛第二名。王艳华、蒋成礼、南玉宁、李彩娥等队员达一级运动员标准，在全国和省级比赛中都获得了比较好的成绩。

简　　介：1978年8月至1985年8月在定西县中华路中学任教；1985年8月至今在定西市安定区体育活动中心担任教练。

0681 贾玉娥

性　　别：女
出生年月：1954-05-12
民　　族：汉族
政治面貌：党员
职　　称：副高
学　　历：高中
所在单位：定西市安定区柔力球推广站
通讯地址：安定区解放路34号
成　　就：2007年代表定西市安定区老体协参加甘肃省举办的第三届柔力球比赛，获中年组团体规定套路第一名，自选团体第一名，同年，代表甘肃省参加陕西汉中举办的全国柔力球大赛获中年组团体优胜奖。2013年代表定西市安定区体协参加云南丽江举办的雪山“玉龙杯”舞蹈及柔力球交流展示大赛，获民族舞“织手巾”金奖，团体自选金奖。
简　　介：2006年5月加入柔力球推广站活动，2012年获得一级社会体育指导员资格，2010年获得二级社会体育指导员资格，2008年开始担任柔力球推广站副站长职务。

0682 崔军

性　　别：男
出生年月：1964-09-12
民　　族：汉族
政治面貌：党员
职　　称：副高
学　　历：大学专科
所在单位：安定区体育活动中心
通讯地址：安定区解放路34号
成　　就：能够系统地掌握体育锻炼、比赛和社会体育组织管理的理论与方法，具有举重、田径等几项一级裁判员资格。1996年被评为甘肃省群众体育先进个人。1998年被评为甘肃省全民健身宣传活动月优秀组织工作者。2012年被国家体育总局评为全国优秀社会体育指导员。
简　　介：1983年7月毕业于庆阳师专，在定西县宁远中心任教；1985年9月调定西县体委工作至今。

0683 张景武

性　　别：男
出生年月：1972-12-12
民　　族：汉族
政治面貌：党员
职　　称：副高
学　　历：大学本科
所在单位：通渭县体育中心
通讯地址：通渭县平襄镇西街2号
成　　就：获得全国体育传统项目学校先进工作者称号。

0684 王岐山

性　　别：男
出生年月：1955-11-24
民　　族：汉族
政治面貌：群众
职　　称：副高
学　　历：中专
所在单位：通渭县体育中心
通讯地址：通渭县平襄镇南街18号
成　　就：培养输送了一批体育人才。

0685 陈永福

性　　别：男
出生年月：1966-12-05
民　　族：汉族
政治面貌：党员

职　　称：副高
学　　历：大学专科
所在单位：通渭县体育局
通讯地址：通渭县平襄镇西街 2 号
成　　就：1991 年获得全国优秀裁判员称号。

0686 王守业

性　　别：男
出生年月：1968-10-23
民　　族：汉族
政治面貌：党员
职　　称：副高
学　　历：大学本科
所在单位：通渭县体育局
通讯地址：通渭县平襄镇西街 2 号
成　　就：1988 年 10 月获得全国农村体育积极分子称号。

0687 张栓信

性　　别：男
出生年月：1969-11-12
民　　族：汉族
政治面貌：党员
职　　称：副高
学　　历：大学本科
所在单位：体育中心
通讯地址：通渭县平襄镇西街 2 号
成　　就：1989 年 11 月获得全国施标先进工作者称号。

0688 卢愈

性　　别：男
出生年月：1981-09-13
民　　族：汉族
政治面貌：群众
职　　称：副高
学　　历：大学专科
所在单位：通渭县体育运动中心
通讯地址：通渭县平襄镇南街 18 号
成　　就：培养输送了一批体育人才。

0689 张岁润

性　　别：女
出生年月：1979-08-07
民　　族：汉族
政治面貌：党员
职　　称：副高
学　　历：大学专科
所在单位：体育中心
通讯地址：通渭县平襄镇西街 2 号
成　　就：1986 年在全国射箭锦标赛上获得运动健将称号。

0690 张守贤

性　　别：男
出生年月：1968-09-10
民　　族：汉族
政治面貌：党员
职　　称：副高
学　　历：大学本科
所在单位：体育中心
通讯地址：通渭县平襄镇西街 2 号
成　　就：1997 年 8 月获得全国群众体育先进个人称号。

0691 程淑娥

性　　别：女
出生年月：1973-12-08
民　　族：汉族
政治面貌：党员
职　　称：副高
学　　历：大学本科
所在单位：通渭县体育中心
通讯地址：通渭县平襄镇西街 2 号

成　　就：1998 年 7 月获得全国传统项目学校优秀体育工作者称号。

0692 刘锦辉

性　　别：男
出生年月：1974-12-14
民　　族：汉族
政治面貌：党员
职　　称：副高
学　　历：大学专科
所在单位：通渭县体育运动中心
通讯地址：通渭县平襄镇南街 18 号
成　　就：维护竞技体育的公平公正。

0693 周芳霞

性　　别：女
出生年月：1983-03-05
民　　族：汉族
政治面貌：党员
职　　称：副高
学　　历：大学本科
所在单位：通渭县体育运动中心
通讯地址：通渭县平襄镇南街 18 号
成　　就：促进全民健身健康有序发展。

0694 包汉辉

性　　别：男
出生年月：1977-01-21
民　　族：汉族
政治面貌：党员
职　　称：副高
学　　历：大学本科
所在单位：通渭县体育运动中心
通讯地址：通渭县平襄镇南街 18 号
成　　就：培养输送体育人才。

0695 魏春贵

性　　别：男
出生年月：1968-08-07
民　　族：汉族
政治面貌：党员
职　　称：副高
学　　历：大学本科
所在单位：体育中心
通讯地址：通渭县平襄镇西街 2 号
成　　就：2009 年 9 月获得全国群众体育先进个人称号。

0696 张大发

性　　别：男
出生年月：1960-12-03
民　　族：汉族
政治面貌：群众
职　　称：副高
学　　历：大学专科
所在单位：通渭县体育局
通讯地址：通渭县平襄镇西街 2 号
成　　就：1986 年 1 月获得全国优秀裁判员称号。

0697 叶爱林

性　　别：女
出生年月：1978-01-06
民　　族：汉族
政治面貌：群众
职　　称：副高
学　　历：大学专科
所在单位：通渭县体育运动中心
通讯地址：通渭县平襄镇南街 18 号
成　　就：培养输送体育人才。

0698 吴天文

性　　别：男

出生年月：1963-12-22
民　　族：汉族
政治面貌：民主党派
职　　称：副高
学　　历：大学专科
所在单位：通渭县体育运动中心
通讯地址：通渭县平襄镇南街 18 号
成　　就：促进全民健身健康有序发展。

0699 何康彪

性　　别：男
出生年月：1965-08-17
民　　族：汉族
政治面貌：党员
职　　称：副高
学　　历：大学本科
所在单位：通渭县体育运动中心
通讯地址：通渭县平襄镇南街 18 号
成　　就：促进全民健身健康有序发展。

0700 张得荣

性　　别：男
出生年月：1965-02-28
民　　族：汉族
政治面貌：群众
职　　称：副高
学　　历：中专
所在单位：通渭县体育运动中心
通讯地址：通渭县平襄镇南街 18 号
成　　就：培养输送体育人才。

0701 曹党军

性　　别：男
出生年月：1974-01-24
民　　族：汉族
政治面貌：党员
职　　称：副高
学　　历：大学本科
所在单位：通渭县体育运动中心
通讯地址：通渭县平襄镇南街 18 号
成　　就：培养输送体育人才。

0702 景彩莲

性　　别：女
出生年月：1968-02-06
民　　族：汉族
政治面貌：党员
职　　称：副高
学　　历：高中
所在单位：体育中心
通讯地址：通渭县平襄镇西街 2 号
成　　就：2012 年 7 月获得全国优秀社会体育指导员称号。

0703 李财鑫

性　　别：男
出生年月：1969-12-04
民　　族：汉族
政治面貌：党员
职　　称：副高
学　　历：大学专科
所在单位：通渭县体育局
通讯地址：通渭县平襄镇西街 2 号
成　　就：1991 年 12 月获得全国优秀裁判员称号。

0704 曹国涛

性　　别：男
出生年月：1983-08-09
民　　族：汉族
政治面貌：党员
职　　称：副高
学　　历：大学专科
所在单位：体育中心

通讯地址：通渭县平襄镇西街 2 号
成　　就：2005 年在全国竞走锦标赛上获得运动健将称号。

0705 卢晓峰

性　　别：男
出生年月：1965-11-11
民　　族：汉族
政治面貌：党员
职　　称：副高
学　　历：大学专科
所在单位：通渭县体育中心
通讯地址：通渭县平襄镇南街 19 号
成　　就：培养输送体育人才。

0706 王岐山

性　　别：男
出生年月：1966-12-08
民　　族：汉族
政治面貌：党员
职　　称：副高
学　　历：大学专科
所在单位：通渭县体育局
通讯地址：通渭县平襄镇西街 2 号
成　　就：1991 年 13 月获得全国优秀裁判员称号。

0707 张淑娟

性　　别：女
出生年月：1982-01-17
民　　族：汉族
政治面貌：群众
职　　称：副高
学　　历：大学本科
所在单位：通渭县体育运动中心
通讯地址：通渭县平襄镇南街 18 号
成　　就：培养输送体育人才。

0708 唐步凯

性　　别：男
出生年月：1964-05-18
民　　族：汉族
政治面貌：民主党派
职　　称：副高
学　　历：大学本科
所在单位：陇西县西铝学校
通讯地址：陇西县西铝学校
成　　就：1993 年被陇西县体委评为优秀教练员。1994 年被西北铝加工厂评为优秀教师。1997 年被西北铝加工厂评为优秀教师。2010 年被县教育局体育局评为优秀教练员。2010 年被县教育局体育局评为优秀教练员。2011 年被西铝学校评为优秀教师。
简　　介：1983 年 9 至 1987 年 7 在西北师大体育系上学；1987 年 8 至今在陇西县西铝学校任教。

0709 丁自忠

性　　别：男
出生年月：1968-10-28
民　　族：汉族
政治面貌：党员
职　　称：副高
学　　历：大学本科
所在单位：甘肃省陇西县第一中学
通讯地址：甘肃省陇西县第一中学
成　　就：在 2001 年至 2006 年担任高考体育训练队，五年中向本科院校输送体育人才 90 多人，现在一直担任体育教研组长，努力工作在教学第一线。曾多次被评为定西市先进体育教师，2008 年至 2013 年连续两届担任甘肃省教师资格高评会委员。

0710 齐耀权

性　　别：男

出生年月：1970-09-15
民　　族：汉族
政治面貌：党员
职　　称：副高
学　　历：大学本科
所在单位：陇西县文峰初级中学
通讯地址：陇西县文峰初级中学
成　　就：2002年被评为陇西县优秀体育教师，1996年、2002年、2003年、2005年被评为陇西县优秀团干部；2009年12月在甘肃省体育课堂教学评比中获二等奖。负责的校团委连续3年获陇西县五四红旗团委荣誉称号。教育科研论文：《浅谈农村中学体育教学》《中学生厌学体育课的探究》分别在2009年11月、2011年11月获甘肃省优秀教学论文二等奖。《培养学生运动兴趣的方法》《农村初中体育课存在的问题及对策》分别发表于《甘肃教育》2008第7期和2010年第2期。《体育教学中的素质教育》发表于《金色年华》2012年第4期。《浅谈农村初中班主任工作》发表于《中学教育科研》2012年第6期。《浅谈农村中小学如何因陋就简上好体育课》发表于《中学教育科研》2013年9-10期。《中学生体育课厌学原因探析》发表于《中学教育科研》2014年1-2期。
简　　介：1993年6月毕业于甘肃联合大学体育专业。2013年1月取得中学高级教师任职资格，2013年6月被聘任为中学高级教师。

0711 王想成

性　　别：男
出生年月：1974-04-14
民　　族：汉族
政治面貌：群众
职　　称：副高
学　　历：大学专科
所在单位：陇西县南二十铺九年制学校
通讯地址：陇西县南二十铺九年制学校
成　　就：被评为2007年度学区优秀教师。2010年在全县初中教学观摩活动中承担的示范课被评为优质课。2010年被评为县级优秀教师。2010年参加省市中小学教育教学优秀论文评比活动，撰写的《体育教学中运用多媒体的利弊分析》获省级二等奖。2011年承担的示范课被评为高效课堂优质课。在《甘肃教育》2012年8期发表《激发学生运动兴趣，提高体育教学质量》。在《教学与管理》2012年3期发表《论初中体育教育中个性化培养的策略》。2013年10月甘肃省十二五规划课题《初中数学与小学数学的衔接》通过鉴定结题。
简　　介：毕业于北京体育师范学院，高级教师，至今仍然在陇西县南二十铺学校初中部体育课任教。

0712 杨权清

性　　别：男
出生年月：1972-07-06
民　　族：汉族
政治面貌：党员
职　　称：副高
学　　历：大学本科
所在单位：陇西县体育运动中心
通讯地址：陇西县巩昌镇东关路口青少年活动中心东侧
成　　就：1992年以来一直从事青少年田径教学和体育馆里工作，培养输送优秀体育后备人才50多名，培养的运动员多次获全国、全省前三名。2010年获得田径高级教练员任职资格；2011年5月聘任高级教练员；2007年9月任县业务体校副校长；2006年被省体育局评为甘肃省业余训练工作先进个人；2002年在《甘肃体育科研》发表《杠铃在业余标枪运动员基础训练中的运用》；2005年在国家级刊物《少年体育训练杂志》发表《杠铃在投掷力量素质训练中的运用》。

简　　介：1988年9月至1992年7月在定西体育运动学校就读；1992年7月分配到陇西县体委工作；1999年9月至2002年7月在西北师范大学函授专科体育教育专业；2005年3月至2007年1月在西北民族大学函授本科体育教育专业；2007年9月任陇西县业余体校副校长。

0713 史亚斌

性　　别：男

出生年月：1966-06-15

民　　族：汉族

政治面貌：党员

职　　称：副高

学　　历：大学本科

所在单位：陇西县第二中学

通讯地址：陇西县第二中学

成　　就：1999年获得“定西地区优秀体育教师”荣誉称号；2004年获得“陇西县骨干教师”称号，有多篇论文在省级刊物发表。

0714 张文武

性　　别：男

出生年月：1965-04-02

民　　族：汉族

政治面貌：民主党派

职　　称：副高

学　　历：大学本科

所在单位：甘肃省陇西县第一中学

通讯地址：甘肃省陇西县第一中学

成　　就：从事中学体育教学，成绩突出，曾获定西市优秀体育教师、县骨干教师。

简　　介：1986年8月至1900年7月西北师范大学体育系上学；1990年8月至现在陇西一中任教。

0715 张云峰

性　　别：男

出生年月：1962-10-05

民　　族：汉族

政治面貌：群众

职　　称：副高

学　　历：大学本科

所在单位：陇西县东郊学校

通讯地址：陇西县东郊学校

成　　就：1990年被西北有色冶金机械厂评为“教坛新秀”；1991年被西北有色冶金机械厂评为“优秀教师”；1996年被西北有色冶金机械厂评为“优秀工会积极分子”；2008年被陇西县教育局评为“优秀裁判员”；2010年被陇西县教育体育局荣获“优秀教练员”；2010年被陇西县教育体育局荣获县级优秀“教练员”。2009年获中学高级教师职称。撰写了《浅析篮球跳投系统训练法》《跨越式跳高教学的新尝试》等文章，分别发表在《教育革新》《新课程改革论坛》等期刊上。近十年来，担任音体美组教研组长，所带的班级在高考中体育合格率100%。

简　　介：1986年7月毕业于西北师大体育系体育专业，获教育学学士学位；1986年7月分配到陇西师范任教；1988年调入西北有色冶金机械厂子弟学校（2004年9月原子弟学校更名为陇西县东郊学校并移交陇西县管理）任教至今。

0716 陈粉堂

性　　别：女

出生年月：1963-02-11

民　　族：汉族

政治面貌：群众

职　　称：副高

学　　历：大学专科
所在单位：陇西县第二中学
通讯地址：陇西县第二中学
成　　就：中学高级教师，从事中学体育工作多年，培养了大批优秀青少年体育人才。

0717 董旭明

性　　别：男
出生年月：1971-09-21
民　　族：汉族
政治面貌：党员
职　　称：副高
学　　历：大学本科
所在单位：甘肃省陇西县通安中学
通讯地址：甘肃省陇西县通安中学
成　　就：一直从事高中体育教学研究工作。
简　　介：1995年7月毕业于西北师范大学，同年8月参加工作以来，一直担任高中体育教学，2010年12月被聘任为中学高级教师。

0718 冯爱军

性　　别：男
出生年月：1963-01-15
民　　族：汉族
政治面貌：党员
职　　称：副高
学　　历：大学专科
所在单位：陇西县体育运动中心
通讯地址：陇西县东关路口青少年活动中心
成　　就：1982年至今长期从事青少年田径教学训练和体育竞赛管理工作，培养输送了60余名优秀体育后备人才，培养队员至今保持8项市田径最高纪录，四项省田径最高纪录。2002年获得田径高级教练任职资格；2007年8月任县体校校长；1993年评为定西地区优秀教练；1995年、1997年分别被陇西县委县政府授予先进工作者称号；2000年被陇西县委县政府确认为跨世纪学术技术带头人，同年被省体育局评为甘肃省竞赛管理先进工作者；2000年被国家体育总局、教育部授予全国青少年体育工作先进工作者，2010年被省体育局授予全省群众体育工作先进个人称号。《夯实体教结合根基，培养体育后备人才》一文2004年获甘肃省委宣传部、省体育局、省社科联组织的甘肃省体育发展新思路优秀论文三等奖。2002年至2008年连续两次被选拔为定西地区（市）专业技术拔尖人才；2011年9月被省人社厅、省体育局确定为甘肃省体育系列高级教练评审委员会专家评委。
简　　介：1980年9月至1982年7月就读于天水师范专科学校体育教育专业；1982年7月在陇西县体委工作；1996年7月至2007年8月任陇西县体育局副局长；2007年8月至今任体育运动中心副主任、业余体校校长。

0719 耿国民

性　　别：男
出生年月：1963-01-19
民　　族：汉族
政治面貌：党员
职　　称：副高
学　　历：大学本科
所在单位：陇西县东郊学校
通讯地址：陇西县东郊学校
成　　就：2006年被陇西县教育体育局评为陇西县中小学田径运动会优秀裁判员；2010年被陇西县教体局评为陇西第三十一届中小学场地接力赛暨民间传统项目展示大会优秀教练员。
简　　介：1985年7月分配到西北有色冶金机械厂子弟学校（2004年9月原子弟学校更名为陇西县东郊学校并移交陇西县管理）任教至今。

0720 袁淑萍

性　　别：女
出生年月：1965-04-15
民　　族：汉族
政治面貌：群众
职　　称：副高
学　　历：大学本科
所在单位：甘肃省陇西县第一中学
通讯地址：甘肃陇西第一中学
成　　就：历年所带班级体育测试水平为100%，学生掌握了高中阶段所要上的课程，并结合两操以及学校举行的各种文体活动，使学生的体能得到了锻炼，利用空闲时间给学生讲授国内外体育新闻。
简　　介：1987年7月毕业于兰州师专体育系；1999年8月毕业于北京体育师范学院（函授本科）；中学副高级教师，1987年9月至今，所代高中体育课程。

0721 杨诚

性　　别：男
出生年月：1968-08-27
民　　族：汉族
政治面貌：党员
职　　称：副高
学　　历：大学本科
所在单位：漳县体校
通讯地址：漳县体校
成　　就：2014年在全省十三届运动会上，被甘肃省人社厅、甘肃省体育局评为“全省群众体育工作先进个人”；2013年被国家体育总局评为“2009年至2012年度群体工作”先进个人。2009年至2010年被省体育局评为“全省后备人才培养先进个人”。2005年至2007年连续三年被县委县政府评为“旅游文化节暨全国攀岩精英赛”先进个人。在体育项目方面实施全省惠民工程4个，实施一村一场工程45个，在体育馆周边建成硬化篮球场5个（其中硅pu层面的3个），硬化5人制足球场1个。在群体方面，近5年来先后组织群众体育活动50余次，指导部门举办活动15次，全民健身站点发展至14个，单项体育协会14个，培训社会体育指导员300多人；在竞技体育体育方面，仅2014年举办比赛3次，参加省市比赛4次，获得金牌7枚、银牌4枚、铜牌3枚。
简　　介：1987年8月参加工作。现任教育体育局副局长、体育运动中心主任，副高职称。1883年9月至1987年8月在甘肃省天水市第一师范学习；1987年8月至1998年3月在甘肃省漳县一中工作文体组组长（期间：1993年3月至1996年6月在甘肃教育学院大专班体育专业学习）；1998年3月至1999年3月甘肃省漳县文教体育局体育股工作；1999年3月至2002年8月甘肃省漳县文教体育局文化股稽查队队长；2002年8月至2007年9月甘肃省漳县体校校长；2007年9月至2008年11月甘肃省漳县体育运动中心主任、体校校长；2008年11月至2011年6月甘肃省漳县文教体育局副局长、体育运动中心主任、体校校长；2011年6月至今甘肃省漳县教育体育局副局长、体育运动中心主任、体校校长。

0722 丁志强

性　　别：男
出生年月：1969-03-08
民　　族：汉族
政治面貌：党员
职　　称：副高
学　　历：大学本科
所在单位：渭源二中
通讯地址：渭源县体育中心
成　　就：工作以来，一直从事高中体育教

学和田径队、体育高考队训练，有40多人考入高等院校。多次担任市、县、镇、学校的篮球和田径裁判员，并多次获得“优秀裁判员称号”。2005年获定西市贯彻《学校体育工作条例》先进个人称号。2008年获定西市优秀体育教师。2010年8月获甘肃省第一届中学生运动会优秀论文二等奖，并参加了在西北师大附中举行的第一届中学生运动会论文报告会。2014年10月获渭源县“体彩杯”中小学生田径运动会优秀教练员。

简　　介：1981年9月至1987年7月在通渭县鸡川中学上学；1987年9月至1990年7月在甘肃联合大学上学；1990年7月在渭源二中工作。

0723 吴宜槿

性　　别：男
出生年月：1982-03-28
民　　族：汉族
政治面貌：党员
职　　称：副高
学　　历：大学本科
所在单位：渭源县体育中心
通讯地址：渭源县体育中心
成　　就：2014年获定西市中小学生田径运动会优秀教练员，每年担任县篮球、田径比赛裁判员工作。
简　　介：2001年毕业于甘肃省体运动学校，2002年在渭源县业余体校担任教练工作。

0724 马继平

性　　别：男
出生年月：1984-02-06
民　　族：汉族
政治面貌：党员
职　　称：副高
学　　历：大学本科
所在单位：渭源二中
通讯地址：渭源县体育中心
成　　就：在2014年“体育彩票”杯全县田径运动会上获得优秀裁判称号。
简　　介：1998年9月至2001年6月就读于定西市体育运动学校；2002年3月至2005年8月在路园镇东锹学校任教；2005年9月至今在渭源县清源一小任教。

0725 方菊红

性　　别：女
出生年月：1983-08-05
民　　族：汉族
政治面貌：党员
职　　称：副高
学　　历：大学本科
所在单位：清源一小
通讯地址：渭源县体育中心
成　　就：曾多次担任市、县田径裁判。
简　　介：1998年9月至2001年6月在定西市体育运动学校读书；2002年3月至2005年8月在路园镇东桥中学任教；2005年9月至今在清源一小任教。

0726 高永红

性　　别：男
出生年月：1971-10-22
民　　族：汉族
政治面貌：群众
职　　称：副高
学　　历：大学本科
所在单位：渭源一中
通讯地址：渭源县体育中心
成　　就：2004年担任全市中学生篮球赛裁判，并获得优秀裁判员；2009年担任全市中学生乒乓球比赛裁判，获得优秀裁判员；2013年担任全市初中篮球赛裁判，获优秀裁判员。2013年获得国家一级社会体育指导员。《田径》2007年11月发表论文《浅议提高短跑速度的有效训练手段》；《田径》2009年7月发表论文《浅谈以髋关节为核心的速度训练法》；《田径》2011年1月发表论文《浅议推铅球中右脚位置与髋关节的充分前挺》；《田径》2013年7月发表论文《体育特长生立定三级跳远三跳练习方法探析》；《田径》2014年3月发表论文《如何消除体育高考生训练疲劳方法探析》；《田径》2014年4月发表论文《如何处理好体育特长生的训练与学习》。

简　　介：1992年9月至1994年7月在天水师专读书；1994年7月至1999年8月在县业余体校担任教练工作；1999年9月至今在渭源一中任教；1998年8月至2001年8月在西北师大函授本科。

0727 李向忠

性　　别：男

出生年月：1987-07-08

民　　族：汉族

政治面貌：群众

职　　称：副高

学　　历：大学本科

所在单位：渭源县清源镇阳坡学校任教

通讯地址：渭源县体育中心

成　　就：2012年担任定西市职工、农民篮球运动会裁判员，并获优秀裁判称号。

简　　介：毕业于定西市体育运动学校，2011年12月在渭源县清源镇阳坡小学任教。

0728 王宝桃

性　　别：男

出生年月：1965-08-23

民　　族：汉族

政治面貌：群众

职　　称：副高

学　　历：大学本科

所在单位：渭源一中

通讯地址：渭源县体育中心

成　　就：每年担任全县、篮球、田径裁判长，并多次获得优秀裁判员，2006年4月发表《影响农村中学跨栏跑教学的因素》论文。

简　　介：1987年9月至1989年7月在兰州师专读书；1989年8月至今在渭源一中任教；2001年8月至2003年8月在西北师大函授本科；2014年参加国家级社会体育指导员培训，成绩合格。

0729 王彩凤

性　　别：女

出生年月：1979-05-05

民　　族：汉族

政治面貌：党员

职　　称：副高

学　　历：大学本科

所在单位：渭源一中

通讯地址：渭源县体育中心

成　　就：2010年担任全市中学生田径比赛裁判员并获得优秀裁判员，多次担任全县篮球、田径比赛裁判并于2013年获得优秀裁判员称号。2013年获国家一级社会体育指导员。2013年在《田径》杂志发表论文《浅议体育高考生力量训练应掌握的“十性”》；2014年在《田径》发表《运用差别重量铅球的技术训练法探析》。

简　　介：2000年9月至2003年6月在天水师专读书；2003年7月至2009年7月在莲峰中学任教；2009年8月至今在渭源一中任教；2005年8月至2008年8月在西北师大函授本科。

0730 周学东

性　　别：男
出生年月：1978-07-23
民　　族：汉族
政治面貌：群众
职　　称：副高
学　　历：大学本科
所在单位：渭源一中
通讯地址：渭源县体育中心
成　　就：多次担任全县篮球、田径裁判员，2014 年获得全县田径运动会优秀裁判员。二级社会体育指导员，2009 年在《田径》杂志《探索教学交流》发表《浅议差别重量铅球的技术训练法》。
简　　介：1998 年 9 月至 2002 年 7 月在西北师范大学读书；2002 年 8 月至今在渭源一中任教。

0731 师彦军

性　　别：男
出生年月：1988-11-05
民　　族：汉族
政治面貌：群众
职　　称：副高
学　　历：大学本科
所在单位：渭源一中
通讯地址：渭源县体育中心
成　　就：2012 年担任兰州市红古区三运会裁判员，并获优秀裁判员。篮球一级裁判员。
简　　介：2009 年 9 月至 2013 年 7 月在兰州师专读书，2013 年在渭源一中任教。

0732 刘权

性　　别：男
出生年月：1976-09-05
民　　族：汉族
政治面貌：党员
职　　称：副高
学　　历：大学本科
所在单位：渭源田家河中学
通讯地址：渭源县体育中心
成　　就：多次独立完成学校和上级安排的任务，受到上级部门和领导的好评。有几篇论文在省级刊物上发表。选送的录像课曾获得定西市优质录像课三等奖和县级优质录像课一等奖，从 2001 年参加工作以来，每年都担任渭源县篮球比赛裁判长，多次获得县级篮球比赛优秀裁判员，也多次获得乡镇篮球比赛优秀裁判员。2004 年荣获定西市篮球运动会优秀裁判员，2007 年荣获定西市篮球运动会优秀裁判员，2010 年荣获定西市篮球运动会优秀裁判员，2014 年荣获定西市篮球运动会优秀裁判员。
简　　介：2001 年参加工作在会中、田家河任教；2014 年经培训合格获得二级社会体育指导员。

0733 王小燕

性　　别：女
出生年月：1966-03-17
民　　族：汉族
政治面貌：党员
职　　称：副高
学　　历：大学本科
所在单位：渭源县体育运动中心
通讯地址：渭源县体育运动中心
成　　就：主要负责全县社会体育指导员指导工作，2001 年被评为全区优秀社会体育指导员；2002 年、2003 年被评为全区群众体育先进个人；2005 年被定西市体育局授予定西市体育竞赛管理者先进个人；2007 年被省体育局授予全省优秀社会体育指导员称号；2010 年被评为全省群众体育先进个人。2012 年取得国家级社会体育指导员资格证书。

简　　介：1973 年 9 月至 1978 年 7 月在七圣小学读书；1978 年 9 月至 1981 年 7 月在七圣中学读书；1980 年 9 月至 1984 年 7 月在渭源一中读书；1984 年 9 月至 1986 年 7 月在兰州师专读书；1986.7 月至 1990 年 7 月在渭源一中任教；1990 年 7 月至 2003 年 12 月在业余体校担任教练；2000 年 9 月至 2003 年 9 月在西北师大函授；2004 年 1 月至 2011 年担任体育局副局长；2011 年至今担任体育运动中心副主任。

0734 赵芳英

性　　别：女
出生年月：1964-07-15
民　　族：汉族
政治面貌：群众
职　　称：副高
学　　历：大学专科
所在单位：渭源县体育运动中心
通讯地址：渭源县体育运动中心
成　　就：1979 年 9 月参加第四届全运会获得 1500 米第十一名；2000 年获得全国青少年体育工作先进工作者。
简　　介：1979 年 9 月至 1982 年 7 月在甘肃省体育运动学校读书；1982 年 7 月至今在渭源县业余体校担任教练工作；1993 年 9 月至 1996 年 6 月在西安体育学院函授。

0735 梁国权

性　　别：男
出生年月：1940-01-05
民　　族：汉族
政治面貌：党员
职　　称：副高
学　　历：高中
所在单位：县老年体协
通讯地址：渭源县体育中心
成　　就：多次担任全县健身气功比赛裁判长，2014 年担任全市健身气功比赛裁判员，2012 年 9 月代表定西市参加全省健身气功交流展示赛，获集体五禽戏第二、八段锦第三并获得精神文明先进个人。2013 年获得定西市健身气功交流展示赛团体第一名。
简　　介：1947 年 7 月至 1950 年元月在果园小学读书；1950 年 1 月至 1953 年 7 月在渭川第一小学读书；1953 年 8 月至 1959 年元月在渭源一中读书；1960 年 6 月至 1965 年在陇西县北寨公社参加工作；1965 年至 1974 年 4 月在渭源民政局工作；1974 年 5 月至 1980 年 12 月在路园公社工作；1981 年至 2000 年 3 月在财政局工作；2000 年 4 月退休，2000 年 5 月开始参加社会体育指导工作。

0736 丁会琴

性　　别：女
出生年月：1990-12-02
民　　族：汉族
政治面貌：党员
职　　称：副高
学　　历：大学本科
所在单位：国家队训练
通讯地址：渭源县体育中心
成　　就：2012 年参加在日本长崎高知县举办的亚洲竞走锦标赛并获得冠军殊荣。2013 年获得全国 20 公里竞走锦标赛第一名。2014 年获得国际田联竞走世界杯赛团体第二，全国竞走锦标赛第一名。
简　　介：2005 年至 2006 年在渭源县少儿体校训练；2006 年 9 月至 2008 年 9 月在定西市体育运动学校训练；2008 年 9 月至 2011 年 7 月在省队训练；2011 年 8 月至今在国家队训练。

0737 刘啓斌

性　　别：男

出生年月：1962-12-01

民　　族：汉族

政治面貌：党员

职　　称：副高

学　　历：大学本科

所在单位：岷县体育运动中心

通讯地址：岷县岷州西路

成　　就：执教以来，向省、市运动校及大专院校输送60多人。

简　　介：一级教练员，曾任岷县业余体校校长。

0738 刘小林

性　　别：男

出生年月：1964-05-10

民　　族：汉族

政治面貌：党员

职　　称：副高

学　　历：大学本科

所在单位：岷县体育运动中心

通讯地址：岷县岷州西路

成　　就：从事体育教学与训练工作30多年，向大专院校输送体育人才80多人。2002年被评为定西市优秀体育教师，多次荣获市县教育体育部门的表彰奖励。

简　　介：中学高级教师，国家一级社会体育指导员。

0739 王邦武

性　　别：男

出生年月：1967-04-07

民　　族：汉族

政治面貌：党员

职　　称：副高

学　　历：大学本科

所在单位：陇南市体育局

通讯地址：陇南市体育局

成　　就：1984年7月参加全国天津分区赛400米取得第一名。参加工作以来，在甘肃省各类运动会中共夺取金牌26枚、银牌16枚、铜牌21枚。向省优秀运动队和省体校输送60名运动员。2004年在甘肃省《体育科研》杂志上撰写了论文《非运动校地区业余训练出路的思考》。2007年被省体育局、农牧厅、省农民体协评为农村体育先进个人。

简　　介：1985年毕业于甘肃省体校田径专业。

0740 魏莉

性　　别：女

出生年月：1963-04-18

民　　族：回族

政治面貌：党员

职　　称：副高

学　　历：大学专科

所在单位：陇南市武都区业余体校

通讯地址：武都区文广新局

成　　就：参加了甘肃省第六届、七届、八届、九届全省运动会，任篮球教练员。参加了陇南市第五届、六届、七届运动会，任教练员。负责全区参赛组团、后勤保障、训练工作。常年负责业余体校训练工作。2004年被县委县政府授予优秀教练，2012年被区委区政府授予优秀教练。

0741 刘小平

性　　别：男

出生年月：1960-02-16

民　　族：汉族

政治面貌：党员

职　　称：副高

学　　历：大学专科

所在单位：陇南市武都区业余体育运动学校
通讯地址：武都区文广新局
成　　就：参加甘肃省第五届、第六届、第七届、第九届省运会，任田径教练。参加陇南市第五届、六届、七届全运会，任秘书长。全面负责训练、组团工作。常年负责本部门体育业务工作。1987年获甘肃省优秀教练员称号。

0742 汪军

性　　别：男
出生年月：1967-08-18
民　　族：汉族
政治面貌：群众
职　　称：副高
学　　历：大学本科
所在单位：陇南市第一中学
通讯地址：陇南市第一中学
成　　就：陇南市学科带头人、甘肃省青年教学能手。
简　　介：1984年7月至今一直从事高中体育教学工作。

0743 袁筱平

性　　别：女
出生年月：1969-03-10
民　　族：汉族
政治面貌：群众
职　　称：副高
学　　历：硕士研究生
所在单位：陇南师范高等专科学校
通讯地址：甘肃成县陇南路34号
成　　就：著作《西北部民俗体育研究》（中国书籍出版社出版，2014年版）；论文《论教育资源的合理配置》发表于《中国成人教育》2008年24期核心期刊（2004版）；《陇南民俗体育特征及发展对策研究》发表于《兰州文理学院学报（自然科学版）》2014年04；《农村中小学体育教师培训课程设计再研究——以陇南市“万名教师培训工程”小学体育课程为例》发表于《西北成人教育学院学报》2014年04；《“白马藏族”民间体育引入教学中的可行性研究——以陇南文县铁楼乡为个案》发表于《首都师范大学学报（自然科学版）》2013年02；《高校〈大学体育〉教学模式改革探微——以陇南师专〈大学体育〉为研究对象》吴卫军，袁筱平，发表于《搏击（武术科学）》2012年09。曾获甘肃省贯彻落实中央七号文件及《学校体育工作条例》先进个人、陇南市直教育系统优秀教师、陇南师专师德标兵、优秀教师、先进个人等称号。
简　　介：甘肃省体育科学学会理事。主要从事学校体育工作管理，《学校体育学》《健美操》《体操》等课程教学工作，以及民间体育、民俗体育的搜集、整理和研究工作。

0744 李玉辉

性　　别：男
出生年月：1977-11-10
民　　族：汉族
政治面貌：党员
职　　称：副高
学　　历：大学本科
所在单位：陇南师专
通讯地址：成县城关镇陇南路34号
成　　就：主要讲授《田径》《体育竞赛组织编排》等课程。在省级以上学术期刊发表论文18篇，主编教材1部，参编教材2部，主持和参与省级项目课题2项，指导学生在省级以上竞赛中5人次获奖。近年来，先后荣获全国高职高专体育教师教学技能大赛二等奖、甘肃省第二届大学生运动会优秀教练员、陇南市直教育系统优秀教师、陇南师专中青年骨干教师和首届陇南师专学生心目中最喜爱教师等奖励。

简　　介：1997 年至 2001 年在西北师范大学体育系体育教育专业学习，获学士学位；2007 年至 2010 年在西北师范大学体育学院体育教育训练学专业攻读高校教师在职硕士，获硕士学位；2001 年至 2002 年在宕昌县第一中学任教；2002 年至 2003 年在陇南师范任教；2003 年至今在陇南师范高等专科学校体育系任教，担任团支部书记、田径教研室主任等职务。

0745 田广

性　　别：男

出生年月：1968-12-05

民　　族：汉族

政治面貌：党员

职　　称：副高

学　　历：大学本科

所在单位：陇南师范高等专科学校

通讯地址：甘肃成县陇南路 34 号

成　　就：著作《小学体育教学理论与实践》（吉林大学出版社 2013 年 4 月出版）；主持完成 2011 年度省教育厅第二批科研项目《甘肃省农村体育的现状及发展策略研究》；发表学术论文 10 多篇；专著《小学体育教学理论与实践》获陇南市首届社科三等奖，参编教材 2 部；完成教育厅科研课题一项，完成《体育教学论》校级重点课程，在建校级精品课程，参与校级教改项目。

简　　介：2005 年获教育硕士，一直承担体育教学工作，先后承担过《大学体育》公体教学，体育教育专业《排球》《体育社会学》《体育科研方法》《体育教学论》等课程的教学。

0746 王选林

性　　别：男

出生年月：1965-03-04

民　　族：汉族

政治面貌：党员

职　　称：副高

学　　历：大学本科

所在单位：甘肃陇南成县一中

通讯地址：甘肃陇南成县一中

成　　就：从教三十多年，一直担任一线体育教学工作，体音美教研组组长和体育高考训练工作，取得非常优秀的成绩。1994 年至 2005 年连年被评为校级“优秀工作者”和“先进个人”；1998 年荣获陇南地区首批体育教学骨干；获得地级优秀教练员三次；获得县级优秀园丁奖一次，县级“西峡颂”优秀教练员三次；获得地级音体美教研组组长一次；1994 年至 2014 年体育高考双上线，录取率等一直名列全区前三名。

简　　介：1986 年 7 月至 1993 年 2 月在西北地勘局 217 子校担任体育教师；1993 年 3 月至今在成县一中担任体育教师。

0747 郝国强

性　　别：男

出生年月：1970-10-06

民　　族：汉族

政治面貌：党员

职　　称：副高

学　　历：大学本科

所在单位：甘肃成县黄渚厂坝学校

通讯地址：甘肃成县黄渚厂坝学校

成　　就：1991 年甘肃省大学生运动会篮球第三名、1993 年白银公司田径运动会铅球第 2 名、4×100 接力第 2 名、1999 年、2001 年，2008 年、2010 年白银公司职工篮球第 4、6、5、5 名、2004 年陇南地区运动会篮球第 7 名、2013 年甘肃成县中学生运动会男子篮球第 4 名并获得优秀教练员。2012 年曾获得成县小学毕业测试数学三等奖。多次获得学校优秀班主任、优秀教师荣誉称号。

简　　介：1993 年毕业于天水师院体育教育专业，至今在原白银公司厂坝矿子弟学校即现在的成县厂坝学校任教。除了体育教学、参加各类体育比赛之外，还兼小学高段数学教学和班主任。

0748 汪莉

性　　别：女

出生年月：1964-12-28

民　　族：汉族

政治面貌：群众

职　　称：副高

学　　历：大学专科

所在单位：成县一中

通讯地址：成县一中

成　　就：1983 年至 1998 年训练学校女子篮球队、乒乓球队，多次参加比赛并获得比赛优异成绩，为地区体校和省体校输送多名体育人才；2000 年获“全县中学生运动会”优秀教练奖；2004 年获“全区六运会暨首届西狭颂文化旅游节”优秀团体操编导奖；2004 年获陇南地区第六届运动会女子篮球比赛第三名；2000 年训练的学校男、女乒乓球队在全县中学生运动会上包揽了男子、女子单打、男女双打冠军和团体总冠军。多年来一直担任学校团体操的排练工作，多次参加了全县和学校各种表演并获得了优异成绩。2006 年在《新课程改革论坛》12 期发表论文《支撑后回环的教学方法》；2009 年在《新课程》10 期发表论文《浅议信息技术在体育教学中的应用》。1993 年至 2002 年间六次被学校评为“优秀班主任”和“先进班集体”称号。

简　　介：1983 年 7 月毕业于兰州师专体育系；1983 年 8 月参加工作至今在成县一中担任体育教学工作；多年来，在教育教学岗位上严格要求自己，努力工作，悉心育人，爱岗敬业，在工作中取得了优异成绩。

0749 王文君

性　　别：男

出生年月：1988-03-02

民　　族：汉族

政治面貌：党员

职　　称：副高

学　　历：大学本科

所在单位：成县宋坪乡

通讯地址：成县宋坪乡

成　　就：2003 年获得甘肃省柔道冠军。

0750 肖振中

性　　别：男

出生年月：1957-12-24

民　　族：汉族

政治面貌：党员

职　　称：副高

学　　历：大学专科

所在单位：成县第一中学

通讯地址：甘肃省成县城关镇北关街 102 号

成　　就：多次评为校级“优秀教师”、“先进教育工作者”、“优秀共产党员”。2001 年被县委评为“双拥工作先进个人”。2003 年被县政府评为“优秀教育工作者”。2004 年被省教育厅、省军区司令部、省军区政治部授予“双拥工作先进个人”称号。在教学之余积极探索体育教学新教法，撰写大量的教育教学论文，《体育教学应始终贯穿思想教育原则》在《未来导报》公开发表。《思想政治课应突出学生主体地位的新思维》获全国教师教学论文大赛三等奖。

简　　介：曾长期担任音体美教研组长工作，首批县级骨干教师。1990 年至今，先后担任高二、高三体育教学工作。现任成县一中政教处主任。

0751 莫映良

性　　别：男
出生年月：1967-08-27
民　　族：汉族
政治面貌：群众
职　　称：副高
学　　历：大学专科
所在单位：成县第三中学
通讯地址：成县第三中学
成　　就：在2014年全县中学生篮球运动会中所带学生荣获第二名，并在其他各项比赛中成绩优异。曾多次被评为县级优秀教练员。每年都为上级学校输送体育人才。
简　　介：现任教于成县三中。

0752 牟小魁

性　　别：男
出生年月：1965-09-10
民　　族：汉族
政治面貌：群众
职　　称：副高
学　　历：大学专科
所在单位：甘肃省成县第一中学
通讯地址：甘肃省成县第一中学
成　　就：2000年5月在全县中学生运动会中被成县教委和成县体委评为“优秀教练”。2001年5月教学论文《对校园伤害事件的思考》被陇南市教委评为二等奖。2006年12月体育课在“第二届甘肃省中小学体育教学观摩展示活动”中被甘肃省教育厅评为三等奖。多次被学校评为年度“先进工作者”。
简　　介：1988年8月在成县第一中学工作至今，常年承担初中、高中体育课教学任务，任初中部班主任。长期坚持课外体育训练，辅导学生田径、足球、排球等训练。组织参与学校田径运动会。2000年以后除授课外，还兼职学校警务室工作。2014年5月被成县人大常委会任命为成县人民法院“人民陪审员”。

0753 吴保丰

性　　别：男
出生年月：1965-10-25
民　　族：汉族
政治面貌：群众
职　　称：副高
学　　历：大学专科
所在单位：成县城关中学
通讯地址：成县城关中学
成　　就：县教学能手，县优秀教练员，县乒乓球赛单打冠军，县象棋比赛第一名得主，被授予“同谷棋王”称号，陇南市六运会成县象棋队教练兼队员，银牌获得者；七运会成县象棋队教练，获团体铜牌。所带班级数学成绩在全县初中抽考和毕业会考综合评比中多次获得第一名，所教学生郭亘辉、李宁等人获全国数学竞赛初中组三等奖，训练运动员在成县首届“西峡杯”学生运动会乒乓球比赛中获得男、女团体冠军和女单冠亚军及第三名；成县第二届“西峡杯”学生运动会中获男子第二、三、四名，女子获第一、二名。多次参加省、市县乒乓球、田径、篮球比赛的裁判工作。
简　　介：成县青少年校外活动中心乒乓球、象棋教练。毕业于甘肃教育学院，中学一级教师。

0754 石鑫媚

性　　别：女
出生年月：1997-03-12
民　　族：汉族

政治面貌：群众
职　　称：副高
学　　历：大学专科
所在单位：甘肃省自行车管理中心
通讯地址：成县业余体校
成　　就：2010 年 10 月被陕西省国少队选拔录取。2011 年 7 月参加陕西省青少年年度比赛获得女子 800 米第二名、1500 米冠军。2012 年 11 月参加陕西省青少年锦标赛获得女子 800 米、1500 米冠军。2013 年参加陕西省青少年锦标赛获得女子甲组 1500 米、5000 米冠军。2014 年参加西北五省青少年锦标赛，荣获女子组 1500 米、3000 米冠军，现达青少年一级运动员。

0755 李彩芹

性　　别：女
出生年月：1965-04-08
民　　族：汉族
政治面貌：党员
职　　称：副高
学　　历：大学本科
所在单位：陇南师范高等专科学校
通讯地址：陇南师范高等专科学校体育系
成　　就：主持完成省级教育科研项目《甘肃省陇南农村小学体育教学现状与发展对策研究》；参与完成省级体育科研项目《甘肃陇南白马藏族民族传统体育研究》；主持完成校级教学改革项目《大学体育排球选项课教学内容与方法改革实验研究》，主持完成一门校级精品课程《排球》建设工作；参与校级重点课程《体育教学论》《体育保健学》建设工作；发表省级以上论文两篇，主编或参编体育专业教材四部。
简　　介：多年来一直从事体育教学工作，主要承担体育教育专业《运动生理学》《体育游戏》专业基础课和《大学体育》公共课教学任务。同时，兼任体育系副主任，主要负责体育系教育教学管理工作。

0756 李锋

性　　别：男
出生年月：1965-04-01
民　　族：汉族
政治面貌：党员
职　　称：副高
学　　历：大学专科
通讯地址：甘肃省陇南市徽县城关镇和平路 2 号
成　　就：为陇南运动校输送运动员 20 余人。

0757 李小平

性　　别：男
出生年月：1960-01-01
民　　族：汉族
政治面貌：党员
职　　称：副高
学　　历：大学专科
所在单位：徽县文体局
通讯地址：徽县西街
成　　就：为各大中专院校、省、市、军队专业队输送体育人才 47 人，多次获得省、市优秀教练员、先进体育工作者称号。

0758 朱雍建

性　　别：男
出生年月：1962-11-01
民　　族：汉族
政治面貌：群众
职　　称：副高
学　　历：大学本科
所在单位：徽县文体局
通讯地址：徽县西街

成　　就：参加省、市运动会，多次获奖；向上一级输送人才 40 余人。

0759 梁照红

性　　别：男
出生年月：1973-08-17
民　　族：汉族
政治面貌：群众
职　　称：副高
学　　历：大学本科
所在单位：西和县第一中学
通讯地址：西和县第一中学
成　　就：参加了 2011 年甘肃省青少年篮球锦标赛、陇南市第七届运动会篮球比赛的裁判工作。
简　　介：2006 年 8 月晋升为篮球一级裁判员。

0760 雷红英

性　　别：女
出生年月：1966-08-12
民　　族：汉族
政治面貌：群众
职　　称：副高
学　　历：大学专科
所在单位：西和县体育局
通讯地址：西和县汉源镇三里铺体育馆
成　　就：2010 年 10 月通过培训考试，晋升为一级社会体育指导员。

0761 任恩全

性　　别：男
出生年月：1976-01-06
民　　族：汉族
政治面貌：党员
职　　称：副高
学　　历：中专
所在单位：西和县体育局
通讯地址：西和县汉源镇三里铺体育馆
成　　就：2010 年 10 月通过培训考试，晋升为一级社会体育指导员。

0762 康大谋

性　　别：男
出生年月：1951-04-26
民　　族：汉族
政治面貌：党员
职　　称：副高
学　　历：大学专科
所在单位：西和县体育局退休
通讯地址：西和县汉源镇三里铺体育馆
成　　就：在体育局工作 30 多年，原西和县体育局副局长，2008 年 1 月为一级社会体育指导员。

0763 张桂平

性　　别：男
出生年月：1967-03-06
民　　族：汉族
政治面貌：群众
职　　称：副高
学　　历：大学本科
所在单位：西和县第二中学
通讯地址：西和县第二中学
成　　就：1992 年晋升为一级篮球裁判员。参加了 1999 年甘肃省青少年篮球锦标赛，2011 年甘肃省青少年篮球锦标赛及陇南市第五届、第六届、第七届运动会篮球比赛裁判工作。

0764 吴宝连

性　　别：男
出生年月：1959-12-12
民　　族：汉族

政治面貌：党员
职　　称：副高
学　　历：大学专科
所在单位：西和县体育局
通讯地址：西和县汉源镇三里铺体育馆
成　　就：1981 年 8 月晋升为篮球一级裁判员，2010 年 10 月被评为荣誉国家级篮球裁判员。1979 年至 1989 年之间，分别参加了甘肃省篮球甲级联赛，甘肃省青少年篮球比赛，西北协作区篮球联赛，全国中学生篮球比赛，甘肃省第六届、第八届运动会篮球比赛的裁判工作。1985 年被国家体委选为“全国百名优秀裁判员”。

0765 马清文

性　　别：男
出生年月：1962-07-10
民　　族：回族
政治面貌：党员
职　　称：副高
学　　历：中专
所在单位：临夏县文化体育局
通讯地址：甘肃省临夏县文化体育局
成　　就：担任教练员以来，先后向州体校输送了优秀运动员 106 人，有 3 人达到国家一级运动员，有 8 人达到国家二级运动员标准。他训练和输送的马成彪、杨维泽、谢宗国、金先芬、刘晶、贾怀远、谢绍祥等运动员在全国比赛中获得第一名的有 8 人，第二名 5 人，第三名 4 人，有 3 人达国家运动健将标准。杨维泽在 1999 年 5 月举行的全国少年田径锦标赛中获 1500 米、3000 米两项第一名，2001 年 11 月在全国九运会中获 1500 米金牌，这是我省在历届全运会中取得的第一枚田径项目金牌，2003 年 10 月在全国第五届城运会中获得 5000 米金牌、1500 米银牌。曾 6 次被评为全州优秀教练员，所管理的县业余体校从 1992 年至 2014 年 11 次被评为全州业余训练先进单位，州委、州政府 3 次被评为“做出突出贡献”的先进单位。2010 年至 2012 年年终考核中三次被评为优秀。
简　　介：1982 年 6 月毕业于临夏师范体育班；1982 年 7 月参加工作；现任临夏县业余体校校长，2008 年 12 月被甘肃省体育局破格批准为田径高级教练。

0766 张淑萍

性　　别：女
出生年月：1970-01-12
民　　族：汉族
政治面貌：党员
职　　称：副高
学　　历：大学专科
所在单位：临夏县文化体育局
通讯地址：甘肃省临夏县文化体育局
成　　就：近年来，自己所训练的运动员在参加一系列全州体育比赛中共获 11 次团体总分第一名，3 次团体总分第二名；先后向省、州体校输送了 56 名运动员，涌现出了一批优秀人才。他们在全国比赛中获第一名 6 个，第二名 3 个，第三名 2 个，一人破一项全国纪录，有 3 人达国家运动健将标准。在省级比赛中获第一名 25 个，第二名 21 个，第三名 16 个。在州级比赛中获第一名 45 个，第二名 38 个，第三名 32 个，有 2 人 2 项破省纪录。特别是杨维泽在 2001 年 11 月参加的全国第九届运动会中获得 1500 米第一名，这是我省在历届全运会中取得的第一枚田径项目金牌，2003 年 10 月在全国第五届城市运动会中获得 5000 米第一名、1500 米第二名，为全省赢得了荣誉。2009 年 12 月，被省体育局授予全省优秀社会体育指导员称号，2007 年以来，年度考核中 3 次被评为优秀，3 次评为合格。2012 年 6 月在《教学理论与实践》发表的《浅谈青少年中长跑运动训练的方法》论文，获该刊举办的优秀论文评选活动一等奖。
简　　介：1989 年 7 月参加工作（1989 年 7 月毕业于甘肃省体育运动学校，1996 年 6 月毕业于西安体育学院，运动训练专业）。2001 年 12 月取得一级教练任职资格，2013 年 5 月取得高级教练任职资格，现任临夏县业余体校高级教练员。

0767 孔佑权

性　　别：男
出生年月：1977-09-08
民　　族：汉族
政治面貌：群众
职　　称：副高
学　　历：大学专科
所在单位：刘家峡中学
通讯地址：永靖县黄河文化广场文体中心
成　　就：永靖县 2011 年庆新春“民生杯”篮球比赛中被评为优秀裁判员；永靖县 2014 年庆五一、五四中学生男子篮球赛优秀裁判员。
简　　介：1996 年 8 月至 1998 年 7 月在永靖县王台学区任教；1998 年 8 月至 2000 年 7 月在甘肃省教育学院体育系学习；2000 年 8 月至 2001 年 7 月在永靖中学担任体育教学；2001 年 8 月至今在永靖县刘家峡中学担任体育教学。

0768 张以龙

性　　别：男
出生年月：1985-07-23
民　　族：汉族
政治面貌：群众
职　　称：副高
学　　历：大学专科
所在单位：永靖县川城学区
通讯地址：永靖县黄河文化广场文体中心
成　　就：2013 年全县教职工篮球赛优秀裁判。
简　　介：2001 年 8 月至 2005 年 6 月就读于永靖中学；2005 年 9 月至 2009 年 6 月就读于陇东学院体育系；2009 年 12 月至今在永靖县川城学校任教。

0769 王永胜

性　　别：男
出生年月：1975-09-05
民　　族：汉族
政治面貌：党员
职　　称：副高
学　　历：大学专科
所在单位：永靖县体育局
通讯地址：永靖县黄河文化广场文体中心
成　　就：cbo 甘肃临夏税务杯业余篮球公开赛优秀裁判（2006 年）。
简　　介：1995 年毕业于兰州师专，同年分配到永靖四中任教；1998 年调入永靖九中任教；2001 年调入刘家峡中学任教；2004 年调入县教育局从事基础教育工作；2008 年抽调到县委科学发展观办公室简报组工作；2010 年 12 月调到县文体局担任纪检组长；2013 年 7 月任县体育局长。

0770 仲华萍

性　　别：女
出生年月：1980-02-15
民　　族：汉族
政治面貌：党员
职　　称：正高
学　　历：大学本科
所在单位：和政县体育局
通讯地址：和政一号统办楼 301

成　　就：在张掖体育运动学校学习期间，获得 1995 年全国无线电测向锦标赛 A 组青年女子 80 米波段赛个人第二名，并授予一级运动员称号；参加工作后，逐年向各类体育运动学校输送篮球、田径、摔跤、跆拳道、射击等合格运动员 16 名；2007 年全省青少年田径运动会上被评为优秀裁判员；2010 年、2011 年、2012 年连续三年单位年度考核均为优秀。

简　　介：1995 年 8 月至 1999 年 6 月在张掖体育运动学校学习毕业；1999 年 8 月至在和政县体育局工作（期间：2007 年 7 月至 2010 年 1 月在成都体育学院运动训练学专业本科毕业），负责本单位群体股工作和担任业余体校田径教练，在各类岗位上，认真贯彻执行党的路线、方针、政策，宣传和执行上级组织的决议，服从领导，团结同志，勤奋工作，努力提高工作质量，取得了良好成效。

0771 梁文潮

性　　别：男

出生年月：1968-09-11

民　　族：汉族

政治面貌：群众

职　　称：副高

学　　历：大学本科

所在单位：合作市中学

通讯地址：州医药公司家属院

成　　就：2005 年被甘肃省体育局授予“优秀体育指导员”称号。

简　　介：1989 年 8 月至 2003 年 8 月在合作市第三小学任教（体育教师）；2003 年 9 月至今，在合作市中学任教（体育教师）。

0772 苏新生

性　　别：男

出生年月：1964-06-01

民　　族：藏族

政治面貌：群众

职　　称：副高

学　　历：大学专科

所在单位：卓尼县柳林中学

通讯地址：卓尼县政府统办楼 2 楼

成　　就：2007 年被评为全省业余体校优秀教练员。2008 年获甘南州优质课竞赛二等奖。

简　　介：1984 年至 1986 年在卓尼县阿子滩学校担任体育教学工作；1986 年至 1993 年在卓尼一中担任体育教学工作；1993 年至 1995 年在甘肃教育学院进修学习；1995 年至 2011 年在卓尼一中工作；2011 年至今在柳林中学工作。

0773 苏胜才

性　　别：男

出生年月：1958-08-18

民　　族：回族

政治面貌：党员

职　　称：副高

学　　历：中专

所在单位：临潭县文广局

通讯地址：甘肃省临潭县城关镇南大街 3 号

成　　就：篮球国家一级裁判、田径国家二级裁判、社会体育指导员国家级、教练。

简　　介：现工作于临潭县文广局体育股，在工作的几十年当中为临潭培养出许多体育方面的人才。

0774 宏永锋

性　　别：男

出生年月：1966-11-11

民　　族：汉族

政治面貌：群众

职　　称：副教授
学　　历：大学本科
所在单位：兰州城市学院信息中心
通讯地址：甘肃省兰州市安宁区街坊路11号，城市学院信息中心
成　　就：作为“武术文化学科结构”创立者，于2012年4月荣获“世界著名武术家”勋章，被载入《世界武术人物史·世界著名武术家大型画册·第三卷》。从事中国功夫、材料科学及信息技术领域的交叉学科研究，有主持大型项目（项目金额1600万元）的经验。作为国际武术大赛优秀运动员获得16枚奖牌，作为优秀教练员指导学生获国际和省级武术大赛62枚奖牌。在高校讲授《中国武术文化》公选课，近期主持或参与武术科研项目3项（2011-GSCFY-RW01、12066TY、2012-GSCFY-RW01），有2篇论文获国际武术高峰论坛金奖。作为太极拳、形意拳第六代传人，分别在2012年、2013年国际武术竞赛中夺得形意拳冠军、太极拳冠军、太极散手冠军。
简　　介：高级工程师，属双师型科研人员。中国武术六段，中国武术段位制考评员、指导员。

甘肃省文化资源名录

第四十七卷

文化人才Ⅳ

网络文化人才

0001 孟繁博

性　　别：男
出生年月：1964-10-01
民　　族：汉族
政治面貌：党员
职　　称：正高
学　　历：大学本科
所在单位：甘肃省新闻出版广电局
通讯地址：兰州市东岗西路 226 号
成　　就：2010 年度被评为甘肃省广播电影电视局先进工作者；2013 年被评为十八大安全播出全省先进个人；2013 年被国家新闻出版广电总局评为全国广播电视设施保护成绩突出个人；2013 年 11 月入选甘肃省宣传文化系统“四个一批”文化专门技术界人才。近年来主持完成了全省广播电视“十二五”监测技术规划工作并实施完成了主要县、市无线广播电视的布点监测工作；主持完成了省级 IPTV 监管平台方案设计，并通过了省工信委组织的专家论证；主持完成了甘肃卫视上星地球站全面技术升级改造。主持完成的《地球站备播系统的设计与实施》项目获 2014 年度全省广播影视科技创新一等奖；主持编写的《转播台站供配电系统运行与技术管理》一书获 2014 年度全省广播影视科技创新二等奖；主持完成的《农村省级广播电视节目无线覆盖监测系统》项目，获 2012 年度全省广播电影电视科技创新一等奖；主持完成的《全省广播监测网网络系统改造项目》，获 2010 年度全省广播电影电视科技创新二等奖。《依托集中管理平台实现多种制式广播电视信号统一监测》《嵌入式的广播电视监测新技术与应用》分别发表在核心专业期刊《广播与电视技术》2010 年第 6 期及 2013 年第 7 期。
简　　介：1987 年 6 月毕业于兰州大学电子信息科学系无线电物理专业，理学学士学位，同年分至甘肃人民广播电台，主要从事广播工程技术工作；2004 年 11 月调入省广播电影电视局广播电视监测中心从事广播电视技术监测工作；2012 年 9 月调入省局无线传输中心从事广播电视无线传输发射技术工作。2000 年 9 月兰州大学无线电物理专业在职研究生班结业；2000 年 10 月被聘任为电台播出部副主任；2000 年 12 月获高级工程师任职资格；2003 年被聘任为省广播电影电视局科学技术委员会常委；2004 年 11 月被聘任为甘肃省广播电影电视局广播电视监测中心主任；2008 年 10 月被聘为国家广播电影电视总局科技委监测专业委委员；2012 年 9 月被聘任为省局无线传输中心主任，2013 年 6 月获正高级工程师任职资格。

0002 刘继光

性　　别：男
出生年月：1963-12-27
民　　族：汉族
政治面貌：党员
职　　称：正高
学　　历：硕士研究生
所在单位：甘肃省广播电影电视局监测中心
通讯地址：甘肃省广播电影电视局监测中心
成　　就：2007 获全省广播电影电视科技创新一等奖；2008 获总台十七大安全播出保障期先进个人；2009 年《哈雷编码系统网管设计缺陷引起典型故障的分析与解决》获全省广播电影电视科技创新二等奖；2009 年被评为全省广播电影电视节目技术维护先进个人奖；2009 年《带内同频数字声音广播》《兰州市区移动多媒体广播技术试验方案》分别被评为中国电影电视技术学会节目制作与传输专业委员会第二十一届年会技术论文奖二等奖；2010 年至 2011 年《广播电视发射台站自动化及一体化监管平台建设思路》评为全省广播电影电视科技论文一等奖；2010 年至 2011 年度《3D 技术及对 3D 电视广播的思考》《基于几何不变量和规格化直方图的层次图像检索模式》分别被评为全省广播电影电视科技论文二等奖；2010 年入选全国宣传文化系统“四个一批”人才；2010 年至 2011 年被评为全局“双优一文明”创建活动中优秀共产党员光荣称号；2010 年《3D 时代 CMMB 发展和运营分析》获中国电影电视技术学会节目制作与传输专业委员会贡献奖；2011 年《调频广播同步网完全重叠区同步广播技术研究与应用》获全省广播电影电视科技创新一等奖。
简　　介：毕业近三十年来一直从事广播电视技术和管理工作，先后任甘肃省广播电视厅 6910 台值班员、级组长、机房主任、5318 台台长、甘肃省广播电影电视局卫星地球站站长、无线电台管理处主任工程师、总台无线传输中心副主任和甘肃省广播电视整体转换工程指挥部执行副总指挥、局无线传输中心主任等职务。

0003 王昂

性　　别：男
出生年月：1964-01-07
民　　族：汉族
政治面貌：党员
职　　称：正高
学　　历：硕士研究生
所在单位：甘肃省广播电影电视总台（集团）
通讯地址：甘肃省广播电影电视总台（集团）
成　　就：一、“甘肃广电总台 10 讯道数字转播车系统设计与构建”获中国电影电视技术学会（国家级）三等奖，2011 年 9 月，第一；“电视节目图像录制技术质量奖”获中国电影电视技术学会节目制作与传输专业委员会（省级）三等奖，2010 年 10 月，第一；“车载及箱式卫星传输系统”获省广电局（省级）一等奖，2010 年 12 月，第一；“80 平米新闻直播演播室技术系统改造”获省广电局（省级）一等奖，2012 年 3 月，第一；“高标清兼容采编播存管网络制播系统”获省广电局（省级）一等奖，2013 年 1 月，第一；获“舟曲泥石流抗洪救灾新闻报道先进个人”广电总台（厅级）2010 年 9 月。省文化系统“四个一批”人才，省委宣传部，省级，2013 年 5 月。刘云山同志在 2010 年视察本台时，对已在建设中的此系统给予高度评价，并通过中宣部以中央财政方式向此工程拨付 2000 万元。二、总结舟曲特大泥石流自然灾害广电新闻现场报道的经验教训，按照省委宣传部的统一规划，主持设计建设了集广电现场新闻编辑、信号传输、通讯指挥、生活保障为一体的突发事件广电新闻报道应急指挥车系统。三、顺应媒体融合发展的大势，充分应用互联网及移动互联网技术，主持设计了广播节目数字化、网络化制播技术系统，已完成招投标工作，现已开始设备的安装调试。四、作为技术总负责和总台在灾区工作时间最长的一员，第一时间赴舟曲灾区，圆满完成了灾区新闻报道的技术保障和技术制作工作。五、主持制定了总台三年来大多数各类重大活动的电视直播技术方案制定和组织实施工作，圆满完成包括省十二次党代会、舟曲泥石流自然灾害全国哀悼仪式、全国防汛抗旱及舟曲泥石流灾害先进表彰大会、首届黄河漂流赛、天水伏羲大典、甘肃旅游节开闭幕式、首次跨洋直播德国德累斯顿新年音乐会等。

0004 李向坤

性　　别：男
出生年月：1957-03-27
民　　族：汉族
政治面貌：党员
职　　称：正高
学　　历：硕士研究生
所在单位：甘肃省广播电视网络有限责任公司
通讯地址：甘肃省兰州市城关区东岗西路226号广电网络大厦
成　　就：2005年，微波传输关键设备获甘肃省科技进步二等奖。2005年，数字维保设备研制获广播电视总局科技创新奖高新技术研究与开发类三等奖。2008年，甘肃广电模拟微波数字化改造工程获广播电影电视总局科技创新奖工程技术类二等奖。2009年，非预设现场广播电视节目直播系统获广播电视总局科技创新奖高新技术研究与开发类三等奖。2010年，全省数字电视统一平台技术方案与实施等2项获省级广电科技进步奖一等奖，甘肃省有线电视高清度电视平台的设计与建设等3项分获省级广电科技进步奖二、三等奖。2011年，家庭智能平台（演进型机顶盒）研发及应用获省级广电科技进步奖一等奖。在广电网络中实现主动快门式3D电视的播出获省级广电科技进步奖二等奖。甘肃省广播电视网络传输有限责任公司网络双向改造工程获省级广电科技进步奖三等奖。2006年，甘肃省555人才。2008年，全国四个一工程专门技术人才。2009年，甘肃省领军人才。2010年，优秀共产党员。
简　　介：1974年11年至1978年6月成都空军服役；1978年7月至1981年8月空军吉林医学院学员；1982年2月至1993年11月吉林空军医院、兰州军区空军医院、兰州军区空军机关工作，历任军医、助理、科长、主任、院长；1993年12月至2001年3月甘肃省广电厅生活管理中心，专职副书记、纪检员；2001年4月至2003年5月甘肃省广电局办公室副主任；2003年5月至2005年1月省广电局微波处副处长、处长、总支书记；2005年1月至2009年11月省广电总台微波传输中心主任；2009年11月至2012年4月甘肃省广播电影电视网络传输有限公司总经理；2012年4月至今，甘肃省广播电影电视网络有限责任公司副总经理。重要社会兼职：兰州商学院MBA兼职教授、中国电子学会广播电视技术分会有线电视专业委员会委员、甘肃省正高级工程师评审委员会委员、甘肃省政府科技成果评审专家、大唐电讯技术委员会技术专家、正高级工程师，商学院兼职教授，全国“四个一”专门人才，甘肃省领军人才，555人才。担任多个省市级专家委员会专家、评委和学者职务。在多个专业，特别是通信、广电行业有较高的知名度和理论水平及实践研发能力。长期以来结合实际从事科研工作，有专著三本，申请专科七项，核心期刊发表论文三十余篇，承担了国家、省级重点技术科研课题多项，有四十几项科研项目论文获得国家、省、行业一、二、三等奖。在全国、国际专业会议作主题报告四次。特别是近年来，研发的数字微波关键设备，促进了全国广电系统数字化改造进程，不仅大幅降低了投资，而且成果转化为产品，创造直接间接经济效益近亿元。特别是5·12地震中发挥了不可替代的作用。

0005 李桓杰

性　　别：男

出生年月：1965-10-26

民　　族：汉族

政治面貌：党员

职　　称：正高

学　　历：硕士研究生

所在单位：兰州文理学院数字媒体学院

通讯地址：兰州市城关区北面滩400号

成　　就：1987年参加工作以来主要工作成绩：在专业学术刊物上发表论文50余篇，其中近30篇发表在国家级核心期刊，多篇国际会议论文分别被EI和ISTP三大索引收录；主编教材7部，参编教材2部；主持或参与多项省级科研和校级教改项目，其中1项获国家实用新型专利，3项获甘肃省高校科技进步奖，2项获甘肃省教学成果奖，4项获校级教学成果奖。2007年和2009年连续3次荣获学校青年教师成才奖，2011年负责的课程《实用电子商务》被评为省级精品课程；2012年主持的项目《基于身份认证的网络安全理论与技术研究》获甘肃省高校科技进步奖二等奖；2013年主持的科研项目《基于机器学习的语音识别技术研究》通过了省科技厅的科学技术成果鉴定，成果达到国内领先水平；2013年获国家知识产权局实用新型专利一项；2014年主持领衔申报的“以CDIO教育理念为导向的网络传媒类课程教学实践与探索”项目获省级教学成果教育厅级奖。

简　　介：中国人工智能学会智能传媒专委员会委员，中国计算机学会协同计算专委会委员，中国计算机学会（CCF）高级会员，现为兰州文理学院学术带头人，兰州文理学院学报（自然科学版）编委，兰州文理学院数字媒体学院院长，甘肃省科技项目和政府采购评审专家，甘肃省高等学校计算机基础课程教学指导委员会委员。主要从事智能信息处理、计算机网络安全、计算机应用等方向的教学和研究工作，曾获甘肃省高校实验室工作先进个人和全省教育系统创先争优优秀共产党员等省级荣誉称号。1987年参加工作以来先后担任甘肃联合大学计算中心副主任，甘肃联合大学教学设备科副科长，理工学院计算机通信教研室主任，2008年至今任兰州文理学院（原甘肃联合大学）教授专业技术职务，2009年6月至2014年6月任电子信息工程学院党总支书记，2012年5月至2014年6月兼任电子信息工程学院院长，2014年6月任数字媒体学院院长。

0006 鄢冰

性　　别：男

出生年月：1969-06-21

民　　族：汉族

政治面貌：党员

职　　称：正高

学　　历：大学本科

所在单位：兰州市广播电视总台

通讯地址：兰州市庆阳路92号

0007 南振岐

性　　别：男

出生年月：1964-02-21

民　　族：汉族
政治面貌：民主党派
职　　称：正高
学　　历：硕士研究生
所在单位：兰州南特数码科技股份有限公司
通讯地址：兰州国家高新技术产业开发区大学科技园1号楼A座1-3层
成　　就：先后有十六项产品通过了省科技厅技术成果鉴定，并作为软件产品登记注册；十二项产品进行了著作权登记，产品达到国际先进水平和国内领先水平。承担国家与省市重大科技项目10多项，在国内外著名刊物上发表论文50多篇，已培养10多名硕士研究生在国内外各条战线上建功立业。先后获得“中国优秀民营科技企业家”、“全国优秀民营科技企业家奉献奖”、“优秀民营企业创业家”、“甘肃省双立功标兵”、“甘肃省优秀青年企业家”、“甘肃省科学技术进步奖、发明奖”、“兰州市优秀企业经营者”、“兰州市十佳民营科技企业家”、“兰州市新长征突击手”、“兰州市优秀非公有制企业家”、“兰州市职工技术创新带头人”、“兰州市企业文化建设先进个人”、“十佳科技创新领军人才”等荣誉称号。
简　　介：1981年9月至1984年7月重庆电力高等专科学校计算机应用；1992年9月至1996年7月兰州理工大学机电一体化；2009年9月至2011年6月兰州大学工商管理；2011年3月至2013年7月北京大学高级管理人员工商管理；1985年9月至1994年7月兰州电力修造厂；1994年7月至2000年6月兰州工联高新技术有限责任公司董事长兼总裁；2000年6月至至今兰州南特数码科技股份有限公司董事长兼总裁。

0008 屈洪

性　　别：男
出生年月：1963-03-22
民　　族：汉族
政治面貌：党员
职　　称：正高
学　　历：大学本科
所在单位：兰州交通大学
通讯地址：兰州交通大学
成　　就：先后主持省级科研项目6项，其中“安全信息服务平台”通过公安部信息安全产品认证；发表IE检索论文论文3篇。
简　　介：1984年至1995年在空军86559部队，从事地空导弹武器系统技术工作，1995年至今，在兰州交通大学从事计算机网络、信息化建设技术和管理工作，高级工程师、硕导，历任学校信息中心副主任、主任、书记。从2002年起，负责学校信息化工作规划、建设和运行，目前，学校信息化应用管理居省内高校领先水平。兼任甘肃省产业竞争力战略委员会专家、中国教育信息化协会理事、甘肃省信息协会常务理事。

0009 何瑞春

性　　别：女
出生年月：1969-11-22
民　　族：汉族
政治面貌：党员
职　　称：正高
学　　历：博士研究生
所在单位：兰州交通大学
通讯地址：兰州交通大学信息中心
成　　就：2009年入选教育部新世纪优秀人才支持计划人选，甘肃省“555”人才，甘肃省领军人才，甘肃省飞天学者。获甘肃省青年科技奖、甘肃省高等学校青年教师成才奖、兰州市青年科技奖等。近年来发表学术论文30余篇，多篇论文被SCI、EI收录，主编出版著作教材2部，完成的课题有多项获省部级科技进步奖励。主持 2 项国家自然科学基金及教育部、甘肃省等多项科研项目。

简　　介：教授，博士生导师。现担任中国教育发展战略学会理事、中国交通运输协会理事、中国交通运输与物流协会常务理事、中国交通协会青年科技工作者委员会常务委员。

0010 周玉炳

性　　别：男

出生年月：1963-01-05

民　　族：汉族

政治面貌：民主党派

职　　称：正高

学　　历：硕士研究生

所在单位：河西学院信息技术与传媒学院

通讯地址：甘肃省张掖市环城北路 846 号河西学院

成　　就：作为第一参与人“计算机基础课程教学研究与实践”获甘肃省教育厅教学成果奖，参与大学计算机基础精品课程建设，并获甘肃省级精品课程。科研方面主要从事量子与计算化学研究工作，多年来发表论文十多篇，其中发表三篇 SCI 文章。曾获河西学院优秀教师、学科带头人，多次获河西学院教学优秀奖。

简　　介：河西学院产业管理处处长，信息技术与传媒学院教师。1984 年毕业于西北师范大学，获理学学士学位，1991 年考取南开大学硕士研究生，1994 年毕业并获理学硕士学位，返校后一直从事计算机基础教学工作，主讲《C 语言程序设计》《面向对象程序设计（C#）》《Windows 程序设计》等课程，教学效果良好。

0011 赵柱

性　　别：男

出生年月：1968-03-14

民　　族：汉族

政治面貌：党员

职　　称：正高

学　　历：大学本科

所在单位：河西学院教务处

通讯地址：甘肃省张掖市环城北路 846 号河西学院

成　　就：在省级以上刊物发表论文 20 多篇（其中：被 SCI、EI 收录 4 篇；省级精品课程一门，主编教材 1 部，参编教材 4 部）；主持完成多项甘肃省教育厅科研项目和河西学院教学改革项目；多次获甘肃省教学成果奖、河西学院“教学优秀奖”。多次获得河西学院“优秀共产党员”等称号。

简　　介：1989 年毕业于西北师范大学数学系，2006 年获兰州大学理学硕士学位，2009 年至 2010 年在美国北卡罗莱纳大学夏洛特分校访学学者。现任甘肃省高等学校计算机教学指导委员会委员、河西学院教务处处长、河西学院信息技术与传媒学院教授、学科带头人。主讲《大学计算机基础》《计算机导论》《程序设计基础》《数据库原理》等课程。

0012 唐永忠

性　　别：男

出生年月：1964-09-16

民　　族：汉族

政治面貌：党员

职　　称：正高

学　　历：大学本科

所在单位：河西学院信息中心

通讯地址：甘肃省张掖市环城北路 846 号河西学院

成　　就：2003 年荣获甘肃省教学成果奖；2003 年被评为河西学院学科带头人；2005 参与的课程《大学计算机基础》被评为甘肃

省精品课程；主编教材3本；主编专著1本；发表论文20余篇。
简　　介：现任甘肃河西学院信息技术中心主任，主要从事网络研发和教学工作。

0013 张旭

性　　别：男
出生年月：1971-10-17
民　　族：汉族
政治面貌：群众
职　　称：副高
学　　历：大学本科
所在单位：兰州文理学院数媒学院
通讯地址：兰州市城关区北面滩400号
成　　就：主持甘肃省自然科学基金项目1项，主持甘肃省教育厅项目2项（已完成1项）；以第一作者身份发表论文20余篇，SCI论文1篇，EI论文2篇，中文核心期刊3篇；实用新型发明专利2项；获甘肃省科技成果二等奖1项，甘肃省科技进步二等奖1项；获全国课件大赛优秀奖1项；作为指导教师，在甘肃省大学生“创新杯”计算机应用能力大赛中，连续三年获得第一名。
简　　介：1994年毕业于兰州大学，主要研究方向：计算机网络与通信、Internet/Intranet工程、网络系统集成技术、无线网络技术。讲授的主要课程：计算机网络，交换与路由技术，网络操作系统，微机组装与维护。

0014 贺元香

性　　别：女
出生年月：1981-07-04
民　　族：汉族
政治面貌：党员
职　　称：副高
学　　历：硕士研究生
所在单位：兰州文理学院数字媒体学院
通讯地址：兰州市城关区北面滩400号
成　　就：在中文核心、国家权威及省级以上刊物上发表学术论文多篇，主持完成校级科研项目1项，参与省级、校级教改科研项目多项。荣获甘肃省教育厅2012年计算机基础课程教师教学竞赛一等奖、优秀班主任。指导学生参加全国大学生数学建模竞赛获国家二等奖、省级特等奖、省级一等奖等；指导学生参加甘肃省计算机应用能力大赛获特等奖。

0015 邢玉娟

性　　别：女
出生年月：1981-09-13
民　　族：汉族
政治面貌：党员
职　　称：副高
学　　历：硕士研究生
所在单位：兰州文理学院数字媒体学院
通讯地址：兰州市城关区北面滩400号
成　　就：参与完成甘肃省教育厅科研项目1项，出版著作1部，发表论文30余篇，其中EI论文3篇，中文核心10余篇。获甘肃省高校科技进步奖一等奖1项、二等奖2项，获甘肃省教育厅教学成果奖1项。参与完成的项目获甘肃省科技厅成果鉴定为国内领先，并在省教育厅主办的教学竞赛中获奖。
简　　介：兰州文理学院数字媒体学院，副教授。研究方向为生物特征识别。

0016 孙亮

性　　别：男
出生年月：1980-05-05
民　　族：汉族
政治面貌：党员
职　　称：副高

学　　历：硕士研究生
所在单位：兰州文理学院校团委
通讯地址：兰州市城关区北面滩 400 号
成　　就：主持完成甘肃省科技厅科研成果、甘肃省教育厅科研项目各 1 项，出版著作 1 部，发表论文 24 篇，其中核心期刊论文 6 篇，EI 论文 1 篇，ISTP 论文 1 篇；获甘肃省高校科技进步奖二等奖 1 项。
简　　介：副教授。研究方向多媒体技术、数据挖掘、网络技术。

0017 杨波

性　　别：女
出生年月：1978-11-13
民　　族：汉族
政治面貌：党员
职　　称：副高
学　　历：硕士研究生
所在单位：兰州文理学院数字媒体学院
通讯地址：兰州市城关区北面滩 400 号
成　　就：参与完成甘肃省高等学校科技项目 5 项、甘肃联合大学科研项目 1 项，参与精品课程 4 门，出版著作 3 部，发表学术论文 10 余篇，其中 SCI 论文 1 篇，中文核心期刊论文 3 篇，获甘肃省科技高等学校科技进步奖（二等奖 1 项），指导学生获得高教社杯全国大学生数学建模竞赛获奖（甘肃赛区专科组一等奖），获“创新杯”计算机应用能力竞赛优秀指导教师、数学建模竞赛优秀指导教师、创业大赛优秀指导教师各 1 次。
简　　介：副教授。研究方向为网络信息安全、密码学研究。

0018 张云

性　　别：男
出生年月：1965-05-01
民　　族：汉族
政治面貌：群众
职　　称：副高
学　　历：大学本科
所在单位：甘肃省广播电视网络股份有限公司
通讯地址：兰州市东岗西路 226 号网络大厦
成　　就：参加完成了甘肃省广播电视微波传输网的建设、运维、管理；参加完成了甘肃省广播电视光缆干线网络的规划、建设、运行维护管理。获得了若干项奖励：6 次获得省广电局先进工作者；获得省局科技创新奖 27 项（一等、二等、三等）。
简　　介：1982 年 9 月至 1986 年 7 月就读于四川大学无线电系学习，获理学学士学位；1986 年 7 月至 1999 年 11 月在甘肃省广播电影电视厅微波处工作，从事微波传输工作，任科长；1999 年 11 月至 2004 年 12 月在甘肃省广播电影电视局网络中心干线网部工作，任干线网部副主任；2004 年 12 月至 2011 年 8 月在甘肃省广播电视网络传输公司工作，任副总经理；2011 年 8 月至今在甘肃省广播电视网络股份有限公司任网络建设运维部总监。

0019 洪晓芬

性　　别：女
出生年月：1965-05-16
民　　族：汉族
政治面貌：党员
职　　称：副高
学　　历：大学本科
所在单位：兰州文理学院数媒学院
通讯地址：兰州市城关区北面滩 400 号
成　　就：承担计算机课程的教学与研究，实验室建设与管理工作。2000 年荣获校级先进职工荣誉称号，2007 年、2010 年荣获全国计算机等级考试先进个人荣誉称号，参与或主持校级以上多项科研项目。参与完成甘肃省项目 2 项，参编出版教材 2 部，发表论文 7 篇。

简　　介：副教授。研究方向为计算机应用与局域网的建设。

0020 林沛

性　　别：男

出生年月：1983-09-27

民　　族：汉族

政治面貌：党员

职　　称：副高

学　　历：大学本科

所在单位：兰州文理学院信息中心

通讯地址：兰州市城关区北面滩 400 号

成　　就：作为主要完成人完成教育部人文社科基金项目 1 项、甘肃省教育厅科技项目 1 项、参与完成兰州市科技局项目 1 项，出版教程 2 部，发表论文 10 余篇，其中国家级核心论文 3 篇，获得第五届全国大学生广告艺术大赛优秀工作者，指导学生获得甘肃省创新杯计算机应用能力竞赛奖（一等奖 1 项）、指导学生获得第五届全国大学生广告艺术大赛甘肃赛区奖（三等奖 1 项）。

简　　介：兰州文理学院信息中心办公室副主任，副教授，甘肃省新媒体艺术学会常务理事。研究方向为网络安全，网络规划与优化、网络与新媒体的融合。

0021 张成文

性　　别：男

出生年月：1980-02-05

民　　族：汉族

政治面貌：群众

职　　称：副高

学　　历：大学本科

所在单位：兰州文理学院数字媒体学院

通讯地址：兰州市城关区北面滩 400 号

成　　就：长期从事软件工程、智能媒体的教学与科研工作。在专业学术刊物上发表论文十余篇；参与建设省级精品课程一门；参编教材 1 部；参与完成 4 项省级科研和 2 项校级教改项目。参与完成多项软件项目的研究与开发工作；多次指导和组织学生进行创业实践活动及各种学科竞赛活动并获奖。

简　　介：副教授，长期从事软件工程、智能媒体的教学与科研工作。

0022 赵双柱

性　　别：女

出生年月：1971-12-17

民　　族：汉族

政治面貌：群众

职　　称：副高

学　　历：大学本科

所在单位：兰州文理学院数字媒体学院

通讯地址：兰州市城关区北面滩 400 号

成　　就：在中文核心期刊和省级刊物发表论文 8 篇；指导学生获得甘肃省大学生创新杯计算机应用能力竞赛特等奖，高教社杯全国大学生数学建模竞赛一等奖，大学生数学建模校级优秀指导奖；参与省级科研项目 2 项；主持省教育厅科研项目一项；参与编写《C 语言程序设计》教材 1 部，参与校级精品课程《C 语言程序设计》的建设，主持院级精品课程《VisualFoxPro 程序设计》的建设，2012 年考取国家信息教育部的《网页设计师》双师证。

简　　介：副教授，研究方向为数据库技术与数据挖掘。

0023 谭萍

性　　别：女

出生年月：1973-07-27

民　　族：汉族
政治面貌：党员
职　　称：副高
学　　历：大学本科
所在单位：兰州文理学院数字媒体学院
通讯地址：兰州市城关区北面滩 400 号
成　　就：在中文核心期刊和省级刊物发表论文 10 余篇；参与省级科研项目 2 项；参与编写教材 2 部，参与校级精品课程《计算机组装与维护》的建设，主持院级精品课程《数据库原理与应用》的建设，2007 年考取国家信息教育部的《网页设计师》双师证。2012 年获得甘肃高校科技进步二等奖。
简　　介：副教授，研究方向为智能信息处理。

0024 赵鸿志

性　　别：男
出生年月：1965-04-26
民　　族：汉族
政治面貌：党员
职　　称：副高
学　　历：大学本科
所在单位：甘肃省广播电视网络股份有限公司
通讯地址：兰州市东岗西路 226 号网络大厦
成　　就：提出基于 HFC+IP 网络全新交互电视构架，采取智能判断规则，极大地发挥了现存 HFC+IP 网络的优势，提高了网络效率，降低互动电视运营成本，提升了效益。并撰写成论文在《中国传媒大学学报》2010 年第 4 期上发表。开展有线网络 3D 电视的直播、点播应用研究，设计了技术方案，在高清机顶盒终端和传输格式及信道编码上验证测试，实现了甘肃有线网络 3D 电视直播和点播功能。并撰写成论文在《电视技术》2011 年第 20 期上发表。负责甘肃有线电视高清互动 TV2.0 平台的建设，平台引进了杭州华数海量优质的节目资源，为甘肃高清互动电视的发展打下了良好的基础。目前，甘肃高清互动发展用户近 10 万户。该项目荣获甘肃省新闻出版广电局 2013 年度科技创新一等奖。在国家级专业刊物上发表论文 8 篇，主持的应用项目共获得过甘肃省广电局科技创新一等奖 6 项。
简　　介：1986 年 4 月毕业于南开大学电子科学系电子学专业。大学毕业后一直在一线从事广播电视接收、安全播出、广播电视网络技术等方面的技术工作，2010 年前主要在数字电视技术、地理信息管理技术、SDH 长距离干线传输技术、有线电视 1550nm 及 1310nm 光传输技术、EPON 光传输通讯网技术、EOC 有线双向网络技术等方面从事设计工作，具有较强的实践经验。2010 年至今主要在 100GOTN 技术、中间件技术、高清互动技术、DVB+OTT 技术、云计算技术、智慧城市技术、物联网技术等方面进行了一些技术规划和应用实践。2013 年以来任公司副总工、研究院执行院长。

0025 李岚

性　　别：女
出生年月：1978-10-23
民　　族：汉族
政治面貌：群众
职　　称：副高
学　　历：硕士研究生
所在单位：兰州文理学院数字媒体学院
通讯地址：兰州市城关区北面滩 400 号
成　　就：出版著作 1 部，发表论文 20 余篇，其中核心 2 篇，获甘肃省数学建模奖 2 项，甘肃省计算机应用能力大赛奖 1 项。
简　　介：副教授，研究方向为智能信息处理，数字图像处理。

0026 阮文惠

性　　别：女
出生年月：1964-06-30
民　　族：汉族
政治面貌：民主党派
职　　称：副高
学　　历：大学本科
所在单位：兰州文理学院数字媒体学院
通讯地址：兰州市城关区北面滩 400 号
成　　就：在国家权威及省级以上刊物上发表学术论文多篇，主持完成校级科研项目 1 项，主持厅级科研项目 1 项。
简　　介：副教授，近年来，主要从事计算机软件理论和应用方面的教学科研工作。

0027 王万军

性　　别：男
出生年月：1974-08-03
民　　族：汉族
政治面貌：群众
职　　称：副高
学　　历：硕士研究生
所在单位：兰州文理学院数字媒体学院
通讯地址：兰州市城关区北面滩 400 号
成　　就：近年来主持（参与）甘肃省及学校项目基金课题 5 项；参与的基于机器学习的语音识别技术研究项目通过 2013 年鉴定，居国内领先水平；基于机器学习的语音识别理论与技术研究获 2014 年甘肃省教育厅科技进步二等奖；数学建模的实践与教学改革获 2012 年校级教学成果一等奖；近年来指导学生参加全国大学生数学建模比赛获甘肃省一等、二等奖 7 项；指导学生参加甘肃省计算机技能大赛获甘肃省一等、二等奖 6 项。主持（参与）完成甘肃省及学校项目 5 项，发表学术论文 60 余篇，其中 20 多篇被 EI、ISTP、CSSCI 及 CSCD 等期刊收录；公开出版著作 2 部。
简　　介：副教授，ACM、CCF 会员。研究方向为多媒体、智能信息处理技术。

0028 张云

性　　别：女
出生年月：1981-09-04
民　　族：汉族
政治面貌：群众
职　　称：副高
学　　历：硕士研究生
所在单位：兰州文理学院数字媒体学院
通讯地址：兰州市城关区北面滩 400 号
成　　就：主持完成甘肃省教育研究所项目 1 项，出版著作 1 部，发表论文 10 余篇，指导学生获甘肃省“创新杯”计算机应用能力大赛二等奖 1 项、“高教社杯”全国大学生数学建模一等奖 1 项、二等奖 1 项。
简　　介：副教授，研究方向为软件开发、影视后期制作。

0029 史宝明

性　　别：男
出生年月：1981-12-25
民　　族：汉族
政治面貌：党员
职　　称：副高
学　　历：硕士研究生
所在单位：兰州文理学院数字媒体学院
通讯地址：兰州市城关区北面滩 400 号
成　　就：在中文核心及省级以上刊物上发表学术论文 20 余篇，获甘肃省教学成果奖 1 项，校级教学成果奖 1 项，主持完成校级科研项目 2 项，教改项目 1 项，参与省级、校级教改科研项目多项，指导学生参加全国大学生数学建模竞赛获国家二等奖 1 项，省级特等奖 2 项，一等奖 1 项，指导学生参加甘肃省计算机应用能力大赛获特等奖 2 项，一等奖 1 项，二等奖 1 项。

简　　介：副教授，研究方向为计算机视觉方面的增强现实技术研究和信息安全研究。

0030 王建军

性　　别：男

出生年月：1956-01-31

民　　族：汉族

政治面貌：党员

职　　称：副高

学　　历：大学本科

所在单位：兰州互联网新闻中心

通讯地址：兰州市中山路 46 号

成　　就：曾获得全国电视新闻奖二等奖，省电视新闻一等奖等全国省市奖项 30 多项。

简　　介：自 1972 年 2 月至 1976 年 6 月在白银汽车运输公司第一车队工人；1976 年 6 月至 1980 年 8 月在甘肃省交通厅政治部、运输处、运输总公司办公室干部；1980 年 8 月至 1986 年 3 月在兰州汽车运输公司第三车队、教育科任干事；1986 年 3 月至 1987 年 10 月在中共兰州市委工交部干部处任干部；1987 年 10 月至 1992 年 2 月在兰州电视台新闻部任记者；1992 年 2 月至 1992 年 7 月在中共兰州市委办公厅秘书处干部；1992 年 7 月至 1994 年 7 月在中共兰州市委办公厅秘书处任主任科员；1994 年 7 月至 1998 年 11 月在兰州有线广播电视台任副台长；1998 年 11 月至 2002 年 7 月在兰州有线广播电视台任台长；2002 年 7 月至 2007 年 12 月在兰州广播电视信息网络（中心）公司任经理；2007 年 12 月至 2011 年 9 月在兰州广播电视信息网络中心任主任；2011 年 9 月至今在兰州互联网新闻中心任主任。

0031 严志武

性　　别：男

出生年月：1970-01-31

民　　族：汉族

政治面貌：党员

职　　称：副高

学　　历：大学本科

所在单位：兰州互联网新闻中心

通讯地址：兰州市中山路 46 号

成　　就：2010 年甘肃省新闻工作者协会颁发的甘肃新闻二等奖；2011 年中国晚报工作者协会荣获 2010 年度赵超构新闻二等奖；2014 年第 23 届中国金鸡百花电影节微电影作品大赛优秀奖。

简　　介：1991 年 9 月至 1993 年 7 月在甘肃政法学院法律专业学习；1993 年 7 月至 1998 年 7 月在《兰州日报》党政部任记者；1998 年 7 月至 2002 年 9 月在《兰州日报》夜班部任编辑（期间：1999 年 9 月至 2002 年 7 月兰州大学法学专业学习）；2002 年 9 月至 2004 年 12 月在《兰州日报》社会新闻部任副主任；2004 年 12 月至 2007 年 12 月在《兰州晚报》社会新闻部任副主任；2007 年 12 月至 2011 年 4 月在《兰州晚报》任社会新闻中心主任；2011 年 4 月至 2011 年 9 月在《兰州晚报》任都市新闻部主任；2011 年 9 月至 2012 年 3 月在兰州互联网新闻中心任舆情部、评论部临时负责人；2012 年 3 月至今在兰州互联网新闻中心任副主任。

0032 刘蓉

性　　别：女

出生年月：1968-02-01

民　　族：汉族

政治面貌：党员

职　　称：副高

学　　历：大学本科

所在单位：兰州互联网新闻中心
通讯地址：兰州市中山路46号
成　　就：2004年全国产业（企业）文艺展演银奖；2005年度兰州电视台“十大模范职工”称号；2005年度全市广播电影电视系统先进工作者称号；2008年度兰州市广播电视总台先进工作者称号；2010年中国广播电视协会创优节目长消息二等奖；2010年中国广播电视协会创优节目新闻专题类三等奖。曾发表《数字电视技术探析》《数字电视中间件应用简述》等论文。
简　　介：1989年7月至2007年12月在兰州电视台技术中心制作部工作，担任制作机房设备维护、节目编辑、实况录制与现场直播；2007年12月至2011年12月在公共频道担任节目编辑工作；2011年至今在兰州互联网新闻中心担任办公室副主任工作。

0033 黄燕鹏

性　　别：男
出生年月：1963-04-22
民　　族：汉族
政治面貌：党员
职　　称：副高
学　　历：大学本科
所在单位：兰州交通大学
通讯地址：兰州交通大学信息中心
成　　就：参加的铁道部“九五”科技重大项目“铁路勘测设计一体化、智能化研究”多个子项目的研究与开发，并获中国铁路建筑总公司科技进步一等奖、国家“优秀设计”三等奖等。还参与了铁道部“CAD工程规范”等标准的制定工作。
简　　介：1980年考上上海铁道学院，就读于有线通信专业。1984年毕业后，被分配到铁道第一勘察设计院，在此单位工作22年。在设计院的22年里，历任电算所M机室主任、副所长、所长及开普公司总经理。2006年底调入兰州交通大学，就职于信息中心。

0034 武凌

性　　别：男
出生年月：1978-10-22
民　　族：汉族
政治面貌：党员
职　　称：副高
学　　历：硕士研究生
所在单位：兰州交通大学
通讯地址：兰州交通大学信息中心
成　　就：主要论著：《HMIPv6中的递归式DNS自动配置研究》，《甘肃科技》，Vol.21(No.10)，63-64，2005；《兰州近郊短途旅游景点决策的层次结构模型研究》，《兰州交通大学学报》，vol.30(no.5)，108-110，2011；《基于OMNet++的ASON网状网保护恢复仿真》，《农业网络信息》，No.7，101-102，2011。奖励：GIS环境下通信资源管理决策系统研发，兰州市人民政府，兰州市科学技术进步奖，二等奖，2008；铁路运输计划与调度信息综合技术及软件，甘肃省人民政府，甘肃省科学技术进步奖，二等奖，2008；甘肃省高校“十一五”教育信息化先进个人，甘肃省教育厅，2011。
简　　介：现代信息技术与教育中心高级工程师。2005年9月至2008年6月，兰州交通大学，计算机软件与理论，硕士；1996年9月至2000年6月，兰州交通大学，计算机及应用专业，本科；2010年5月至今，兰州交通大学，现代信息技术与教育中心，高级工程师；2005年12月至2010年5月，兰州交通大学，现代信息技术与教育中心，工程师；2001年12月至2005年12月，兰州交通大学，现代信息技术与教育中心，助工；

2000年7月至2001年12月，兰州交通大学，现代信息技术与教育中心，见习助工。

0035 火久元

性　　别：男
出生年月：1978-03-22
民　　族：汉族
政治面貌：党员
职　　称：副高
学　　历：博士研究生
所在单位：兰州交通大学
通讯地址：兰州交通大学信息中心
成　　就：通过全国计算机软件技术资格（水平）高级考试，获得网络规划设计师证书；通过思科网络公司认证考试，获得了CCNP（思科认证网络高级工程师）证书。现主持国家自然科学基金一项、甘肃省自然科学基金一项和中国博士后科学基金一项。作为主要成员或课题第二负责人参与完成科研项目5项。近年来在国内外核心刊物发表论文十余篇，并获得计算机著作权3项。项目组研发的网络安全产品——“安全型网络公共信息服务系统研究开发”通过公安部信息安全产品专项检测，获得了公安部信息安全产品销售许可证，并获得了2014年甘肃省高等学校科技进步奖一等奖。
简　　介：高级工程师，硕士生导师。主要从事计算机网络、智能优化算法等方面研究。

0036 赵立杰

性　　别：男
出生年月：1956-08-26
民　　族：汉族
政治面貌：党员
职　　称：副高
学　　历：大学专科
所在单位：兰州外语职业学院
通讯地址：兰州外语职业学院
成　　就：校园局域网建设：在投入不足的情况下，完成了千兆校园局域网升级，并完成了万兆校园网及移动校园网规划工作。多年来致力于教育信息化工作，努力推广教育信息化标准，在采用购买教学管理信息系统应用软件的同时，不放弃自主研发信息管理系统的努力，以保证行政管理信息化、教学管理信息化和教学信息化水平不断提高。建立了许多服务于教学的服务器，包括虚拟服务器，为校内教学资源建设创造了良好环境。
简　　介：电信电缆高级工程师。1977年12月至1982年3月青岛科技大学高分子材料专业毕业。1999年7月至2001年7月兰州大学通信与信息系统专业研究生课程结业。1982年被分配到甘肃省电信电缆厂工作，一直从事开发产品、生产和技术管理。1985年至1987年在兰化研究院PVC电缆材料配方试验工作。开发的各种PVC电缆材料用于电线产品。1987年至1988年在甘肃省膜技术研究所搞多孔材料性能测定及膜分离工艺试验工作。1990年至1992年在深圳Olex公司搞PVC电缆材料自动化生产线组装、配方设计及电缆产品实验室工作，曾获得奖励。1993年至2000年在甘肃省电信电缆厂任总工程师，研究和开发光缆、数字电缆和通信电缆等多项产品，负责产品开发、产品质量认证、计量及产品实验室工作，并开发了简易的企业ERP。因技术工作业绩突出，曾享受政府特殊津贴。2001年至2014年在民办学校从事计算机和网络方面的教学服务工作。

0037 魏晋民

性　　别：男
出生年月：1973-11-24
民　　族：汉族

政治面貌：党员
职　　称：副高
学　　历：大学本科
所在单位：永登县第八中学
通讯地址：永登县城关镇文昌路
成　　就：2008年获“兰州市第九届教学新秀”、“永登县名师工程第二届信息技术教学骨干”等称号。2010年获“永登县名师工程第三届信息技术学科带头人”称号。2011年被评为甘肃省电化教育先进个人和兰州市骨干教师。2012年获甘肃省第六届青年教学能手称号。撰写的论文《聚焦课堂有效整合》《有效整合实现双赢》《授人以渔——信息技术课堂中学生自主学习能力的培养》分别发表在《兰州教育》2006年第4期、2009年第2期和2010年第6期上；论文《利用远程教育资源进行课程整合的误区及对策》发表在《甘肃教育》2010年6月下半月版（总第416期）；论文《如何在信息技术环境下进行教师校本培训》发表在《读写算——教育教学研究》2010年第26期。近年来，还多次参与和主持了省市级课题及国家级子课题的研究工作，且多次获省市级优质课二等奖。2005年县教育局还聘任他担任本县的远程教育项目专家组成员，并聘任为永登县兼职教研员。分别于2005年5月和2006年6月承担了中欧项目和远程教育项目的县级培训的教学任务。2009年度、2011年度和2012年度被评为“优秀”。
简　　介：1993年参加工作后在永登县中川中学任教，2005年调入永登县城关初级中学任教(现永登县第八中学)。

0038 安永录

性　　别：男
出生年月：1964-10-02
民　　族：裕固族
政治面貌：党员
职　　称：副高
学　　历：大学本科
所在单位：酒泉广播电视台
通讯地址：酒泉市肃州区盘旋东路6号
成　　就：2013年按照省委省政府、市委市政府等相关部门要求全力配合省网络整合领导小组、省网络公司完成全市广播电视网络整合的资产清理、审计、核定、划拨移交、人员划分、移交、养老保险的购买等工作，确保了资产、人员的平稳有序交接。2014年根据广电事业发展的需要和台领导的安排，重点对高清全媒体节目制作、播出网进行技术论证、规划、技术方案起草，并经过政府采购部门招标落实，对新型媒体的发展，电视台公共微信、微博、手机APP、网站建设等进行了技术论证。同时，2012年2月获得酒泉市民族团结进步宣传月先进个人；2013年11月被省委宣传部评选确定为全省宣传文化系统“四个一批”人才；2013年参加完成的《酒泉广播电视台制作和媒资管理系统升级改造项目》荣获2013年度全省广播电影电视科技创新三等奖；2013年参加完成的《酒泉广播电视台硬盘播出系统数字化升级改造项目》荣获2013年度全省广播电影电视科技创新三等奖。
简　　介：1986年大学毕业被分配到酒泉电视台工作；1986年至1991年在酒泉电视台技术部从事技术工作，主要组织和参与完成了无线发送设备、天馈系统等设备的安装调试、维护管理工作；1992年3月筹建第二节目制作室，担任主任、责任编辑；1993年3月调离第二节目制作室筹建有线电视中心，完成300MHz邻频传输系统和用户分配网的设计、论证、开通工作；1994年任酒泉有线电视中心副主任主持工作，同年获工程师任职资格；1996年任副总指挥，完成MMDS

宽带多路微波覆盖系统的设计、安装、调试、开通工作，同年被省人事厅聘为技术工人等级高级工考评员；2000 年完成肃州区有线网的合并工作，同年被市人事部门确定为“1352 人才工程”人才；2001 年调入技术部任主任兼副总工程师；2003 年被省广电局推荐为科技委员会委员；2009 年 7 月被酒泉市人事局确定为第一批酒泉市专业技术拔尖人才；2009 年 9 月任酒泉电视台总工程师，酒泉广电局党组成员；2011 年 1 月任酒泉电视台副台长、总工程师、酒泉广电局党组成员；2012 年 4 月被酒泉市科协推荐为科技委委员；2012 年 5 月任酒泉电视台副台长。

0039 何成江

性　　别：男

出生年月：1972-10-25

民　　族：汉族

政治面貌：党员

职　　称：副高

学　　历：大学本科

所在单位：永昌县第四中学

通讯地址：永昌县第四中学

成　　就：论文《如何在信息技术教学中有效地进行小组合作学习》发表在《现代教育与技术》2012 年第 5 期。论文《新课改下信息技术课堂分组教学初探》发表在《理科考试研究》2013 年第 3 期。论文《如何构建信息技术小组合作学习的有效课堂》发表在《中学教学参考》2013 年第 5 期。论文《如何提高信息技术课堂小组合作学习的有效性》发表在《数理化解题研究》2013 年第 5 期。2006 年至 2007 学年度评为校级师德标兵；2007 年 9 月设计的课件《电磁铁》获全县中小学教师多媒体自制课件三等奖；参加新课程学科骨干教师省级培训两次。辅导学生吴巧斌的《用 excel 解释物理体重编写数据错误》于 2010 年 3 月获得第九届青少年科技创新大赛二等奖；在 2010 年普通高中新课程实验“国培计划”网络远程培训项目中担任班主任，被评为优秀班主任；2012 年 7 月辅导学生孙志杰、张国成获得第十二届中国青少年机器人竞赛三等奖。主持市县级教研课题 2 项，参加市级优质课竞赛 1 次。

0040 石永生

性　　别：男

出生年月：1975-10-1

民　　族：汉族

政治面貌：群众

职　　称：副高

学　　历：大学本科

所在单位：永昌县第三中学

通讯地址：永昌县第三中学

成　　就：论文《浅谈信息技术与其他学科整合对教师教学行为的影响》发表在《中小学电教》(2012 年第 7 期)；论文《立足农村构建自主有效的课堂教学》发表在《中学教学参考》（2012 年第 8 期）；论文《“放羊式”教学之我见》发表在《语数外学习》(2012 年第 4 期)；优质课《操作系统的个性化设置》在甘肃省教育科学研究所组织的 2010 年甘肃省第二届信息技术优质课（义教阶段）展评活动荣获“一等奖”；在 2012 年全国中小学电脑制作活动中所指导的学生荣获甘肃赛区初中组电脑绘画三等奖，本人荣获优秀指导老师；在 2013 年全国中小学电脑制作活动中所指导的学生荣获甘肃赛区初中组电脑动画二等奖，本人荣获优秀指导老师。

简　　介：中学高级级教师，擅长计算机操作和网络建设及管理。

0041 吕延平

性　　别：男

出生年月：1969-03-06
民　　族：汉族
政治面貌：党员
职　　称：副高
学　　历：大学本科
所在单位：永昌县第六中学
通讯地址：永昌县第六中学
成　　就：《化学课堂教学中学生科学探究能力的培养》发表于《新课程研究》基础教育 2009 总第 146 期；《浅谈多媒体在化学实验教学中的运用》发表于《信息系统工程》2011 年第 9 期；2011 年辅导学生参加全国电脑制作获省级一等、全国三等辅导奖。
简　　介：1989 年 9 月至 1993 年 6 月就读于甘肃农业大学土壤化学系，获农学硕士学位；1993 年 8 月至 2010 年 7 月任教于兰州铁路局金昌铁路中学（期间：担任初中化学、英语及信息技术教学，同时兼任金昌铁路中学办公室主任）；2010 年 7 月至今任教于永昌县第六中学信息技术学科，兼任学校信息中心主任，是信息技术学科带头人。

0042 郭建明

性　　别：男
出生年月：1980-08-07
民　　族：汉族
政治面貌：党员
职　　称：副高
学　　历：大学本科
所在单位：甘肃机电职业技术学院
通讯地址：甘肃省天水市秦州区赤峪路 107 号
成　　就：自参加工作以来，一直在从事学校计算机网络维护及其信息化建设工作。曾参与两项科研项目，其中一项分别获得了 2004 年天水市科技进步一等奖和 2005 年甘肃省职业教育教学科研优秀成果一等奖；主持完成了校园网络的硬件基础建设，独立开发架设了甘肃机电职业技术学院网站；开发了网络评教系统、甘肃机电职业技术学院信息管理系统，建立了校园内 FTP 文件传输系统，协同教学口完成了学校各班级的计算机教学任务；也曾多次带领学生参加省、市等职业学校举办的网页制作、文字处理技能大赛，取得了优异的成绩，在 2009 年甘肃省中等职业学校学生技能大赛中，获网站设计项目比赛优秀指导教师奖，获第五届大学生创新杯计算机应用能力大赛网页设计组优秀指导教师。
简　　介：1994 年 9 月至 199 年 7 月在中滩中学学习；1997 年 9 月至 2000 年 7 月在甘肃省机械工业学校计算机应用专业学习（期间；1998 年 7 月至 2002 年 7 月在兰州理工大学计算机及应用专业函授学习，2005 年 7 月至 2009 年 1 月在兰州理工大学计算机科学与技术专业函授学习）；2000 年 7 月至 2010 年 9 月在甘肃省机械工业学校工作；2010 年 9 月至今在甘肃机电职业技术学院工作；现任甘肃机电职业技术学院计算机中心主任。

0043 申雪琴

性　　别：女
出生年月：1973-11-15
民　　族：汉族
政治面貌：群众
职　　称：副高
学　　历：大学本科
所在单位：河西学院信息技术与传媒学院
通讯地址：甘肃省张掖市环城北路 846 号河西学院
成　　就：发表论文 13 篇，主编教材 2 部，2008 年获“高教社杯”全国数学家莫竞赛“一等奖”。

简　　介：1998 年西北师范大学计算机应用本科毕业；2008 年获得电子科技大学软件工程硕士学位；主要承担计算机科学与技术专业《操作系统》《UNIX》《计算机基础》等课程教学工作。

0044 张蕾

性　　别：女

出生年月：1980-09-20

民　　族：汉族

政治面貌：党员

职　　称：副高

学　　历：大学本科

所在单位：河西学院信息中心

通讯地址：甘肃省张掖市环城北路 846 号河西学院

成　　就：发表科研论文 10 余篇，其中 2 篇论文发表在国家权威期刊上，参编教材 2 部，参编专著 1 部。

简　　介：2008 年 6 月毕业于电子科技大学软件工程学院，获得硕士学位；2003 年 6 月到河西学院网络中心（现改名为信息技术中心）工作至今。

0045 吴建军

性　　别：男

出生年月：1971-12-19

民　　族：汉族

政治面貌：党员

职　　称：副高

学　　历：大学本科

所在单位：河西学院信息技术与传媒学院

通讯地址：甘肃省张掖市环城北路 846 号河西学院

成　　就：先后获河西学院“教学优秀奖”3 次；优秀党员 2 次，在核心和权威刊物上发表论文 5 篇，参编教材 2 部，主持开发“河西学院毕业论文管理系统”、“河西学院试题库管理系统”软件项目两项。

简　　介：河西学院信息技术与传媒学院副院长。1995 年毕业于成都理工学院，获学士学位；2008 年获电子科技大学软件工程硕士学位；河西学院信息技术与传媒学院副教授；从 1995 年从事教学工作至今，先后教授《程序设计基础》《计算机网络》等课程。

0046 李海军

性　　别：男

出生年月：1975-11-28

民　　族：汉族

政治面貌：党员

职　　称：副高

学　　历：大学本科

所在单位：河西学院信息中心

通讯地址：甘肃省张掖市环城北路 846 号河西学院

成　　就：获得 3 个省级优秀指导教师奖，主编教材 1 部，参编教材 1 部，发表专业学术论文 16 篇。主持一项教学研究项目。曾讲授《大学计算机基础》《VisualFoxPro 程序设计》《VisualBasic 程序设计》《计算机网络技术》《网络工程技术》《Java 面向对象程序设计》和《Linux 操作系统》等课程。

简　　介：“计算机技术及应用”专业毕业，从事本专业工作 14 年，2001 年至 2010 年在计算机系工作，2011 至今在信息技术中心工作。

0047 方富贵

性　　别：女

出生年月：1979-09-20

民　　族：汉族

政治面貌：党员

职　　称：副高
学　　历：大学本科
所在单位：河西学院信息技术与传媒学院
通讯地址：甘肃省张掖市环城北路 846 号河西学院
成　　就：获省级指导奖2项，参编教材1部，发表在核心期刊以上论文 1 篇。
简　　介：副教授，河西学院信息技术与传媒学院教师。

0048 仇德成

性　　别：男
出生年月：1970-10-10
民　　族：汉族
政治面貌：党员
职　　称：副高
学　　历：硕士研究生
所在单位：河西学院信息技术与传媒学院
通讯地址：甘肃省张掖市环城北路 846 号河西学院
成　　就：获省级指导奖3项，参编教材1部，发表在核心期刊以上论文 3 篇。
简　　介：副教授，河西学院信息技术与传媒学院教师。

0049 李晓霞

性　　别：女
出生年月：1977-04-16
民　　族：汉族
政治面貌：党员
职　　称：副高
学　　历：硕士研究生
所在单位：河西学院信息技术与传媒学院
通讯地址：甘肃省张掖市环城北路 846 号河西学院
成　　就：获省级科研奖励 4 项、教学成果奖 3 项；发表在核心期刊以上论文 2 篇。
简　　介：副教授，信息技术与传播学院教师，承担《C 语言》《数据结构》等专业课教学任务。

0050 张海霞

性　　别：女
出生年月：1976-10-07
民　　族：汉族
政治面貌：群众
职　　称：副高
学　　历：硕士研究生
所在单位：张掖医学高等专科学校
通讯地址：张掖市教育局
成　　就：从事计算机基础教学 13 年，撰写教学方面论文数篇，2010 年起研究项目教学法在基础课教学当中的应用，发表相关论文 3 篇。2012 年参编教材《医学信息基础和计算机基础》。
简　　介：1997 年至 2001 年在西北师范大学数信学院就读本科，专业为计算机科学技术；2001 年至今从教张掖医学高等专科学校；2010 年至 2013 年在西北师范大学信息传播学院攻读硕士学位，专业为现代教育技术。

0051 张灵霞

性　　别：女
出生年月：1987-09-02
民　　族：汉族
政治面貌：群众
职　　称：副高
学　　历：大学本科
通讯地址：华池县柔远镇
成　　就：图书馆网页设计。

0052 郭千峰

性　　别：男
出生年月：1972-10-15

民　　族：汉族
政治面貌：群众
职　　称：副高
学　　历：大学本科
所在单位：陇南广播电视台
通讯地址：甘肃省陇南市武都区城关镇城关新村3号
成　　就：负责中储粮陇南库信息化建设，中储粮陇南库智能粮仓系统，中储粮陇南库防火防盗巡更系统，完成中储粮业务管理信息系统落地运行；设计陇南市“金保”工程第一期数据中心机房；2008年调到市广电局，参与数字电视转换、村村通、户户通工程。及电视台计算机设备维护，从事技术及管理工作。

0053 崔定强

性　　别：男
出生年月：1980-03-24
民　　族：汉族
政治面貌：党员
职　　称：副高
学　　历：大学本科
所在单位：中共康县委外宣办
通讯地址：康县委宣传部
成　　就：2007年、2008年被《陇南日报》社评为优秀通讯员，2009年10月创办“康县新闻网”，2010年被市委评为全市优秀新闻网站，2011年被市委评为全市优秀网络工作者，2012年被评为全市“六五”普法先进个人，2013年所负责的县委外宣办被评为全市对外宣传工作先进集体，2014年负责申请开通维护编发的“陇南康县发布”政务微信公众平台被评为全市优秀政务微信。
简　　介：1999年7月至2005年11月先后在康县铜钱乡、原三官乡、城关镇、长坝镇任水保员、环境资源管理站站长、党委秘书等职务；2005年11月至2012年12月在康县委报道组工作；2012年12月至今康县委外宣办工作。

0054 燕仲辉

性　　别：男
出生年月：1984-06-12
民　　族：汉族
政治面貌：党员
职　　称：副高
学　　历：硕士研究生
所在单位：康县委宣传部
通讯地址：康县委宣传部
成　　就：2007年获得康县岸门口镇“先进个人”荣誉称号。
简　　介：2006年12月至2010年5月岸门口环境资源管理站；2010年5月至2011年8月康县市政广场拆迁办；2011年8月至2013年4月康县城乡和住房建设局；2013年4月至今康县委宣传部。

甘肃省文化资源名录

第四十七卷

文化人才Ⅳ

动漫人才

0001 孙瑞雪

性　　别：男

出生年月：1951-10-02

民　　族：汉

政治面貌：党员

职　　称：副高

学　　历：硕士研究生

所在单位：兰州外语职业学院

通讯地址：兰州外语职业学院

成　　就：2012年5月至11月组织并成功举办兰州外语职业学院首届广告、动漫艺术节，邀请兰州市各大院校知名教授前来参加，反响良好。其作品多次荣获国家、省市级大奖。在国内重要学术刊物上发表多篇论文，教学科研成果主要有2009年7月在中国传媒大学南广学院校刊上发表的《动画美术基础的教学》，第一作者。

简　　介：高级工艺美术师、副教授。1982年7月毕业于西北师范大学，美术专业，曾任中国传媒大学南广学院动画系教授，教研室主任，现任兰州外语职业学院信息技术系资深教授，主要承担《素描》《色彩》《设计构成》《动画运动规律与视听语言》《动画场景设计》《书法》等课程教学工作和艺术设计、动漫等专业的研究。

0002 王华

性　　别：女

出生年月：1983-09-18

民　　族：汉

政治面貌：群众

职　　称：副高

学　　历：大学本科

所在单位：七里河区文化馆

通讯地址：兰州市七里河区小西湖东38号

成　　就：个人擅长绘画，所学专业为影视动画。曾在浙江电视台3套经济频道《新卖点》栏目、2套钱江都市频道《citybeat》、钱江都市频道综艺节目中心担任编导、后期制作、责任编辑、直播助理编导。曾独立完成中国联通浙江公司flash动画广告3分钟短片推广。

简　　介：毕业于浙江传媒学院，影视动画专业；浙江大学，广播电视新闻学专业；2008年10月至今，在兰州市七里河区文化馆工作。

0003 郦雅玲

性　　别：女

出生年月：1973-11-09

民　　族：汉

政治面貌：党员

职　　称：副高

学　　历：大学本科
所在单位：兰州职业技术学院
通讯地址：兰州市安宁区刘沙公路 37 号兰州职业技术学院数字传媒系
成　　就：曾获得过兰州市教学新秀奖，2001 年获得过省级教学优秀奖。2001 年至 2009 年先后多次参与编写甘肃省《小学信息技术》《初中信息技术》《高中信息技术》及相关教师参考用书等系列教材。
简　　介：1996 年毕业于东北林业大学应用数学专业，同年分配至兰州职业技术学校（现兰州职业技术学院）工作；2000 年以后开始从事动漫方面的教学与应用工作，2008 年至 2010 年在信息工程系任教，教授《二维动画设计 Flash》《多媒体应用技术》等课程；2011 年至 2014 年在数字传媒系任教，教授《二维动画设计 Flash》《非线性编辑 premiere》《动画概论》等课程。

0004 李天英

性　　别：女
出生年月：1978-08-15
民　　族：汉
政治面貌：党员
职　　称：副高
学　　历：硕士研究生
所在单位：天水师范学院文学与文化传播学院
通讯地址：天水师范学院文学与文化传播学院
成　　就：上海水晶石数字教育学院“影视后期”专业结业，从事三维、平面设计和动画制作。2014 年 8 月获得 ThefoundryNUKE 工程师证资格证。
简　　介：副教授，现任文化产业管理专业班主任，主要从事三维、平面设计和动画制作。

0005 王玥

性　　别：女
出生年月：1982-02-01
民　　族：汉
政治面貌：党员
职　　称：副高
学　　历：硕士研究生
所在单位：甘肃机电职业技术学院
通讯地址：甘肃省天水市秦州区赤峪路 107 号
成　　就：参加工作以来，承担计算机图形图像处理、动画设计与制作的理论及实训教学任务，获得学院优秀教师、优秀共产党员等荣誉称号，曾培养学生获甘肃省高等职业学校计算机技能大赛图形图像处理项目二等奖，本人获优秀指导教师奖。
简　　介：2005 年毕业于西北师大教育技术专业；2005 年 10 月进入甘肃省机械工业学校（2009 年升级为甘肃机电职业技术学院）工作至今；2012 年获得西北师大现代教育技术专业教育硕士学位。

0006 李俊峰

性　　别：男
出生年月：1982-07-05
民　　族：汉
政治面貌：群众
职　　称：副高
学　　历：硕士研究生
所在单位：甘肃机电职业技术学院
通讯地址：甘肃省天水市秦州区赤峪路 107 号
成　　就：从教以来主要担任计算机类专业的《Flash 动画设计》《Photoshop 平面设计》《3DSMAX 三维设计》等课程的教学工作和对动漫制作方面课程教学，动画设计制作、影视制作等有一定的实践跟教学经验，所授课程得到师生的一致好评。2014 年参加了国培动漫制作培训。个人制作了多部 FlashMTV 及 Flash 教学课件等作品。

简　　介：2005 年本科毕业于西北师范大学教育技术学专业，2013 年获得教育硕士学位；2005 年起任教于甘肃机电职业技术学院至今，高校讲师；2014 年参加了国培动漫制作培训，个人制作了多部 FlashMTV 及 Flash 教学课件等作品。

0007 赵海峰

性　　别：男

出生年月：1981–10–23

民　　族：汉

政治面貌：群众

职　　称：副高

学　　历：大学本科

所在单位：高台一中

通讯地址：高台县第一中学

成　　就：在 2007 年甘肃省首届陇人动漫形象设计大赛中，参赛作品《寓言：门》荣获“最佳公益宣传奖”。2008 年被学校评为“优秀教师”。广泛涉猎各种知识，能努力学习新技术、新知识，不断提高业务水平，具备履行岗位职责的专业技术水平和实际工作能力。

简　　介：现在高台一中任教。在多年的平凡教育岗位上自觉遵守教师职业道德，工作态度端正，爱岗敬业，责任心强。教学成绩多年来一直名列前茅。

甘肃省文化资源名录

第四十七卷 文化人才Ⅳ

民间文化人才

0001 李金梅

性　　别：女
出生年月：1967-05-26
民　　族：汉族
政治面貌：群众
职　　称：高级书画师
学　　历：高中
通讯地址：甘肃省建四公司社区 17#104 室
成　　就：作品先后在全国第七届群众书画作品艺术展、甘肃书画家协会作品展、甘肃诗书画研讨会作品展、兰州市书画作品展中获奖。作品入编《甘肃当代书画家艺术典库》《兰州市书画作品集》等，深受书画收藏界青睐，被海内外众多机构和个人收藏。
简　　介：进修于中央美院花鸟画高研班，主攻写意牡丹画。现为甘肃省美协会员、兰州市美协会员、甘肃省国画院理事、甘肃书画家协会会员、甘肃省诗书画联谊会员、甘肃省收藏协会理事、高级书画师。

0002 冯正斌

性　　别：男
出生年月：1966-11
民　　族：汉族
政治面貌：党员
职　　称：正高
学　　历：大学本科
所在单位：酒泉市肃州区总寨中心小学
通讯地址：酒泉市肃州区西大街 2 号
成　　就：剪纸作品多次参加教育局、乡镇、学校组织的展览，多次获得优秀证书；2007 年至 2008 年曾举办过学生剪纸短期培训班；2013 年 8 月在文化馆举办过剪纸展览；2014 年元月份酒泉电视台进行了剪纸艺术报导；2009 年至今被酒泉市小记者协会聘请为副秘书长，专门为小记者进行剪纸讲座和培训；利用课余时间，辅导学生剪纸，并把自己的剪纸作品分发到各班张贴、赠送学生，引发学生的兴趣。
简　　介：酒泉市肃州区总寨中心小学工作，副校长，一级教师。

0003 肖得金

性　　别：男
出生年月：1942-02-02
民　　族：汉族
政治面貌：群众
职　　称：国家级传承人
学　　历：中专
通讯地址：敦煌市转渠口镇阶州村
成　　就：国家级非物质文化遗产保护项目敦煌曲子戏国家级传承人，从 1959 年开始，两次参加地区文艺汇演。三次获地区、市戏曲大赛奖。肖得金不仅能演曲子戏的小生、老生，还能拉二胡、弹三弦，是个多面手。1959年代表敦煌参加张掖地区戏曲汇演，获集体表演奖。1966年代表敦煌参加酒泉地区戏曲汇演，获集体曲子戏表演奖。1998年、2001年获全市戏曲大赛两个三等奖。所演出的曲子戏剧目有：《磨豆腐》《打懒婆》《闹书馆》《高文举观星》《小放牛》《顶砖》《张三吃醋》《花园卖水》《杀狗》《砸烟灯》《刘伙计算帐》《老少换》《周文送女》《瞎子观灯》等。

简　　介：曾五次参加市上举办的曲子戏培训班，为主要演员。

0004 纪永元

性　　别：男

出生年月：1956-11-04

民　　族：汉族

政治面貌：群众

职　　称：正高

学　　历：大学本科

所在单位：敦煌市文化产业有限公司

通讯地址：甘肃省敦煌市沙州镇鸣山路36号

成　　就：曾深造于天津美术学院和兰州大学敦煌学研究所，所学中国国画和敦煌学专业。长期致力于敦煌文化艺术研究、创作、交流和宣传教育活动，大力兴办文化事业和旅游产业，为传承敦煌文化、保护文物遗迹、宏扬民族文化、振兴文化产业和地方经济做出了突出贡献。作为历届城市规划委员会委员，对城市的规划、设计方案等建言献策。多次参与文化方面的方案活动等的评审会。

0005 陈永清

性　　别：男

出生年月：1958-02-19

民　　族：汉族

政治面貌：群众

职　　称：正高

学　　历：高中

所在单位：甘肃省金昌市永昌县红山窑乡毛卜喇村

通讯地址：永昌县城关镇东大街永昌县文化馆

成　　就：1979年、1991年春节期间参与举办“卍”字灯会两届；从2000年至2011年主持负责举办“卍”字灯会八届；制作了永昌“卍”字灯会微缩模型3件，并参加了2011年甘肃省电视台春节联欢晚会“非遗”展演。

简　　介：永昌“卍”字灯俗传承人，从1966年至1972年初中毕业；1973年至1974年在永昌县红山窑乡技校学习；1975年至2011年8月在红山窑乡毛卜喇村务农，并从事永昌“卍”字灯会技艺传承，主持负责在金川公司龙泉公园举办第四届“卍”字灯会；在武威市西郊公园举办了第五届“卍”字灯会；2007年至2011年春节期间，主持负责在永昌县北海子公园每年举办一届“卍”字灯会，共举办“卍”字灯会10届。

0006 王鸿

性　　别：男

出生年月：1965-08-04

民　　族：汉族

政治面貌：党员

职　　称：中国民间艺术大师

学　　历：大学专科

所在单位：西峰区文化馆

通讯地址：甘肃省庆阳市西峰区文化馆

成　　就：自幼喜爱书法绘画及民间美术，有20多幅作品参加了解放军总政治部在军队博物馆举办的老山占地艺术作品展，代表作《祖国万岁》获一等奖。1989 年 1 月被中华人民共和国民政部、中国人民解放军总政治部评为“全国军地两用人才先进个人”。多件书画、剪纸作品被甘肃省博物馆、陕西省博物馆和傅作仁剪纸艺术馆收藏。2006 年被中国民间艺术家协会命名为中国民间艺术大师。

0007 贺会珍

性　　别：女
出生年月：1955-02-03
民　　族：汉族
政治面貌：群众
职　　称：省民间工艺美术大师
学　　历：高中
通讯地址：庆阳市西峰区彭原乡下庄村沟东队
成　　就：从小喜爱刺绣艺术，幼年在母亲的教导下打下了扎实的基础，17 岁时就开始给街坊邻里的姑娘做嫁妆。当时她刺绣的《荷塘鸳鸯》《喜上梅梢》《鱼水情深》《孔雀牡丹》深受周围群众的喜爱，作品获得四次金奖，她的香包刺绣作品种类繁多，取材广泛，作品现已涉及单面挂件、双面挂件、立体摆件、生活日用、宫灯线盘、服装、坐垫、鞋面、袜底、枕顶、肚兜等。她亲手制作的《群仙百寿图》《荷塘鸳鸯》《刘海戏蟾》《福寿康宁》《三阳开泰》《镇宅神虎》《十二生肖挂件》《鸳鸯锁》《面谱》《四季花瓶》《松鹤延年》《百福百寿》等作品曾在历届香包节上多次获奖。她的作品式样新颖、品种繁多、做工考究、针法细腻而深受广大群众喜爱。
简　　介：庆阳市民俗研究所研究员，甘肃省民间工艺美术大师。

0008 卢造池

性　　别：男
出生年月：1954-01-10
民　　族：汉族
政治面貌：党员
职　　称：正高
学　　历：大学本科
所在单位：西峰区文联
通讯地址：西峰区民族化路 23 号
成　　就：1985 年以来从事庆阳民间艺术品的收藏、研究与研发工作，先后设计香包图样 300 余幅，举办庆阳慈溪精品个人展两次，收藏宋代以来庆阳民间香包刺绣精品 550 余件、研究庆阳刺绣的秀种及针法和香包用香料有突出贡献，出版有《陇锈与香包》一书。
简　　介：曾担任西峰区文化局副局长、政协副主席，现为西峰区人大副主任，西峰区民间文艺家协会主席。

0009 吴玉英

性　　别：女
出生年月：1948-07-01
民　　族：汉族
政治面貌：群众
职　　称：中国民间刺绣艺术大师
学　　历：高中
通讯地址：甘肃省庆阳市西峰区寨子巷 110 楼 32 号
成　　就：2001《北豳翔龙》作品获得西峰市首届香包节一等奖。2003 年 6 月被庆阳市民间工艺家协会命名为“庆阳市民间工艺能手”，2004 年 6 月被庆阳市民间工艺家协会命名为“庆阳市民间工艺美术大师”，同年被中国民间工艺美术委员会命名为“中国民间刺绣艺术大师”。2008 年被甘肃省文化厅评为甘肃省非物质文化遗产香包绣制传承人。

简　　介：1959年至1962年在平凉艺术学校美术专业学习，师从著名美术家水天中、李静一诸先生。1966年在庆阳地区印刷厂搞照像制版工作，1995年退休。

0010 杜秀兰

性　　别：女
出生年月：1943-06-22
民　　族：裕固族
政治面貌：群众
职　　称：国家级非遗传承人
学　　历：高中
所在单位：肃南县非遗中心
通讯地址：张掖市肃南县红湾寺镇
成　　就：代表性传承人，传承传统文化的桥梁。
简　　介：裕固族民歌国家级传承人。

0011 鲁忠周

性　　别：男
出生年月：1956-03-20
民　　族：汉族
政治面貌：群众
职　　称：正高级雕塑艺术师
学　　历：高中
通讯地址：临泽县县府街176号
成　　就：2010年9月投资80万元成立了鲁忠周雕塑艺术工作室，创作的《向往》《腾飞》《勤奋》《韵》等作品曾参加了甘肃省第二届百合花民间工艺美术作品展、甘肃省第四届文博会；设计制作各类环境雕塑、标志性雕塑，产品远销河西五地市和内蒙古。目前，已组建起了一支15名艺人的专业队伍，制作雕塑产品有30多种，年产值100多万元。2008年3月被临泽县人民政府表彰为文化工作先进个人。
简　　介：甘肃省农村实用文化人才，正高级雕塑艺术师、张掖市文化产业协会理事、张掖市第一届文联代表大会代表；自幼喜好艺术，上世纪90年代开始创作雕塑艺术品，作品主要涉及人物、动物、标志物、抽象类，材质有泥塑、水泥雕塑、不锈钢雕塑、抛光铝板雕塑、蜡像、硅胶造像等。

0012 左焕茸

性　　别：女
出生年月：1961-06-10
民　　族：汉族
政治面貌：群众
职　　称：国家级民间艺术大师
学　　历：高中
通讯地址：甘肃省庆阳市西峰区后关寨乡南庄队
成　　就：1996年开始从事香包刺绣民俗文化产业以来，由于心灵手巧，带动了周边百余名妇女共同致富。荣获全国双学双比女能手和全省农村实用人才、国家级民间艺术大师等荣誉称号。

0013 赵文菁

性　　别：女
出生年月：1962-08-12
民　　族：汉族
政治面貌：群众
职　　称：中国工艺美术大师
学　　历：高中
所在单位：西峰区文化馆
通讯地址：甘肃省庆阳市西峰区文化馆
成　　就：1994年泥塑作品获敦煌艺术奖，2000年获伏羲文化奖特等奖，泥塑组雕作品“农耕文化的源头”获“五个一工程奖”。
简　　介：庆阳市西峰区文化馆退休工人，泥塑大师，中国工艺美术大师。

0014 郭凤福

性　　别：男
出生年月：1952-04-28
民　　族：汉族
政治面貌：党员
职　　称：中国民间工艺美术大师
学　　历：高中
所在单位：西峰区文化馆
通讯地址：甘肃省庆阳市西峰区文化馆
成　　就：甘肃省庆阳市西峰区文化馆原馆长，现为庆阳民俗艺术研究所研究员、中国民间文艺家协会会员。2005 年，他被中国民间工美艺术委员会命名为“中国民间工艺美术大师”。庆阳市文化产业协会副会长。多年来，潜心研究庆阳民间传统文化艺术的历史渊源和发展轨迹，为拯救、传承、发展传统的民间工艺美术及民俗文化做出了不懈的努力。在创作剪纸艺术方面，吸纳各类剪纸的不同风格，承前启后，不断创新，其剪纸代表作有：《中国民族之花》《中国十圣八科》等十多种。近年来，又研究创作出了中国古典四大名著人物剪纸集，使我国四大古典文学作品中的人物通过剪纸的形式神采各异、活灵活现地展现在人们面前。最近创作出了《西厢记》四条屏剪纸，该剪纸第一次露面后就受到社会各界人士喜爱，具有较强的文化内涵和收藏价值。

0015 田秀茂

性　　别：男
出生年月：1941-12-22
民　　族：汉族
政治面貌：党员
职　　称：中国民间剪纸艺术大师
学　　历：大学专科
所在单位：西峰区博物馆
通讯地址：西峰区董志镇寺里村
成　　就：从 60 年代开始搞剪纸，1979 年编辑出版《庆阳剪纸集》一册献给新中国成立 30 周年。1980 年《追科学》剪纸作品荣获 1979 年甘肃科普作品二等奖。1982 年《祖国的遗产》获得庆阳县国庆美术摄影展览三等奖。2002 年《脸谱、宫灯、蛋壳彩绘》获得首届庆阳香包民俗文化节美术作品展览三等奖。2003 年作品《宫灯》被第十五届中国西部商品交易会评为优秀奖。2004 年 6 月中国民间工艺美术委员会命名为“中国民间剪纸艺术大师”。2009 年剪纸作品《支前》《十文钱》等被《当代杰出工艺美术师》刊登出版。2014 年为《庆阳北石窟寺内容总录》全书担任测绘美术工作。
简　　介：1965 年参加工作，庆阳县团委工作；1982 年，庆阳县博物馆副馆长；1991 年，西峰区博物馆副馆长；2002 年，西峰区博物馆退休。

0016 马秀珍

性　　别：女
出生年月：1943-02-07
民　　族：汉族
政治面貌：群众
职　　称：中国民间剪纸艺术大师
学　　历：高中
通讯地址：甘肃省庆阳市西峰区什社乡文安村西畔队
成　　就：2003 年 10 月被中国民间工艺美术协会命名为“中国民间剪纸艺术大师”；2006 年 8 月剪纸作品《五猴献印》在第二届国际剪纸艺术展中荣获佳作奖；2007 年 8 月作品《农闲》荣获第三届国际剪纸艺术展银奖；2008 年 9 月中华民族文化促进会剪纸艺术委员会为其颁发了为 5·12 灾民做出特殊贡献的荣誉证书；2009 年 9 月作品《迎新娘》在第五届（中国·金坛）国际剪纸艺术展上

荣获银奖；2010年6月剪纸作品《十二生肖》荣获首届中国农民艺术节优秀作品奖，被中国农展馆收藏。2012年12月庆阳剪纸项目责任保护单位镇原县文化馆为马秀珍颁发了“县级剪纸艺术传习所”铜牌；2013年7月赴山西参加中国（山西右玉）民间信俗剪纸大赛获铜奖；作品《福寿同庆》还在“关陇地区民间剪纸精品展暨学术论坛”活动中荣获贡献奖并被收藏。2002年7月，剪纸作品《莲子生鱼》参加了海峡两岸“团圆”艺术价值大展；2002年9月，剪纸作品《莲子生鱼》在第四届中国民间文艺“山花奖·首届民间剪纸艺术作品评奖”中荣获优秀奖；2003年2月，多幅作品与创作经历、个人照片，入编《中华手工》2003年第一期；2004年，剪纸作品《八仙祝寿》在第三届中国庆阳香包民俗文化节上荣获剪纸类金奖；2006年，剪纸作品《高歌舞庆阳》在第五届中国庆阳香包民俗文化节上荣获剪纸类金奖；2007年，剪纸作品《寿带牡丹》荣获首届中国庆阳端午香包民俗文化产业博览会剪纸类金奖。鉴于马秀珍长期以来对庆阳传统剪纸艺术传习教学做出的贡献，2012年10月13-16日，赴北京参加了第十六届北京国际艺术博览会，现场剪纸表演受到了中国民协剪纸艺术委员会赵光明主任等专家学者、新闻传媒界和参观群众的好评。

简　　介：现为中国民间艺术大师、中国民间剪纸艺术协会会员、中国乡土艺术协会会员、西峰区民间文艺家协会会员。其民俗剪纸技艺精湛，作品古朴典雅，生活气息浓郁，装饰意味浓。从事剪纸艺术教学及研究创作四十余年来，授徒传艺200余人，创作出各类民俗剪纸作品二万余件，在国家、省、市展览中屡获大奖。

0017 贺彩霞

性　　别：女

出生年月：1955-06-17

民　　族：汉族

政治面貌：党员

职　　称：中国民间剪纸艺术大师

学　　历：中专

所在单位：西峰区工商局

通讯地址：庆阳市西峰区北地东路康宁家园

成　　就：从小受到母亲张玉珍剪纸艺术的熏陶，得其真传。百余幅作品先后在《甘肃日报》《陕西日报》陕西《群众艺术》《工人日报》《新疆日报》《小学生报》《长庆战报》新疆军区《战胜报》报刊杂志上刊发。她的剪纸以精细、工整、逼真、传神为风格，相继被作为刊头画刊发。1987年在新疆某部任教期间新疆广播电台作了专题报道。2002年7月1日“菊花”参加海峡两岸“团圆”艺术大展并获中国“山花奖”。2012年“全国小幅剪纸精品邀请展”《飞洋鱼人》获优秀奖，2010年6月《生活之源》获“人类非物质文化遗产代表作名录——中国剪纸艺术展”二等奖，并被陕西省非遗中心收藏。2011年9月《唐诗剪纸》获第九届民间艺术节展演最佳作品。

简　　介：现为中国民间剪纸艺术大师、中国剪纸学会会员、甘肃省工艺美术大师、甘肃省民间文艺家协会会员、新疆剪纸协会原理事、庆阳民俗研究所研究员。

0018 刘会玲

性　　别：女

出生年月：1965-08-26

民　　族：汉族

政治面貌：群众

职　　称：中国民间工艺美术大师

学　　历：高中

通讯地址：庆阳市西峰区显胜乡

成　　就：2003 年被西峰区委宣传部、共青团西峰区、区妇联等单位授予全区首届“十大青年创业明星”荣誉称号。2004 年被庆阳市妇联、区委、区政府授予西峰区十佳“双学双比”女能手。2005 年被中国民间工艺美术委员会命为中国民间工艺美术大师荣誉称号。2010 年被西峰区妇联授予 2010 年度“巾帼创业明星”荣誉称号。

简　　介：原为显胜乡妇联主任。

0019 梁丽杰

性　　别：女

出生年月：1958-04-05

民　　族：汉族

政治面貌：党员

职　　称：中国民间工艺美术大师

学　　历：大学专科

所在单位：西峰区文化馆

通讯地址：西峰区南苑小区 32 号区文化馆家属楼 1-4-1 室

成　　就：2001 年论文《老年文化活动的展示与思考》获甘肃省文化厅群众文化论文评选二等奖。书法作品在国家、省、市级大赛中获奖入选。2002 年至 2005 年香包刺绣作品《梅花》《瓜瓞绵绵》《猴票》《书秀》分别在第一届、第二届、第三届、第四届中国庆阳香包民俗文化节刺绣类作品中获优秀奖、二等奖、金奖；剪纸作品《龙凤呈祥》获铜奖。作品畅销国内并远销英国、日本等国家。先后参与编辑《三民集成》《何占鳌张玉珍泥塑剪纸作品集》等书。整理的《香包刺绣图案的构思与创意》深受乡民喜爱。2008年编辑剪纸折页《四大美女》《年年有余》《童年》《戏曲脸谱》《杨柳青年画》等作品。

简　　介：中国艺术家协会会员、中国民间工艺美术艺术大师、甘肃省民间文艺家协会会员、甘肃省妇女书法家协会会员。

0020 魏鑫

性　　别：男

出生年月：1977-11-20

民　　族：汉族

政治面貌：党员

职　　称：正高

学　　历：大学本科

所在单位：西峰区文化馆

通讯地址：西峰区合水巷 21 号

成　　就：2007《狮子滚绣球》在第六届中国（黑龙江）剪纸艺术节全国剪纸作品评比奖励中获铜奖，并出版于《中国剪纸艺术研究》第二卷，同时，永久收藏于鸡西市博物馆和傅作仁剪纸艺术馆。2013 年剪纸作品《老鼠倒葡萄》在关陇地区民间剪纸精品展暨学术论坛活动中获优秀奖。2014 年庆阳市公交集团标志征集大赛设计稿入围。

0021 谢森

性　　别：男

出生年月：1964-05-08

民　　族：汉族

政治面貌：党员

职　　称：中国工艺美术大师

学　　历：大学专科

所在单位：合水县黄河象民俗文化产业有限公司

通讯地址：合水县黄河象民俗文化产业有限公司

成　　就：2002 年，第一届中国·庆阳香包民俗文化节在西峰隆重举行，参与合水县精品展馆作品布展方案的设计，参与主体作品百米长卷《百象图》的设计制作工作，被市委市政府授予“庆阳民间工艺美术大师”的荣誉称号，并把此作品作为庆阳民俗文化的象征作品献给了中央电视台“心连心”艺术团。十多年来，追求文化艺术的最高境界，创作的作品多以反映民俗风情为特点，创意多以“黄河象”及花、鸟、鱼、虫为素材。主要作品有：以刺绣为代表作为《博古四条屏》《梅花四条屏》《群象图》《瑞鹤图》《芦雁图》等；以香包为代表作的《如意象灯》《麒麟送书》《五福捧寿》等。这些作品倾注着庆阳老区的纯朴气息，为合水的民俗文化事业做出了积极贡献。先后被命名为“甘肃省民间工艺美术大师”、“中国民间工艺美术大师”称号，被评为“中国工艺美术大师高级职称”。2005年被评为优秀政协委员，编写入《政协委员风采录》。

简　　介：自小喜爱绘画，对美术情有独钟。高中毕业后参过军，在部队从事文艺宣传工作，复员后在合水职业中学任团委书记、美术教师。1992年又调入县地毯厂，从事地毯图案设计工作。后来走向社会，从事民间艺术事业。2003年，合水县成立了文化产业总公司，他被聘为副经理，从事民俗文化产品的研究、设计工作。整理大量资料，从钻研民间工艺美术入手，先后对100多名民间“巧妇”进行香包、刺绣技术理论和操作技能培训，为合水民俗文化造就了一批优秀的带头人。

0022 徐彦军

性　　别：男

出生年月：1963-10-15

民　　族：汉族

政治面貌：党员

职　　称：正高

学　　历：大学专科

所在单位：合水县民俗文化研究所

通讯地址：合水县民俗文化研究所

成　　就：长期从事民俗研究、图案设计、制作策划、技术指导等工作。曾多次参加中国·庆阳香包民俗文化、节农耕节，并参与精品展厅的装修方案设计及展厅布展工作，是一名专业的技术设计人员，他指导设计制作的香包刺绣作品多次获奖，赢得了专家学者的一致好评。参与设计指导制作的刺绣代表作品有：百米长卷《百像图》《群象图》《象兆福祉》《富贵图》《富贵祯祥》《开国元勋》《包家寨子会议》《太白起义》四条屏《芦雁图》四条屏《四季红》四条屏《松龄鹤寿》等。堆绣作品《万象更新》《春风杨柳》《农耕图》等。香包作品《风调雨顺》《吉庆有余》《岁岁平安》《平安吉祥》《吉祥合水》《十二生肖》等。

简　　介：现任合水县民俗文化研究所所长。中国民间文学艺术家协会会员、甘肃省青年书画家协会会员、庆阳市书画家协会会员、庆阳市文化产业协会会员、合水县民间文学艺术家协会主席、合水县文化产业协会会长。参与培训产业从业人员8000余人次。

0023 张雪峰

性　　别：女

出生年月：1971-03-12

民　　族：汉族

政治面貌：党员

职　　称：剪纸艺术传承人

学　　历：高中

通讯地址：合水县西华池镇唐旗村

成　　就：首届中国庆阳香包民俗文化节三等奖，第十五届中国西部商品交易会暨第二届中国庆阳香包民纸类金奖，第二届中国国际剪纸艺术展优秀奖，第五届中国国际剪纸艺术展铜奖。出席活动成果：剪纸作品曾被《中国丝绸之路》《窗花》《传承的力量》《透明人的灵性剪纸》《美丽的剪花娘子》《甘肃电力报》《甘肃日报》《人民军队》

《陇东报》《北京青年报》《收藏报》等刊用，其中多幅作品在中华民族艺术馆“中国当代剪纸名家邀请展”中展出并被收藏。《镇宅神虎》等十一幅作品被中央民族大学博物馆收藏，《春华秋实》《十条屏》等作品被中国妇女儿童博物馆收藏，《抓髻娃娃》出版于《中国剪纸艺术研究》第二卷入卷史书、并永久分别收藏在鸡西市博物馆和傅作仁剪纸艺术馆，2013年秋北京东城区台办“特邀”赴台深入民间考察采风活动，2013年赴台湾地区采风创作的台湾题材剪纸作品20幅和大陆题材剪纸作品6幅已选入2014年北京、台北海峡两岸民俗风情剪纸艺术展。2014年作品展在北京、台北巡展。2004年被中国工艺学会民间工艺美术委员会授予“中国民间剪纸艺术大师”称号。

简　　介：结业于南京大学首届中国民间剪纸高级研修班，庆阳市民间剪纸艺术传承人之一。

0024 丑富儒

性　　别：男
出生年月：1942-04-14
民　　族：汉族
政治面貌：群众
职　　称：中国工艺美术大师
学　　历：大学专科
通讯地址：合水县西华池镇
成　　就：2003年其根雕作品《大海的女儿》在第一届香包节上，受到诸多专家的好评，获得一等奖。2004年作品《鹰击长空》获得二等奖。其作品《佛手如意》《竹壶》《百鸟朝凤》被上海、香港等客人收藏。他的创作风格独特，富有新意。他的作品最大特点是从自然根雕作品向现代室内装饰品的转化，具有时代特征，同时，他的作品紧跟时代步伐，歌颂美好生活。比如作品《老来乐》，他说如今党的政策好了，联村联户使农民直接享受到了实惠，这位老人才喜笑颜开等等。他的技艺特点表现为善于利用根的自然形态，因势造型，因材施艺，从而使“材”和“艺”兼而有之，天然与技艺融于一体。2004年被中国工艺美术学会民间工艺委员会命名为中国工艺美术大师。
简　　介：从60年代初，从事民间工艺创作，在青海西宁工作期间，曾向李苦禅、阮文辉请教学习，得到他们的悉心指导。后来，回到家乡工作。同年，开始研究根雕艺术，日积月累，自己在摸索中总结经验，在实践中掌握技巧，终于在2002年，他的作品在西华池镇第一次展览，引来群众的一致好评，并受到各界重视。

0025 丑中卫

性　　别：男
出生年月：1971-07-01
民　　族：汉族
政治面貌：群众
职　　称：中国民间工艺美术大师
学　　历：高中
通讯地址：合水县西华池镇西华北街乐蟠西路
成　　就：通过长期实践创作，他汲取了叔父的根雕艺术特点，并且融入了自己对根雕艺术的独特见解。他的作品贵在“三雕七借”为主，减少人工雕琢痕迹，减少人为上色工艺，并在雕琢工艺上采取圆雕、平雕、镂空雕相结合的技法，作品借助木头天然纹理，所创作的作品粗犷、豪放，但又不失细腻。目前，他和叔父丑富儒都是我县的国家级民间工艺美术大师。2009年根雕作品被甘肃经济报刊登，并作专题报道，并被刊入“合水史话”、“庆阳名人录”、“合水县志”、“庆阳市志”。其作品多次被港台、日本及东南亚诸多机构及个人珍藏。2002年被命名为“庆阳市工艺美术大师”；2004年被甘肃省民间文艺家协会命名为“甘肃民间艺术家”；2005年被中国民间艺术美术学会命名为“中国民间工艺美术大师”。

简　　介：从小被叔父雕刻的那些活灵活现的根雕作品所吸引，闲暇时间就看叔父制作，一招一式都急于模仿。1991年高中毕业后，直接跟叔父学习根雕艺术直至现在。

0026 许军峰

性　　别：男

出生年月：1968-05-22

民　　族：汉族

政治面貌：群众

职　　称：中国民间剪纸工艺美术大师

学　　历：高中

通讯地址：镇原县文化馆

成　　就：他的剪纸作品在《庆阳民间艺术之魂》和《大师祁秀梅》等书籍中入编，其《狮子》受到中国民俗学会会长靳之林教授的高度评价。近年来，成功地参加了第十、第十三届兰洽会和第一、二、三、四、五、六届中国庆阳香包民俗文化节，许多作品被评为金、银奖，部分作品被许多国内著名专家收藏。2004年被中国工艺美术学会命名为中国民间剪纸工艺美术大师。2004年3月创办了“梅林香包剪纸艺术品公司”。近几年共培训了20多名刺绣、剪纸能手，公司年制作剪纸作品7000多幅，香包刺绣6000余件，年销售收入六七万元，产品销往西安、延安、银川、北京、深圳等地，是农村民间艺术人才依靠文化产业发家致富的典型。

0027 段彩霞

性　　别：女

出生年月：1970-12-11

民　　族：汉族

政治面貌：群众

职　　称：中国民间剪纸工艺美术大师

学　　历：高中

通讯地址：镇原县文化馆

成　　就：1986年10月剪纸作品在庆阳地区工艺美术作品展览中获得一等奖。2003年3月在第十届全国人大一次会议期间，镇原籍代表杨晓艳将其剪纸作品——《母亲的心愿》献给了温家宝总理，《生命之花》献给了全国人大常委会原委员长李鹏。2003年10月、2004年8月《生命树》《虎》获第二、三届中国庆阳香包民俗文化节剪纸金奖。2004年12月《母亲的心愿》获第三届中国庆阳香包民俗文化节刺绣类银奖，被编入《甘肃民间美术家》一书。2005年6月《艺术使人类相爱》获第四届中国庆阳香包民俗文化节剪纸金奖，被编入《中国民间艺术》。2006年7月《雄鸡永盛》获第五届中国庆阳香包民俗文化节剪纸金奖，被编入《世界名人录》和《一代伟人》艺术珍藏大典一书中。2007年8月《生命之花》在第三届国际艺术展中获奖。2007年8月被甘肃电视台邀请到《梦工场》节目现场表演，并获“特别表演奖”，被编入《中国民间艺术家指南》一书中。2007年11月参加甘肃文联举办的“百花奖”民间工艺品展览。2008年获中国民间工艺精品博览会铜奖，获第三、四、五届国际剪纸艺术展优秀奖。

0028 王银顺

性　　别：男

出生年月：1946-09-01

民　　族：汉族

政治面貌：群众

职　　称：中国民间美术大师

学　　历：高中

通讯地址：镇原县文化馆

成　　就：从1993年开始对古筝、琵琶、板胡等乐器进行改良，经过十年的反复实践制作，获得历届中国·庆阳香包民俗文化节精品展金奖，得到同行和专家的好评。总结撰写的《改良古筝、琵琶、板胡的意见和建议》被载入《世界优秀人才大典》和《跨世纪中华为文艺大典》。从2003年起，以提高“器乐教育、培养创新人才”为宗旨开办了陇东唯一一所集器乐制作和器乐、声乐培训为一体的艺林古筝、琵琶、电子琴、板胡、二胡等培训班，为发展我市器乐事业开创了新天地。2002年首届中国·庆阳香包民俗文化节民间艺术作品展综合类二等奖。第四届中国·庆阳香包民俗文化节琵琶作品被评为金奖。2005年6月4日被命名为中国民间美术大师。第六届中国·庆阳香包民俗文化节综合类铜奖。

0029 朱学虹

性　　别：女

出生年月：1971-01-01

民　　族：汉族

政治面貌：群众

职　　称：中国剪纸民间艺术大师

学　　历：高中

通讯地址：镇原县文化馆

成　　就：她的刺绣作品成功参加了第十一届兰洽会和第二、三、四、五、六届中国庆阳香包民俗文化节，许多作品被评为金、银奖。2004年3月在中原创办了“虹美民间工艺公司”，传授技艺，授徒27人，带动农户25家，主要从事刺绣作品的生产，兼职做手袋、香包，年计生产刺绣精品115幅，其他香包民俗工艺品21300余件，总产值16万元，纯收入四五万元，其产品主要销往兰州、西安和西宁等地，成为镇原县靠民俗文化产业脱贫致富的典范。

0030 刘玉英

性　　别：女

出生年月：1946-11-13

民　　族：汉族

政治面貌：群众

职　　称：中国剪纸民间艺术大师

学　　历：高中

通讯地址：镇原县文化馆

成　　就：2004年6月被中国民俗学会民间美术委员会命名为中国民间剪纸艺术大师，中国乡土艺术协会会员。1986年在庆阳地区民间工艺美术作品展览中获荣誉奖。1992年柯杨教授和王肖杰在《民俗》杂志上发表《刘玉英和她的剪纸艺术》，对其进行专题介绍。2005年，她的艺术经历和创业事迹被甘肃省电视台文化频道进行专题报道。近年来，她的剪纸作品《四季花瓶》《百蝶闹菊》等获第一、二、三、四、五、六届中国庆阳香包民俗文化节中获金、银奖。参加过兰洽会、兰州西部商品贸易交易会的展出，剪纸作品《五福临门》获2002年兰洽会银奖。

0031 杨根厚

性　　别：男

出生年月：1944-06-09

民　　族：汉族

政治面貌：党员

职　　称：中国民间艺术美术大师

学　　历：大学专科

通讯地址：镇原县文化馆

成　　就：镇原根雕技艺传承人的杰出代表，他的根雕作品传承和保持了镇原根雕作品造型奇特、古朴典雅的艺术风格，刀法功力深厚，呈现出庄严、神秘的意味，同时融入了现代艺术各流派的所长，使镇原根雕技艺得以发扬光大。他的作品获历届中国·庆阳端午香包民俗文化节民俗文化精品展金奖。2004 年 6 月被中国民间工艺美术学会命名为“中国民间艺术美术大师”荣誉称号。作品还到兰洽会、西交会上展出、交流并获奖。

0032 沈占伟

性　　别：男
出生年月：1968-03-15
民　　族：汉族
政治面貌：群众
职　　称：正高级砖雕艺术大师
学　　历：高中
所在单位：临夏神韵砖雕有限公司
通讯地址：临夏县黄泥湾乡郭吴村
成　　就：2006 年 10 月第 100 届广交会，其作品受到国务院总理温家宝、副总理吴仪等领导的高度赞誉；2007 年 11 月砖雕《博古架》在第二届甘肃民间文艺“百合花奖”评奖中获银奖；2008 年 9 月获甘肃省第十届工艺美术“百花奖”二等奖。2009 年 6 月被誉为“陇上绝活”的河州砖雕荣获由联合国教科文组织和国家文化部主办的第二届中国成都国际非物质文化遗产节博览会西北五省（区）唯一优秀奖；2010 年 9 月上海世博会甘肃活动周期间，在展演大厅进行现场砖雕技艺展演，获“上海世界博览会甘肃活动周优秀贡献奖”；2011 年 6 月中旬文化部在北京中华世纪坛举行“薪火相传”主题活动，携其徒在世纪坛现场展演，并受到全国人大常委会原副委员长路甬祥亲切接见；2012 年 3 月，温家宝总理在十一届全国人民代表大会五次会议甘肃代表团会场上接受了由他创作的微雕《四君子图》；2013 年 10 月，其作品获中国·临夏——马来西亚·吉兰丹州民族用品大奖赛金奖。
简　　介：现为临夏神韵砖雕有限公司经理、艺术总监。临夏砖雕省级“非遗”传承人、正高级砖雕艺术师、甘肃省工艺美术大师。他的砖雕作品在整体设计上追求形式和内容的协调统一，突出民间艺术古朴典雅、雅俗共赏的民族传统；在作品细节处理上努力达到写意和写实相结合，坚持群众喜闻乐见的艺术风格；在制作工艺上讲求刀法细腻、简练精准、追求完美，真正体现砖雕艺术的魅力和品位；在继承传统技艺的基础上，发扬敢于突破、不断创新的精神，为临夏砖雕的传承和发展做出了积极贡献。

0033 李成才

性　　别：男
出生年月：1963-04-23
民　　族：汉族
政治面貌：党员
职　　称：花儿传承人
学　　历：硕士研究生
所在单位：卓尼县中医院
通讯地址：甘肃省临潭县城关镇南大街 3 号
成　　就：曾在国家杂志和部分刊物发表过关于研究洮岷“花儿”、河湟“花儿”的文章 20 多篇，曾是甘南州“陇上名人”，康乐县、渭源县莲花山花儿特邀非物质文化遗产传承人。2010 年被聘请为中国传统文化（花儿）交流协会常务副会长，并获得“国家艺术奖金奖”荣誉称号。曾在西北五省花儿会、莲花山花儿会、岷县洮岷花儿大奖赛、临潭洮州花儿大奖赛等比赛中多次获奖，并受过物质奖励。
简　　介：中西医内科主任医师。目前担任卓尼县卫生局副局长，兼任卓尼县中医院院长。从事业余“花儿”研究及参加各类、各地“花儿”演出会三十余年。曾任西北五省花儿协会委员、评委。甘肃省花儿协会的常委。

0034 李扎西

性　　别：男
出生年月：1946–09–04
民　　族：藏族
政治面貌：群众
职　　称：舟曲藏族民俗传承人
学　　历：高中
通讯地址：舟曲县峰迭新区文广大楼
成　　就：在 2001 年 8 月组织 80 余人的民间舞蹈队参加甘南“香巴拉”旅游艺术节。2002 年 7 月组织编排民间舞蹈“摆阵舞”参加巴寨沟“朝水节”庆典活动。2006 年 4 月参加舟曲县原生态民歌大奖赛获第二名。
简　　介：在家务农，属舟曲县憨班乡黑峪村村民，继承父业，自幼学习藏传佛教文化和宗教礼仪，对舟曲的民间多地舞的渊源有着较深的理解，在继承古老的多地舞舞姿和原生态唱腔、唱调的基础上不断挖掘和丰富古老的多地舞歌舞体系，一生都在为挽救保护这一古老而独一无二的舞蹈形式和其在舟曲黑峪沟地区的传播发扬发挥着积极的作用。

0035 九麦

性　　别：男
出生年月：1936–09–11
民　　族：藏族
政治面貌：群众
职　　称：唐卡非遗传承人
学　　历：高中
所在单位：夏河县拉卜楞菩提花园有限责任公司
通讯地址：甘肃省甘南州夏河县柔扎村 6 号
成　　就：有用特殊方法配置的各色颜料和配方。有传统的唐卡图案（主要以宗教、医药为主），个人拥有上百幅自创的精品唐卡画。2011 年 7 月在夏河县桑科草原举行的全国各电视台记者年会上展览所画唐卡。
简　　介：夏河有名的唐卡画师。6 岁便跟随著名唐卡绘画大师多杰先在青海省同仁县吾屯上寺全面系统地学习了藏传佛教艺术的典型代表——唐卡的制作技艺。徒弟有金巴、交巴加布等。

0036 成来坚措

性　　别：男
出生年月：1969–11–25
民　　族：藏族
政治面貌：群众
职　　称：国家级非遗传承人
学　　历：高中
所在单位：夏河县拉卜楞寺管会
通讯地址：甘肃省甘南州夏河县柔扎村 6 号
成　　就：擅长大号、二胡、龙头琴、扬琴、笛子。多次出国演出，四次到北京演出，参加全国佛教协会成立五十周年文艺演出。英国 BBC 广播电台邀请采访，在 10 个省区巡回演出，在美国好莱坞演出。2004 年参加甘肃电视台《香巴拉在呼唤》拍摄，出版光盘。2014 年率领乐队参加甘南州建州 60 周年开幕式演出，获得好评。夏河县佛殿音乐道得尔国家级非物质文化遗产传承人。
简　　介：僧人，师从索南。徒弟有次成木、毛兰木等。1991 年加入乐队，是乐队的组织者，会所有乐器，参加各种演出，现为乐队总辅导。

0037 希热布

性　　别：男
出生年月：1961–08–15
民　　族：藏族
政治面貌：群众

职　　称：国家级非遗传承人
学　　历：大学专科
所在单位：夏河县摩尼宝唐卡艺术有限责任公司
通讯地址：甘肃省甘南州夏河县柔扎村 6 号
成　　就：深刻理解唐卡所反映的文化哲学思想，以艺术家独特的慧眼及宽广的胸怀，不断吸取不同国家和民族绘画艺术精华，如安多唐卡画派和四川噶玛噶赤画派，中国画派，以及古今中外和西洋油画等不同的特色。多年来本人苦心磨炼，精益求精，推陈出新，以丰富的想象力和高超的工艺技能表现了自己独特的艺术风格，创作的唐卡人物栩栩如生，画像丰满，立体感强，在我国唐卡艺术宝库中独树一帜，独放它的艺术异彩。
简　　介：幼年喜爱绘画，十三岁时到青海龙格寺及阿坝德俄寺接受正规教育，十八岁开始独立画唐卡。创立了夏河县摩尼宝唐卡艺术有限责任公司，年作品 100 多幅，销往全国各地，是夏河县有名的唐卡画师。

0038 马石头

性　　别：男
出生年月：1964-11-01
民　　族：回族
政治面貌：群众
职　　称：高级心理咨询师
学　　历：大学本科
所在单位：甘肃省诗文书画院
通讯地址：兰州市南湖邮局石头信箱
成　　就：2009 年获高级培训师证书。2009 年获高级心里咨询师证书。2009 年获《国际信息化人才资格》认证，1992 年获《阿訇资格证书》。1996 年获“全省少数民族书法大奖赛”阿拉伯文书法一等奖。1999 年任《兰州书画报》总编辑，2000 年任“首届全国阿拉伯文书法展”组委会主席，2002 年任“第二届全国阿拉伯文书法展”组委会主席。2004 年被评为“中国十大金牌培训师”。2006 年被兰州市政府评为“文化兰州十大人物”。2009 年被评为“中国穆斯林十大年度人物”。2010 年应马来西亚邀请，出席“国际伊斯兰文化论坛”并讲话，先后出版著作有《马石头阿文书法集》《赛俩目阿语教程》《穆斯林书家必备》《石头读古兰经》等。
简　　介：高级培训师、高级心理咨询师，并获得《国际信息化人才资格》认证，阿拉伯文书法家，代表作《一笔太思米》享誉海内外，参加国内外书画展多次获金奖、一等奖，被多部辞书收录，作品被沙特阿拉伯、土耳其、伊朗、美国哈佛大学、埃及爱资哈尔大学，伊朗、马来西亚等学术、文化机构收藏。现任中国伊协中国穆斯林杂志特约书法师，并担任多个国际书法机构的顾问、常务理事和专职书法师、研究员等。甘肃省诗文书画院院长，《中国穆斯林诗书画》杂志主编、甘肃穆斯林书画摄影协会副会长、甘肃省民族企业联合商会顾问、青海回族撒拉族救助会副秘书长。

0039 家蓉

性　　别：女
出生年月：1965-09-01
民　　族：汉族
政治面貌：群众
职　　称：市级非遗传承人（一级工艺美术大师）
学　　历：大学专科
通讯地址：兰州市城关区庆阳路 132 号城关区文化馆
成　　就：1991 年全省首届雕刻葫芦质量评比中荣获现场表演个人成绩总分第二名；1995 年参加广东欢乐节“甘肃省民间民俗展”现场表演；1999 年参加昆明世博会展览；

2005 年 12 月被授予一级工艺美术大师称号；第八届省工艺美术百花作品“十八罗汉图”获制作技艺三等奖；2006 年第九届省工艺美术百花奖作品“山水图”获创新设计二等奖；2010 年第十一届省工艺美术百花奖作品“敦煌印象”获创新设计一等奖、“西王母出行图”获制作技艺二等奖。

简　　介：1981 年进入兰州市雕刻工艺厂学习雕刻技艺。1984 年兰州市工艺美术厂从事雕刻工作。1987 年至 1991 年在市工艺美术厂技术室从事设计、牌匾书写、新产品研发。1992 年毕业于中国书画函授大学国画专业。2009 年在中国工艺美术高级研修班学习。自 1981 年涉足葫芦雕刻艺术，受到了阮文辉先生、陈唯一先生、王德山先生三位老师的教诲。在素描启蒙老师陈唯一先生那里学到了认真、严谨、一丝不苟的精神；在王德山先生那里学到了葫芦雕刻的基础技法；在阮文辉先生那里学到了如何使一件优秀的作品，注重情感和个性的自然流露，以高超的技法表达出一种艺术内涵。还从他那里知道了清新灵动、含蓄深邃、质朴意趣、苍劲雄健是刻葫芦的精髓之秘籍。在多年的葫芦雕刻生涯中，始终把三位老师的教诲融入实际工作中，才取得了今天的成绩。

0040 李天晓

性　　别：男

出生年月：1952-07-05

民　　族：汉族

政治面貌：群众

职　　称：正高

学　　历：大学专科

所在单位：兰州真气运行研究

通讯地址：兰州市城关区庆阳路 132 号城关区文化馆

成　　就：在兰州和马来西亚吉隆坡、印尼雅加达、泰国曼谷、文莱、新加坡以及台湾等地定期或不定期地开展真气运行学术研究和真气运行养生实践培训；在国内其他城市，如北京、上海、武汉、广州、厦门等地不定期地举办真气运行实践培训；开展真气运行学术的基础理论研究，撰写了一些学术论文，陆续在《现代养生》和国外的部分华文报发表；在浙江省中医药研究院附属医院，开展了专病专治的培训研究，在印尼雅加达开展了真气运行治疗艾滋病的研究，积累了一定的资料；在兰州和马来西亚、新加坡举办了数次真气运行师资培训班，培养了工作骨干；协调有关国家，成立了真气运行学术组织；在国内外出版发行了《真气运行学》，编印了真气运行实践指导读本和有关教材、讲义；2008 年 9 月举办了“李少波教授 100 华诞庆典暨中医真气运行学术国际研讨会”，海内外二百余嘉宾参加，取得了很好的效果；2010 年 6 月整理新版《李少波真气运行法》，由中国中医药出版社正式发行；承担 2010 年国家级中医药职业医生真气运行继续教育培训项目的实施工作。

简　　介：中医养生学家、真气运行学术创始人、甘肃中医学院原主任医师李少波教授之女，真气运行学术传承人，现任兰州李少波真气运行研究所所长、中国民间中医药协会真气运行研究专业委员会常务副主任兼秘书长、甘肃中医学院客座教授、甘肃省艾滋病专家领导小组成员等职，常年组织领导海内外有关真气运行方面的工作，从事真气运行教学和科研等业务。1994 年 5 月中国民医协会真气运行研究专业委员会在杭州成立，任副秘书长。2003 年以来，正式接手真气运行的日常工作，被李老指定为学术传承人。当年筹划建立了真气运行官方网站，并常年在兰州定期举办培训班。

0041 岳云生

性　　别：男
出生年月：1948-11-11
民　　族：汉族
政治面貌：群众
职　　称：市级非遗传承人
学　　历：高中
所在单位：甘肃省食品公司
通讯地址：兰州市城关区庆阳路132号城关区文化馆
成　　就：2008年凭借作品《三十六笑》获得了空缺了九届的甘肃省工艺美术“百花奖”特等奖。小件《当代青年》《守望》在2010年获全省比赛金奖。在金城关建有岳云生泥塑工作室。市级非遗传承人。他的泥塑生涯开始于幼年时期，他的姥爷王玉孝就是“捏泥娃娃”的民间艺人。在姥爷的教导下，幼年岳云生也学着捏泥人，直到上小学、上中学，没有间断过。1973年因工作调动，他在天津工作和生活了近20年，“泥人张”故乡厚重的艺术氛围更给了他启发和熏陶，后来他在塘沽坚持了两年的业余美术学习，并继续开展美术和雕塑的实践。20年前他回到兰州以后，开始系统了解和研究民国初期兰州鱼池子泥人的情况，并将其艺术特点与“泥人张”、惠山彩塑及陕西泥老虎等进行比较。他觉得“鱼泥子”的功夫不比他们差，便决意挖掘这门濒于失传的“泥土技艺”。经过一次次的失败与成功，他终于根据童年时期对老兰州生活刻骨铭心的记忆和对农村生活的观察体验，创作出了一批具有浓郁乡土气息，深刻反映老兰州生活的泥塑作品。
简　　介：1966年初中毕业；1969年在省建公司工作，后调到天津港做工会工作；1973年调天津港务局子弟中学任美术老师；1984年调回兰州，在省食品公司工会做宣传工作；1998年提前退休，专心致力于兰州泥塑的创作。作品有《难民系列》《过年系列》《三十六笑》《三千丑脸》《忧愁系列》《牛肉面系列》和大量反映老兰州市井生活和农村生活场景的泥塑作品，现在传习所约有1000余件作品展出。

0042 冯世华

性　　别：男
出生年月：1937-03-01
民　　族：汉族
政治面貌：群众
职　　称：国家二级编剧
学　　历：大学专科
通讯地址：兰州市城关区广武门街道立德巷
成　　就：他绘制的部分脸谱选入1990年甘肃省第二届舞台美术展，颁发了荣誉证书，一部分载入《兰州戏曲志》书中，并荣获文化部、国家民族事务委员会、全国艺术学科规划领导小组颁发的个人贡献奖。甘肃日报、兰州日报、甘肃电视报、甘肃画报以及《中国戏剧》《甘肃戏苑》等报刊上登载他的脸谱和赞评文章；甘肃电视台、兰州电视台以及中央电视台（11频道）曾多次专题采访并播放冯老画的耿家脸谱。甘肃省黄河奇石馆办展，受到联合国社科文组织参观团的赞扬，甘肃省文化馆2005年办展并收藏耿家脸谱。2007年兰州市非物质文化遗产办展，获得群众、行家和领导的好评，市委书记鼓励他：“可展可销，也可与其他项目联合向外推，宣传甘肃文化。”日本友人曾赞夸：“耿家脸谱是中国西部文化珍品。”我省著名戏曲评论家范克峻先生激情挥毫称赞：“耿家脸谱瘦而长，高古庄严世无双。世华独得其中妙，画活艾谦曹魏王。”
简　　介：国家二级编剧。1948年考入兰州新光豫剧学校从艺。新中国成立后，在兰州市豫剧团师承豫剧表演艺术家许树云，从事演员、导演、编剧和业务领导工作，才艺出众，业绩突出。平时酷爱书画，70年代进修于中国书画学院——兰州分院。80年代调兰州市文艺剧作研究中心，先后任职《中国戏曲志·兰州分卷》编辑部副主编、中心主任助理、研究部部长，1997年退休。甘肃省戏剧家协会会员、甘肃省戏剧文学学会会员、兰州市戏曲舞蹈家协会理事、现为兰州市非物质文化遗产专家委员会委员。

0043 阮琳

性　　别：女

出生年月：1962-11-01

民　　族：汉族

政治面貌：群众

职　　称：市级非遗传承人（中国工艺美术大师）

学　　历：高中

通讯地址：兰州市城关区庆阳路132号城关区文化馆

成　　就：1984年在共青团举办的青年书画展中获绘画一等奖；1990年第五届省工艺美术百花奖评比中获新产品希望杯奖；1991年甘肃省首届质量评比中获个人成绩第三名；1992年参加中日邦交正常化20周年纪念展，入选首届丝绸之路艺术节美术作品展；1994年入选首届中国工艺美术名家作品展，入选第四届中国艺术节美术作品展；1997年参加中国阮氏艺术作品展；2004年入选甘肃省首届民间民俗美术作品展；2005年在省工艺美术百花奖评比中获制作技艺二等奖，甘肃省工艺美术协会授予甘肃省工艺美术大师荣誉称号；2007年在中国工艺美术协会“金凤凰”创新产品设计大奖赛获金奖，入选中国工艺精品展并选送墨西哥展出；2008年第九届中国工艺美术大师作品及国际艺术精品博览会获得“天工艺苑百花杯”中国工艺美术精品奖金奖；2010年担任甘肃工艺美术百花奖评委，代表甘肃参展上海世博会“甘肃活动周”。同时，任《西部民间工艺美术》《炫目甘肃》编辑。

简　　介：市级非遗传承人。甘肃省工艺美术大师阮琳是中国工艺美术大师阮文辉先生之女，冷雨斋是她的工作室，从艺三十年来，成就颇丰，尤以特种工艺微雕葫芦最受广大中外人士称道，阮琳师出名门，自幼一边读书，一边接受家教学艺、学书、学画、学古典文学，在工艺人物和意笔山水方面都有较高造诣。阮琳是中国阮氏微雕艺术第三代传人。父亲阮文辉受其父母的教诲，集书画雕刻等技艺于一身，后被授予中国工艺美术大师称号，以及亚太地区工艺大师称号。阮琳1980年参加工作，二级微雕工，专做出口微雕葫芦，后自立门户，在父母的指导和传承下，阮氏祖传微雕艺术有很大的发展。阮琳是中国阮氏微雕艺术的第三代传人，在初步继承传统工艺美术方面，家教和师承是第一途径。在80年代初期，阮琳曾在西北师大美术系学习进修，使其工艺技法在理论教学方面有了进一步提升，同一时期，她曾在兰州市青年美术协会学习书画技能，并在诸多优秀的书画家如杨国光、陈一柏指导下，不断扩展自己的技能，学习书画的同时也学习了书画的装裱工艺，并经常与国内各省的工艺美术大师进行学习和交流。2009年参加了中国工艺美术高级研修班的进修，使专业、技艺有了更深层次的提高完善，2010年阮氏葫芦艺术馆落成于兰州金城关非物质文化遗产中心，作为兰州雕刻葫芦的传习所。阮琳承担传承雕刻葫芦这一传统技艺的工作。

0044 陈兵

性　　别：男

出生年月：1966-01-01

民　　族：汉族
政治面貌：群众
职　　称：市级非遗传承人
学　　历：大学专科
通讯地址：兰州市城关区庆阳路 132 号城关区文化馆
成　　就：1991 年作品《一百罗汉》获省第六届工艺美术百花奖优秀创作设计二等奖；1992 年随父参加了“中日传统工艺品联合展”的现场表演；1997 年作品《八仙过海》迎香港回归，荣获一等奖；1997 年获“甘肃省民间工艺美术家”称号；1998 年作品《八仙过海》在首届中国国际民间艺术博览会获银奖；2000 年参加了西湖博览会工艺美术大师精品展；2004 年参加了第三十八届全国旅游品和工艺品交易会；2005 年参加了“中国工艺美术协会大师联谊会”精品展，获制作技艺一等奖，《十子戏佛》获省第八届工艺美术百花奖优秀奖，荣获省一级工艺美术大师称号；2006 年被中国民协、联合国教科文组织授予“中国民间艺术家”称号；2010 年作品《敦煌礼佛图》获第十一届省工艺美术百花奖制作工艺一等奖。
简　　介：从小随父亲学习绘画、书法、雕刻、剪纸、摄影、篆刻，十岁时开始学习雕刻葫芦，在父亲的严格指点下，逐渐掌握了雕刻葫芦的基本技法。为了培养儿女们，父亲付出了一生的心血，经常他们出外写生，速写、水彩、水粉、国画、白描是必备的课题，在父亲精心的培养下，他们雕刻葫芦的技法日渐提高，创作的作品精细、洒脱、惟妙惟肖，人物形态各异，生动感人。多年来随着父亲、姐姐在葫芦阁里不断地研究、创新雕刻葫芦的新技法，彩雕的《飞天》《十二生肖》《疙瘩葫芦》《佛教故事》等等，受到国内外游客的青睐。在继承了父亲的书画艺术和雕刻葫芦的技法上，逐步形成了自己的风格，在微雕葫芦的创作中刻苦钻研，细心研究，在艺术道路上不断探索，其创作的作品题材广泛，如《八十七神仙图》作品在高 4cm、直径 4.5cm 的鸡蛋葫芦上雕刻而成，以全景式的表现手法，将原画的宏大场景缩于小巧玲珑的葫芦上，将国画中的白描手法用于微雕葫芦的作品中，以此来表现传统工艺所推崇的“刻画细腻，线条流畅，气象宏沛，刀法精微”的观赏效果。

0045 陈红

性　　别：女
出生年月：1958-06-01
民　　族：汉族
政治面貌：群众
职　　称：省级工艺美术大师
学　　历：大学专科
通讯地址：兰州市城关区庆阳路 132 号城关区文化馆
成　　就：1989 年《三国故事》获省第四届工艺美术百花奖优秀创作设计奖；1991 年《花木兰系列》获省第六届工艺美术百花奖创作设计一等奖，在省首届雕刻葫芦行业评比中获现场表演总分第一名；1992 年 9 月随父参加了在北京举行的“中日传统工艺品联合展”的现场表演，12 月参加了在深圳举行的“中国民族民间小型旅游商品展销会”获铜奖；1993 年 7 月参加了在南戴河中国万博文化城的“中国民间工艺美术展”现场表演；1995 年 9 月被中国民协、联合国教科文组织授予“中国民间工艺美术家”称号；2000 年参加了西湖博览会工艺美术大师精品展；2004 年参加了文化部举办的“百花迎春”春节晚会的现场表演，3 月参加了第三十八届全国旅游品和工艺品交易会，6 月参加了“中国民间文艺山花奖”获优秀奖和个人贡献奖；2005 年 8 月参加了“中国工艺美术协会大师联谊会”精品展，10 月在杭州西博会第六届中国工艺美术大师作品暨工艺美术精品博览会上获“百花杯”中国工艺美术精品奖金奖，12 月获省一级工艺美术大师称号；2008 年 12 月被省委组织部、宣传部、省文联评为“甘肃省中青年德艺双馨文艺工作者”。

简　　介：市级非遗传承人。自幼随父学习书法、绘画、篆刻、剪纸、刺绣和雕刻葫芦，在特殊的环境中，父亲从来没有放弃过对女儿的培养和教诲，在传承雕刻葫芦的记忆中，严格要求雕刻葫芦的每个细节，经常出外写生，观察人物、动物、河流、山石、树木、花草的动态，以及春夏秋冬的气候变化的过程，这一切都在雕刻葫芦的创作中得到了验证，刀马人物、动物、古典题材、寓言故事、敦煌壁画、佛教故事等，雕刻的人物形象栩栩如生，飞禽走兽形象逼真，姿态各异。山景具有大自然的神韵，刀马人物的刻画更是功力深厚，人物造型及线条刻画比例协调流畅，动静相谐，让人有如临其境的感觉。在继承了父亲的书法、绘画、篆刻为一体的雕刻葫芦的技法上，逐步形成了自己的风格，代表作品有《三国》《水浒》《花木兰从军》《西游记》《西厢记》《敦煌壁画》和《佛教故事》。

0046 刘建华

性　　别：男

出生年月：1952-01-01

民　　族：汉族

政治面貌：群众

学　　历：高中

通讯地址：先锋路街道幸福社区

简　　介：1968 年参加工作至今已从事摄影摄像工作 50 年，1983 年兰州炼油化工总厂文联成立时任摄影协会主席至两兰（兰炼兰化）合并，现为中国摄影家协会会员、中国民俗摄影家协会会员、甘肃省摄影家协会会员、甘肃省摄影艺术家协会秘书长、中国国际交流摄影协会会员、中国石油摄影协会会员、兰州市摄影家协会会员、兰州西固摄影家协会会员、兰州石化公司摄影协会副会长、中国石油报摄影记者，石化公司离退休一处银龄艺术团理事、摄影协会会长。

0047 柴世昆

性　　别：男

出生年月：1934-01-02

民　　族：汉族

政治面貌：党员

学　　历：高中

通讯地址：西固区西柳沟街道柴家台村

成　　就：主编了《兰州水泥厂志》，退休后为《西固区志》的编纂提供了有关资料；为《西固文史资料》撰写了不少文章；先后编著了《柴家台书》《饭余茶后说防病》《对联集锦》《金城柴氏家谱》等书。

简　　介：中医师，喜好医药卫生常识普及和地方民俗文史，自幼至老不辍。

0048 陈尚德

性　　别：男

出生年月：1951-03-05

民　　族：汉族

政治面貌：群众

学　　历：高中

所在单位：陈坪艺术团

通讯地址：西固东路 158 号

成　　就：2000 年被市文化局授“非物质文化遗产军傩讲习所”；2001 年被市委宣传部、文化局授“农村文化中心专业户”；2002 年第十届西固之夏广场调演创作奖；2006 年 4 月 17 日获兰州晚报兰州市首届“功德之量”荣誉称号；2006 年 5 月聘为文化服务志愿者；

2006年12月被兰州市农村建设办公室评为“农村文化中心户”；2007年9月被兰州市第二届农民艺术节评为全市“农民艺术家”；2007年9月《香港名片的风波》获兰州市文化局创作二等奖；2007年被省文化厅评为“农村文化志愿者”；2008年9月第二十届西固之夏兰州黄河风情州广场调演创作奖；2008年12月23日第二届“和谐杯”奖；2009年创作小品《一张罚单》获兰州市文化出版局、文化发展研究中心优秀奖；2010年9月14日《馨香之爱送万家》获第四届“和谐兰州杯”小戏、小品剧本征稿大赛特别奖；2011年被评为“优秀志愿者团队”；兰州改革开放30周年小戏小台《金花和神泉的故事》荣获兰州市文化局、兰州市文化馆、兰州市发展中心优秀奖。

0049 牛镜昭

性　　别：男
出生年月：1940-05-08
民　　族：汉族
政治面貌：党员
学　　历：大学本科
所在单位：兰石化
通讯地址：先锋路街道幸福社区
成　　就：多次参加省内外全国各种书法大赛并多次获奖。作品入编《中国书画名家集》《“八一杯”中国南昌第八届文学艺术大奖赛作品集》《第八部中国书画名家经典》《全国政协礼堂书画展作品集》《盛事收藏红色宝典》等三十多部典籍。被授予“中国当代杰出书画艺术名家”、“当代杰出功勋书画家”等荣誉称号。
简　　介：现为甘肃省书协会员、兰州市书协会员、中国老年书画学会理事、中国书画报特约书画师、中国书画研究院院士、中国书画艺术研究会理事。

0050 程立文

性　　别：男
出生年月：1966-06-01
民　　族：汉族
政治面貌：群众
学　　历：大学专科
通讯地址：兰化15街141-141室
成　　就：2004年在华夏精英中国书法大赛中荣获青年组金奖，2009年10月1日在北京庆祝中华人民共和国成立60周年全国祖国颂名家书画大展上楷书条幅荣获三等奖，2007年在兰州石化第二届职工艺术节上行楷作品荣获二等奖。

0051 陈登勇

性　　别：男
出生年月：1946-05-21
民　　族：汉族
政治面貌：党员
学　　历：大学专科
所在单位：中国核工业兰州辐射技术开发中心
通讯地址：西固东路158号
成　　就：善中国花鸟、山水画，尤长于工笔，画风朴实、自然、清纯、隽永。作品在参加省市、全国各项大展和国际展出中，有很多件获奖或被国家博物馆及团体收藏；被报刊、广播、电视多次专版(题)发表和评介；也被日本、德国、美国、荷兰、新加坡等国和港台地区的单位及友人珍藏。传略及作品先后被录入《中华人物辞海》(当代文化卷)《中国当代艺术界名人录》《中国美术家》《中国花鸟画集》等多部辞书和画集。1996年被中国书画家协会命名为全国“优秀书画家”。2012年获兰州市文联艺术创作“丹青奖”。
简　　介：永鞠斋主，中国核工业兰州辐射技术开发中心工艺美术师，专业画家。笔名华荣，现为中国书画家协会、中国神剑艺术学会、甘肃省美术家协会会员、甘肃省美协国画家学会、甘肃省神剑艺术学会理事、甘肃飞天书画学会常务理事、海南天涯海角名人馆、河南鹤壁艺术家画廊艺术顾问和一级国画师。

0052 魏世发

性　　别：男
出生年月：1940-09-23
民　　族：汉族
政治面貌：群众
职　　称：兰州鼓子传承人
学　　历：中专
通讯地址：兰州市安宁区枣林路 20 号
成　　就：自幼就喜爱兰鼓子的演唱，不管是学习演唱和演奏都认真。在 60 年代就开始传承收徒，如弟子高树林现在在鼓子界也小有名气。至今还不断地做传承工作的弟子有十多人。为安宁区“兰州鼓子传习所”、“兰州鼓子协会”负责人。
简　　介：退休前为市建公司工人。受家庭影响，自幼喜爱兰州鼓子，擅长演唱 40 多个曲目。现为兰州市政府确定的“兰州鼓子传承人”之一。

0053 尹宝元

性　　别：男
出生年月：1943-05-20
民　　族：汉族
政治面貌：群众
学　　历：高中
通讯地址：永登县三馆一中心文化馆
成　　就：从小师从当地画师、能工巧匠，学习绘画、民间彩绘、木雕、泥塑技艺，在连城及周边地区乃至青海创作了大量宗教绘画、彩绘、塑像。作品多次参加省市展览获奖。50 年代曾为兰州宁卧庄宾馆创作大幅民间绘画。2004 年兰州市首届农民艺术节上木雕作品获二等奖。
简　　介：永登县连城镇牛站村人，农民艺术家。

0054 缪正发

性　　别：男
出生年月：1956-12-05
民　　族：汉族
政治面貌：群众
职　　称：国家级非遗传承人
学　　历：高中
所在单位：永登县苦水镇苦水村
通讯地址：永登县三馆一中心文化馆
成　　就：现为国家级非物质文化遗产兰州太平鼓的代表性传承人，在太平鼓艺术的传承、传播中做了积极工作，对苦水民间文化做了大量工作，参与编写了《苦水史话》。对秦腔、木偶戏、下二调等有一定的表演才能。
简　　介：永登苦水农民，现为国家级非物质文化遗产兰州太平鼓的代表性传承人。

0055 王尚正

性　　别：男
出生年月：1964-03-25
民　　族：汉族
政治面貌：群众
职　　称：市级非遗产传人
学　　历：中专
所在单位：永登县三馆一中心文化馆
成　　就：苦水玫瑰加工技艺是市级非物质文化遗产，他是苦水玫瑰首先引种者王子慎的后裔。在苦水玫瑰加工、制作、文化传播方面做了大量工作。他作为传承人，加强管理、支持，促进这一产业发展。
简　　介：苦水玫瑰加工技艺市级非物质文

化遗产传承人。

0056 吴定元

性　　别：男
出生年月：1939-12-01
民　　族：汉族
政治面貌：群众
职　　称：省级非遗传人
学　　历：高中
通讯地址：榆中县城关镇兴隆路 307 号
成　　就：他现担任城河村西厢小调演出团团长。一直致力于对西厢小调音乐节奏和动作表演的研究，且有独特的见解。2003 年积极参与挖掘抢救西厢小调，并组织人员于 2004 年参加了兰州市首届农民艺术节的演出，获得一等奖。系统掌握运用了西厢小调的 24 个曲调，同时参与编排创作了新的西厢小调。
简　　介：1948 年青城小学就读；1961 年至 1966 年青城镇城河村五社社长；1978 年至今青城镇城河村五社社长，城河村西厢小调演出团团长；一直致力于对西厢小调音乐节奏和动作表演的研究，现为省级非物质文化遗产传承人。

0057 王文泰

性　　别：男
出生年月：1952-06-13
民　　族：汉族
政治面貌：群众
职　　称：非遗传承人
学　　历：高中
通讯地址：榆中县城关镇兴隆路 307 号
成　　就：现为青城镇道台狮子表演队艺术骨干。自上世纪 60 年代以来就致力于道台狮子的表演与研究，虽年事已高，但仍坚持进行演出。2004 年积极协助政府发掘了道台狮子，并在 2005 年亲自参加了演出，在三年多的时间里亲自参加的演出已达几十场之多，它不仅在演出之余加强自身素质的锻炼与提高，还不遗余力认真投入后备传承人的培养之中，为发掘与保护道台狮子做出了很大的贡献。
简　　介：1963 年至 1969 年青城小学就读；1970 年至 973 年青城中学就读；1972 年至至今青城镇新民村务农。

0058 丁永明

性　　别：男
出生年月：1946-03-01
民　　族：汉族
政治面貌：群众
职　　称：省级非物质文化遗产传承人
学　　历：高中
通讯地址：榆中县城关镇兴隆路 307 号
成　　就：现为省级非物质文化遗产传承人。擅长舞蹈表演及竹笛伴奏、道具制作，是每年该舞蹈活动的主要组织者，为马啣山原生态秧歌的第三代传人。
简　　介：1953 年在上庄乡完全小学读书；1960 年在榆中县第二中学读书，后一直务农。

0059 李德森

性　　别：男
出生年月：1953-10-18
民　　族：汉族
政治面貌：群众
职　　称：省级非遗传人
学　　历：高中
所在单位：兰州水烟厂
通讯地址：榆中县城关镇兴隆路 307 号
成　　就：兰州水烟手工制作技艺为多工种的集体传承。他任该厂厂长以来，以传统的“老字号”为企业的发展宗旨，现有的手工作坊为50年代的老作坊。1992年以来，兰州水烟厂每年都被省、市、县及烟草行业评为优秀“老字号”企业。他也连续被评为国有企业先进工作者、六次获得优秀党支部书记称号。

简　　介：1970年毕业于榆中县来紫堡初级中学；1973年毕业于榆中县第五中学，开始承袭祖传的水烟手工制作技艺；1970年任来紫堡乡东西坪村支部副书记，1980年任东坪村支部书记；1986年被选招入兰州水烟厂任副厂长，1992年任厂长至今，为兰州水烟手工制作技艺的第三代传人。现为省级非物质文化遗产传承人。

0060 王希光

性　　别：男

出生年月：1942-08-15

民　　族：汉族

政治面貌：群众

学　　历：高中

所在单位：金崖镇综合文化站

通讯地址：榆中县金崖镇金崖村3号

成　　就：配合普查人员进行详细调查，造册登记，挖掘抢救，整理民间艺人及庆典仪式的音像和文字档案。利用文化站黑板进行阵地宣传工作，破除迷信思想，使当地群众更加积极地参与“七月神会”。走村串户，团结苑川河流域及其相关乡镇的“七月官神”神会会长、副会长，由金崖镇文化中心牵头，组织成立了“榆中七月神会研究会”。邀请市县专家、学者进行深层次的理论研讨。引导、创编群众喜闻乐见的文艺节目，融入“七月官神”庙会的庆典仪式之中。1989年《宛川河畔好风光》作词三等奖；2002年获金崖镇庆“五一”秧歌舞比赛组织奖；2007年第三届兰州读书节“新世纪图书杯”图书征文大赛获二等奖；2009年《瓜藤缘》获优秀奖；2010年《相见路上》获优秀奖；2012年《只要人人学雷锋》作品入围。

简　　介：1956年在金崖乡完全小学读书，1958年在榆中县第二中学读书；1985年至今在金崖镇文化站工作。擅长民间音乐及民间器乐表演，创作了大量的快板、农村歌曲、新编故事；长于组织和参与农村群众文艺表演活动。

0061 乔玉安

性　　别：男

出生年月：1944-02-08

民　　族：汉族

政治面貌：群众

职　　称：国家级非遗传承人

学　　历：高中

通讯地址：酒泉市肃州区西大街2号

成　　就：从1962年开始学习念卷，至今共抄卷15万字，收藏各类宝卷10本。主要宣卷的代表作有：《金凤卷》《牧牛卷》《黄氏女卷》《精忠卷》《高仲举卷》《吕洞宾卷》。形式多样，宣卷时有唱，有说，有诵，地点从庙会、广场、田边地头直至家庭院落。寓教于乐，旨在劝人行善尽孝、勤劳节俭、诚实做人、温良恭谦等宝卷的传习活动从1987年开始至今，宣卷、唱卷时间主要集中在农闲时和每天晚饭后，冬季时节宣卷次数较为频繁，几乎每星期达到两次，听卷人数多则50余人，少则6至10人。至今，共念卷314场次，听卷人数达4200余人次。2007年被公布为“河西宝卷·酒泉”国家级传承人。

简　　介：甘肃酒泉市肃州区上坝镇营尔村七组农民。

0062 强明珍

性　　别：男

出生年月：1935-05-01
民　　族：汉族
政治面貌：群众
职　　称：副高级木雕师
学　　历：中专
通讯地址：金塔县文化街 66 号
成　　就：2007 年 2 月列入县非遗项目保护名录，2007 年 10 月列入市级第一批非遗项目保护名录，2008 年 6 月列入省级第二批非遗项目保护名录。现每年举办木雕传习活动 2 次以上，传授学徒人数 50 多人次，创作木雕作品 200 余件，每年举办 2 次以上木雕展示活动，展出木雕作品 70 余件，参观人数达 1 万多人，多项活动的开展，为木雕的传承发展奠定了良好的基础。
简　　介：金塔县金塔镇塔院村人，1982 年作品《赏扇》《观音石雕》入选第二届中国艺术节美术展览；2008 年被省级民间人才委员会评为副高级木雕师，同年被省政府命名为金塔木雕传承人。

0063 乌日娜

性　　别：女
出生年月：1964-12-12
民　　族：蒙古族
政治面貌：群众
职　　称：副高
学　　历：大学本科
所在单位：肃北蒙古族学校
通讯地址：肃北县梦柯路南图书馆综合楼
成　　就：2002 年地区教委《关于全面开展小学教师课堂教学达标活动达标创优标准》荣获课堂教学创优证书。2002 年 5 月全县小学语文优秀课观摩评选活动中荣获二等奖。2004 年 9 月评为甘肃省优秀教师，授予“园丁奖”，受到中共甘肃省委、甘肃省人民政府表彰奖励。2005 年 8 月被评为酒泉市优秀党员。2012 年 8 月被评为酒泉市基础教育课程改革先进个人。2013 年 9 月评为甘肃省特级教师称号。
简　　介：1981 年 8 月至 1985 年 7 月在内蒙古民族师范读书；1985 年 8 月月至 1987 年 7 月在肃北县马鬃山区小学任教；1987 年 8 月至今在肃北县蒙古族学校任教；2002 年在西北民族大学学习（在职读本科）；自小热爱本民族的传统习俗，在父亲教授传下积累了一些浓厚的传统习俗技艺，并在这个基础上进一步学习和研究，老一辈遗留下来的文化艺术遗产，为本民族的传统习俗传承做出积极贡献。

0064 布音娜

性　　别：女
出生年月：1962-02-28
民　　族：蒙古族
政治面貌：党员
职　　称：副高
学　　历：高中
所在单位：巴音社区
通讯地址：肃北县梦柯路南图书馆综合楼
成　　就：1978 年 12 月 14 日参加酒泉地区现代汉戏剧调演大会，获个人表演一等奖；1986 年参加团委、兰州军区政治部举办的“前线杀敌立功，后方创业立功”的活动，荣获双立功章；1996 年 7 月参加内蒙古首届蒙古族长调全国演讲大赛，荣获国际文化交流中心颁发的奖励（银奖）；1997 年 6 月全省少数民族原生态演唱比赛中获得个人表演二等奖。1998 年 8 月八省区原生态民歌比赛二等奖。2000 年 10 月参加全国首届蒙古语长调歌曲广播电视大奖赛，荣获二等奖；2005 年 7 月参加酒泉市新创剧目暨少数民族文艺调演中，优秀剧节目《雪山婚礼》获一等奖；2008 年八省区原生态演唱获得铜奖；2010

年7月在成都市少数民族原生态大型晚会中荣获组二等奖；2012年肃北县马头琴与呼麦协会会员。

简　　介：1974年在燕赤湾小学读书；1976年至2010年在宣传队；2010年8月至今肃北县文化馆群艺员；自小热爱唱歌，在祖爷爷东德布的言传身教下建立起了浓厚的长调技艺，并在学习长调的基础上向老一辈的长调肃北蒙古人民歌学习。

0065 山西

性　　别：男
出生年月：1958-10-05
民　　族：蒙古族
政治面貌：党员
职　　称：副高
学　　历：大学专科
所在单位：肃北县蒙古族学校
通讯地址：肃北县梦柯路南图书馆综合楼
成　　就：三十多年来，在婚礼上，既为祝词吟诵者又是主持人。他主持的婚礼约一百多场次，并于2010年搜集、整理出版了《肃北蒙古族特色婚礼》一书。
简　　介：1976年至1979年就读于内蒙古师范大学；1979年8月至1990年9月在肃北县盐池湾乡小学任教，曾担任校长；1990年9月至今，在肃北蒙古族学校任教，担任政教处主任、总务主任职务。

0066 额尔德尼

性　　别：男
出生年月：1960-10-06
民　　族：蒙古族
政治面貌：群众
职　　称：副高
学　　历：中专
通讯地址：肃北县梦柯路南图书馆综合楼
成　　就：1996年在内蒙古举办的色拉西国际马头琴研讨会上发表过《关于马头琴制作》的论文；1996年7月在全国首届色拉西马头琴大奖赛获特别奖；1997年10月在“汇洋杯”第四届全国残疾人艺术汇演中演奏的《草原新曲》荣获器乐类一等奖；2001年8月在文化部、民政部、教育部、广电总局、中国残联共同举办的第五届全国残疾人艺术汇演甘肃赛区比赛中荣获器乐类一等奖；2002年在中国青少年发展服务中心、中央电视台青少年节目中心少儿部、中国服装协会、中国服装设计师协会、北京市语言协会朗诵研究会等联合举办的首届全国少年儿童艺术风采展示大赛内蒙古分赛区器乐大赛中荣获伯乐奖；2005年第六届全国残疾人艺术汇演中马头琴演奏荣获器乐类一等奖；2009年11月在教育部、民政部、文化部、国家广电总局和中国残联共同举办的第七届全国残疾人艺术汇演中马头琴演奏的《万马奔腾》荣获器乐类二等奖；2010年10月在甘肃省残联、甘肃省文化厅共同举办的第三届全省残疾人声乐器乐比赛中荣获二等奖。
简　　介：1978年9月至1981年7月在内蒙古艺术学校学习马头琴演奏专业；1981年7月至1989年4月在内蒙古赤峰市民族歌舞团工作；1989年4月至1994年4月在内蒙古额济纳旗教育局招生办、文化馆、乌兰牧骑等单位工作；1994年4月至今，在甘肃省肃北县乌兰牧骑工作。额尔德尼掌握古老马头琴的多种制作方法和多种演奏技艺。经过不断发展，其制作工艺和传统习俗逐渐形成了自己的特征，跟现代马头琴制作和演奏都不一样。发掘、抢救、保护马头琴制作和演奏功不可没。

0067 孔万喜

性　　别：男

出生年月：1978-12-05
民　　族：汉族
政治面貌：群众
职　　称：省非物质文化遗产传承人
学　　历：高中
通讯地址：肃北县梦柯路南图书馆综合楼
成　　就：在以家庭加工制作销售为一体的小作坊传承和壮大、保护研究肃北雪山蒙古族马上用具加工技艺，不管走到哪里，都严格要求自己，刻苦钻研业务，争当行家里手。就是凭着这样一种坚定的信念，已熟练掌握马上用具制作技艺的业务，成为马上用具制作行业的行家里手。并得到了省非物质文化遗产项目代表性传承人认定及现金资助，真正把肃北蒙古族马上用具马鞍做成蒙古族特色的地方文化。
简　　介：1986年至1998年上学；1998年至现在学习、设计、加工肃北蒙古族马上用具制作技艺的传承工作。

0068 窦步青

性　　别：男
出生年月：1941-01-01
民　　族：蒙古族
政治面貌：党员
职　　称：副高
学　　历：中专
所在单位：肃北县教育局教研室
通讯地址：肃北县梦柯路南图书馆综合楼
成　　就：在本县牧区、县城主持传统过年习俗三十多年，受到社会广泛的好评认可。发挥着丰富文化生活、弘扬优良传统，潜移默化，增进友谊，培养热爱生活，热爱家乡，热爱祖国的思想和感情的积极作用。对于肃北蒙古族的历史文化、民间文学、民俗的搜集整理、发掘、保护和弘扬工作颇有成果。著有《肃北蒙古族过年渊源文化》等书。《肃北蒙古族英雄史诗》荣获甘肃省民间文艺家协会二等奖。荣获酒泉市“民族民间文学图书”编纂工作先进个人荣誉证书，1998年荣获国家文化部“格斯尔的工作优异成绩”荣誉证书。
简　　介：先辈世代以畜牧为业。他是小学教师。自幼喜爱民族传统文化。现为中国蒙古史学会会员，中国民间文艺家协会甘肃分会理事。

0069 娜仁其其格

性　　别：女
出生年月：1959-05-30
民　　族：蒙古族
政治面貌：党员
学　　历：高中
通讯地址：肃北县梦柯路南图书馆综合楼
成　　就：2000年酒泉市妇联授予“十佳巾帼创业标兵”荣誉称号；2001年被省委省政府表彰命名为全省“非公有制经济先进个体户”荣誉称号；同年，被甘肃省国家税务局授予“光荣纳税个体户”称号；2006年被评为酒泉市全民创业先进个人；2009年酒泉市委宣传部、市妇联授予酒泉市“巾帼十杰”荣誉称号。自2000年起，先后光荣当选为酒泉市第一届人大代表、酒泉市个体劳动者协会代表、市个体劳动者协会理事、肃北县个体劳动者协会副会长等职务。2006年当选为县政协第十届委员会委员。
简　　介：1982年3月至1988年8月在肃北县石包城乡从事个体蒙古族服饰加工制作裁缝工作；1988年8月至1994年9月在肃北县马鬃山镇从事个体蒙古族服饰加工制作裁缝工作；1994年10月至今，在肃北县党城湾镇开设雪山蒙古族服饰制作厂，设计、加工、制作各类肃北蒙古族服饰。

0070 查格吉

性　　别：女
出生年月：1942-12-15
民　　族：蒙古族
政治面貌：党员
职　　称：副高
学　　历：大学专科
所在单位：肃北县医院
通讯地址：肃北县梦柯路南图书馆综合楼
成　　就：2005 年 10 月编写《肃北蒙古族渊源金谱》，由内蒙古人民出版社发行。2005 年 11 月获得酒泉市民族民间文化图书编纂工作“先进个人”。2008 年 6 月获得由中共肃北县委县政府颁发的“巾帼建功标兵”。2010 年 8 月编写《肃北蒙古歌谣集》并出版。2012 年 6 月与诺·丹巴和乌日娜共同编写蒙古民俗研究丛书《蒙古谚语》，由内蒙古文化出版社发行。2012 年 8 月参加全国第二届卫拉特蒙古长调民歌学术交流会。从肃北蒙古族婚嫁习俗、亲戚称呼入手，以提高肃北人口素质这一神圣使命为己任，耗费多年时间和心血，克服种种困难，奔赴国内外有关省市区，行程数千里，通过走访三百多名老前辈，获得了真实可贵的第一手资料，在反复调查研究、论证的基础上编写了四十万字的《肃北蒙古族渊源金谱》一书。
简　　介：1954 年 7 月至 1955 年 10 月在肃北县石包城乡上小学。1956 年 8 月至 1958 年 7 月在党城湾学校上高学。1958 年 7 月至 1959 年 8 月在党城湾小学任教师。1959 年 8 月至 1963 年在兰州西北民院预科上初中。1963 年 7 月至 1968 年从兰州西北民院医疗系医学专业毕业。1969 年 10 月至 1971 年 10 月在甘肃省肃北县马宗山镇明水村、与木头村等当知青。1971 年 10 月至 1979 年在石包城乡卫生院从事医生工作。1979 年至 1998 年 4 月在肃北县医院就职。1998 年 4 月退休于肃北县医院。1998 年至 2014 年在退休后参与一些社会文化活动，并收集和采访有关少数名族传统文化（蒙古谚语；少数民族习俗；长调等），并编写和出版有关书籍，回报肃北人民的培育之恩，以弥补肃北县蒙古族源渊没有文字记载的空白。

0071 乌仁花

性　　别：女
出生年月：1976-10-07
民　　族：蒙古族
政治面貌：群众
职　　称：非遗传承人
学　　历：大学本科
所在单位：肃北县残联
通讯地址：肃北县梦柯路南图书馆综合楼
成　　就：通过自己参加民间文化活动，发表各类题材的文学作品，在保护和传播“肃北蒙古民间文学”文化，肃北县非物质文化遗产保护优秀的传承人。2009 年 10 月展开爱心捐书活动以来，复印《肃北蒙古族口头文学》一书，向爱好读书、搞学术研究的人们免费散发，专门搞了肃北县民间口头文学的挽救工作，为维护本土文化起到了一定的作用。
简　　介：1985 年 9 月至 1990 年 7 月就读肃北县民族小学。1990 年 9 月至 1996 年 7 月就读肃北县民族中学。1996 年 9 月至 2000 年 7 月就读西北民族大学。2004 年 1 月至 2010 年 8 月在肃北县人才交流中心工作。2010 年 9 月至今在肃北县残联工作。

0072 巴图孟克

性　　别：男
出生年月：1961-05-05
民　　族：蒙古族
政治面貌：党员

职　　称：副高
学　　历：大学专科
所在单位：肃北县文化体育局
通讯地址：肃北县梦柯路南图书馆综合楼
成　　就：1986年在肃北县马鬃山青年歌手大奖赛获一等奖。1987年在肃北县“百灵鸟”雪山业余歌手大赛获一等奖。1988年获甘肃省民间歌手大赛二等奖。1997年9月获肃北县委县政府文学艺术作品创作二等奖。2000年获全国首届长调民歌电视大赛二等奖。2005年11月荣获酒泉市民间文化图书编纂工作先进个人。2007年获国际蒙古族长调民歌演唱电视大奖赛特等奖。2008年获八省区原生态民歌大赛特别贡献奖。2008年获省区原生态民歌论坛理论研究研讨会作品三等奖。2008年聘任为内蒙古长调艺术交流研讨会常务理事职务。2008年担任内蒙古音乐家协会会员。2010年担任肃北县民间文化协会会长。2012年在全国第二届卫拉特蒙古长调民歌学术交流会坛上被授予“卫拉特长调民歌艺术功臣”称号。
简　　介：1967年9月至1970年11月在马鬃山小学读书；1979年11月至1982年12月在马鬃山公安局服役；1991年11月至1992年10月时任马鬃山区明水乡党委副书记；1992年10月至1993年11月时任马鬃山党委副书记；1997年12月至2000年11月时任肃北县文化馆副馆长；2003年11月至2011年时任肃北县外事旅游局局长；2012年至今肃北县文化体育局党委书记。

0073 陈秀芳

性　　别：女
出生年月：1954-10-01
民　　族：汉族
政治面貌：群众
职　　称：省级非物质文化遗产传人
学　　历：高中
通讯地址：敦煌市郭家堡乡土塔村四组
成　　就：非物质文化遗产保护项目敦煌民歌省级传承人，能演唱不少敦煌民歌，嗓音宏亮细腻、委婉动听、吐字清晰、声情并茂，如《闹王哥》《织手巾》《十劝人》《跳花墙》《送情人》等。2008年荣获敦煌市委宣传部举办的全市民歌大赛三等奖。2009年荣获敦煌市委宣传部举办的全市民歌大赛二等奖。在全市各社、乡镇演出敦煌民歌三百余场。

0074 张涵

性　　别：男
出生年月：1944-10-20
民　　族：汉族
政治面貌：群众
职　　称：副高级曲艺表演师
学　　历：大学本科
通讯地址：敦煌市沙州镇南街社区高太巷5号
成　　就：2001年被中宣部、国家计生委授予“全国十佳宣传标兵”。2011年12月在广州代表甘肃省参加第十一届群星奖大赛，作品《儿多是祸不是福》荣获金奖，《少生优生好处多》《一心一意奔小康》荣获优秀奖。2005年作品《敦煌礼赞》获2004年全国婚育新风进万家活动五好作品图书奖二等奖。其作品《飞天的故乡》获甘肃省民间艺术展览会二等奖，有8幅作品被省群艺馆收藏；2004年10月《莫高神韵》在全国民间艺术剪纸邀请赛中获银奖；2005年9月作品《千手观音》在全国剪纸邀请赛中获银奖，并被收藏。2006年被甘肃省文化厅授予副高级曲艺表演师职称。2011年被中宣部、司法部评为“全国法制宣传教育模范个人”。2012年出版《敦煌情韵》。
简　　介：自幼师承祖母，迷恋上剪纸艺术，通过勤学苦练，能够活灵活现地剪出花鸟虫鱼、山水人物以及各种美丽的窗花。

0075 夏秀兰

性　　别：女
出生年月：1944-07-10
民　　族：汉族
政治面貌：群众
职　　称：国家级非物质文化遗产传人
学　　历：中专
通讯地址：敦煌市肃州镇肃州庙村
成　　就：参加了两届由市里举办的曲子戏培训班，并在市里举办的戏曲大奖赛中多次获奖，在曲子戏表演专攻旦角。年轻时演小旦、花旦，后演正旦。现在年纪大了，但对曲子戏的痴情不改，表演老旦，主要传授年轻人演戏。2000 年参加全市戏剧大赛，所表演的《小放牛》获三等奖。2004 年参加全市戏曲大赛，表演的《家和万事兴》获三等奖。几十年来，她演出的曲子戏有：《磨豆腐》《打懒婆》《两亲家打架》《小姑贤》《闹书馆》《老少换》《小放牛》《花园卖水》《顶砖》《张三吃醋》《放风筝》等。
简　　介：国家级非物质文化遗产保护项目敦煌曲子戏传承人。为了传授曲子戏，她不顾年老多病，也不顾体力劳动的辛苦，为青年人教唱、教演曲子戏，并自己出钱购置戏剧服装，进行演出。

0076 闫光夫

性　　别：男
出生年月：1950-09-20
民　　族：汉族
政治面貌：群众
职　　称：国家级非物质文化遗产传人
学　　历：中专
通讯地址：敦煌市肃州镇陈家桥村
成　　就：他能演奏曲版 25 首。同时他将曲子戏唱腔全部熟记于心，近 50 余个调式能弹能唱能教，属于曲子戏传承人里面的全才。曾多次接受中央台和省台以及各报社的采访，为曲子戏的宣传起了很大的作用。带领着他组织的曲子戏自乐班，一年四季活跃在敦煌城市的街头广场、农家院落，为敦煌广大群众送去欢乐。登台演出的剧目有：《顶砖》《十里亭》《八仙赐福》《杀狗劝妻》《全家福》《花亭相会》《会友》等。
简　　介：国家级非物质文化遗产保护项目敦煌曲子戏传承人，为曲子戏的传承起了很大的作用。

0077 陈正清

性　　别：男
出生年月：1962-07-20
民　　族：汉族
政治面貌：群众
职　　称：省级非物质文化遗产传人
学　　历：高中
通讯地址：敦煌市月牙泉镇中渠村一组
成　　就：他能演唱几十首敦煌民歌，如《闹王哥》《织手巾》《十劝人》《跳花墙》《送情人》等。2006 年参加中央电视台在敦煌举办的“乡村大世界”栏目，演唱了敦煌民歌《顶灯》，并在全国热播。2007 年荣获敦煌市委宣传部举办的全市民歌大赛二等奖。2008 年荣获敦煌市委宣传部举办的全市民歌大赛一等奖。
简　　介：省级非物质文化遗产保护项目敦煌民歌传承人，现为敦煌市杨家桥乡自乐班负责人。

0078 盛爱萍

性　　别：女
出生年月：1967-08-05

民　　族：汉族
政治面貌：群众
职　　称：甘肃省工艺美术大师
学　　历：大学本科
所在单位：甘肃省嘉峪关市大漠风雨雕石艺文化研究院
通讯地址：嘉峪关市迎宾路 456 号
成　　就：成功开发大漠风雨雕石艺画，获有国家知识产权专利并被列入国家星火科技计划项目；个人创办大漠风情石艺馆被授予全国旅游商品定点生产企业和甘肃重点旅游商品企业。作品分别获得中国民间工艺品博览会金奖、第九届中国民间文艺山花奖、民间工艺美术作品入围奖、第十二届甘肃省工艺美术百花奖一等奖、甘肃省旅游商品大赛一等奖等殊荣。曾获“甘肃省文化系统拔尖人才”、“甘肃省旅游系统巾帼建功标兵”、“甘肃省赏石文化特殊贡献奖”，甘肃省宣传文化系统“四个一批人才”。
简　　介：中国观赏石一级鉴评师、中国观赏石价格评估师、甘肃省工艺美术大师、嘉峪关市政协委员、中国观赏石协会副会长、甘肃省观赏石协会副会长、嘉峪关市观赏石协会会长、嘉峪关市民间文艺家协会主席；甘肃省嘉峪关市大漠风雨雕石艺文化研究院院长、嘉峪关市大漠风情石艺馆总经理。主要从事大漠风雨雕石艺画开发和观赏石收藏、研究及毛主席像章收藏等，擅长油画。

0079 吕兰生

性　　别：男
出生年月：1940-06-04
民　　族：汉族
政治面貌：群众
学　　历：高中
通讯地址：永昌县城关镇东大街永昌县文化馆
成　　就：他一直参加吕家皮影戏班子到周边地区演出，长达 50 多年，主要担任唱、说、耍等主要角色。多次参加市县民间文艺汇演，荣获县非遗保护成就奖。
简　　介：1952 年至 1958 年在水源读高小；1960 年至 1966 年在北地村任保管。1968 年至 1974 年任北地村小学民办教师；1974 年后在家务农；16 岁时参加村上皮影、社火、戏曲排练演出，一直参加演出。1956 年后，参加吕家班子皮影队到武威市、民勤县、永昌县东、西河等地表演，一直持续到现在。

0080 范积忠

性　　别：男
出生年月：1948-06-22
民　　族：汉族
政治面貌：群众
职　　称：非遗传承人
学　　历：高中
所在单位：甘肃省永昌县新城子镇新城子村四社
通讯地址：永昌县城关镇东大街永昌县文化馆
成　　就：2006 年参加了永昌首届民俗文化调演，县电视台制作了他念卷专题报道。2008 年金昌市电视台制作了他念卷专题片，并在电视台播出。学习念卷首先需要拜师，在学习过程中不但要学会念唱、白腔，人物对话，各种音调，还要根据人物故事的发展情景，适度演绎各类人物的悲喜哀乐，熟悉应用唱腔中的悲调或喜庆来渲染气氛，理解整部卷所表述的思想。在初期念卷时，乡村缺少文化娱乐，属主动学习。后来他随着对宝卷的认识，不但提高了文字的水平，还增加了对历史典故、神话、传说、佛教故事的认识高度。
简　　介：永昌念卷传承人。1956 年上村小学，1962 年毕业于新城子乡初中。1964 年学习念宝卷。曾在生产队当会计 10 余年，当生产队长 5 年。在此期间，利用农闲季节学习了念卷的基本方式方法。掌握了念卷的各种念白、唱腔、韵调，经过数十年的积累，现在已形成了自己的念卷风格。

0081 王笃中

性　　别：男
出生年月：1936-03-19
民　　族：汉族
政治面貌：群众
职　　称：非遗传承人
学　　历：高中
通讯地址：永昌县城关镇东大街永昌县文化馆
成　　就：1982 年以来，多次代表乡镇参加市县文化活动调演，表演木偶戏，多次获得有关单位的奖励。
简　　介：永昌木偶戏传承人，甘肃省永昌县朱王堡镇陈仓三社人，1948 年时随杜家寨刘家“德胜班”学徒，学习木偶戏（又名肘猴子）表演。1949 年至今他组织木偶戏班子为各地群众表演木偶戏。

0082 柴希桃

性　　别：男
出生年月：1956-08-28
民　　族：汉族
政治面貌：群众
职　　称：贤孝传承人
学　　历：高中
通讯地址：永昌县城关镇东大街永昌县文化馆
成　　就：长期以唱贤孝为生，在学习传艺中基本上领会了贤孝的特点，在实践经历中严从师教，保持了永昌贤孝特有的唱腔风格。市、县广播电视制作有柴希桃个人演唱贤孝的专题节目。
简　　介：永昌贤孝传承人，12 岁时拜师学唱贤孝，16 岁时出师，与师兄王继荣等人走村串户唱贤孝。

0083 赵振锋

性　　别：男
出生年月：1926-12-22
民　　族：汉族
政治面貌：群众
学　　历：高中
职　　称：节子舞传承人
通讯地址：永昌县城关镇东大街永昌县文化馆
成　　就：从 16 岁拜师学艺，参加赵定庄节子队，在学艺过程中认真学习打节子的基本套路，打下了很好的基础。之后在他的一生岁月中表演节子舞，教授节子舞，积累了丰富的学习与实践经历，探索练习了新的套路，使节子舞得到了发扬传承。1956 年代表永昌县到兰州参加民间文艺汇演，表演了永昌节子舞，1978 年之后，多次代表永昌县到省市县参加节庆活动，2005 年带队为中央电视台拍摄永昌节子舞，最终使永昌节子舞搬上了表演舞台。
简　　介：永昌节子舞传承人，16 岁学习节子舞表演技艺，是赵定庄村节子舞在世的唯一传人。

0084 张国栋

性　　别：男
出生年月：1941-03-06
民　　族：汉族
政治面貌：群众
职　　称：国家级非物质文化遗产传人
学　　历：大学本科

所在单位：天水飞天雕漆家具公司
通讯地址：秦州区民主路 320 号
成　　就：1985 年六扇围屏青铜镜图案设计获省经委百花创作设计一等奖。1986 年三套桌代凳图案造型设计、六扇围屏青铜镜图案设计获轻工部百花创作设计二等奖。1990 年沙发桌荷花游鱼图案设计获省经委百花创作设计一等奖。1994 年创作完成的大型围屏“巡天图”获第四届中国艺术节金奖，中央电视台和甘肃电视台曾予专题介绍。“巡天图”打破传统的制约，把骨石镶嵌、磨漆、彩绘、刻灰、戗金、堆漆、平磨螺钿等七种不同的工艺技法综合运用在一件产品上，尽现各种漆艺装饰的特点，又符合主题内容的要求，在全国漆艺行业中尚属首创，具有较高的艺术品位和文化内涵、经济潜力。1988 年 4 月论文《漆艺设计浅谈》发表于《中国漆艺》。1995 年论文《天水漆艺的起源及历史沿革》收入《中国当代漆艺文集》。1985 年、1994 年先后赴港、澳、美国、朝鲜等地考察，主持完成了分厂技术改造和树脂堆塑、8101 胶灰等技术课题的研究。1986 年、1990 年两届全国工艺美术百花奖评比中担任评审委员。
简　　介：国家级非物质文化遗产保护项目天水雕漆技艺代表性传承人。高级工艺美术师，甘肃省工艺美术大师，中国工艺美术学会高级会员。

0085 吴云生

性　　别：男
出生年月：1957-04-02
民　　族：回族
政治面貌：群众
职　　称：省级非遗传人
学　　历：高中
所在单位：天水市竹艺文化研究中心
通讯地址：秦州区民主路 320 号
成　　就：2002 年 7 月 28 日召开的《全国乡企贸洽会暨中国天水伏羲文化旅游节羲里风情民间工艺品展》中获得竹雕优秀作品奖。在 2006 年 9 月 19 日甘肃省文化厅、甘肃省人事厅会议评审中，被确定为竹雕艺术师副高级职称。打破了“自古北方不雕竹”的传统观念，不仅形成了独特另类的个人风格，还独树雕竹北方流派；同时以“仿古不复古，借古创新”为创作理念，创作出了一批造型独特、器形硕大、全国罕有的竹雕作品，达到了全国领先水平。2007 年创立了天水市竹艺文化研究中心。2008 年 5 月 23 日天水竹雕被甘肃省人民政府列入省级非物质文化遗产名录，授予竹雕唯一传承人称号，享受省政府津贴。2009 年再次代表天水市参加了第四届甘肃省文化产业博览会（邀请了三十六省市代表参展），他的竹雕获得艺术类唯一金奖。天水竹雕现已申报国家级非物质文化遗产（待批），被天水市人民政府征用为馈赠贵宾礼品。
简　　介：1965 年就读于天水市解二小学；1970 年高小毕业后开始打零工涉及竹艺，直至 1980 年专门以竹雕为业；至今从事竹艺事业 38 年。

0086 邢天安

性　　别：男
出生年月：1962-01-10
民　　族：汉族
政治面貌：群众
职　　称：唢呐演奏艺术师
学　　历：高中
通讯地址：秦州区民主路 320 号
成　　就：经过多年的努力和总结，搜集、整理成《唢呐曲谱系列》及《民间小调系列》。在弘扬古老文化和非物质文化遗产中，2006

年被文化部门评为中级唢呐演奏艺术师，在文化部门的大力支持下，团体在伏羲文化节上演奏圆满成功。2005年度和2006年度在天水伏羲文化旅游节期间表演唢呐演奏，并获得表演优秀奖。

简　　介：1970年至1975年就读于秦州区平南镇邢山小学；1975年至1977年就读于秦州区平南镇松林中学；1977年至1979年就读于秦州区平南镇平南中学；自1979年中学毕业走向社会至1980年期间随父亲邢耀文学艺、行艺，至今已有30多年，在1985年至1990年间随父在天水伏羲庙会正月十六和五月十三（农历）的庆典中演奏过5年，共有十次之多。在自己学会、学精之后就开始独自从艺，主要为农村的婚丧嫁娶、祭祀活动演奏，每年行艺约七十次以上，活动范围主要在秦州区西南路的平南、大门、齐寿、娘娘坝、小天水一带开展活动。

0087 李亮

性　　别：男

出生年月：1956-05-22

民　　族：汉族

政治面貌：群众

职　　称：秦州小曲传承人

学　　历：高中

通讯地址：秦州区民主路320号

成　　就：在多年的业余演出中，除表演旦角外，能不断拓宽自己的戏路，近几年在提高自身表演水平的基础上，还极力培养年轻演唱人员，为秦州小曲的传承做出了重要贡献，而且在只懂唱不懂音乐的情况下跟随小曲老艺人学习弹奏三弦，为自己所热衷的小曲艺术汲取营养，拓宽演出道路。

简　　介：1966年至1970年在天水郡小学就读；1971年至1972年在天水市四中上初中；1973年至1974年在天水市第四中学上高中；1975年至今在家务农。1963年师从父亲李明（已去世）学习演唱秦州小曲，在农闲和节假日期间随秦州小曲演出队在周边村庄进行长期演出，曾应邀在南宅子、伏羲庙、南郭寺、玉泉观等旅游景点演出，得到市民一致好评。在秦州小曲的表演中擅长旦角表演，其唱腔、动作能突出剧中人物的感情，凸显人物性格。

0088 梁宝宝

性　　别：男

出生年月：1952-12-26

民　　族：汉族

政治面貌：群众

学　　历：高中

通讯地址：秦州区民主路320号

成　　就：1977年参加天水玉泉观大殿围栏的雕刻，1986年参加天水城隍庙牌坊“八仙庆寿图”和配套花板的制作；2002年至2004年参加天水民间工艺大赛，获创新类一等奖；2005年设计创作天水伏羲庙先天殿双龙太极图北窗一幅，并对伏羲庙其他破损窗、牌匾进行修复；2006年为中国伏羲文化节创作《中华宝鼎》被国保单位“天水南北宅子”永久收藏；2006年独立设计制作天水汉飞将军李广墓所有文匾、对联的刻字、修复；2007年至2014年独立设计、创作了《天地开宝照、日月风水明》木雕作品，独一无二。

简　　介：从小得到先辈梁建民祖传手艺。之后随天水师范学院美术系主任张济民教授学习雕塑美术创作，1978年至今从事个体古典家具制作及传统木雕工艺研究、创作，截至目前先后带16位热衷古典家具制作、传统木雕工艺创作的年轻人，现已成为遍布天水城乡的行业骨干。

0089 胡建生

性　　别：男
出生年月：1957-09-10
民　　族：汉族
政治面貌：群众
职　　称：中国工艺美术大师
学　　历：高中
所在单位：天水飞天雕漆家具公司
通讯地址：秦州区民主路 320 号
成　　就：1987 年参加的厂级“8101—1 胶灰”攻关小组，获轻工部美术总公司和甘肃省优秀“QC”小组科技进步奖。1988 年《五扇屏风》获甘肃省创作设计二等奖。1989 年《六扇屏风》获甘肃省创作设计二等奖。1989 年“8101 胶灰”研制项目成果获天水市科技进步三等奖。2008 年《六扇屏风》获全国工艺美术大师漆器行业铜奖。
简　　介：70 年代进入雕漆工艺厂，师从白杰学习漆艺，掌握了漆艺的全部流程。1981 年任描金车间主任，从事车间生产、质量管理工作，特别在漆器装饰绘画方面有突出成就。1984 年任厂技术科科长。2003 年任公司总工艺师，主要从事企业技术改进、新产品开发、产品创优等工作。荣获中国轻工业部颁发的荣誉证书。在天水雕漆装饰手法这个基础上，对雕漆的装饰手法深入研究、大胆创新，使天水漆器在装饰绘画上有了很大的突破。

0090 赵旭辉

性　　别：男
出生年月：1965-03-18
民　　族：汉族
政治面貌：群众
职　　称：泥塑传承人
学　　历：中专
通讯地址：秦州区民主路 320 号
成　　就：在原来的基础上，创作了能够反映现代生活的“天水赵氏泥人”。培养了传承人，为泥塑技艺的发展奠定了人才基础。目前，天水赵氏泥塑深受人们的喜爱，同时也满足了群众的文化需要。
简　　介：1972 年至 1978 年在土子村上小学；1979 年至 1989 年在杨家寺中学直至高中毕业；1990 年至 1994 年拜师学习泥塑技艺；1995 年至 2007 年在陕西庙宇塑神佛像；2007 年至 2013 年在秦州区专门制作现代小泥人；自幼受地方文化熏陶，酷爱画画和泥塑，1990 年拜师雕塑大师马纵先生专门学习泥塑技艺、彩绘和古建筑。在学习过程中吃苦耐劳，认真钻研。学成后在陕甘两省专塑神佛像、彩绘。后来结合时代的发展，在充满文化气息的家乡再次发扬泥塑制作，经过多年的努力，终于在 2007 年有了自己特征、反映现代新生活的的“天水赵氏泥人”。

0091 马忠礼

性　　别：男
出生年月：1956-12-05
民　　族：汉族
政治面貌：群众
职　　称：省级非遗传人
学　　历：高中
通讯地址：秦州区民主路 320 号
成　　就：1985 年甘肃省电视台在秦州区北山现场拍摄了《秦州夹板舞》专题片，相继在国内多家媒体放映。1991 年台湾记者凌峰拍摄了《秦州夹板舞》专题片，2001 年甘肃电视台专门拍摄的三代人打夹板舞的专题片。一系列的演出活动，使得表演者学习到了更好的表演技巧，队伍更加团结壮大。2008 年 6 月秦州夹板舞被列入省级非物质文化遗产保护名录。
简　　介：1962 年在天水市建设路第二小学

上学；1968年至1974年在市五中读完初中高中；1975年至今自由职业。作为第三代传承人，经过老艺人的传承和自己不断的挖掘，整理。在打夹板舞的舞技技巧、列队规模和音乐、鼓点上都有较大的改造和提高。

0092 肖平

性　　别：男
出生年月：1946-03-25
民　　族：汉族
政治面貌：群众
学　　历：高中
通讯地址：秦州区民主路320号
成　　就：以伏羲文化为主题的天水旅游产品“龙凤盘”取天水本乡之陶土，按不同科塑性能，择优渗合而成泥料，塑造雕刻形体，制器内外均不施釉，手工成型是主要方法，严格遵循传统的哲学思想和审美意识，体现中华民族人文始祖伏羲为人类做出的伟大贡献——陶艺文化及优秀的陶塑艺术的文化传承。主要作品有入窑焙烧而成的陶艺“龙凤盘”；浮雕伏羲女娲交尾图，伏羲坐像；八卦太极瓶；礼器方鼎、圆鼎；陶制小件：钵、壶、罐等。
简　　介：自由酷爱美术，以各类素描教材为指南，勤奋学习，1966年为毛主席绘巨幅油画像。之后为丝毯厂、甘绒厂等绘制各种图案。2002年创办天水昊华陶艺厂，生产旅游产品，从事该技艺已有40多年。

0093 朱建祥

性　　别：男
出生年月：1963-10-14
民　　族：汉族
政治面貌：群众
学　　历：高中
通讯地址：秦州区民主路320号
成　　就：在长期从事天水木雕艺术的过程中，能够将传统的古典文化及蕴含丰富的地方文化融为一体，设计出一系列仿古木雕家具及木雕图案，如五蝠捧寿、富贵牡丹、龙凤呈祥图案等，深受人们的喜欢。
简　　介：1980年高中毕业后，由于家境困难，拜梁宝宝师傅门下，学习木工技艺。天水木雕艺术内涵深刻，构思精巧，有很强的独创性。雕体有圆雕、浮雕、镂雕或几种技法并用，兼有南北方的特点，有非常鲜明的地域特色。图案取材丰富，因事类性质不同，分别选图，图案设计要因体布局，做工精细，线条流畅。结合利用木材的特性，充分体现木雕艺术的趣味和材质美，在建筑美学上有很强的艺术特征。

0094 武建成

性　　别：男
出生年月：1970-08-01
民　　族：汉族
政治面貌：群众
职　　称：副高
学　　历：大学本科
所在单位：天水新天丝毯有限公司
通讯地址：秦州区民主路320号
成　　就：1997年8月400道超溥型水洗丝毯项目获得天水市科技进步奖二等奖。2007年160道溥软型丝毯新产品开发项目获得天水市秦州区科技进步奖一等奖。2009年12月大型丝织艺术挂毯新产品开发项目获得天水市科技进步奖三等奖。
简　　介：1986年11月在天水丝毯总厂参加工作；1991年3月在天水丝毯总厂技术科工作；1994年3月任天水丝毯总厂经营科副科长；1997年5月任天水丝毯总厂经营科科长；1998年9月任天水丝毯总厂销售公司经理；1998年至1999年在天水市委党校经营

大专班学习；2001 年至 2002 年在天水市委党校经营本科班学习；2002 年 11 月任天水丝毯总厂副厂长；2003 年 6 月任天水新天丝毯有限公司总经理。在任天水新天丝毯有限公司总经理期间，带领全厂坚持以产品发展为生存，科技兴企为宗旨，开发了一系列新产品。

0095 何彦云

性　　别：男
出生年月：1975-03-11
民　　族：汉族
政治面貌：群众
职　　称：省级非遗传人
学　　历：中专
通讯地址：秦州区民主路 320 号
成　　就：2004 年至 2013 年承接、参与甘肃省文朔阁四库全书藏书楼，甘肃省省政府、中山庭、中山堂、省政府大门、兰州太清宫、白云观、西安都城隍庙、广仁寺、明圣宫、上海三元宫、武汉长春观、天水石门等泥塑、古建彩绘等。作品多次参加伏羲文化节展出，获得各界人士的好评。其作品“寿星”被甘肃省道教协会作为道教礼品馈赠香港、东南亚各界人士。泥塑“天水婚庆”作品被天水市文化馆收藏。
简　　介：1990 年师从民间艺人吴国强学习泥塑、壁画、古建彩绘等各项传统手艺，潜心学习天津——泥人张彩塑，常年临摹敦煌、麦积山、山西永乐宫壁画、雕塑。甘肃省非物质文化遗产泥塑传承人、天水市青年书画家协会会员。1994 年深造于天水市职业高中，1997 年至 2003 年学习木雕技艺，古家具制作、古建筑学等技艺，2004 年至 2013 年承接各地古建彩绘，壁画、泥塑、古典家具制作等。

0096 熊尚德

性　　别：男
出生年月：1948-03-16
民　　族：汉族
政治面貌：群众
职　　称：副高
学　　历：高中
所在单位：天水古琴研究院
通讯地址：秦州区民主路 320 号
成　　就：通过 1991 年到 1996 年的反复推敲实验，研制出了先进科学的关键部件，对传统古琴进行了改良，得到了专家及弹奏人员的肯定和赞扬，在 1998 年获得了中华人民共和国古琴改良专利（专利号：ZL962032905）。
简　　介：擅长制作民族乐器、机械制图、模型制作工艺、篆刻艺术等。1964 年跟随父亲熊记周先生学习维修民族乐器及篆刻，后师从天水名间艺人吴尚仁学习模型、木雕工艺。1970 年到长城通用电器厂从事木模制作。1998 年对古琴存在弊端试图改良，得到专家的好评又荣获国家专利。

0097 张西秦

性　　别：男
出生年月：1961-12-16
民　　族：汉族
政治面貌：群众
职　　称：副高
学　　历：中专
通讯地址：天水市中城巷 42 号
成　　就：获得两项国家发明专利，第一项发明专利对称脱胎工艺制造方法，专利号 ZL93116955.0，第二项发明专利脱胎花瓶及制造方法，专利号 ZL01135630。
简　　介：自 1991 年下岗至今，多方学艺，从事雕漆产品制作，他的雕漆产品的主要艺术特色脱胎花瓶的制作方法，可以做到大、中、小、圆、方、棱等各种花瓶的制作。

0098 何金成

性　　别：男
出生年月：1957-08-08
民　　族：汉族
政治面貌：群众
职　　称：副高
学　　历：高中
所在单位：天水飞天雕漆家具公司
通讯地址：秦州区民主路 320 号
成　　就：何金成掌握了雕漆工艺的全部流程，其为高级制漆工和脱胎工，特别是在研究漆艺及生漆加工精制、调配、应用方面有突出成就。加之在中国工艺美术总公司福州漆器研究所培训学习，更进一步地掌握了漆艺理论，技艺也有很大的提高，对彩色大漆的研制及应用技法有很大的进步。
简　　介：1979 年参加工作后师从于漆器艺人白杰，学习漆艺及天然大漆的制作，掌握了漆艺全过程及大漆精制、调配及应用。1988 年至 1998 年任技术员助理工艺师，从事漆艺技术工作。1991 年至 1999 年任质检部、技术部部长。2000 年至 2002 年任生产部部长兼质检部部长。2002 年至 2008 年任飞天雕漆工艺家具有限公司副总经理，负责生产、质检、供应等工作。

0099 王贵林

性　　别：男
出生年月：1968-08-12
民　　族：汉族
政治面貌：群众
职　　称：副高
学　　历：大学本科
所在单位：天水市委办公室
通讯地址：秦州区民主路 320 号
成　　就：自 1993 年成为天水秦腔“西秦鸿盛社”第三代班主李映东的外孙女婿后，开始学画鸿盛社脸谱，因有一定的中国传统书画功底，深得李映东先生的赏识，将其鸿盛社及技法倾囊相授。他不仅熟练掌握了数百个脸谱鸿盛社脸谱画法，还深入研究鸿盛社脸谱艺术的理论知识和历史渊源。2006 年 10 月，他为挖掘、整理、推广、宣传天水鸿盛社脸谱，打造天水民俗文化品牌，组织成立了“天水鸿盛社脸谱研究中心”，任该中心主任。自研究中心成立后，他组织人员，自筹资金，多次寻访、看望了老艺人，整理了部分资料，作了大量的前期调研工作，为抢救和传承这一传统民间艺术作出了积极贡献。
简　　介：1975 年至 1982 年在武山县城关小学；1982 年至 1988 年在武山县城关中学；1988 年至 1992 年在天水市委办公室工作；1992 年至 1995 年在西北师范大学学习；1995 年至今在市委办公室工作。自 1995 年开始，历时 10 年向其外爷李映东（鸿盛社第三代班主）学习戏曲脸谱技艺，主要从该社脸谱式、色彩、具体人物刻画等方面得到继承。

0100 邢月拜

性　　别：男
出生年月：1960-05-10
民　　族：汉族
政治面貌：群众
学　　历：高中
通讯地址：秦州区民主路 320 号
成　　就：增加传习场所，并对每个传习所进行了定期培训。为唢呐演奏团体购置演出服、乐器。编辑了秦州唢呐培训学习资料。组织举办了秦州唢呐大比赛活动，为唢呐演奏团队提供交流学习的平台。发展5个唢呐演奏团体，让这一古老的民间演奏艺术更加繁荣。2005年度和2006年度在天水伏羲文化旅游节期间表演唢呐演奏，获得表演优秀奖。

简　　介：自1977年中学毕业走向社会至1980年期间随邢耀文学艺、行艺，至今已有30多年，在1985年至1990年间在天水伏羲庙会正月十六和五月十三（农历）的庆典中演奏过5年，共有十次之多。之后就开始独自从艺，主要为农村的婚丧嫁娶、祭祀活动演奏，每年行艺约七十次以上，活动范围主要在秦州区西南路的平南、大门、齐寿、娘娘坝、天水一带。

0101 张岁乭

性　　别：男

出生年月：1950-10-02

民　　族：汉族

政治面貌：群众

职　　称：省级非物质文化遗产传承人

学　　历：高中

通讯地址：秦州区民主路320号

成　　就：作为第三代传承人，经过老艺人传承和自己不断的挖掘、整理。在打夹板舞的舞技技巧、列队规模和音乐、鼓点上都有较大的改造和提高。1958年参加了天水地区民间歌舞汇演，1985年甘肃省电视台在秦州区北山现场拍摄了《秦州夹板舞》专题片。一系列的演出活动，使得表演者学习到了更好的表演技巧，队伍更加团结壮大。2008年6月秦州夹板舞被列入省级非物质文化遗产保护名录。

简　　介：1965年至1985年环成人民公社社员；1985年至1991年任生产队队长；1991年至1997年在天水籍滨饭店副经理；2009年至2013年任天水嘉宸物业服务有限公司经理。

0102 孙兴茂

性　　别：男

出生年月：1943-10-10

民　　族：汉

政治面貌：群众

职　　称：中国工艺美术大师

学　　历：高中

通讯地址：秦州区民主路320号

成　　就：1970年以其为代表的雕漆艺人，制作的脱胎类产品《毛泽东塑像》，高达2.8米，全国罕见。1978年以其为代表的雕漆艺人，生产的大漆彩绘、雕漆类产品《群仙祝寿图》及12扇大型围屏在全国第一届工艺美术部展上获得金奖。1979年以其为代表的雕漆艺人，生产的石刻镶嵌类产品沙发、桌和围屏《八仙祝寿》《九仙女》《十八罗汉》《文物博古》，获天津口岸“免检”产品及质量信得过产品。1991年以其为代表的漆器产品刻灰酒柜类《净土梵乐》获全国工艺品展金奖。石刻镶嵌类产品围屏《万紫千红》《敦煌伎乐图》《荷花游鱼》《清夏图》先后获全国工艺美术展金奖和银奖。

简　　介：70年代后期进入雕漆工艺厂师从白杰学习漆艺，掌握了漆艺的全部流程，1982年任制漆车间主任，特别在制漆及脱胎方面有突出成就。曾荣获中国轻工业部颁发的荣誉证书。

0103 吴军

性　　别：男

出生年月：1974-03-02

民　　族：汉族

政治面貌：群众

职　　称：副高级木雕艺术师

学　　历：高中

通讯地址：秦州区民主路 320 号
成　　就：2008 年自筹资金，扩建厂房，装修展厅，扩大生产，招收门徒，已建成厂房、展厅 2000 多平方米，并聘请高级技工 10 余人，招收徒弟 3 名，专业生产制作具有天水特色的古典建筑门窗和旅游纪念品。
简　　介：从 1990 年开始，因为热爱木雕拜天水著名木雕老艺人吴尚仁先生为师，学习木雕技艺。2005 年 12 月被省人事和文化部门评为副高级木雕艺术师。

0104 董玉和

性　　别：男
出生年月：1962-01-18
民　　族：汉族
政治面貌：群众
学　　历：高中
通讯地址：秦州区民主路 320 号
成　　就：在长期从事天水木雕艺术的过程中，能够将传统的古典文化及蕴含丰富的地方文化融为一体，设计出一系列仿古木雕家具及木雕图案，如五蝠捧寿、富贵牡丹、龙凤呈祥图案等，深受人们的喜欢。2006 年度被中国天水伏羲文化节组委会评为最佳设计奖。
简　　介：1978 年至 1980 年初中毕业。1980 年初中毕业后由于家庭生活困难无法继续学习，随后跟随当地的老艺人学习木工手艺。1985 年拜师梁柱生老师学艺，掌握了天水木雕的所有工艺流程，擅长绘图设计，尤其在木雕家具上有突出的成就。现收有坚晓强、董文通等徒弟。

0105 王永兰

性　　别：女
出生年月：1959-04-15
民　　族：汉族
政治面貌：群众
职　　称：副高级剪纸艺术师
学　　历：高中
通讯地址：永清镇工行家属楼
成　　就：2003 年创作的《家务事》一套四幅，获甘肃省民间剪纸艺术特等奖。2004 年作品《生命树》获神州风韵优秀奖。2001 年作品《庆市妇联建会 50 周年》获优秀奖。2006 年作品《家务事》一套被国家邮政局有奖明信片选用。2007 年作品婚庆一套 12 幅，《麦积山》《村居》入编中国非物质文化遗产杰出传承人卷，并授予中国非物质文化遗产通鉴入选杰出传承人的称号。2006 年获甘肃省副高级剪纸艺术师职称。
简　　介：清水剪纸省级代表性传承人。剪纸作品多次参加省、市、县和全国展览并获得特等奖及一、二、三等奖，有部分作品多次发表在报刊上。

0106 王建明

性　　别：男
出生年月：1962-06-12
民　　族：汉族
政治面貌：群众
职　　称：省级非物质文化遗产传承人
学　　历：高中
所在单位：清水县道教协会
通讯地址：永清镇樊峡村
成　　就：自 1986 年投新城名师傅至善学艺以来，一直从事道事活动，“写、唱、吹、打”样样精通，并且技艺不私藏，至今已带出一大批从事道事活动的门徒。其重要演出活动于 2005 年在天水电视台“人文天水”栏目中播出；曲谱被清水县县志《民间音乐志》收藏，并被编入《清水史话》。
简　　介：1978 年至 1980 年清水一中高中读书；1980 年至 1986 年随父学艺；1986 年

投新城傅至善学艺，4 月中旬搭衣至今。现为清水道教音乐省级非物质文化遗产传承人。

0107 安保会

性　　别：男
出生年月：1962-11-15
民　　族：汉族
政治面貌：群众
职　　称：省级非物质文化传承人
学　　历：高中
通讯地址：清水县红堡镇安坪村安坪 4 号
成　　就：主要代表作品有：《正一教华山派在安氏门中的传承历史》《谱系》等。多年来在本地组织和演出大小宗教音乐活动中，受到群众和县市文化部门的重视，重要演出活动曾于 2005 年在天水电视台“人文天水”栏目播出并在 2006 年甘肃卫视播出，曲谱被清水县志《民间音乐志》收藏，后又在《清水史话》和《清水物华》二书中刊出。
简　　介：8 岁至 20 岁读书，22 岁学艺为正一教华山派弟子，25 岁至今从事道教宗教活动。现为清水道教音乐省级代表性传承人。

0108 缑红斌

性　　别：男
出生年月：1987-04
民　　族：汉族
政治面貌：民主党派
职　　称：省级非遗传承人
学　　历：大学本科
所在单位：清水县文化馆
通讯地址：清水县红崖路 38 号
成　　就：甘肃省文艺评论家协会会员，清水县红楼梦学会秘书长。有多篇文章发表于省、市、县期刊，是省级非物质文化遗产“清水木人摔跤”与“清水跑驴舞”代表性传承人。论文《论非物质文化遗产在轩辕文化研究中的作用与意义》获甘肃省社科论文大赛三等奖；非遗节目《木人摔跤》被中新网、新华网、香港文汇报报道。

0109 康新田

性　　别：男
出生年月：1941-07-22
民　　族：汉族
政治面貌：群众
职　　称：副高级彩陶艺术师
学　　历：高中
通讯地址：秦安县兴国镇康坡村
成　　就：自幼受家庭传统制陶技术的熏陶，被秦安县指定为大地湾彩陶制作专人，作品多次代表秦安县文化产业在省内外多次展出，中央电视台及香港、澳门等电视台曾多次专题报道。2006 年被甘肃省职政办、省文化厅评定为副高级彩陶艺术师，同时被天水市评为非物质文化遗产传承人。2011 年被秦安县人民政府评为秦安县领军人才。
简　　介：现为甘肃省副高级彩陶制作艺术师、甘肃省女娲研究会会员、甘肃省天水市非物质文化遗产传承人。

0110 刘晓英

性　　别：女
出生年月：1967-12-04
民　　族：汉族
政治面貌：群众
职　　称：市级非物质文化遗产传人
学　　历：高中
所在单位：甘谷县文广局
通讯地址：甘肃省甘谷县工信局家属楼
成　　就：2008 年被天水市人民政府公布为天水市市级非物质文化遗产保护名录甘谷剪纸传承人。代表作《中国牛》获第五届国际

（金坛）剪纸展览优秀奖，《甘谷辣椒甲天下》获首届中国民族民间剪纸大赛纪念奖、《生命树》获甘肃省民间剪纸艺术展览一等奖。其近百余幅作品还被全国妇联、全国剪纸联谊家协会、省市文化馆、档案馆及国际友人所收藏，许多作品还被中央电视台、甘肃日报、甘肃农民报、天水日报等多家媒体报道、刊载。
简　　介：自幼酷爱剪纸、绘画、书法艺术，2001年她从甘谷毛纺厂下岗后，专心钻研剪纸艺术，作品《生命树》2003年获甘肃省民间剪纸艺术展览一等奖。为了扩大影响，加强艺术交流，在兰州亲戚的帮助下，她借助兰洽会办起了个人剪纸展览，展出的百余幅作品栩栩如生，尤其是立足于农村生活创作的《大地之爱，母亲水窖》《退耕还林》《西部开发》等别具特色，惹人喜爱。

0111 赵晓玲

性　　别：女
出生年月：1971-11-26
民　　族：汉族
政治面貌：群众
职　　称：副高级刺绣艺术师
学　　历：高中
通讯地址：甘谷县文联
成　　就：其作品《荷包》《鸳鸯戏水》《生肖鸡》先后在各种展览中被评为优秀作品。2001年11月在天水市妇联建会50周年成就展中获奖，2012年2月5日荣获甘谷县妇女艺术作品展二等奖。2010年7月被评定为天水市非物质文化遗产保护名录项目“甘谷荷包”代表性传承人，以资鼓励。2007年9月28日香包作品《蝴蝶》《龙》进入天水市档案馆，进馆收藏。刺绣作品在2006年中国天水伏羲文化旅游节获得民间文艺演出优秀表演奖。2006年被甘肃省职改办评为副高级刺绣艺术师。
简　　介：自幼随母学习刺绣艺术，因天资聪慧，技艺日进，颇得刺绣精华，被家族视为优秀传承人。16岁后到西安、江苏等地学习刺绣技艺，融汇南北刺绣技法，结合家传技艺，逐步形成自己独特之风格。其工艺图案优美生动，色调柔和，寓意深远，其作品既具传统特色，又有现代气息，以平、齐、细、光、匀见长，海内外收藏者甚众，作品远销日本、美国、新加坡等地。

0112 张云中

性　　别：男
出生年月：1957-11-08
民　　族：汉族
政治面貌：群众
职　　称：高级传统工艺师
学　　历：高中
通讯地址：甘谷县文联
成　　就：1989年其作品入选第二届中国艺术节美术展金奖；1989年8月入选中国西部商品交易会。首届天水民间艺术节，脊兽作品展览纪念奖品。2001年入选中国天水伏羲文化节，民俗文化艺术展获奖证书。2005年7月26日在甘肃省第三届文化产品展览会，获优秀奖。2011年6月获得全国促进传统文化委员会授予的“中国古建筑营造工艺大师”称号，高级传统工艺师职称等。
简　　介：张家烧制脊兽的手艺代代相传，他是第四代传人。

0113 李改成

性　　别：男
出生年月：1957-06-13
民　　族：汉族
政治面貌：党员
职　　称：国家级非物质文化遗产传人

学　　历：高中
通讯地址：武山县城关镇宁远大道 21 号
成　　就：2005 年获得全国农村电影工作“先进个人”称号；2010 年获得“全国优秀放映队”称号；2010 年所在文化大院获得“全国服务农民、服务基层文化建设先进集体”；2011 年参加“中国达人秀”陇东天水赛区并获得“十佳选手”称号。热心传授技艺，培养众多新的传承人，同时，长期以来热衷于武山旋鼓舞的传承保护工作，忠实履行代表性传承人的义务，能自觉地承担代表性传承人应尽的责任，能为保护工作提出科学、合理的意见、建议，并着力践行。能很好地配合县文化部门工作，尽心尽力。被评定为第四批国家级非物质文化遗产项目（武山旋鼓舞）代表性传承人。
简　　介：甘肃省武山县洛门镇蓼阳村村民，武山旋鼓舞省级代表性传承人。

0114 代思贤

性　　别：男
出生年月：1959-06-29
民　　族：汉族
政治面貌：党员
职　　称：省级非物质文化遗产传人
学　　历：高中
通讯地址：武山县城关镇宁远大道 21 号
成　　就：获得“国际消除无饥饿人”纪念奖，天水市首届伏羲节西部商品交易会获得纪念奖。历年组织代家沟旋鼓队代表武山县参加各类旋鼓舞表演活动，传教徒弟多人。他是省级非物质文化遗产武山旋鼓舞代表性传承人之一。

0115 雷世海

性　　别：男
出生年月：1950-11-11
民　　族：汉族
政治面貌：群众
职　　称：中级柳编艺术师
学　　历：高中
通讯地址：武山县城关镇宁远大道 21 号
成　　就：其柳编工艺品在 2001 年第九届中国兰州投资洽谈会上被评为最受欢迎的产品，同年在天水市妇联建会 50 周年成就展中获得了优秀奖；他被评为天水市非物质文化遗产保护名录项目“武山柳编技艺”代表性传承人和武山县全民创业标兵，2011 年 11 月被甘肃省职改办评为中级柳编艺术师。
简　　介：他自幼喜爱编杂技艺，是武山柳编老艺人王平定的得意门生。他充分利用当地柳条资源丰富，创办了一家柳编厂。该厂生产的圆宝沙发、富贵椅、宠物篮、果篮、花篮等在西交会、兰洽会、伏羲文化旅游节、秦安蜜桃会、武山蔬菜博览会等节庆会展上备受瞩目，供不应求，并远销美国、西欧、日本等 10 多个国家和地区，深受广大客户的喜爱。

0116 代三海

性　　别：男
出生年月：1956-07-01
民　　族：汉族
政治面貌：群众
职　　称：省级代表性传承人
学　　历：高中
通讯地址：武山县城关镇宁远大道 21 号
成　　就：1989 年获中国西部商品交易会首届天水民间艺术节纪念奖；2006 年获甘肃省陇右非物质文化遗产保护成果展奖；2006 年取得甘肃省农村文化人才旋鼓艺术师（中级职称）；2007 年获无饥饿星球接力活动启动仪式文艺演出纪念奖；2008 年被确定为省级代表性传承人。2011 年武山首届宁远杯武山旋鼓舞大奖赛被聘请为评委；历年组织代家沟旋鼓队代表武山县参加各类旋鼓舞表演活动，传教徒弟二十多人。
简　　介：自幼十分喜爱旋鼓，1972 年始以祖父代子珍、父亲代吉成为师正式学习旋鼓技艺，经历十余年勤学苦练，于 1988 年基本掌握了武山旋鼓的各种套路和技艺要领，1989 年 8 月参加了中国西部商品交易会，即天水民间艺术节的旋鼓表演；1999 年参加了天水市献土仪式上的旋鼓表演；2005 年参加了天水市建市 20 周年即伏羲文化艺术节上的文艺表演；2006 年参加了天水市文化旅游节的文艺表演；2006 年被评定为中级旋鼓艺术师。2007 年赴京代表武山旋鼓参加无饥饿星球接力活动文艺演出。2008 年被确定为省级非物质文化遗产武山旋鼓舞代表性传承人之一。2008 年赴京参加历代帝王庙春节祭祀活动。2011 年参加宁远杯旋鼓大奖赛。多年来致力于武山旋鼓舞传承与保护工作。

0117 计清

性　　别：女
出生年月：1965-05-21
民　　族：汉族
政治面貌：民主党派
职　　称：中国民间艺术大师
学　　历：大学专科
所在单位：西峰区文化馆
通讯地址：庆阳市西峰区九龙南路锦绣坊 9 号
成　　就：自 2001 年以来，其香包刺绣作品《百蝶图》《平安五戏》《富贵团圆》《九龙呈瑞》《九凤朝阳》《百福图》《富余》《月月红》《神骏图》《百鸟朝凤》《富贵牡丹》等在历届“中国庆阳端午香包民俗文化节”上均获金奖，并参加了历届香包节西峰区展厅的策划与布展工作。2003 年 10 月被甘肃省民间艺术家协会命名为“甘肃省民间艺术家”，被中国民间工艺美术委员会命名为“中国民间艺术大师”。2007 年 11 月刺绣作品《福寿屏》获“第二届甘肃省文化民间文艺百合花奖·民间工艺美术类”铜奖。2009 年 6 月刺绣作品《百鸟朝凤》获中共甘肃省委宣传部颁发的“第四届甘肃省文化产业博览交易会·文化产品”金奖。2004 年 3 月被中共西峰区委区政府授予“巾帼建功标兵”。2008 年 3 月被中共庆阳市委市政府授予“拔尖创新人才”荣誉称号。2011 年 10 月被“第四届中国民间艺术节”组委会授予“中国十佳民间艺人”称号。2012 年春节，温家宝来庆阳慰问老区人民，计清作为庆阳民俗文化产业代表，受到了温总理的亲切接见。

0118 刘丽红

性　　别：女
出生年月：1974-03-01
民　　族：汉族
政治面貌：群众
职　　称：省民间艺术大师
学　　历：高中
所在单位：庆阳凌云服饰集团有限公司
通讯地址：庆阳市西峰区南大街 188 号
成　　就：甘肃省民间艺术大师，擅做新娘婚嫁旗袍、盖头、枕头、寿袍等。盖头荣获第三届中国庆阳香包民俗文化节刺绣优秀奖，“祝寿服”被组委会评为第九届中国民间艺术节民俗艺术展最佳作品。

0119 柳永琪

性　　别：男
出生年月：1962-05-01
民　　族：汉族
政治面貌：群众
职　　称：省民间工艺美术大师

学　　历：高中
通讯地址：西峰区董志镇周庄村西庄队
成　　就：2004年被命名为庆阳市民间工艺美术大师。2006年命名为甘肃省民间工艺美术家。西峰区民间工艺美术协会会员。2003年《宫灯》被第十五届西部商品交易会暨第二届中国庆阳香包民俗文化节评为优秀奖。2004年《福禄寿喜》荣获第三届中国庆阳香包民俗文化节银奖。2005年《吉星高照》荣获第四届民俗文化节银奖。2006年《富贵吉祥》荣获第五届民俗文化节铜奖。2006年在董志镇民俗文化节获展览二等奖。2007年《连连有余》荣获第六届民俗文化节银奖。2011年《富贵狮子》荣获民俗文化节金奖。2006年在董志镇首届农运会获二等奖，《龙凤双喜》《花开富贵》《门神》《富贵狮子》被庆阳文化馆收藏。2004年在给旅游局，崆峒窑洞布展剪纸作品70余件。2004年被命名为庆阳市民间工艺美术大师。2006年命名为甘肃省民间工艺美术家。
简　　介：1970年至1975年董志周庄小学读书；1975年至1978年董志中学读书；1978年至1981年肖金读高中；1982年至2000年回家务农；2000年至今从事剪纸民俗文化产品制作。

0120 张锐利

性　　别：女
出生年月：1968-12-12
民　　族：汉族
政治面貌：群众
职　　称：省民间艺术大师
学　　历：高中
所在单位：锐利剪纸艺术公司
通讯地址：庆阳市西峰区财政局家属院二单元2楼2号
成　　就：2004年拜剪纸艺术大师金香莲为师，专攻剪纸，其剪纸作品将传统技法与现代审美结合得恰到好处，构图饱满，内涵深刻，风格鲜明，个人气息十分浓郁。从2005年至今，她的多幅剪纸作品等先后在国内各地多次展出，获得了较高荣誉，部分作品发表于《甘肃日报》《甘肃文艺》《剪纸报》等。2009年授予张锐利“当代杰出工艺美术师”称号；2010年代表甘肃省文化厅赴法国、埃及等国家进行文化交流活动，展示剪纸才艺，获得了热情赞誉。
简　　介：2008年进修于南京大学民俗创作高研班。现为中国民间文艺家协会会员、中国民族文化促进会剪纸艺术委员会会员、甘肃省民协会员、甘肃省民间美术家、甘肃省民间艺术大师、庆阳市非物质文化代表性剪纸传承人、庆阳市剪纸艺委会秘书长，庆阳市特殊职业学校剪纸课专业老师。

0121 张秀芳

性　　别：女
出生年月：1969-10-09
民　　族：汉族
政治面貌：群众
职　　称：省艺术大师
学　　历：高中
所在单位：庆阳绣芳香包刺绣有限公司
通讯地址：庆阳市西峰区锦绣坊62号
成　　就：2009年、2010年分别参加了庆阳市举办的香包刺绣技能培训，整体技能水平有了很大提升。她设计制作的龙灯、凤灯、孔灯、鱼戏莲、蝶双飞、庆和谐、福寿、禧等陇绣挂件刺绣产品，构思精巧，理念新颖，做工精细，个性别致，先后多次获得市级文化产品奖励，深受社会各界好评。她的手绣代表作品《凤戏牡丹》在2002年庆阳市第一届香包民俗文化节上被评为金奖，《财神到》2012年被评为优秀作品奖，象征财源广进的《招财兔》在2013年庆阳市香包创意设计大赛上荣获优秀奖，刺绣作品《三星高照》在第二十四届中国西部商品交易会民俗文化精品展上被评为三等奖，2013年至2014年被评为庆阳市香包刺绣产业大户和优秀经营大户，是庆阳本土成长起来的一名香包刺绣产业领军人物和庆阳民俗文化的优秀代表。

简　　介：庆阳市民间工艺美术大师、甘肃省艺术大师、甘肃省民间艺术家、甘肃省文化产业协会理事。

0122 张煜瑶

性　　别：女
出生年月：1987-06-08
民　　族：汉族
政治面貌：群众
职　　称：市级工艺美术大师
学　　历：中专
所在单位：庆阳岐黄文化传播有限公司
通讯地址：庆阳市东门新村锦绣坊文化一条街22号
成　　就：自2002年起参加国内大型展会五十多次，积累了大量的经验，提升了文化欣赏水平，其《凤拖鞋》《颈椎枕》《九凤朝阳》《鞋系列》《老虎枕》《金蛇戏兔》等作品在全国大型展会中多次荣获殊荣；参与国家级非物质文化生产性保护示范基地建设和对外文化贸易基地建设事项，对推动庆阳香包走出去，文化产业振兴起到重要作用。
简　　介：2005年毕业于甘肃省联合中专，随母亲刘兰芳学习香包设计制作。市级工艺美术大师。

0123 梁仲鑫

性　　别：男
出生年月：1981-03-02
民　　族：汉族
政治面貌：党员
学　　历：大学本科
所在单位：西峰区文化馆
通讯地址：甘肃省庆阳市西峰区合水巷21号
成　　就：2007年在首届中国庆阳香包民俗文化产业博览会上，剪纸作品《鹊桥会》获银奖；同年，所撰论文《新形势下村级文化建设的思考》在中国群众文化学会和中国文化报社联合举办的“2007年中国群众文化年度论文”评选中获优秀奖；2011年为《痴石轩篆刻选集》设计封面、内页装帧；2012年为文集《足音》设计封面；《黄风贤书法集》设计封面、内页装帧。

0124 马秀荣

性　　别：女
出生年月：1955-06-02
民　　族：汉族
政治面貌：党员
职　　称：国家级刺绣大师
学　　历：高中
通讯地址：甘肃省庆阳市西峰区后官寨乡南佐村羊崖队15号
成　　就：国家级刺绣大师。西峰区非物质文化遗产传承人。1999年参加全国“双学双比”活动，并受到党和国家领导人的接见。庆阳市农村妇女致富带头人。

0125 武彦辉

性　　别：男
出生年月：1969-10-05
民　　族：汉族
政治面貌：群众
职　　称：市非遗传承人
学　　历：高中

通讯地址：甘肃省庆阳市陇原小区 7 栋 1 单元 502 室

成　　就：从事泥塑艺术事业 20 多年期间，所创作的泥塑作品多次参加省市区及社区各类文化艺术交流活动并获奖。2007 年为美国亚利桑那州访问团现场献艺。2008 年代表庆阳市文化艺术界为汶川地震灾区捐赠泥塑作品。2008 年国家非物质文化遗产督导、清华大学教授冯立昇接见并对其一组题为《点燃激情，传递梦想》的大型泥塑作品进行了点评。2009 年加入了甘肃省民间文艺家协会，2011 年被命名为甘肃省民间艺术家，2013 年评为庆阳市代表性泥塑传承人，2014 年《今日西峰》和《陇东报》做了关于泥塑的专题报道。现在西峰电视台正在给其录制《把手艺留住》的关于泥塑制作过程的纪录片。

0126 曹惠霞

性　　别：女

出生年月：1958-04-13

民　　族：汉族

政治面貌：党员

学　　历：高中

通讯地址：庆阳市市直机关小区

成　　就：从小喜欢音乐，爱好舞蹈，曾承担小学音乐课、舞蹈课教学，负责学校文化艺术活动。退休后组建了兰惠子艺术团，常年组织离退休人员和周边舞蹈爱好者学跳广场舞、舞台舞等。近两年参加市、区各类比赛获奖 6 次。在 2014 年香包民俗文化节上共参演 14 个节目，受到广泛好评。2013 年 4 月获西峰区“和谐西峰大舞台”群众文化活动优秀辅导员奖。

0127 孙蔚华

性　　别：女

出生年月：1981-04-01

民　　族：汉族

政治面貌：群众

职　　称：省民间艺术大师

学　　历：大学专科

所在单位：庆阳凌云服饰集团有限公司

通讯地址：庆阳市西峰区南大街 188 号

成　　就：甘肃省民间艺术大师，创意设计香包刺绣作品，为公司生产提供技术指导服务，开发新产品，获得《四季兴旺》《虎头鞋》《四季平安》《永结同心》四项外观设计专利知识产权。《四季平安》花瓶获第八届庆阳香包节银奖；《祥龙》宫灯获得第十七届义博会创意设计大奖赛二等奖；刺绣《四季兴旺》粽子获得第九届中国民间节艺术大师现场展演“最佳作品奖”。个人注册的“轩辕”商标被评为“甘肃省著名商标”和甘肃名牌产品。

0128 张小银

性　　别：女

出生年月：1970-06-01

民　　族：汉族

政治面貌：群众

职　　称：省工艺美术大师

学　　历：高中

所在单位：庆阳香美轩工艺品有限公司

通讯地址：甘肃省庆阳市西峰区锦绣坊

成　　就：1999 年首次参加西峰市举办的香包节，在这次节会上认识了很多民间刺绣艺人，学习了不少刺绣技术，引进了庆阳市第一台电脑绣花机，从此开始了以香包刺绣为主的电脑刺绣工作。2000 年参加首届中国庆阳香包民俗文化节并为节会制作了吉祥物《抓髻娃娃》。2003 年被评为甘肃省工艺美术大师，在以后的几届香包节上先后有多幅作品参展。产品远销日本等国，受到国际友人的一致好评。在这期间先后为凌云公司等培养了一大批电脑刺绣能手，现任庆阳香美轩工艺品有限公司经理。其中大型刺绣作品《财神》荣获二等奖，在第二届香包节上作品《万象更新》荣获二等奖。2013 年 10 月在中国临夏－马来西亚吉兰丹州清真食品暨民族用品博览会金奖。

简　　介：自小受家庭熏陶，喜爱刺绣艺术，1996 年开始在西峰桐树街从事服装加工和电脑刺绣。

0129 赵丽珺

性　　别：女

出生年月：1970-08-23

民　　族：汉族

政治面貌：群众

职　　称：市民间艺术大师

学　　历：高中

所在单位：乾琸工艺品有限公司

通讯地址：西峰区九龙路锦绣坊

成　　就：2004 年、2005 年被地方党委、政府评为先进生产能手；剪纸《庆阳腾飞》获第三届庆阳香包民俗文化艺术节铜奖。2009 年青海省特邀，为刺绣培训班授课一个月。2010 年在中国美术学院进修，并研发鼠标枕垫，产品《鼠标枕》在庆阳市首届香包民俗文化新产品设计大赛中荣获三等奖；设计的鼠标垫因其美观实用被庆阳市民俗文化产业开发协调领导小组办公室和香包产业协会评为三等奖，刺绣《梅花》在全国七夕女红手工艺大赛中荣获优秀奖；陕西渭南特邀参加高研剪纸班；剪纸《合和新春》被山西省右玉县人民政府、中华文化促进会剪纸艺术委员会收藏。2011 年创作《鸳鸯双人枕》刺绣，剪纸《和谐》在浙江桐庐国际第四届“神州风韵”全国剪纸大赛中荣获优秀奖。2011 年 6 月鄱阳湖杯中国南昌第七届文学艺术大奖赛，获剪纸一等奖。

简　　介：中国文化促进协会会员，省民间文艺协会会员，庆阳民间艺术大师，庆阳乾琸工艺品有限公司法人兼总经理。

0130 杨小红

性　　别：女

出生年月：1961-04-01

民　　族：汉族

政治面貌：群众

职　　称：市民间艺术大师

学　　历：高中

所在单位：庆阳凌云服饰集团有限公司

通讯地址：庆阳市西峰区南大街 188 号

成　　就：市级民间艺术家，2002 年参加宁县香包民俗文化艺术作品展，六件作品被评为中国庆阳首届香包民俗文化节入选作品；2009 年《龙灯》获得“宁县首届民俗文化产品创作大赛”金奖；2009 年获得“宁县首届民俗文化产品创作大赛”香包刺绣组一等奖；2010 年度被评为宁县“香包刺绣制作能手”光荣称号；2011 年香包刺绣作品《抓鸡娃娃》被评为庆阳农耕文化节参展作品；2013 年被庆阳市民间工艺美术协会命名为庆阳市民间刺绣艺术大师。

0131 袁育英

性　　别：女

出生年月：1961-08-08

民　　族：汉族

政治面貌：群众

学　　历：高中

所在单位：古浪县大靖镇园艺村

通讯地址：武威市古浪县昌松路文体局大楼

成　　就：古浪民间文学《甘冬儿和杨达儿》的传承人之一，喜欢演唱古浪民歌，现为古浪县大靖镇园艺村农民，组织大靖老年艺术团演出，她进一步搜集与《甘冬儿和杨达儿》有关的历史文化资料。配合县里专业人员将《甘冬儿和杨达儿》创作排演成小戏剧演出，所授徒弟高华堂，现为古浪县大靖镇个体工商户。古浪民间文学代表作之一的《甘冬儿和杨达儿的故事》，歌词通俗易懂，使用地方方言，喜闻乐见，表达清楚，易于演唱。曲调简单，如同社火秧歌，四句一段，节奏明快，适合表演唱。以通俗易懂、直率质朴的内容，影响久远、脍炙人口的唱词，曲折起伏、令人动容的情节，在古浪大地的民间流传达一个多世纪，在古浪山乡可说是家喻户晓，其被推崇称赞程度不亚于中国现代文学史上经典民歌《王贵与李香香》。《甘冬儿和杨达儿》的故事，对于研究古浪地方民间文化，对于了解这片热土上生活过先民的生存状态、爱恨情仇，以及探知古浪人民的情感记忆，具有不可估量的作用和重要的参考价值。正因如此，县里组织力量，已对古浪民歌之《甘冬儿和杨达儿》的故事及歌词进行了整理。2010 年被武威市人民政府公布为武威市第三批非物质文化遗产保护名录，目的是使其得到更为有效的保护，使之进一步发扬光大，一直流传下去，使民间文学的脉搏一直充盈，越来越被重视，丰富人们的精神生活。

0132 王克俭

性　　别：男
出生年月：1949-01-19
民　　族：汉族
政治面貌：群众
职　　称：省级非遗传人
学　　历：高中
所在单位：古浪县土门镇台子村
通讯地址：武威市古浪县昌松路文体局大楼
成　　就：约在明代，“王氏镰刀”一门，从山西大槐树迁至甘肃省古浪县土门镇定居，遂将这一传统技艺带了过来。在数百年的锻造过程中，王氏诸辈承前继后，逐步摸索，发扬光大，使这一传统手工技艺得到了较好的发展。“王氏镰刀”传承人王克俭是土门镇台子村“王铁匠”的唯一传人。自幼随父辈学习打铁技艺，得到了“王氏镰刀”打制技艺的真传，将几百年铁匠技艺传承并保存了下来，并且将此技艺向三个儿子传授，较好地保存了这一传统手工技艺。打制的镰刀锋利耐用，2007 年 6 月武威市人民政府将王克俭公布为《王氏镰刀制作技艺》项目的传承人，2010 年 6 月公布为甘肃省非物质文化遗产保护名录《王氏镰刀制作技艺》的代表性传承人。现在他身体状况良好，带领三个儿子继续打制以“王氏镰刀”为主的铁质农具，农闲时节，基本都在活动，每年打制各种农具及生活用具 1200 多件。

0133 陈万喜

性　　别：男
出生年月：1973-06-14
民　　族：汉族
政治面貌：群众
学　　历：高中
所在单位：武威市黄羊川镇一棵树村
通讯地址：武威市古浪县昌松路文体局大楼
成　　就：古浪县黄羊川一棵树村民办教师，幼年时接受长辈的口传，喜爱童谣、歌谣，以及相关童谣游戏，自发搜集童谣 30 多首。他喜爱民间文学，讲述故事生动有趣、活灵活现、朗朗上口、感染力强。他多年搜集、积累的童谣数量较多，提倡全校老师学生传教低幼儿童学习童谣，传承意识强。多年来，搜集、整理优秀古浪童谣儿歌，并积极向古浪县非物质遗产保护中心提供线索。

0134 季宝德

性　　别：男
出生年月：1938-07-06
民　　族：汉族
政治面貌：群众
职　　称：市级非物质文化遗产传承人
学　　历：高中
所在单位：古浪县永丰滩乡庵门村
通讯地址：武威市古浪县昌松路文体局大楼
成　　就：他从1958年开始，跟随古浪县大靖镇艺人张华文（外号张九爷）演唱古浪老调、古浪民歌小曲以及念卷。1963年开始为同村或邻村群众唱曲念卷。现在，能熟练演唱20个老调剧目，熟悉30多个老调曲调，在当地向年轻一代传授古浪老调演唱技艺，十里八乡，很有名气。2010年5月武威市人民政府将季宝德公布为《古浪老调》项目的传承人，同年6月确定为甘肃省非物质文化遗产保护名录《古浪老调》项目的代表性传承人。现在他身体康健，经常召集同村老调艺人聚会，排演老调节目，并传授徒弟多人。他对古浪老调的传承发展做出了突出贡献。他唱腔圆润，声音洪亮，惯用拖音、颤音，富有感染力。灵活多变，唱词能随伴奏节奏或观众、场合等随机变化而不失原意。曲调也能随意变化，往往同一曲牌，有很多种唱腔。熟记30多个老调曲词，擅长三弦，惯用和弦伴奏。

0135 钟长海

性　　别：男
出生年月：1960-04-06
民　　族：汉族
政治面貌：群众
职　　称：省级非遗传承人
学　　历：高中
所在单位：古浪县永丰滩乡庵门村
通讯地址：武威市古浪县昌松路文体局大楼
成　　就：自幼开始跟随其父钟耀文和其叔父钟耀光演唱古浪老调、古浪民歌小曲以及念卷。1976年开始为同村或邻村群众唱曲念卷。现在，能熟练演唱十多个老调剧目，并与其他人合作整理了50余部古浪老调剧目。2010年5月武威市人民政府将钟长海公布为《古浪老调》项目的传承人，同年6月确定为甘肃省非物质文化遗产保护名录《古浪老调》的代表性传承人。他现经常召集同村艺人聚会念卷，演唱老调并授徒多人。

0136 严培存

性　　别：男
出生年月：1972-05-10
民　　族：汉族
政治面貌：群众
职　　称：市级非物质文化遗产传承人
学　　历：高中
通讯地址：武威市古浪县昌松路文体局大楼
成　　就：古浪民间文学《甘冬儿和杨达儿》的传承人之一，喜欢演唱古浪民歌，现为古浪县大靖镇园艺村农民。他参加大靖老年艺术团演出，进一步搜集与《甘冬儿和杨达儿》有关的历史文化资料。配合县里专业人员将《甘冬儿和杨达儿》创作排演成小戏剧演出，所授徒弟许多梅，现为古浪县大靖镇双城村村民。古浪民间文学代表作之一的《甘冬儿和杨达儿的故事》，歌词通俗易懂，使用地方方言，喜闻乐见，表达清楚，易于演唱。曲调简单，如同社火秧歌，四句一段，节奏明快，适合表演唱。以通俗易懂、直率质朴的内容，影响久远、脍炙人口的唱词，曲折起伏、令人动容的情节，在古浪大地的民间，流传达一个多世纪，在古浪山乡可说是家喻户晓，其被推崇称赞程度不亚于中国现代文学史上经典民歌的《王贵与李香香》。《甘冬儿和杨达儿》的故事，对于研究古浪地方民间文化，对于了解这片热土上生活过先民的生存状态、爱恨情仇，以及探知古浪人民的情感记忆，具有不可估量的作用和重要的参考价值。正因如此，县里组织力量，已对古浪民歌之《甘冬儿和杨达儿》的故事及歌词进行了整理。2010 年被武威市人民政府公布为武威市第三批非物质文化遗产保护名录，目的是使其得到更为有效的保护，使之进一步发扬光大，一直流传下去，使民间文学的脉搏一直充盈，越来越被重视，丰富人们的精神生活。

0137 张世俊

性　　别：男

出生年月：1925-09-10

民　　族：汉族

政治面貌：群众

职　　称：省级非遗传承人

学　　历：高中

通讯地址：秦州区民主路 320 号

成　　就：自幼酷爱舞蹈艺术，上了一年学后就跟随父亲学习鞭杆舞，并学习铁艺等，15 岁开始带领鞭杆舞团队进行演出。在鞭杆舞的基础上认真钻研，使鞭杆舞的舞姿更加优美、内容更加丰富、感情奔放热烈，刚劲激励、豪放，最大的特点就是彪悍威武，并培养了鞭杆舞传承人。1955 年赴兰州演出，荣获了个人特等奖，2005 年荣获非物质文化遗产传承保护优秀个人奖。2008 年赴京演出，受到了首都人民的一致好评。

简　　介：1932 年 9 月至 1933 年 9 月在斜坡村小学上学；1933 年 9 月至今在家务农。自幼爱好鞭杆舞，并为组织者和协调者，组建、策划团队多次演出，在不同的省市进行表演 20 多年。

0138 刘静波

性　　别：男

出生年月：1963-09-28

民　　族：汉族

政治面貌：群众

职　　称：甘肃省工艺美术大师（省级非遗传人）

学　　历：中专

所在单位：天水新天丝毯有限公司

通讯地址：秦州区民主路 320 号

成　　就：近年来，通过对传统丝织工艺的挖掘、整理、创新，在原有传统工艺的基础上加入浮雕与装饰绘画理念，研发出一种以浮雕为基础，俗称软浮雕的独特手工丝织壁挂。其别具一格的新颖姿态，为传统工艺美术的深度挖掘和创新提供了极有价值的美学理论依据。该项产品中的丝织浮雕壁挂《华夏图腾》在第 42 届国际旅游品和工艺美术品交易会获得“金凤凰”创新产品大奖赛银奖。《兽面纹》在第十届甘肃省工艺美术百花奖评审会中获得创作设计一等奖，并在第 43 届国际旅游品和工艺美术品交易会上获得“金凤凰”创新产品设计大奖赛金奖。丝织浮雕框式艺术壁挂《珠联凤祥》在第九届中国工艺美术大师作品暨国际艺术精品博览会上获得 2008“天工艺苑百花杯”中国工艺美术精品银奖。1991 年 10 月荣获甘肃省“优秀工艺美术专业技术人员”称号，2005 年 12 月荣获“甘肃省工艺美术大师”称号。

简　　介：1980 年在天水丝毯厂设计室工作；1984 年至 1986 年在河北省工艺美术学校学习（现河北大学工艺美术学院）；1987 年至 2003 年在天水丝毯总厂设计室工作，任设计室主任；2003 年 6 月至今，由于企业改制公司名称为：天水新天丝毯有限公司，现任公司副总经理、总工艺师。现为中国工艺美术协会会员、甘肃省工艺美术协会理事、甘肃省美术家协会会员、天水市美术家协会理事，天水市秦州区政协委员、省级非物质文化遗产传承人。2010 年 9 月在清华大学工艺美术大师高级研修班学习进修。

0139 张启元

性　　别：男
出生年月：1943-09-01
民　　族：汉族
政治面貌：群众
职　　称：省级非遗传人
学　　历：中专
通讯地址：秦州区民主路 320 号
成　　就：一是将老祖先遗留下来的文化遗产发扬广大；二是近年来村上学习鞭杆舞的人数不断增加，由单一的四人舞发展到几十人参加的农村文艺团体，极大地满足了人民日益增长的文化需要；三是演出场次大大增加，每年都要演出百余场，秦州鞭杆舞也被列入甘肃省级非物质文化遗产保护名录。从 50 年代师从伯父学习鞭杆舞，每年正月和村里秧歌一起打鞭杆舞，除了“文化大革命”的十年外，每年都要演十几场，改革开放以来，党和政府非常重视民间文艺活动，群众的积极性也提高了。在这些年里，他不断地挖掘、发扬、传承。队伍发展到四十多人，鞭杆舞也是群众喜闻乐见的一种文化活动，在不发展传承的同时还要结合时代特色，培养了更多的年轻人，为以后的发展和传承奠定了基础。
简　　介：1951 年至 1956 年上小学；1956 年至 1958 年在家务农；1958 年至 1964 年在天水八中和天水师范学习；1964 年至 1965 年在礼县中坝学校工作；1965 年至 1968 年在礼县宣传站工作；1968 年至 1978 年在礼县电影公司工作；1978 年至 2000 年在天水市科协工作。

0140 李作柄

性　　别：男
出生年月：1929-03-12
民　　族：汉族
政治面貌：群众
职　　称：国家级非物质文化遗产传人
学　　历：高中
通讯地址：武威市凉州区张义镇灯山村二组
成　　就：他在凉州区范围内能较为正统地演唱凉州宝卷，曲调和谐、古老，曲调类型较多，富于变化。演唱过程非常吸引人，使听众能受到强烈感染，产生共鸣。从而达到教化人做好事，尽孝道，弃恶扬善的教育作用，受到了当地村民的欢迎和尊重。
简　　介：国家级非物质文化遗产凉州宝卷传承人。

0141 董永虎

性　　别：男
出生年月：1966-02-04
民　　族：汉族
政治面貌：党员
学　　历：高中
通讯地址：武威市凉州区四坝镇寨子村 12 组
成　　就：2008 年在《欢乐的石羊河》电视剧演员海选中荣获三等奖。2009 年在“向祖国致敬”全省庆祝新中国成立 60 周年农民文艺汇演中获二等奖。2011 年武威市庆祝建党 90 周年民族民间文艺大赛中获二等奖。2013 年在第五届凉州民间文艺大赛决赛中获一等奖。2013 年在武威市民族民间文艺大赛中获三等奖。2013 年在凉州贤孝汇演中获三等奖。2014 年在第六届凉州民间文艺大赛决赛中获一等奖。
简　　介：从小热爱民间文艺，1986 年高中毕业后，曾担任 8 年的乡村民办教师，期间师从民间艺人王月，掌握了凉州贤孝基本的弹唱技巧，后常与本地贤孝艺人王雷忠、冯兰芳等人一起交流，切磋技艺。多次参加省、市的文艺大赛和演唱工作。现利用农闲时间从事凉州贤孝的搜集、整理、创新和演唱，为弘扬凉州民间文化不懈努力着。

0142 张生文

性　　别：男
出生年月：2014-07-05
民　　族：汉族
政治面貌：党员
职　　称：市级非遗传承人
学　　历：高中
通讯地址：凉州区永昌镇石碑村
成　　就：永昌滚灯舞传承人，唱灯者或二人或四人，需有熟知曲调、歌词者才能胜任。曲调为西北民歌花儿，悠扬顿挫、唱调铿锵、韵律圆润。唱者从第一盏灯唱起，唱完12盏，再重复，歌词内容多限于历史人物或典故，一问一答，诙谐有趣，又不乏教益，一直到曲终词尽。2007年滚灯舞被列入武威市第一批非物质文化遗产名录。

0143 马登岐

性　　别：男
出生年月：1947-11-19
民　　族：汉族
政治面貌：群众
学　　历：高中
通讯地址：凉州区清源镇中沙村
成　　就：擅长皮影戏和木偶戏。2006年6月入选凉州区首届文化博览会并获得一等奖，2007年7月获得武威市第二届文化产品优秀产品奖，2013年凉州区民间文艺大赛发放片一等奖，2014年第六届民间文艺大赛大柳片一等奖。

0144 杨万柱

性　　别：男
出生年月：1960-09-10
民　　族：汉族
政治面貌：党员
职　　称：省级非遗传承人
学　　历：高中
所在单位：武威市凉州区攻鼓子艺术协会
通讯地址：武威市凉州区四坝镇寨子村九组
成　　就：2006年被评为甘肃省农村文化实用人才，副高级职称。2008年被命名为省级非物质文化遗产“凉政攻鼓子”传承人，2009年被凉州区委授予“优秀共产党员”称号，2013年被甘肃省文化厅授予“优秀传承人”称号。他带领攻鼓子艺术团，先后荣获全国鼓舞金奖、银奖，全省金奖，“五个一工程”奖，敦煌文艺奖等。还先后参加了《西部之舞》《八千里路云和月》《望长城》《杨门鼓将》等十余部影视剧的拍摄，为繁荣和发展民族民间文化作出了贡献。
简　　介：从小热爱攻鼓子艺术，多年来一直担任攻鼓子“头鼓子”。

0145 王士学

性　　别：男
出生年月：1956-10-10
民　　族：汉族
政治面貌：群众
学　　历：高中
所在单位：金塔黄河灯会
通讯地址：凉州区金塔乡黄康寨村一组
成　　就：在继承传统灯会制作的基础上，不断探索创新，丰富灯会内容，使当地群众生活文化日益丰富，对促进社会主义精神文明建设和构建社会主义和谐社会做出了一定的贡献。
简　　介：师承于黄河灯会早期创办人王希

林，从1983年开始学艺，经20多年的学习和探索，如今黄河灯会的展示阵法及摆设和制作技艺非常精湛。摆设的黄河阵阵势连环，奇巧壮观，井井有条。

0146 杨门元

性　　别：男
出生年月：1959-10-13
民　　族：汉族
政治面貌：党员
职　　称：国家级非遗传承人
学　　历：高中
所在单位：武威市凉州区攻鼓子协会
通讯地址：武威市凉州区四坝镇寨子村五组13号
成　　就：2006年被评为甘肃省农村文化实用人才，副高级职称。2008年被命名为国家级非物质文化遗产"凉政攻鼓子"传承人。2009年被凉州区委授予"优秀共产党员"称号，2013年被甘肃省文化厅授予"优秀传承人"称号。先后荣获全国鼓舞金奖、银奖，全省金奖，"五个一工程"奖，敦煌文艺奖等。还先后参加了《西部之舞》《八千里路云和月》《望长城》《杨门鼓将》等十余部影视剧的拍摄，特别是每逢年头节下，在广场、社区、企业、军队、学校、街巷频频亮相，获得广大群众的热烈欢迎，为广大群众奉献了精彩的精神大餐。

0147 臧科仁

性　　别：男
出生年月：1954-07-09
民　　族：汉族
政治面貌：群众
学　　历：高中
所在单位：凉州区和平镇综合文化站
通讯地址：凉州区和平镇臧庄村
成　　就：凉州花灯历史悠久，源远流长，它是凉州民间艺术的奇葩。凉州花灯集书法、篆刻、美术、工艺为一体，具有较强的观赏性、实用性和浓厚的地方特色，是凉州人民喜庆安乐生活的一种表现形式，2010年被列为武威市第三批非物质文化遗产保护名录。他参加了甘肃民族、民间、民俗艺术展览，获2004年"浙大杯"旅游新商品开发三等奖，获2006年全区文博会展览二等奖。
简　　介：他的拜堂师傅是付永寿（1934—2007），今住陕西省周至县。

0148 王月

性　　别：男
出生年月：1937-08-11
民　　族：汉族
政治面貌：群众
职　　称：省级非物质文化遗产传承人
学　　历：高中
通讯地址：武威市凉州区四坝镇海湾村四组
成　　就：2008年被命名为省级非物质文化遗产"凉州贤孝"传承人。在"月圆凉州"文艺大赛中获一等奖。2013年在第五届凉州区民间文艺大赛决赛中获一等奖。2013年在武威市民族民间文艺大赛中获二等奖。2013年在凉州区贤孝艺术大赛中获一等奖。2014年在第六届凉州区民间文艺大赛决赛中获一等奖。
简　　介：从小双目弱视，从前一直为走街串巷的贤孝艺人。

0149 曹宗让

性　　别：男
出生年月：1944-03-25
民　　族：汉族
政治面貌：党员
职　　称：省级非物质文化遗产传承人

学　　历：大学专科
所在单位：民勤县文化馆
通讯地址：民勤县文化中心大楼
成　　就：省级非物质文化遗产项目代表性传承人。
简　　介：自幼爱好小曲戏、民歌演唱，1964年学唱秦腔、眉户，改革开放后参加过历次乡镇交流大会的演出。曾多次前往阿左旗商业演出，擅长丑角的演出，曾饰演过刘备、穆瓜、栾平、娄阿鼠、苍娃等角色。多次参加县文化界的各项活动，并多次组织戏班赴阿左旗演出。2001年获"惠民杯"秦腔、眉户、地方小曲大奖赛优秀节目荣誉证书。2006年获春节调演"优秀演员奖"。

0150 李仁德

性　　别：男
出生年月：1953-08-20
民　　族：汉族
政治面貌：党员
职　　称：省级非物质文化遗产传承人
学　　历：大学专科
所在单位：民勤县文化馆
通讯地址：民勤县文化中心大楼
成　　就：省级非遗传承人。
简　　介：曾拜师学艺于湖区、坝区，后又到阿左旗继续拜师学艺，取长补短，在二十多年的毛毡制作生涯中，技艺日臻完善，授徒较多，现在开一毛毡制作作坊，生意兴隆。

0151 彭保瑞

性　　别：男
出生年月：1943-09-19
民　　族：汉族
政治面貌：党员
职　　称：省级非遗传承人
学　　历：大学专科
所在单位：民勤县文化馆
通讯地址：民勤县文化中心大楼
成　　就：省级非物质文化遗产项目代表性传承人。曾被民勤县人民政府授予"地方戏表演艺术家"光荣称号。
简　　介：甘肃省民勤县苏武乡川心二社农民，从12岁起拜民勤小曲表演艺人高培阁为师学戏，60年的演艺生涯，积累了丰富的演出经验，扮相俊美，表演诙谐幽默，不论演哪个角色，都能刻画入微，其代表作有《大包媒》《梅降雪》《小姑贤》等。

0152 潘竟瑞

性　　别：男
出生年月：1961-04-11
民　　族：汉族
政治面貌：党员
职　　称：副高
学　　历：大学专科
所在单位：民勤县文化馆
通讯地址：民勤县文化中心大楼
成　　就：省级非遗传承人。
简　　介：1968年至1972年在东大小学读书；1973年至1976年在大滩中学读书；从8岁起就爱好乐器、二胡、板胡、口琴、唢呐等。中学期间参加学校文艺宣传队，1978年至1982年在大滩营业所工作；1983年至1984年任生产队队长；1985年至2008年参加民勤民间唢呐音乐团队。

0153 李玉寿

性　　别：男
出生年月：1955-04-15
民　　族：汉族
政治面貌：群众
职　　称：省级非遗传承人
学　　历：大学专科

所在单位：民勤县文化馆
通讯地址：民勤县文化中心大楼
成　　就：在民勤文化界颇具影响，对民勤县地方文化的研究与继承也很有成就，在音乐方面他搜集整理了《民勤小曲集》，其中包含了许多苏武传说的内容，并具有高超的二胡表演水平。在文学方面他整理编撰了《镇番遗事历鉴》，苏武故事的很多内容也包含其中。近期又对苏武故事的历史源渊做了大量考证，是苏武文化的集大成者。
简　　介：1973 年参军后，于 1976 年入甘肃师范大学中文专业学习。1979 年至 1985 年先后在民勤县宣传部、民勤县剧团、民勤县昌宁中学、民勤县文化馆工作。1985 年至 1988 年历任民勤县志编辑室副主任、民勤县文化局副局长、民勤县博物馆馆长。1988 年至 1991 年停薪留职 3 年。1991 年为文化馆正科级干部。1999 年任民勤县文联主席。2002年至今任民勤县政协副主席、文联主席。他阅历十分丰富，受过高等教育，当过兵，也从事过文化工作，爱好文学、音乐。从小在苏武文化氛围的耳濡目染下成长，工作后又受到了民勤文化名人杨澄远先生指教，对民勤县苏武文化的继承、研究有较深的造诣，特别是在县志办和文联工作的过程中曾搜集、编辑苏武民间故事、民间音乐并著有相关作品。现任民勤县文联主席，为民勤县苏武文化的传承和发扬努力工作着。

0154 师延玲

性　　别：女
出生年月：1972-02-28
民　　族：藏族
政治面貌：群众
职　　称：省级非物质文化遗产传承人
学　　历：中专
通讯地址：天祝县人社局
成　　就：1998 年在县城华藏寺开办了华锐藏族服饰加工行，并开展传承活动，培养后继人才，先后授徒 9 名，耐心细致地传授藏族传统服饰制作技术，同时深入民间收集、保存相关实物、资料。
简　　介：传承了家族的服饰制作技艺，并从业于藏族服饰的制作。

0155 于福山

性　　别：男
出生年月：1971-07-02
民　　族：藏族
政治面貌：党员
职　　称：副高
学　　历：大学本科
所在单位：天祝县藏医院
通讯地址：天祝县人社局
成　　就：有效传承保护了我县藏医的发展，实施华锐藏医藏药非物质文化遗产保护项目，还可充分利用天祝及周边地区丰富的藏药材资源，对资源进行保护性综合开发，把潜在的资源优势转化为经济优势，对发展少数民族地区经济起到重要作用。
简　　介：天祝县藏医院副主任医师。多年来，潜心研究华锐藏医藏药，积极保护濒临失传的放血、火灸、金针、药浴等独特的藏医疗法和水银去毒等独特的藏药材炮制工艺技术。

0156 马才成

性　　别：男
出生年月：1979-10-16
民　　族：藏族
政治面貌：群众
职　　称：副高
学　　历：大学本科
所在单位：天祝县民族中学

通讯地址：天祝县人社局
成　　就：现为天祝藏族自治县民族中学唐卡教师，多年来致力于华锐藏族艺术的研究和传承。其代表性作品有：唐卡《百度母》曾受到过国家工艺美术大师夏吾才让的好评，并被香港友好人士收藏；唐卡《千手观音》曾受到中国美术家协会主席尼玛泽仁的好评，并被台湾友好人士收藏；从 2000 年到 2009 年培养出了社会上颇具影响力的传承人，为发扬与保护唐卡事业做出了很大的贡献；2001 年至 2002 年直接主持和参加了天堂寺千佛殿亚洲最大木质宗喀巴大佛的佛体彩绘工程；在甘青两省的部分寺院留有作品。
简　　介：现为天祝藏族自治县民族中学唐卡教师，多年来致力于华锐藏族艺术的研究和传承。

0157 乔索南措

性　　别：男
出生年月：1942-07-28
民　　族：藏族
政治面貌：群众
职　　称：副高
学　　历：大学专科
所在单位：天祝县华藏居民
通讯地址：天祝县人社局
成　　就：热心于则柔曲谱舞蹈的挖掘工作，编排多部优秀“华锐则柔”曲目参加社会各界的文艺参演展示活动，征集相关资料，并带动周边乡镇村组农牧区的爱好者进行广泛传授，发展壮大传承队伍。
简　　介：长期从事于则柔曲谱舞蹈的挖掘工作，深入牧区一线征集相关资料，并长期将华锐则柔歌舞精心排练，在县城广场常年组织表演，并将则柔歌舞推广为大众健身舞。

0158 吕文秀

性　　别：女
出生年月：1957-05-05
民　　族：藏族
政治面貌：群众
职　　称：副高
学　　历：高中
通讯地址：天祝县文体局
成　　就：常年深入农牧区利用深厚的地域条件，让当地农牧民回忆词曲唱调配舞。鼓励引导淳朴善良的藏族农牧民继承传统习俗。积极参与县里组织的华锐藏族则柔表演队，参加了举办的各种比赛和县里各种庆典活动。为华锐则柔的传承传授作出了重大贡献。
简　　介：编排了多部优秀“华锐则柔”曲目参加社会各界的文艺参演展示活动，征集相关资料，并带动周边乡镇村组农牧区的爱好者进行广泛传授，发展壮大传承队伍。同时配合项目保护单位完成《华锐则柔》专题片的拍摄工作，发挥了华锐则柔在华锐藏族歌舞领域内的优势地位，为这一优秀的非物质文化遗产进行保护和推广宣传。

0159 徐英

性　　别：女
出生年月：1971-03-11
民　　族：藏族
政治面貌：群众
职　　称：省级非物质文化遗产传承人
学　　历：中专
通讯地址：天祝县人社局
成　　就：她在传承了家族的服饰制作技艺的基础上，提高了藏族服饰制作技艺的方法和水平，融入新潮流的元素，使华锐藏族服饰更亮丽，更耀眼。现从业于藏族服饰的制作加工。亲自到青海调查观摩有助于提高华锐藏族服饰制作技艺，通过交流和相互学习使华锐藏族服饰的制作在技艺上追根朔源，2011 年参加了甘肃丝绸之路敦煌国际旅游节暨天祝民俗风情旅游节——华锐千人锅庄舞表演人员的服饰制作。授徒 7 人，其中 4 人现已走向社会，为华锐藏族服饰的推广发挥着自己的光和热。

简　　介：现从事于县藏族服饰加工行业，系省级传承人。

0160 张拉先

性　　别：男

出生年月：1931-08-11

民　　族：藏族

政治面貌：群众

职　　称：副高

学　　历：中专

通讯地址：天祝县人社局

成　　就：热心奔波于民间众多婚俗活动，征集相关资料，致力于华锐习俗的传承，完成华锐婚俗礼仪的传授。同时配合项目保护单位完成《华锐婚俗》专题片的拍摄工作。继续发挥自已在华锐藏族婚俗领域内的优势地位，加大对藏族婚俗礼仪非物质文化遗产保护的意义及推广宣传，从而有力推动华锐藏族婚俗非物质文化遗产的保护工作。

0161 王永福

性　　别：男

出生年月：1931-05-22

民　　族：土族

政治面貌：群众

职　　称：国家级非遗传承人

学　　历：高中

通讯地址：天祝县天堂镇

成　　就：他是我国唯一健在的一位能说唱长篇土族《格萨尔》史诗的艺人。由于他在土族《格萨尔》的抢救与搜集过程中做出了突出贡献，1991 年受到国家四部委的联合表彰：1997 年又获得了国家四部委联合授于的“先进个人”称号。2006 年由国务院正式批准他为“第一批非物质文化遗产保护名录——土族《格萨尔》说唱”传承人。

简　　介：又名更登什嘉，他说唱的《格萨尔》录音部分被记音对译、整理翻译后，编入了《格萨尔文库》第三卷土族《格萨尔》上、中册出版，为《格萨尔》的研究拓展了新的领域，且完整系统地填补了这一空白。

0162 马金莲

性　　别：女

出生年月：1972-12-11

民　　族：藏族

政治面貌：群众

职　　称：省级非遗传人

学　　历：高中

通讯地址：天祝县人社局

成　　就：一是搜集整理并贡献了 3 盘华锐藏族民歌光盘，二是在第一届传承活动现场作了华锐藏族民歌传承保护工作的主题报告，三是积极带徒授艺完成了相关授业任务。

简　　介：2006 年 6 月被甘肃省文化厅、人事厅评为副高级民歌演唱艺术师。2008 年 12 月被甘肃省文化厅公布为第二批甘肃省非物质文化遗产名录部分项目代表性传承人。

0163 王明山

性　　别：男

出生年月：1944-07-08

民　　族：土族

政治面貌：群众

学　　历：高中

通讯地址：天祝县人社局

成　　就：自幼热心于土族各类习俗并受母

亲的传授，对土族婚俗颇有了解，现已成为本地土族习俗的突出知情者和倡导者。

简　　介：土族习俗的突出知情者和倡导者。

0164 宋进林

性　　别：男

出生年月：1964-08-21

民　　族：汉

政治面貌：党员

学　　历：大学专科

所在单位：甘州区乌江镇人民政府

通讯地址：甘州区金安苑住宅小区 A13 号楼一单元 602 室

成　　就：从 1984 年开始搜集整理河西宝卷、民间折子戏、民间谚语、民间故事、民间歌谣，共搜集河西宝卷 20 多部，民间折子戏 7 折〔篇〕，整理民间谚语 1000 余条，民间故事 40 多个，歌谣 10 余首，所整理的民间谚语、民间故事、民间歌谣被收入张掖县《民间三套集成》。有 12 篇民间故事被选入《张掖民间故事集》，整理的折子戏《钉缸》《下四川》等 5 折选入《中国曲艺志》《中国曲艺音乐集成〈甘肃卷·张掖分卷〉》中。主编出版了河西宝卷丛书《甘州宝卷》，参与主编了《悦读甘州故事》《张掖民政史话》等书，主编了甘州区《乌江镇志》（中国文史出版社出版）。

0165 李建成

性　　别：男

出生年月：1957-03-01

民　　族：汉族

政治面貌：党员

学　　历：高中

所在单位：甘州区民间艺术团

通讯地址：甘州区文化馆

成　　就：被甘州区文化局评为先进工作者；2009 年获市音协民歌类曲艺创作一等奖；2012 年创作的《甘州小调》《张掖民歌》《张掖小曲子》分别获奖。他表演的主要艺术特色是演奏效果节奏、乐感强烈，具有一定的演奏技巧；搜集整理的《甘州小调》谱曲准确，配比得当，完整再现了原生态民歌的本来面目。对传承民间文化奠定了有力的资料保证；搜集整理的《甘州社火》门类形式多样，综合涉及舞蹈、曲艺、音乐、美术等功能，完整地再现了甘州区人民的智慧。

简　　介：2008 年度被大满镇政府评为文化产业带头人，成立甘州区大成民间艺术演艺传播有限公司并任经理；被评为非遗先进工作者。

0166 苑锁义

性　　别：男

出生年月：1960-07-30

民　　族：汉族

政治面貌：群众

学　　历：高中

通讯地址：张掖市火车站康乐小区 24#-5-508

成　　就：其作品 2008 年在甘州区电视台百姓故事栏目播出；2008 年 12 月在甘州区首届魅力甘州丝路春杯中被（甘州区委宣传部、甘州区广播电影电视局、甘州区文化出版社、甘州区文联）评为三等奖；2009 年 6 月在甘肃省第四届博览会中被（张掖市委宣传部）评为鼓励奖；2010 年 1 月在《人民铁道报》刊登；2012 年 4 月在甘州电视台魅力甘州播出；2012 年 7 月在张掖市首届人口文化艺术节中被（张掖市人口和计划生育委员会）评为二等奖。

简　　介：从艺 30 年如一日，现以蛋雕技术画出了传统的绘画艺术如人物、花鸟、竹子、梅花、兰花、山水、小鸟、鹦鹉、鹤、大雁、燕子、喜鹊、大熊猫、大象、鹰等各种动态、形态的雕刻。

0167 郭玉莲

性　　别：女
出生年月：1935–02–19
民　　族：裕固族
政治面貌：群众
职　　称：省级非遗传承人
学　　历：高中
所在单位：肃南县非遗中心
通讯地址：张掖市肃南县红湾寺镇
成　　就：裕固族口头文学与语言省级传承人，传承传统文化的桥梁。

0168 白金花

性　　别：女
出生年月：1953–06–21
民　　族：裕固族
政治面貌：群众
职　　称：省级非遗传承人
学　　历：高中
所在单位：肃南县非遗中心
通讯地址：张掖市肃南县红湾寺镇
成　　就：裕固族民歌省级传承人，传承传统文化的桥梁。

0169 兰志厚

性　　别：男
出生年月：1941–02–18
民　　族：裕固族
政治面貌：党员
职　　称：省级非遗传承人
学　　历：高中
所在单位：肃南县康乐乡
通讯地址：张掖市肃南县红湾寺镇
成　　就：省级代表性传承人，传承传统文化的桥梁。
简　　介：裕固族人生礼仪省级传承人。

0170 杨海燕

性　　别：女
出生年月：1976–07–15
民　　族：裕固族
政治面貌：群众
职　　称：省级非遗传承人
学　　历：高中
所在单位：肃南县富达民族服饰公司
通讯地址：张掖市肃南县红湾寺镇
成　　就：省级代表性传承人，传承传统文化的桥梁。
简　　介：裕固族服饰省级传承人。

0171 常福国

性　　别：男
出生年月：1944–04–15
民　　族：裕固族
政治面貌：党员
职　　称：省级非遗传承人
学　　历：高中
所在单位：肃南县康乐乡
通讯地址：张掖市肃南县红湾寺镇
成　　就：省级代表性传承人，传承传统文化的桥梁。
简　　介：裕固族人生礼仪省级传承人。

0172 郭兰花

性　　别：女
出生年月：1944–06–26
民　　族：裕固族
政治面貌：群众
职　　称：省级非遗传承人
学　　历：高中
所在单位：肃南县非遗中心

通讯地址：张掖市肃南县红湾寺镇
成　　就：省级代表性传承人，传承传统文化的桥梁
简　　介：裕固族刺绣省级传承人。

0173 杨红梅

性　　别：女
出生年月：1974-04-09
民　　族：裕固族
政治面貌：群众
职　　称：省级非遗传承人
学　　历：高中
所在单位：肃南县非遗中心
通讯地址：张掖市肃南县红湾寺镇
成　　就：省级代表性传承人，传承传统文化的桥梁。
简　　介：裕固族刺绣省级传承人。

0174 索兰英

性　　别：女
出生年月：1966-11-08
民　　族：裕固族
政治面貌：群众
职　　称：省级非遗传承人
学　　历：高中
所在单位：肃南县非遗中心
通讯地址：张掖市肃南县红湾寺镇
成　　就：省级代表性传承人，传承传统文化的桥梁，
简　　介：裕固族织褐子省级传承人。

0175 高秀兰

性　　别：女
出生年月：1966-08-17
民　　族：蒙古族
政治面貌：群众
职　　称：省级非遗传承人
学　　历：高中
所在单位：肃南县白银乡
通讯地址：张掖市肃南县红湾寺镇
成　　就：省级代表性传承人，传承传统文化的桥梁，
简　　介：蒙古族民歌省级传承人。

0176 安维新

性　　别：男
出生年月：1925-02-03
民　　族：裕固族
政治面貌：群众
职　　称：省级非遗传承人
学　　历：高中
所在单位：肃南县非遗中心
通讯地址：张掖市肃南县红湾寺镇
成　　就：省级代表性传承人，传承传统文化的桥梁。
简　　介：裕固族人生礼仪省级传承人。

0177 柯璀玲

性　　别：女
出生年月：1962-11-14
民　　族：裕固族
政治面貌：群众
职　　称：国家级非遗传承人
学　　历：高中
所在单位：肃南县尧熬尔文化传承公司
通讯地址：张掖市肃南县红湾寺镇
成　　就：国家级代表性传承人，传承传统文化的桥梁。
简　　介：裕固族服饰国家级传承人。

0178 杨金花

性　　别：女
出生年月：1971-09-11
民　　族：裕固族

政治面貌：群众
职　　称：省级非遗传承人
学　　历：高中
所在单位：肃南县非遗中心
通讯地址：张掖市肃南县红湾寺镇
成　　就：省级代表性传承人，传承传统文化的桥梁。
简　　介：裕固族织褐子省级传承人。

0179 郭银梅

性　　别：女
出生年月：1966-11-23
民　　族：裕固族
政治面貌：群众
职　　称：省级非遗传承人
学　　历：高中
所在单位：肃南县非遗中心
通讯地址：张掖市肃南县红湾寺镇
成　　就：省级代表性传承人，传承传统文化的桥梁。
简　　介：裕固族刺绣省级传承人。

0180 常自英

性　　别：女
出生年月：1953-12-15
民　　族：裕固族
政治面貌：群众
职　　称：省级非遗传人
学　　历：高中
所在单位：肃南县非遗中心
通讯地址：张掖市肃南县红湾寺镇
成　　就：省级代表性传承人，传承传统文化的桥梁。
简　　介：裕固族织褐子省级传承人。

0181 安福成

性　　别：男
出生年月：1943-12-15
民　　族：裕固族
政治面貌：群众
职　　称：国家级非遗传承人
学　　历：高中
所在单位：肃南县非遗中心
通讯地址：张掖市肃南县红湾寺镇
成　　就：国家级代表性传承人，传承传统文化的桥梁。
简　　介：裕固族人生礼仪国家级传承人。

0182 郭月英

性　　别：女
出生年月：1943-06-17
民　　族：裕固族
政治面貌：群众
职　　称：省级非遗传承人
学　　历：高中
所在单位：肃南县非遗中心
通讯地址：张掖市肃南县红湾寺镇
成　　就：省级代表性传承人，传承传统文化的桥梁
简　　介：裕固族织褐子省级传承人。

0183 沙琴梅

性　　别：女
出生年月：1963-04-09
民　　族：裕固族
政治面貌：群众
职　　称：省级非遗传承人
学　　历：高中
所在单位：肃南县非遗中心
通讯地址：张掖市肃南县红湾寺镇
成　　就：省级代表性传承人，传承传统文化的桥梁。
简　　介：裕固族织褐子省级传承人。

0184 郭金莲

性　　别：女

出生年月：1950-05-25

民　　族：裕固族

政治面貌：群众

职　　称：省级非遗传人

学　　历：高中

所在单位：肃南县非遗中心

通讯地址：张掖市肃南县红湾寺镇

成　　就：省级代表性传承人，传承传统文化的桥梁。

简　　介：裕固族民歌省级传承人。

0185 贺军山

性　　别：男

出生年月：1940-03-05

民　　族：裕固族

政治面貌：群众

职　　称：省级非遗传承人

学　　历：高中

所在单位：肃南县非遗中心

通讯地址：张掖市肃南县红湾寺镇

成　　就：省级代表性传承人，传承传统文化的桥梁。

简　　介：裕固族民歌省级传承人。

0186 杜秀英

性　　别：女

出生年月：1940-01-01

民　　族：裕固族

政治面貌：群众

职　　称：省级非遗传承人

学　　历：高中

所在单位：肃南县非遗中心

通讯地址：张掖市肃南县红湾寺镇

成　　就：省级传承人，传承传统文化的桥梁。

简　　介：裕固族民歌传承人。

0187 安月芳

性　　别：女

出生年月：1962-11-21

民　　族：裕固族

政治面貌：群众

职　　称：省级非遗传承人

学　　历：高中

所在单位：肃南县非遗中心

通讯地址：张掖市肃南县红湾寺镇

成　　就：省级代表性传承人，传承传统文化的桥梁。

简　　介：裕固族服饰省级传承人。

0188 钟玉珍

性　　别：女

出生年月：1935-02-08

民　　族：裕固族

政治面貌：群众

职　　称：省级非遗传人

学　　历：高中

所在单位：肃南县非遗中心

通讯地址：张掖市肃南县红湾寺镇

成　　就：省级代表性传承人，传承传统文化的桥梁。

简　　介：裕固族口头文学与语言省级传承人。

0189 白平

性　　别：女

出生年月：1987-12-30

民　　族：裕固族

政治面貌：群众

职　　称：省级非遗传人

学　　历：中专

通讯地址：张掖市肃南县红湾寺镇

成　　就：省级代表性传承人，传承传统文化的桥梁。
简　　介：裕固族刺绣省级传人。

0190 苏兰英

性　　别：女
出生年月：1953-05-05
民　　族：汉族
政治面貌：群众
职　　称：副高（农村实用人才）
学　　历：高中
通讯地址：甘肃省民乐县人社局
成　　就：几十年致力于刺绣艺术，在她的带领下涌现出了一批刺绣工艺制作新人。2003 年参加省文联、省文艺家协会举办的首届甘肃省民间工艺美术“百合花奖”活动获入围奖，得到了社会各界人士，尤其是艺术界人士的好评；2004 年参加首届甘肃省民族民间、民俗艺术展览获参展证书；2004 年参加中国民间工艺品博览会获优秀奖；2006 年被评为甘肃省农村实用人才副高级职称；2007 年荣获第二届甘肃省民间文艺“百合花奖”、“民间工艺美术奖”。
简　　介：自幼受传统文化艺术的熏陶，喜爱刺绣艺术，其布艺刺绣作品体裁广泛，作品内容以花鸟虫鱼见长，巧妙利用色彩搭配，构图极富生活情趣和艺术气氛。画面构图完美，技法典雅大方，造型纯朴素雅，栩栩如生，具有一定的收藏价值。

0191 朱怀正

性　　别：男
出生年月：1960-02-05
民　　族：汉族
政治面貌：群众
职　　称：农村实用人才副高级
学　　历：高中
通讯地址：甘肃省民乐县人社局
成　　就：专攻根雕艺术，在家境一贫如洗的情况下，他耐着清贫，忍着世人的嘲讽，为根雕艺术文化而奋斗着，“翻尽朽木终有宝，拜遍顽石必出珍”，十年如一日寻觅根材。他的作品件件精雕细刻，千姿百态，形象生动，惟妙惟肖，既源于生活，又高于生活，张掖电视台多次播放，并作了人物专访，《张掖日报》作了专题报道，发表了评论文章，在甘肃省第三届文博会上得到了省、市领导、根艺专家、社会各界人士的称赞和好评，他的作品远销全国各地，部分精品被国外游客收藏。2005 年 7 月参加甘肃省第三届文化产品博览交易会，销售作品 20 余件；2005 年 8 月根雕作品入编《中国民间艺术家卷》；2005 年 9 月根雕作品《老子出关》《还我丝林》分别荣获金张掖“邮政储蓄杯”一等奖和三等奖；2006 年被评为甘肃省农村实用人才副高级职称。
简　　介：自幼酷爱文学、绘画、工艺美术，曾在省内外刊物上发表文学作品多篇。

0192 陈会平

性　　别：男
出生年月：1960-08-23
民　　族：汉族
政治面貌：群众
学　　历：高中
通讯地址：临泽县县府街 176 号
成　　就：2008 年评获“感动临泽”十大人物之一，面塑师。
简　　介：民间艺人。小时候跟当地做泥哨子泥人的艺人学得面塑技艺。其作品主要原料为大米粉、糯米粉、精面粉、国画颜料。使用的工具主要有小木板、小尖刀、细铁丝、小木棍、小剪刀、尖头平尾竹签、缝衣线等。主要手法有捏、搓、揉、挤、塑、刻、压、切、削、捻等。代表作品有《红楼梦》《西游记》系列人物或动物。

0193 刘文虎

性　　别：男
出生年月：1980-12-10
民　　族：汉族
政治面貌：群众
学　　历：高中
通讯地址：临泽县县府街176号
成　　就：作品获2013年枣乡文艺奖二等奖及人口委书画作品展二等奖。以书画为根源，现以丹霞工艺美术品为主，有水杯、水晶球等。
简　　介：自由喜好绘画，后多方请教。先从事古建彩绘及壁画。历张掖各县市，随后到西安进修。现从事工艺美术、雕塑及玉雕。

0194 刘青年

性　　别：男
出生年月：1964-08-29
民　　族：汉族
政治面貌：群众
职　　称：省级非遗项目传承人
学　　历：高中
通讯地址：临泽县县府街176号
成　　就：作品在展览过程中，引起有关领导的高度重视，2006年被张掖电视台做过专访、张掖日报社进行了专题报道，临泽电视台进行采访。2012年被确定为省级非遗项目传承人。
简　　介：刘青年幼时深爱父亲的木刻艺术和剪纸艺术，后随父亲学艺，现从事剪纸艺术已20余年。从2002年开始，在假期内为孩子进行剪纸艺术启蒙教育，从小培养孩子对剪纸艺术的兴趣爱好。刘青年剪纸作品追求用艺术手段刻画人物形象，反映社会生活，在不断的学习和探索中积累经验、自我完善。其作品形态逼真、栩栩如生、构思严谨、刀法细腻、贴近生活，艺术性很强，深受城乡群众的喜爱。代表作有：红楼梦人物《十二金钗》《十二生肖》、敦煌壁画《飞天人物》。

0195 陈天儒

性　　别：男
出生年月：1934-08-21
民　　族：汉族
政治面貌：群众
学　　历：中专
所在单位：临泽县畜牧局
通讯地址：临泽县县府街176号
成　　就：创作整理《小放牛》《放风筝》《拉骆驼》《绣荷包》《钉缸》《摘椒》等临泽民间小调。他从事社区群众业余文化活动十多年，曾多次参加县级汇演并获奖；《陈天儒临泽小调》已经被临泽县非物质文化普查领导小组组织人员经过搜集、整理成完整的词曲谱，并制成录音带，现已列入临泽县第一批非物质文化保护目录。

0196 郭永生

性　　别：男
出生年月：1956-11-03
民　　族：汉族
政治面貌：群众
职　　称：省级非遗传承人
学　　历：高中
通讯地址：高台县黑泉乡永丰村三社
成　　就：从事民歌演唱及社火表演四十余年，现为高台民歌省级代表性传承人。

0197 刘银花

性　　别：女
出生年月：1947-10-15

民　　族：汉族
政治面貌：群众
职　　称：省级非遗传承人
学　　历：高中
通讯地址：高台县城关镇安居工程 21 号楼中单元 402 室
成　　就：从事河西宝卷念唱五十余年，现为河西宝卷省级传承人。

0198 祝仰先

性　　别：男
出生年月：1944-07-25
民　　族：汉族
政治面貌：群众
学　　历：高中
通讯地址：山丹县老军乡祝庄村四社
成　　就：祝庄九曲黄河灯阵（栽灯）传承人。九曲黄河灯阵历史沿革主要是清代流传至今。清末民初第一代传人周环文、祝聚泽、祝家瑞（已故）在老军乡一带很有影响。第二代传承人：祝奉泽、祝海泽（已故）。第三代传人：祝雄、祝功、祝希贤、祝加成、祝仰先、祝奎、祝家国。他们一代一代口传身教，表演技巧有了很大的提高，形式更加完美，技巧上有了很大的突破。现有祝家成、祝家国等到进行组织，平均年龄 68 岁。表演形式及特点：是山丹县民间社火的一种独有形式，分布在老军乡一带，每年各村社火队在正月十五都要在灯阵进行社火交流，具有浓厚的地方特色和表演风格。（栽灯）主要有 365 棵树，365 盏灯，摆成一个迷魂阵，各社火队进入以最快转出来为胜，进至前先拜东南西北诸神（土地神、山神、黑虎、林官），音乐为秦腔调，道具为大刀、呼板、银肘子等。

0199 郭勇

性　　别：男
出生年月：1956-02-20
民　　族：汉族
政治面貌：党员
职　　称：副高
学　　历：大学专科
所在单位：山丹文联
通讯地址：甘肃山丹县南关小学家属楼
成　　就：收集山丹传统民歌、新民歌、山丹少年、谚语、部分民歌曲谱等。民歌小调 50 首，山丹少年 114 首，山丹谚语 260 条、曲谱 29 首，约 12 万字，已于 2008 年 5 月由中国文联出版社出版。《山丹民间故事歌谣》收集民间故事 80 多则，歌谣 30 多首，约 20 万字，已于 2009 年年底出版。

0200 王真义

性　　别：男
出生年月：1959-03-19
民　　族：汉族
政治面貌：群众
学　　历：高中
通讯地址：山丹县东乐乡城西村
成　　就：太平车传承人。“太平车”所表演的内容是《西厢记》里张生与崔莺莺十里长亭送别的情景。其唱词极为文雅洗炼，曲调优美独特。出场人物共五名，即张君瑞（小生）、书童、莺莺（小旦）、红娘（花旦）以及推车的老翁，服装全着古戏剧装，道具主要是一乘小轿，其音乐据传有九腔十八调，目前流传下来演唱的有十余个曲调。
简　　介：自幼喜爱文艺演出活动，曾参加张掖地区原群艺馆举办的农民文艺骨干培训班，是当时农民文艺活动的组织者、农民文艺骨干。

0201 周玉梅

性　　别：女

出生年月：1969-12-15
民　　族：汉族
政治面貌：党员
职　　称：省级非遗传人
学　　历：高中
所在单位：丹美民间艺术公司
通讯地址：山丹县丹美民间艺术公司
成　　就：省级非物质文化遗产传承人。由她创作的剪纸连环画《红楼梦》由人民美术出版社出版。《播绿》《山泉》等多幅作品在《文化报》《美术报》《中国国土资源报》《甘肃日报》等报刊发表。先后参加了庆祝新中国成立55周年甘肃省美术作品展览，“红楼之最”环球行广州展、中国国际旅游商品博览会等国家、省、市展览。甘肃省首届民间工艺百合花奖银奖、甘肃省第二届民间工艺百合化奖金奖、首届中国民间工艺品博览会优秀奖、第三届国际剪纸艺术博览会“西风烈”中国剪纸艺术大赛金奖、甘肃省文化博览会文化产品金奖。其事迹被省电视台两次制作专题片，《深圳商报》《丝绸之路》专版报道。中央电视台、新华社、《中国文联简报》《中国艺术报》《美术报》《甘肃日报》《光明日报》《中国日报》、人民网、中国博言网、艺术中国等100多家新闻媒体报道。2010年被评为全县首届十大青年能人。2010年被吸收为山丹能人协会会员。
简　　介：现任山丹县丹美民间艺术公司经理。中国文艺家协会会员、甘肃美协会员。

0202 高维宋

性　　别：男
出生年月：1950-11-20
民　　族：汉族
政治面貌：群众
职　　称：工程师（民间）
学　　历：高中
通讯地址：甘肃省白银市平川区文化馆办公室
成　　就：从1980年开始，在屈吴山和红山寺、（开元寺）接云观设计和主持营造仿古建筑，在三十多年的设计和主持营造过程中，建成仿古建筑60多座，民居300余座。
简　　介：1980起从事仿古建筑的设计和主持营造，先后建成红山寺佛殿、药师佛殿、红山寺山门、接云观的山门、万积宫、太上殿、积滋润皇殿和屈吴山的三清宫、大佛殿、万佛殿等庙宇以及平川区牌楼和文化馆大门、文化长廊等仿古建筑60多座。

0203 雷菊

性　　别：女
出生年月：1954-06-04
民　　族：汉族
政治面貌：群众
学　　历：高中
通讯地址：景泰县正路乡三墩村
成　　就：自幼酷爱花儿演唱，从事的花儿演唱时间长，能充分突出花儿演唱的传统特色，在所有的民间音乐传承者中可称佼佼者，其传承的花儿音乐演唱受到群众的广泛好评。经她整理的传统花儿小曲有三十余首。正路当地民风淳朴，保留了大量的传统风俗。她自幼喜爱花儿这一传统演唱活动，多年来随乡邻学习花儿小曲演唱，是花儿的创造者、演唱者、继承者和传播者。“花儿就是心头肉，不唱由不得自家”，景泰当地花儿委婉动听，基本调式和旋律有十多种，变体甚多，形式上有慢调和快调。慢调多为4/4或6/8拍，唱起来高亢、悠长，曲首、曲间和句间多用衬句拖腔，旋律起伏大，上行多用四度调进，高音区多用假声。快调多为2/4或3/8拍，相对紧凑短小。她主要演唱的传统花儿小曲有《敬酒曲》《十杯酒》《十二古人》《十二约会》《珍珠倒卷帘》《八扇围屏》等。虽然大部分花儿的内容与爱情有关，但在歌颂纯真的爱和控诉封建礼教及社会丑恶现象，给恋人造成生死苦难的同时，深刻反映了社会生活的各个方面，而且语言朴实、鲜明，比兴借喻优美，有比较高的文学欣赏和研究价值。

0204 王建梅

性　　别：女
出生年月：1950-11-01
民　　族：汉族
政治面貌：群众
学　　历：高中
所在单位：景泰县五佛乡老湾村
通讯地址：景泰县五佛乡老湾村
成　　就：她多年坚持传统习俗，熟悉吃腊八粥的故事传说，制作的腊八粥别具特色，风味独特。农历十二月初八，中国汉族民间流传着吃“腊八粥”（有的地方是“腊八饭”）的风俗。景泰人传统煮腊八粥用五谷、蔬菜，煮熟后除家人吃、分送给邻里外，还要用来喂家畜。她的腊八粥煮得很讲究，用大米、豆、红枣、白果、莲子、葡萄干、杏干、瓜干、核桃仁、青红丝、白糖、肉丁等煮成。煮熟后先用来敬门神、灶神、土神、财神，祈求来年风调雨顺，五谷丰登；再分给亲邻，最后一家人享用。

0205 高承叶

性　　别：女
出生年月：1970-11-12
民　　族：汉族
政治面貌：群众
学　　历：高中
通讯地址：景泰县寺滩乡玉川村五组
成　　就：2004 年 9 月获景泰县手工工艺品制作能手。2005 年 2 月荣获白银市庆三八妇女手工艺品展二等奖。2005 年 9 月刺绣作品在“白银市第一届民间工艺品”展销活动中荣获最佳作品奖。2008 年 9 月“富贵牡丹”刺绣作品获“白银市景泰黄河石林风情节”优秀奖。2009 年 11 月在景泰县刺绣作品展销中荣获一等奖。
简　　介：自幼喜爱刺绣这一传统手工活动，随其母王世兰学习刺绣技艺。在农闲时节，她常常和姐妹们绣门帘、屏风、枕头顶、被褥盖、鞋头花、戏剧服装、陈设品等。她心灵手巧，绣出的花鸟虫鱼活波可爱、树木山川清新自然，富有艺术美感和生活情趣，是景泰县远近闻名的刺绣能手。

0206 李作前

性　　别：男
出生年月：1961-05-11
民　　族：汉族
政治面貌：群众
学　　历：高中
通讯地址：景泰县喜泉镇喜集水村
成　　就：熟悉民间传统习俗，熟知送寒衣典故传说和祭奠程序，对研究文化传统和风俗礼仪提供了难能可贵的资料。在祭祀时，人们把冥衣焚化给祖先，叫作“送寒衣”。十月初一烧寒衣，寄托着今人对故人的怀念，承载着生者对逝者的悲悯。他的送寒衣条理清楚、庄重肃穆，很好地表达了后人对祖先的哀思。

0207 万树丛

性　　别：男
出生年月：1940-01-01
民　　族：汉族
政治面貌：群众
学　　历：高中

通讯地址：景泰县五佛乡兴水村

成　　就：自幼酷爱鼓乐技艺，悟性好、乐感强，从事柳林大鼓表演的时间长。他能刻苦钻研，充分突出柳林大鼓的传统特色，击鼓时，鼓点清晰明快，鼓声抑扬顿挫、婉转激越，是所有的民间鼓乐传承者中的好手。虽已年逾古稀，但他仍坚持从事柳林大鼓的表演活动，以老带新，使得柳林大鼓成为兴水村的一大特色。其传承的柳林大鼓技艺，被编入《景泰民俗大全》一书中。

简　　介：在黄河落龙滩上长大的五佛乡兴水村村民万树丛，从小就跟其父万多久学习柳林大鼓技艺。柳林大鼓基调为 14 个锣鼓节拍，疏密变化有致，节奏优美明快。其鼓谱刚柔相济，对比强烈。他谙熟柳林大鼓的三环、帮儿夸、过街等乐章，是五佛乡远近闻名的打鼓能手。柳林大鼓的表演，气势宏伟庞大，队伍严整有序。它多用于节日喜庆活动，庆贺风调雨顺、国泰民安，是农民群众自娱自乐、庆祝丰收的鼓乐。柳林大鼓基调为 14 个锣鼓节拍，疏密变化有致，节奏优美明快，其鼓谱刚柔相济，对比强烈，鼓点动、静、高、低、长、短、轻、重紧密结合，富于变化。柳林大鼓规定正式表演时阵容严谨，凡进入表演的演奏者都各有位置，不能随意变更。此鼓不但整个队伍严谨有序，而且对每个表演者都要求鼓谱掌握娴熟，精神焕发，面容显威，击打动作干净利索。这样就给观众一种身临其境的感觉，真正让万千观众感到有一种超凡脱俗的震憾。柳林大鼓以敲为主，讲究擂鼓手法变化，行进中的鼓点以“走锣鼓”为主，节拍为屡次反复。如今，他虽已年逾古稀，然其爱鼓、打鼓的热情仍不减当年。每逢新春佳节，他仍是当地社火队的主槌手，带领着兴水村的年青人欢天喜地地闹社火。

0208 魏作汉

性　　别：男

出生年月：1970-10-01

民　　族：汉族

政治面貌：群众

学　　历：大学专科

通讯地址：景泰县一条山镇石城村

成　　就：魏作汉自幼酷爱绘画艺术，其悟性好、爱钻研，从事民间佛神像彩塑的时间长达三十年。他能刻苦钻研，充分突出民间佛神像彩塑的传统特色，所塑佛神像宝相庄严、仪态大方，是所有的民间佛神像彩塑传承者中的佼佼者。其佛神像彩塑作品，广泛分布于甘肃、山西、内蒙古、青海等地的原建和新建寺院、庙宇。他是佛神像彩塑吴门传人（吴门祖师为唐代的吴道子），继承“吴带当风”的“吴装”塑造风格，人物造像线条飘逸、圆润、流畅、和谐有序。他自幼喜爱美术，苦心钻研绘画艺术。刻苦学习彩塑、壁画、水彩画、版画及国画，尤其擅长神佛像彩塑。佛神像彩塑工艺的流程为：做泥胚——制作骨架——捆扎稻草——粗泥初塑——形体塑造——形态刻画——油彩上色。其主要工序为形体塑造和油彩上色。在佛神像彩塑中，形体塑造时，他充分发挥想象，适当运用夸张的表现手法，以产生形体语言的效果，赋予所塑佛神像鲜明的个性特征和美感；彩塑时，讲究色彩搭配和明暗变化，要求用彩艳而不俗、活而不滞，静中有动，实中有虚，给人以空灵、超脱、威仪、神秘之感，成为人们顶礼膜拜的偶像。他多年从事佛神像彩塑创作，其作品手艺出众、制作精美，所塑造的佛神像彩塑生动传神、气韵深厚，具有独特的魅力。

0209 付兆孟

性　　别：男

出生年月：1952-01-20
民　　族：汉族
政治面貌：群众
学　　历：高中
通讯地址：景泰县芦阳镇东关村
成　　就：自幼酷爱石刻技艺，其悟性好、爱钻研，从事石刻活动的时间达四十余年。他能充分突出民间北区芦塘付家石刻的传统特色，雕刻的作品庄严肃穆、古朴大方，是所有的民间石刻传承者中的佼佼者。由于他所刻的石刻制式规整，构图严谨，形象生动，做工考究，周边百姓纷纷定制，付家石刻的名声逐渐传播开来，石刻远销宁夏、内蒙古等地。其石刻技艺被编入《景泰民俗》一书中。
简　　介：是芦阳（旧称芦塘）付家石刻传人。自幼喜爱美术，苦心钻研先祖留传下来的石刻艺术。他刻苦学习圆雕、浮雕、透雕、减地平雕、线刻等各种石刻技法，尤其擅长浮雕。芦阳付家石刻侧重于陵墓碑刻及地面石刻，要求所刻碑字“饱满方正、横平竖直、点点如桃、撇撇如刀”、“上阴角下阳角、左阴角右阳角”等。强调“黑红窝子要占字”，祭祀用品的形状制式有一定的讲究规范，石刻长宽高等字数及搭配要占官旺财、吉利讨喜，寓意本分、仁义、长生等。他多年从事石刻创作，手艺出众，作品制作精美，所雕刻的石刻庄严肃穆、古朴大方，具有独特的魅力。

0210 罗广成

性　　别：男
出生年月：1937-12-14
民　　族：汉族
政治面貌：群众
学　　历：高中
通讯地址：景泰县五佛乡泰和村
成　　就：自1993年开始学习操作仿古建筑，先后建成沿寺新庙群，大敦煌影视城主要建筑木结构，寿鹿山八角亭、六角亭、四角亭、三角亭、条山圣母殿、城北墩观音殿、弥勒佛殿、车木峡庙、陈滩家庙和六角亭、西源村老君庙、仁义村大雄宝殿等。他传承了木雕的传统技巧，熟练掌握了阴刻、浮雕、圆雕、镂雕等几种木雕工艺。主要从事仿古建筑中的设计和木雕刻艺术，尤擅寺庙建筑中的木工雕刻，其传统木雕作品有暗八仙、龙凤、花鸟、鹿鹤同春、富贵牡丹、连年有余等。1993佛沿寺建龙王庙，开始学习操作仿古建筑设计，掌尺划线，木雕刻，建成龙王庙。

0211 马登祥

性　　别：男
出生年月：1955-11-21
民　　族：汉族
政治面貌：群众
学　　历：大学本科
通讯地址：景泰县一条山镇大安路
成　　就：他1969年参加了寺滩大队宣传队，多才多艺，演出过样板戏《沙家浜》的刁小三、《智取威虎山》的栾平、《红灯记》的卖木梳人、《杜鹃山》的温其久和《审椅子》中的王三槐等角色，1976年参加了县秦剧团，扮演过《三世仇》中的段步清、《枫叶红了的时候》中的陆峥嵘等角色；退休之后参加了百花艺术团，在小品《抓阄》中饰演大儿子，2011年在甘肃省第三届红梅奖大赛中荣获三等奖，2012年甘肃省首届“百姓戏剧小品”艺术节荣获二等奖。参演的小品《农村趣事》在2012年甘肃省首届“百姓戏剧小品”艺术节上荣获优秀奖。每逢春节，他参加传统闹社火活动。他进行传统哑剧《跑黑驴》表演多年，能组织排练传统的哑剧《跑黑驴》，熟知哑剧《跑黑驴》表演的细节和表达方式，是景泰仅存的哑剧《跑黑驴》表演者之一。

跑黑驴也叫“耍驴”，一般都穿插在春节社火表演中，景泰境内各个社火队都有，各有千秋。与社火起源一样，是为保护“春官”出城，与大肚子婆娘等一样，是社火队伍中用形体语言打闹逗笑、轻松诙谐的小哑剧。

简　　介：他自学哑剧表演，常年跟随社火表演团队演出《跑黑驴》。退休之后在景泰县百花艺术团从事小品表演。他对传统剧目有着深厚的表演功底，每年春节他都会在社会表演队中扮演《跑黑驴》的角色。他模仿毛驴散步、小跑、奔跳、撒欢、立马桩等动作，出色地表演了上山、下山、过河、遇雨、离散、团聚、驴卧、抬驴等情节。其《跑黑驴》表演诙谐幽默，富有生活情趣，赢得了群众的赞誉。

0212 马卫

性　　别：男

出生年月：1949-10-02

民　　族：汉族

政治面貌：群众

学　　历：大专

通讯地址：景泰县一条山镇振兴路兴泰花园

成　　就：自幼酷爱烧锅烧制技艺，从事的砂锅烧制时间长，并能虚心学习，充分突出烧锅烧制技艺的传统特色，其传承的响水砂锅烧制受到群众的广泛好评。其响水砂锅烧制，已编入《景泰民俗》一书。

简　　介：他从事砂锅烧制 40 年，自幼喜爱砂锅烧制这一手工技艺，少年时就随其父马如璨学习砂锅烧制，技艺精湛。主要烧制的砂锅种类有砂锅（蒸煮食物、做饭，分头号、二号、三号和小砂锅）、双耳锅、珠珠锅、砂鏊锅（烧制锅盔，特大饼及一般饼子均可）、砂茶壶、砂罐子（烧肉或做储存器）等。

0213 沈渭凤

性　　别：女

出生年月：1943-10-02

民　　族：汉族

政治面貌：群众

学　　历：高中

通讯地址：景泰县五佛乡泰和村

成　　就：自幼酷爱手工技艺，其悟性好、爱钻研，从事民间扎笤帚的时间长。她活学活用，灵活取用传统扎笤帚材料和塑料、皮革等新型材料，充分突出民间扎笤帚的传统特色，是所有的民间扎笤帚传承者中的佼佼者。其编扎笤帚技艺被编入《景泰民俗》一书中。她是民间扎笤帚传人。笤帚是劳动人民从事生产生活的产物，侧面反映了人们就地取材、物尽其用的生活习惯。传统上，扎制的笤帚按用途分类：扫地的较大，扫床扫炕的较小，扫案板、面柜者是更小（俗名叫笤帚娃），分工比较明确，专做专用。此外，笤帚还用在为老人扫“材”（棺）及春节玩社火、大肚子婆娘用来扫人身除邪气（必须是没用过的新笤帚，讲究干净）。她自幼喜爱民间手工技艺，衲鞋、缝纫、刺绣、女红样样精通，擅长扎笤帚、编箩筐等手工制品。她多年从事扎笤帚活动，取用农村常见的糜子、高粱、席子等植物的秸秆，用细麻绳、花布细心编扎，扎成的笤帚精巧致密、结实耐用。

0214 卢首锜

性　　别：男

出生年月：1954-08-02

民　　族：汉族

政治面貌：群众

学　　历：高中

通讯地址：景泰县中泉乡胡麻水村

成　　就：他爱好书画创作，从事髹漆活动

四十余年。熟知髹漆的步骤和绘画技艺，是当地仅存的髹漆艺人之一。其绘画水平较高，绘画作品曾荣获2011年甘肃省计划生育书画竞赛二等奖。

简　　介：自幼酷爱髹漆，能充分突出髹漆技艺的传统特色，在所有的民间髹漆传承者中可称佼佼者，为传承民间文化做出了积极的贡献。自幼经师傅传授髹漆技艺后，努力钻研髹漆技艺，结合自己的实践经验，掌握了民间髹漆技艺，形成了自己的风格。擅长家具、寿器等的漆画，髹漆技艺精湛，其彩绘的家具、寿器深受群众喜爱，是景泰县有名的髹漆及漆画艺人。髹漆技法是“揩漆”工艺，首先进行打磨，以体现木材的天然纹理，然后用天然漆（生漆）髹涂于器物的表面，待漆要干未干时，用布纱揩掉表面漆膜。如此，反复多次，直至表面呈现光亮。他的家具、寿器髹漆，做工细腻、考究，髹漆器物表面光鲜明亮，技艺娴熟精湛。

0215 冯国宁

性　　别：男
出生年月：1946-04-10
民　　族：汉族
政治面貌：群众
学　　历：高中
所在单位：景泰县文化馆
通讯地址：景泰县一条山镇西街

成　　就：自幼酷爱火链球舞蹈，从事的火链球舞蹈表演时间长，并能虚心学习，充分突出火链球舞蹈表演的传统特色，在所有的民间舞蹈传承者中可称佼佼者，其传承的红水火链球舞蹈表演受到群众的广泛好评。其火链球舞蹈表演技艺，已编入《景泰民俗》一书。他喜爱火链球这一传统舞蹈活动，自幼随其父向乡邻学习火链球表演技艺。在春节期间，他常组织村内青年，进行传统火链球表演，在传统的火链球表演形式的基础上，糅合现代舞蹈元素，自创歌舞表演，增加了火链球表演的趣味性和观赏性。火链球是在结实的绳子两端系牢铁链，铁链连接网状铁丝笼子（内盛木炭）或缠绕油纱等物，点燃后按一定动作舞动（类似于武术“水流星”）。传统火链球表演有两人、三人和五人不等。表演时火花翻飞、势如流星，舞动到极处，火球缠身、上下翻腾，如灵蛇游走周身、远近倏忽，瞻之在前，忽焉在后，加之舞者当空跳跃、张扬伏合、进退奔走、辗转腾挪，舞动间，一人携火链，直如千军万马，势不可挡。若多人共舞时，火光升腾、进退如一，更加声势浩大、撼人心魄。结束时围鼓唱小曲《庄农曲》《九杯酒》《十道黑》《十棵字儿》等，节日气氛十分热烈。火链球舞蹈是传统舞蹈技艺与节庆活动相结合的产物，是现存较稀有的新春闹社火的传统形式，对于研究古代节庆活动具有重要价值。

0216 张振家

性　　别：男
出生年月：1942-08-14
民　　族：汉族
政治面貌：群众
学　　历：高中
通讯地址：景泰县喜泉镇兴泉村

成　　就：自幼酷爱喜泉背鼓舞舞蹈，从事喜泉背鼓舞表演四十余年，熟知喜泉背鼓舞表演的步骤和方式，表演中能充分突出喜泉背鼓舞技艺的传统特色，表演技艺精湛，在所有的民间鼓舞传承者中可称佼佼者，是喜泉背鼓舞技艺硕果仅存的传承人，为传承优秀民族文化做出了积极的贡献。

简　　介：自幼喜爱喜泉背鼓舞这一传统鼓乐舞蹈技艺，随其父学习背鼓舞，耳濡目染，多年从事背鼓舞表演活动，是当地仅存的背鼓舞表演艺人之一。喜泉背鼓舞流传于景泰县喜泉乡，鼓点紧密，舞蹈节奏明快，动作幅度大。整场鼓舞先缓后急，高潮时气氛紧张高昂，充满了“战斗”气息；最后凯旋收兵时，欢快喜庆，背鼓舞队队形分为数个小圈，齐唱“小曲”，凯歌而还。背鼓子舞蹈突出表现斗志昂扬、奋勇进攻的激烈战斗，攻击态势鲜明，是腰鼓表演的精粹。

0217 梁飞龙

性　　别：男
出生年月：1951-11-08
民　　族：汉族
政治面貌：党员
学　　历：高中
所在单位：景泰县上沙沃镇人民政府
通讯地址：景泰县上沙沃镇人民政府
成　　就：自幼酷爱滚灯舞蹈，从事的滚灯舞蹈表演时间长，并能虚心学习，充分突出滚灯舞蹈表演的传统特色，擅长将传统滚灯表演与现代歌舞结合，推陈出新，在所有的民间舞蹈传承者中可称佼佼者，其传承的红水滚灯舞蹈表演受到群众的广泛好评。其滚灯舞蹈表演技艺，已编入《景泰民俗》一书。自幼喜爱滚灯这一传统舞蹈活动，多年随乡邻学习滚灯表演技艺。滚灯表演十分注重传统，十分讲究队形、队列的编排，领衔承转，腾挪摆翻，动作繁复，富于变化。农闲时节，常自制滚灯，从制作木架开始，改进滚灯制作技艺，不仅保留了传统滚灯美观喜庆的外部装饰，而且采用供电灯具，提高了滚灯的操作性。在春节期间，他组织村内青年，进行滚灯表演，在继承传统的“一字长蛇阵”、“二龙出水阵”、“天地三才阵”、“四门兜底阵”等表演形式的基础上，糅合现代舞蹈元素，自创歌舞表演，增加了滚灯表演的趣味性和观赏性。擅长传统滚灯表演，常见的滚灯表演阵型有方阵、圆阵、疏阵、数阵、椎形阵、雁形阵、钩形阵、玄疑阵、火阵、水阵。表演者手推滚灯，扭曲跃动，或走或奔、或守或攻、或合或离、或进或退：猛如蛟龙出海、势如地裂山崩；守如徐风澹月，围如电光火石；分似银瓶乍裂，收如百鸟投林。在方圆百步之间，收发自如，辗转腾挪，闻鼓而动，鸣锣而收。尤其晚间在灯火之中，人逐灯走，灯随人舞，舞动间步履如飞、形影交错，犹若五彩斑斓的长龙伸展屈卷，往复盘旋，别有情趣。如今，他率领的红水滚灯表演队的表演，已成为红水镇远近闻名的闹新春必不可少的节庆活动，为千家万户增添了喜庆祥和的节日气息。

0218 沈渭义

性　　别：男
出生年月：1942-06-19
民　　族：汉族
政治面貌：群众
学　　历：高中
通讯地址：景泰县五佛乡老湾村
成　　就：自幼酷爱彩绘寿器技艺，从事的彩绘寿器时间长，能虚心学习，充分突出彩绘寿器的传统特色，擅长黄河派彩绘寿器，在所有的民间彩绘寿器传承者中可称佼佼者，其彩绘寿器技艺受到群众的广泛好评。虽年逾古稀，但仍坚持从事彩绘寿器活动，奔走四方，挥毫不辍。其彩绘寿器技艺，已编入《景泰民俗》一书中。在黄河边长大的五佛乡村民沈渭义，从小就跟其父沈福学习彩绘寿器技艺。彩绘寿器这门手艺十分注重传统，有非常严格的行规和讲究，实用性很强。他从素描开始，刻苦钻研彩绘技艺，一副画夹在身，随其父走街串巷，进千家门，吃百家饭，四处为乡邻漆画家具、彩绘寿器。他继承了传统的寿器绘画特色，画风古朴典雅。所绘画的传统寿器，尤以金龙为典型，所绘之龙图有全身、半身之分，配彩有红、蓝、青、绿、紫等五色。其寿器配图歌诀为：“二十四孝古今传，四大贤人配全真。童男侍女立左右，前蟒后鹤脚踏莲。鹿鹤山水四季清，兰梅竹松分两边。天上遥挂七星月，寿碑宗讳在中间。”棺盖配图歌诀为：十五当空照堂前，残月时分上下弦；盖上定有八仙图，转向北斗按时旋。

0219 沈渭勤

性　　别：男
出生年月：1954-09-28
民　　族：汉族
政治面貌：群众
学　　历：高中
所在单位：景泰县五佛乡老湾村
通讯地址：景泰县条山农场西环路 72 号
成　　就：自幼喜爱中医，1971 年招工到景泰县药材公司工作，在工作期间利用闲暇时间，从事民间验方研究，搜集整理了许多民间验方，《灶心土白胡椒止泻汤》即为其中之一。他在上班期间喜欢看中医书籍，加上自幼在爷爷和父亲的熏陶下，对中医有着浓厚的兴趣，对民间验方和古今名方有着独到的见解。《灶心土白胡椒止泻汤》为五佛沈氏验方。沈氏祖上沈老太公系晚清秀才，爱读药书，每有会意，则欣然忘食，精于中医诊治之术。乐善好施，深得乡里敬重。喜收集钻研民间单方，但从不偏私藏秘，凡有登门求治者，皆坦然相告。他所持《灶心土白胡椒止泻汤》验方，专治小儿腹泻。

0220 韦应梅

性　　别：女
出生年月：1973-03-18
民　　族：汉族
政治面貌：群众
学　　历：高中
所在单位：景泰县五佛乡老湾村三组
通讯地址：景泰县五佛乡老湾村三组
成　　就：她从事剪纸创作时间长，能充分突出剪纸工艺的传统特色，在所有的民间手工技艺传承者中可称佼佼者，其传承的剪纸技艺受到群众的广泛好评。2010 年 8 月 2 日剪纸作品《水浒》获得首届中国剪纸艺术节组委会颁发的荣誉证书。她自幼喜爱剪纸这一传统手工活动，在其奶奶和母亲的指导下有一定的基础，在多年学习剪纸的过程中，对剪纸有一定的认识和看法，把剪纸和美术相结合，学习美术来改变剪纸的做工，不断地提高剪纸的水平。她的手工剪纸，在构图上采用平视构图，开放式思维，在方寸之间随心所欲、灵活取舍、自然挥洒、大胆创造。其剪纸自然流畅，在体现物象特征的同时，也达到了装饰美的目的，并在装饰美的效果中表现出创作者对生活的理想、愿望等精神追求。在她的剪刀下，人物个性鲜明、花草清新可喜，富有生活情趣，具有强烈的艺术感染力。

0221 龚怀有

性　　别：男
出生年月：1950-11-29
民　　族：汉族
政治面貌：群众
学　　历：高中
通讯地址：景泰县正路乡三墩村
成　　就：自幼酷爱神社火舞蹈，从事的神社火舞蹈表演时间长，能充分突出神社火舞蹈表演的传统特色，在所有的民间舞蹈传承者中可称佼佼者，其传承的神社火舞蹈表演受到群众的广泛好评。现三墩村神社火传统道具，保存在其家中。其神社火舞蹈表演技艺，已编入《景泰民俗》一书。正路当地民风淳朴，保留了大量的传统风俗。传统神社火由旗手、炮仗队、鼓乐队、高乐客灯笼、高跷子（较低矮，脚踩踏板离地六七寸）、“大身子”（仙女、武将、名人等）、中郎（男装）、拉花（女装）、旱船及麻老婆、鬼子、毛蛋客（丑角）、货郎、瞎仙等组成，人物多衣领内插两把打开的纸扇，置于耳朵两侧。各种道具的外部装饰，沿用清代的服饰用具形制。人物面部用黑、红、白、蓝、绿等各色颜料，描画勾勒，以示人物文武、仙凡、净丑的身份。神社火表演既有汉族特点，历代文臣、武将罗列其中，规模庞大的演出队伍甚至有水浒108将，又有少数民族粗犷奔放的特色，崇信鬼神，禳灾祈福。神社火舞蹈表演者（主要是掌高乐客的灯笼）随鼓点或单舞、或共舞，姿态似巫祝祷，节奏或舒或急，似惊似扰，观之神秘莫测、令人惊怵。他自幼喜爱神社火这一传统舞蹈活动，多年随其父龚正禄学习神社火表演技艺。神社火表演十分注重传统形式，讲究舞者与自然沟通，祝天祷地，从而禳灾祈福。每逢春节期间，他常自制神社火用具，从制作木架开始，按传统形制描画剪贴糊纸，家中至今仍保留着传统神社火领路高灯笼、高跷、仙女、武将、名人等衣饰装扮（各色人物面部化妆多衣领内插两把打开的纸扇，置于耳朵两侧），各种道具及其外部装饰物品。他常装扮广成子、吕洞宾、秦琼、敬德、神荼、郁垒等人物，尤擅掌领路灯“跳大神”一角。在春节期间，他组织村内小孩、中年人，进行神社火表演，为千家万户增添了喜庆祥和的节日气息。

0222 王兆文

性　　别：男
出生年月：1949-03-22
民　　族：汉族
政治面貌：群众
学　　历：大学专科
所在单位：景泰县县委宣传部
通讯地址：景泰县县委宣传部
成　　就：创作的民间文学作品有《黄河石林故事传说》24篇。在景泰县《宗教文化》一书中，收集整理民间文学作品8篇。参与编写《景泰民俗》一书，收集编写民间文学作品5篇。自编《景泰旅游指南》一书，编写民间文学作品5篇。在《飞天》《红柳》《白银文艺》等报刊中，发表民间体裁的文学作品30余篇。
简　　介：在过去漫长的历史时期中，景泰县广大劳动人民创作出的许多传说、故事、歌谣等，代代相传。他对此进行了多年的搜集、整理和改编，并从事民间文学的创作工作，取得了丰硕的成果。他参与编写了《黄河石林故事传说》《宗教文化》《景泰民俗》等书籍。他的民间文学作品，有一部分依据群众中具有特殊优秀才能和丰富经验的歌唱者、说故事者讲述的内容进行创作和加工，一部分来源于景泰地方历史资料。其作品在一定程度上展现了人民群众的英雄主义、爱国主义、乐观主义、人道主义和献身精神等崇高思想和珍贵美德，不仅表现了千万人民的痛苦和希望，也表现了他们永不磨灭的典范人格和崇高品质。

0223 沈杰云

性　　别：男
出生年月：1964-02-11
民　　族：汉族
政治面貌：群众
学　　历：高中
通讯地址：景泰县五佛乡老湾村
成　　就：常年参加民间戏曲演出活动，伴奏唱腔，应邀为乡邻红白喜事吹奏。整理和完善传统唢呐牌子曲《泾河哭老龙》，为传承民族文化做出了积极贡献。他自幼学习唢呐演奏技艺，自学成才，现已从事唢呐活动四十余年，是景泰县远近闻名的唢呐演奏艺人。他的唢呐演奏技艺十分娴熟，他能模仿许多不同的声色，惟妙惟肖地表现苍老低沉、俏皮灵动、张狂粗放等声音，凭一管唢呐，演绎人世间的喜怒哀乐。尤其擅长用双唇压紧哨片，控制气息，吹出柔润的弱音（类似箫声）来表现抒情或悲哀的情绪。他吹奏的《泾河哭老龙》，即以音乐叙述唐太宗因魏征梦斩泾河龙王而哭祭老龙的故事。《泾河哭老龙》哀声绵绵、悲思纠缠，唢呐声如呜似咽、如泣似诉，催人泪下。

0224 张海山

性　　别：男
出生年月：1956-11-24
民　　族：汉族
政治面貌：民主党派
职　　称：副高
学　　历：大学专科
所在单位：平凉市崆峒区民盟
通讯地址：平凉市崆峒区东大街 60 号
成　　就：在 20 多年的社火春官诗宣传活动中能上承先辈优点，并随社会等内容将之创新，对后辈同龄能相互交流，取长补短，使诗句内容能进一步，接近生活，贴近实际，为丰富节日文化生活添光加彩。创作的春官诗已在《平凉春官诗》（市文化馆选编）发表多首。2005 年以来，连续在《平凉日报》发表春官诗 300 多首。现正在编撰《平凉春官诗选编》一书，任编委会总编辑。

0225 梁世华

性　　别：男
出生年月：1938-01-23
民　　族：汉族
政治面貌：群众
学　　历：高中
通讯地址：甘肃省平凉市崇信县锦屏镇刘家沟村马湾社
成　　就：山梁走唱代表性传承人。经过工作人员和本县民俗爱好者研究认定：它是一种在当地流传百余年、内容丰富、曲目众多、古典而具有黄土高原特色的二人走唱剧目。现将存世作品做了摸底调查，并把一些演唱得比较完整的剧目录了像，做了记录，并以山梁社的历史渊源和演唱风格命名为“山梁走唱”。《山梁走唱》中糅合了相声、民歌、秧歌等多种艺术表演形式。主要作品有《割麦子》《锄棉花》《推车车》《拆洗婆娘》《朝山》《过十六》《李三娘研磨》《两亲家打架》等古典而精彩的剧目。2010 年山梁走唱被命名为甘肃省第三批省级非遗保护项目。
简　　介：自幼学习演唱表演，表演技术不但娴熟，更能在继承前人的基础上有所创新。每年组织传承人参加村上社火队，到乡镇及县城进行表演。

0226 李效齐（李效奇）

性　　别：男
出生年月：1933-05-01
民　　族：汉族
政治面貌：群众
职　　称：副高
学　　历：高中
通讯地址：甘肃省平凉市崇信县黄花乡黄花塬村
成　　就：他闲暇时常和新培养的传承人对民歌知识进行探讨，相互勉励，共同进步。他培养的传承人陈小平、李金龙等分别能熟练演唱崇信民歌 30 余首，深受群众的赞扬，为县民歌传承做出重大贡献，陇东民歌代表性传承人。
简　　介：从小热爱民间文化，特别是社火更是独钟有加。他唱腔不但洪亮，而且嗓音很高、吐字清晰，表演不但娴熟，更能在继承前人的基础上有所创新，在当地很有名气。

0227 刘彦魁

性　　别：男
出生年月：1941-04-29
民　　族：汉族
政治面貌：群众
职　　称：副高
学　　历：高中
通讯地址：甘肃省平凉市崇信县新窑镇杨安村
成　　就：顶灯说唱代表性传承人，组织该村顶灯爱好者进行指导教授，使该村顶灯表演队伍不断壮大，表演技艺得到了更好的提升。所授徒弟马会林、沈德福等人在春节期间参加村里组织的社火队，表演精彩，村民赞不绝口，在乡村进行巡回演出。元宵佳节、文化遗产日期间，在县文化广场进行顶灯表演，深受群众喜爱。50多年来把《顶灯》剧不断发展完善，发挥了传帮带头的巨大作用。
简　　介：自幼受父辈影响，能文会武，能说会唱，喜爱表演。

0228 赵进儒

性　　别：男
出生年月：1947-07-29
民　　族：汉族
政治面貌：群众
职　　称：省级非遗传承人
学　　历：高中
通讯地址：甘肃省平凉市崇信县新窑镇西刘村
成　　就：省级非物质文化遗产——山梁走唱传承人。为了实现“山梁走唱”技艺的有效传承，培养后继人才，他老牛拉车劲不松，虽年七十高龄，但依旧活跃在山梁走唱传承保护的最前沿，操持着这项非物质文化遗产项目的传承大旗，带领培养的近10名年轻弟子，用原生态的嗓音、古朴典雅的表演述说着这片热土上的故事，歌颂着新社会农民的幸福生活。
简　　介：西刘村原党支部书记。12岁时跟随父辈学唱社火、民歌等，学习了很多说唱、走唱剧目，积累了丰富的表演技巧和经验，是山梁走唱代表性传承人之一。

0229 刘小锋

性　　别：男
出生年月：1967-10-25
民　　族：汉族
政治面貌：群众
学　　历：高中
通讯地址：甘肃省平凉市崇信县新窑镇杨安村
成　　就：顶灯说唱代表性传承人，春节期间，参加村里组织的社火队，在各村进行巡回演出，深受当地村名的喜爱。文化遗产日、元宵佳节在县文化广场进行顶灯表演。
简　　介：在父亲刘彦魁教导下，顶灯技艺见长，且能唱会说，能带领表演。为《顶灯剧》传承做出了贡献。

0230 张仁民

性　　别：男
出生年月：1961-11-25
民　　族：汉族
政治面貌：群众
职　　称：国家级非遗传人
学　　历：大学专科
所在单位：庆阳岐黄文化传播有限公司

通讯地址：庆阳市东门新村锦绣坊文化一条街 22 号

成　　就：1985 毕业于庆阳师专，中国工艺美术大师、中国工艺美术学会会员、甘肃省收藏协会理事、庆阳收藏家协会副会长、西峰区香包民俗文化产业协会秘书长、西峰区政协委员。2002 年成立庆阳岐黄文化传播有限公司，以收藏整理保护庆阳民俗为主要工作，2010 年设计的《吉祥老虎》原创香包产品被陈列在上海世博会中国馆贵宾区，2012 年为庆阳市博物馆提供藏品古旧刺绣 226 件，创意香包产品 156 件，中草药配制的香料 28 种。为庆城周祖农耕文化园提供藏品 376 件。被评为庆阳市文化产业领军人物。筹资 3.6 亿元建设国家级非物质文化遗产生产性保护示范基地。

0231 王爱珍

性　　别：女

出生年月：1952-04-28

民　　族：汉族

政治面貌：党员

职　　称：中国民间工艺美术大师

学　　历：大学专科

所在单位：西峰区文化馆

通讯地址：甘肃省庆阳市西峰区文化馆

成　　就：多年来潜心研究庆阳民间传统文化艺术的历史渊源和发展轨迹，为拯救、传承、发展传统的民间工艺美术及民俗文化做出了不懈的努力。在创作剪纸艺术方面，他吸纳各类剪纸的不同风格，承前启后，不断创新，其剪纸代表作有:《中国民族之花》《中国十圣八科》等十多种。近年来，又研究创作出了中国古典四大名著人物剪纸集，使我国四大古典文学作品中的人物通过剪纸的形式神采各异、活灵活现地展现在人们面前。最近又创作出了童乐园四条屏剪纸，该剪纸第一次露面后就受到社会各界人士喜爱，具有较强的文化内涵和收藏价值。

简　　介：庆阳粮油公司原副经理，省妇女书法家协会会员、中国民间文艺家协会会员，被中国民间工艺美术委员会命名为“中国民间工艺美术大师”。

0232 李淑琴

性　　别：女

出生年月：1957-04-01

民　　族：汉族

政治面貌：群众

职　　称：市级民间艺术家

学　　历：高中

所在单位：庆阳凌云服饰集团有限公司

通讯地址：庆阳市西峰区南大街 188 号

成　　就：市级民间艺术家，2002 年 5 月由公司派往中国美院参加《新农村、新风尚、新文化、新创意》项目，设计制作完成了布艺狮子、虎头枕、十二生肖等作品。在公司制作了立体龙、乌龟、鸭子、骆驼、毛驴、童鞋等作品。

0233 李兰玉

性　　别：女

出生年月：1965-12-02

民　　族：汉族

政治面貌：群众

职　　称：甘肃省香包刺绣大师

学　　历：高中

通讯地址：庆阳市西峰区后官寨李庄村庄后队

成　　就：这些年来取得的荣誉和收益是十分可观的，受到媒体多次报道和相关单位的肯定。2004 年 12 月作品《大粽子》被评为第三届中国庆阳香包民俗文化节刺绣类作品金奖；2005 年 1 月被西峰区后官寨乡党委授予2004年全乡文化产业开发先进能手；2005年6月10日被庆阳市民间工艺美术协会命名为“庆阳市民间艺术大师”称号；2006年5月被甘肃省民间艺术家协会命名为“甘肃省香包刺绣大师”称号；2007年6月作品《钱串子》被中国庆阳端午香包民俗文化产业博览会授予铜奖；2009年3月被后官寨乡党委授予“2006年度致富女能手”；2009年作品吉祥粽子被评为第七届中国庆阳端午香包民俗文化节铜奖；2011年香包作品被评为第九届中国庆阳端午香包民俗文化节民俗文化产品展销三等奖。

简　　介：小时候帮妈妈缝补衣物，到五、六年级利用小布头、小纽扣等等学习绣制不同的手工制作，1979年7月小学毕业时便学会了制作各式各样小香包、形形色色的小绌绌、小老鼠、小白兔、小葫芦、小绣球等，学会了各种各样的针法、绣工、配线及制作各种花样的鞋垫、绣花鞋、小动物等，会做一些简单的线盘类香包、八角，绣球等，掇花、勾花、织花、绣花等各种各样的刺绣手艺，还自学香包制作各种针法，学习纳鞋底、绣香包、绣制香包、绣制香包、做绣花衣服、绣花鞋等等。

0234 康藏

性　　别：女

出生年月：1991-10-25

民　　族：汉族

政治面貌：群众

学　　历：高中

所在单位：庆阳岐黄文化传播有限公司

通讯地址：庆阳市东门新村锦绣坊文化一条街22号

成　　就：虽自幼聋哑，但天资聪颖，14岁跟随刘兰芳大师学习香包制作等工艺，在画图、配色、制作等方面尤其擅长。省级工艺美术大师，其作品《鸳鸯戏水》在甘肃省第二届百荷花奖民间工艺美术作品展中入选参展。

0235 张千红

性　　别：女

出生年月：1972-10-05

民　　族：汉族

政治面貌：群众

职　　称：甘肃省民间工艺美术大师

学　　历：高中

所在单位：庆阳市邮政局

通讯地址：庆阳市邮政局

成　　就：13岁起在母亲的指导下从事香包刺绣，由开始的模仿绣制固定简单的图样，慢慢地学会绘制新颖独特的图形，经过不断的学习和努力，精心绣制的《十二子接福》《抓髻娃娃》和《九龙福》等大件作品先后在第二届、第三届、第四届中国庆阳香包民俗文化艺术节中分别获得了优秀奖、银奖及金奖，并获得庆阳市民间工艺美术大师的称号，此后不断虚心学习，在乡文化站多次举办的香包刺绣及剪纸等民间工艺品的展览活动中夺得了好的名次，并得到了文化界专家及广大观众的赞赏。2006年在香包民俗文化节中刺绣的《吉庆有余》《大香包》《福寿吉庆》等作品又获得了金奖及好的名次，并荣获甘肃省民间工艺美术大师的称号。

0236 王雪玲

性　　别：女

出生年月：1963-11-12

民　　族：汉族

政治面貌：党员

职　　称：甘肃省民间工艺美术大师

学　　历：高中

通讯地址：甘肃省庆阳市西峰区什社乡塔

头村
成　　就：2012 年获甘肃省民间工艺美术大师称号；2011 年获得庆阳市“双学双比”女能手称号；2011 年 6 月第九届中国庆阳端午香包民俗文化节民俗文化产品展销一等奖；2011 年 6 月甘肃民间艺术协会授予“甘肃省民间艺术家”称号；2009 年香包作品《绌绌系列》获第七届中国庆阳端午香包民俗文化节银奖；2008 年荣获香包民俗文化产业活动香包展览优秀奖；2006 年《小动物蔬菜组合》荣获第五届中国庆阳端午香包民俗文化节刺绣类银奖；2005 年获第四界中国庆阳端午香包民俗文化节西峰区香包刺绣剪纸“巧手”大赛香包刺绣类一等奖。2011 年 6 月甘肃省民间艺术学会授予“甘肃省民间艺术家”称号。
简　　介：1980 年受母亲的影响开始学做小香包和民间刺绣，作品深受人们喜爱，在当地获得称赞。1987 年开始组织裁剪缝纫学习班，理论实践相结合，共培训学员三百多名。1998 年在西峰区文化馆的帮助和支持下，开始大量手工制作香包并销售，获得一定经济效益。作品主要以五毒、螃蟹、青蛙挂件、瓜果蔬菜类、飞禽走兽类、十二属相类等民间绌绌为主。做工精细、种类丰富多彩，远销西安、兰州、北京等全国各地，在北京大红门等地有自己的作品专售柜台。

0237 拓正好

性　　别：男
出生年月：1979-08-07
民　　族：汉族
政治面貌：群众
学　　历：高中
通讯地址：甘肃省庆阳市西峰区北城巷 151 号
成　　就：自幼受父亲拓占聪的熏陶，爱好皮影艺术，朦朦胧胧中，窑洞中的皮影戏给我留下了深刻的印象。1997 年退伍以后，在国家提倡文化艺术大发展的前提背景下，看到了皮影艺术的魅力和市场开发的前景，开始学习、了解皮影艺术并参加了第二届端午香包节，之后努力学习皮影的制作，在父亲的指导下，细细地学习皮影制作的每一个细节，沿用传统的皮影制作方法，刀法细腻，雕刻艺术精湛，作品销往全国各地，在之后的每届香包民俗文化节中，多次获奖，受到中央和庆阳市各个媒体的采访报道。2006 年兰洽会上，现场制作，受到省领导的好评。作品《游花苑》2004 年香包节中被评为金奖，被兰州客人收藏。作品《包公断案》2006 年香包节被评为银奖，被杭州客人购买收藏。作品《雷震子救父》2007 年香包节被评为金奖，被国外客商购买。作品《三战吕布》2010 年香包节被评为银奖，作品《虎神、雷公》等神怪皮影初次亮相2012年农耕文化节，受到广大皮影爱好者的好评。

0238 李静

性　　别：女
出生年月：1969-07-25
民　　族：汉族
政治面貌：群众
职　　称：甘肃省民间剪纸艺术家
学　　历：中专
通讯地址：甘肃省庆阳市西峰区董志镇郭堡村
成　　就：2004 年 6 月剪纸作品《公鸡》在第三届中国庆阳香包民俗文化节上获剪纸类铜奖；2007 年 11 月作品《关爱》在第六届中国（黑龙江）剪纸艺术节全国剪纸作品中被评选为银奖，并分别收藏在鸡西市博物馆和傅作仁剪纸艺术馆；2008 年 10 月刺绣作品《九凤朝阳》荣获首届中国集美民间工艺精品博览会银奖；2012 年 8 月作品《窗花》被山西省右玉县人民政府收藏；2012 年 11 月喜迎党的十八大胜利召开公益书画剪纸艺术展活动中，作品《喜迎十八大全国同庆祝》被评为金奖，并被授予“中国传统文化剪纸艺术博学名家”荣誉称号。2013 年被甘肃省民间文艺家协会命名为“甘肃省民间剪纸艺术家”荣誉称号。

0239 郭双芸

性　　别：女

出生年月：1949-04-29

民　　族：汉族

政治面貌：群众

职　　称：市级非遗传人

学　　历：高中

通讯地址：甘肃省庆阳市西峰区董志郭堡村

成　　就：作品《春晓》《毛主席万岁》《庆祝国庆》等在《甘肃日报》刊发；70 年代作品多次入选省地和西北五省美术展览。2001 年我国申奥成功，选用 108 款蝴蝶，剪出 2008 只彩蝶被中国奥申委收藏；2002 年新作刺绣《牧笛》、剪纸《寿比南山》在中国庆阳首届香包民俗文化节上获奖；2004 年 12 月剪纸作品《一代伟人毛泽东》荣获第三届中国庆阳端午香包民俗文化节剪纸类作品银奖；2005 年 6 月剪纸作品《关爱》在第四届中国庆阳端午香包民俗文化节上荣获剪纸类作品金奖；2006 年 7 月剪纸作品《喜娃闹春》在第五届中国庆阳端午香包民俗文化节上荣获剪纸类铜奖；2007 年 6 月被中国工艺美术学会民间工艺美术专业委员会、《中国民间艺术名家指南》编辑委员会认定为《中国民间艺术名家指南》入刊艺术家；2007 年 7 月剪纸作品《新农村风貌》荣获首届中国庆阳端午香包民俗文化产业博览会剪纸类铜奖；2007 年 11 月作品《十二喜娃迎奥运》在第二届甘肃民间文艺“百合花奖·民间工艺美术类”评奖活动中荣获铜奖；2008 年 1 月作品《陇东社火—划旱船、赶毛驴》在第六届中国（黑龙江）剪纸艺术节全国剪纸作品评比奖励中荣获银奖。2009 年 11 月被批准为剪纸项目的市级代表性传承人，之后相继应邀赴西峰区董志小学、寺里田小学教小学生学习庆阳民间剪纸，为剪纸艺术积极培养爱好者和后继人才。

0240 赵宁宁

性　　别：女

出生年月：1981-03-16

民　　族：汉族

政治面貌：群众

职　　称：市级工艺美术大师

学　　历：中专

所在单位：庆阳岐黄文化传播有限公司

通讯地址：庆阳市东门新村锦绣坊文化一条街 22 号

成　　就：市级工艺美术大师，西峰区董志镇人，自幼跟随母亲学习女红制作，婚后在制衣厂的工作经验使其在岐黄公司生产质检部门的工作得心应手。其作品“香包—绣花鞋系列”荣获西部（中国·成都）国际民族民间工艺品、礼品、旅游纪念品含收藏品博览会金奖。

0241 马路

性　　别：女

出生年月：1970-12-13

民　　族：汉族

政治面貌：群众

职　　称：甘肃省民间艺术大师

学　　历：大学专科

通讯地址：甘肃省庆阳市西峰区西大街 1 号国贸百货

成　　就：2009年9月剪纸作品《美好生活》入选“第五届中国金坛国际剪纸艺术展”；2009年10月剪纸作品《好日子》在“2009辉煌六十年中华（河南）剪纸艺术大赛”中荣获银奖；2010年9月剪纸作品《幸福晚年》荣获中国首届“中日剪纸交流展”优秀奖并被邀请去太原参加研讨交流活动；2011年3月剪纸作品《春天进行曲》荣获“第三届浙江桐庐全国剪纸大赛”银奖；5月被评为“甘肃省民间艺术大师”。2012年2月18日应邀参加了北京“中国当代剪纸精品展”开幕式。本展览集中展示了来自全国26个省区的一百多位艺术家的160幅剪纸精品，并被收录到《中国当代剪纸精品集》中。10月，剪纸作品《茶壶系列》《抓髻娃娃》获甘肃省第五届文化博览会“创意甘肃”首届剪纸大赛银奖。2013年8月剪纸作品《生命树》荣获关陇地区民间剪纸艺术精品展铜奖；11月，剪纸作品《陇原春耕》获延安首届华夏剪纸精品展优秀奖；12月，剪纸作品《抓髻娃娃》荣获中盛吉庆杯镇原县书画剪纸大奖赛一等奖。2014年3月作品《八骏迎春》获“中国梦·民俗情”庆阳市迎“三八”剪纸大赛一等奖。

简　　介：中国国际（香港）剪纸协会会员、中华文化促进会剪纸艺委会会员、甘肃省民间艺术大师、甘肃省民间文艺家协会会员、庆阳市民间文艺家协会会员、甘肃省镇原县剪纸协会会员甘肃省陇原书画协会会员。

0242 陈雪锋

性　　别：女

出生年月：1969-12-03

民　　族：汉族

政治面貌：群众

职　　称：市级工艺美术大师

学　　历：高中

所在单位：庆阳岐黄文化传播有限公司

通讯地址：庆阳市东门新村锦绣坊文化一条街22号

成　　就：从事香包绣制长达20余年，长子徐安国在陇东学院学习设计制作。2008年在庆阳岐黄文化传播有限公司从事香包生产加工制作。其作品《圆口菊花鞋》荣获中国庆阳香包民俗文化节新产品银奖。

简　　介：市级工艺美术大师，庆城县葛崾岘乡人。

0243 石巧荣

性　　别：女

出生年月：1954-04-28

民　　族：汉族

政治面貌：群众

职　　称：甘肃省民间艺术家

学　　历：高中

通讯地址：甘肃省庆阳市西峰区后官寨乡西庄村

成　　就：主要从事面塑艺术，所做的供品、大馍馍、花树花等面塑作品在历届庆阳香包节上展出并获奖。面塑作品《龙》在2011年中国庆阳农耕文化节文化产品中荣获综合类铜奖。2011年被甘肃省民间文艺家协会命名为“甘肃省民间艺术家”。

0244 王秀粉

性　　别：女

出生年月：1959-10-11

民　　族：汉族

政治面貌：群众

职　　称：甘肃省民间艺术家

学　　历：高中

所在单位：庆阳轩辕香包艺术有限公司

通讯地址：庆阳市西峰区南大街188号

成　　就：甘肃省民间艺术家，擅长香包刺

绣设计绘画，徒手画牡丹、花鸟和动物是她的绝活技术，从农村画到县城，从环县山区画到庆阳市区，她手把手教过许多徒弟，对刺绣配色很有研究，有许多绘画刺绣弟子，她人住在西峰，可是找她画花的人来自各县，现为轩辕香包公司绘画师，服务于各县刺绣基地，给农村刺绣能手提供民间香包艺术品刺绣绘画，被评为庆阳市民间艺术家，现晋升为甘肃省民间艺术大师。民间许多刺绣能手的获奖作品刺绣图案都出于她的画技。

0245 黄兰琴

性　　别：女
出生年月：1955-12-24
民　　族：汉族
政治面貌：群众
职　　称：省级工艺美术大师
学　　历：高中
所在单位：庆阳岐黄文化传播有限公司
通讯地址：庆阳市东门新村锦绣坊文化一条街22号
成　　就：省级工艺美术大师，陕西省绥德县崔家湾人，婚后随丈夫到庆阳地区冷库工作，2002年加入岐黄公司参与初期设计制作工艺，是一位高产的民间艺人。其作品《双合脸绣花鞋》荣获中国庆阳香包民俗文化节刺绣类优秀奖。《连年有余》在甘肃省第二届百合花奖民间工艺美术作品展中入选参展。

0246 马玉琴

性　　别：女
出生年月：1964-03-01
民　　族：汉族
政治面貌：群众
职　　称：甘肃省民间工艺美术家
学　　历：高中
通讯地址：庆阳市西峰区董志镇周庄村西庄队
成　　就：2004年被命名为甘肃省民间工艺美术家，2006年被命名为中国民间工艺美术大师。西峰区工艺美术协会会员，董志镇香包刺绣生产基地负责人。2002年《门神》荣获首届中国庆阳香包民俗文化节优秀奖，2003年《蝴蝶》被第十五届西部商品交易会暨第二届中国庆阳香包民俗文化节评为优秀奖，2004年《戏剧人物百谱扇》荣获第三届中国庆阳香包民俗文化节刺绣作品金奖。2005年《花瓶》荣获第四届民俗文化节银奖。2006年《戏剧脸谱》荣获第五届民俗文化节金奖。2007年《富贵双喜》荣获第六届民俗文化节银奖。2009年《福寿平安》荣获第七届民俗文化节银奖。2010年《挂件鞋垫》荣获第九届民俗文化节银奖。2006年在董志镇首届农运会暨民俗文化节获一等奖。《戏剧人物百谱扇》《花瓶》《祝寿平安》被庆阳博物馆收藏。
简　　介：1970年至1975年显胜小学读书；1976年至1979年显胜初中读书；1980年毕业回家务农，开始学刺绣；1992年至今刺绣精品和大型作品。

0247 吉彩琴

性　　别：女
出生年月：1962-09-08
民　　族：汉族
政治面貌：群众
职　　称：中国民间剪纸艺术大师
学　　历：高中
所在单位：庆阳吉彩琴民俗文化传播有限公司
通讯地址：庆阳市西峰区桐树街西口
成　　就：2006年甘肃省授予吉彩琴“农村适用技术人才”称号。2008年11月中共中央组织部、中共中央宣传部、中华人民共和国人力资源和社会保障部、中华人民共和国农业部四部委联合授予吉彩琴同志为“全国农村优秀人才”荣誉称号。近年来，她先后获得省市各级组织奖励，被评为剪纸能手、双学双比十佳女能手、致富能人、民间工艺美术能手、发展经济带头人。她培养剪纸艺术传人，积极领教学员，到大中小学为青少年传授剪纸技艺，为庆阳市非物质文化遗产的抢救保护做出了很多贡献。

简　　介：中国民间剪纸艺术大师、中国民间艺术家协会剪纸艺术委员会会员、副高级剪纸艺术师、甘肃省民间艺术家协会会员、庆阳市民俗艺术研究所研究员。

0248 白淑芳

性　　别：女

出生年月：1966-03-14

民　　族：汉族

政治面貌：群众

职　　称：甘肃省民间艺术家

学　　历：高中

所在单位：庆阳淑方香包刺绣有限公司

通讯地址：庆阳市西峰区董志镇北门村

成　　就：2011 年荣获甘肃省民间艺术家称号，2012 年 1 月荣获兰州年货暨民俗文化精品展销会优秀展商，参加 2012 年浙江非物质文化遗产博览会并荣获优秀演示奖以及庆阳市的多个奖项，2012 年 11 月创作的作品手工刺绣《习仲勋》荣获第十二届甘肃省工艺美术百花奖创作创新一等奖。

简　　介：现为庆阳市民间艺术大师——刺绣大师，甘肃省民间艺术家，甘肃省民俗文化产业作者协会会员。

0249 张会玲

性　　别：女

出生年月：1933-07-01

民　　族：汉族

政治面貌：群众

职　　称：甘肃省民间艺术家

学　　历：高中

所在单位：庆阳凌云服饰集团有限公司

通讯地址：庆阳市西峰区南大街 188 号

成　　就：甘肃省民间艺术家。传承奶奶和母亲的绘画技艺，为相邻妇女绣花画图义务服务，教导刺绣爱好者学习绣花配线和针法技巧，把全部技术交给女儿张志峰（国家级民间工艺美术大师）和孙女孙蔚华（甘肃省民间艺术家）及传承人刘丽红（甘肃省工艺美术大师）。2009 年 9 月参加第九届中国民间艺术节民间艺术大师展演大赛，《绣花鞋垫》获得最佳作品奖。

0250 周淑霞

性　　别：女

出生年月：1967-03-20

民　　族：汉族

政治面貌：群众

职　　称：甘肃省民间艺术家

学　　历：大学专科

所在单位：西峰区文化馆

通讯地址：甘肃省庆阳市西峰区文化馆

成　　就：她自幼在母亲的熏陶下学会了民间刺绣，在村里是出了名的香包刺绣艺人，深受大家喜爱。剪纸上拜周维民老师为师，在他的言传身教下，技艺日趋见长。多年来，她以娴熟的技巧创作了大量的优秀民俗艺术作品，赢得了广大市民的青睐好评。2008 年 9 月在第二届中国庆阳端午香包民俗文化节上刺绣作品《百年好合》获得优秀奖。2011 年 6 月被甘肃省民间文艺家协会命名为“甘肃省民间艺术家”。

简　　介：甘肃省民间艺术家，任职于西峰

区文化馆。

0251 金香莲

性　　别：女
出生年月：1940-10-01
民　　族：汉族
政治面貌：群众
职　　称：中国民间剪纸艺术大师
学　　历：大学专科
所在单位：庆阳市西峰区新建小学教师退休
通讯地址：西峰区南大街580号
成　　就：2003年作品《世上只有妈妈好》获第五届中国剪纸艺术节金奖；2007年作品《农耕生活》获第八届中国民间文艺“山花奖”，2010年作品《奥运之光》获巴黎首届世界和平民间艺术大赛金奖，2011年作品《仙女散花》等获美国纽约国际艺术博览会华人艺术功勋金奖。历年获国际大奖5项，国家级金奖13项。个人获中国剪纸德艺双馨奖。甘肃省非物质文化遗产优秀传承人。60年代曾有60多幅作品被省群艺馆收集，其中部分作品被选入《甘肃民间艺术选编》。2003年至今部分作品、论文和传略分别入编《中国艺术》《中国剪纸艺术研究》《世界民间艺术大师大辞典》《世界名人录》等二十多部典籍。2011年在庆祝中国共产党建党九十周年主题活动中被评为“创先争优先进个人”和“盛世中华公益人物”，荣幸地作为特邀嘉宾出席了北京人民大会堂表彰座谈会，被授予“当代优秀共产党人”和“最具科学发展观先进人物”称号。中国基层党建网等主办单位特发来贺函和喜报，事迹入编大型文献《党旗飘飘，优秀共产党人》一书。
简　　介：中国民间文艺家协会会员、中国民间剪纸艺术大师、世界文化艺术研究中心研究员、英格兰皇家艺术基金会学术顾问、中国书画研究院高级美术师、甘肃省民间剪纸艺术家、非物质文化遗产项目代表性传承人、民俗研究所研究员、文化产业协会西峰分会副会长。

0252 拓占聪

性　　别：男
出生年月：1948-09-02
民　　族：汉族
政治面貌：群众
职　　称：甘肃省皮影艺术家
学　　历：高中
通讯地址：庆阳市西峰区什社乡贺塬村岘子队
成　　就：其作品在历届香包节中屡屡获奖：2001年6月作品《游地狱》在西峰区香包节获铜奖；2002年6月作品《华亭相会》在首届香包节获银奖，2003年6月作品《钟馗》在第二届香包节获银奖；2004年6月作品《关公》在第三届香包节获铜奖；2005年6月被庆阳市民间文艺家协会命名为“庆阳市皮影艺术大师”，2006年又被甘肃省民间文艺家协会命名为“甘肃省皮影艺术家”。2007年6月作品《雷震子》在第六届香包节获银奖；2009年2月自编的《木偶社火》参加了元宵节社火表演，被评选为春节文化活动先进个人，节目获特等奖。2011年6月皮影作品被评为综合类一等奖。
简　　介：17岁开始和父亲拓怀宗学习雕刻演绎皮影，至今四十余载，2001年西峰区香包民俗文化节和2002庆阳市首届香包民俗文化节的开办，使其看到了民间传统艺术复兴的曙光，自此开始规模化、正规化制作销售皮影，所雕刻的皮影纹样继承传统，上色承袭古法，色彩古朴沉稳，在西峰区成为皮影第一传承制作人，随后传习儿子拓正好、女儿、儿媳等人，成立“拓氏皮影工艺馆”。

0253 张志峰

性　　别：女
出生年月：1953-10-02
民　　族：汉族
政治面貌：党员
职　　称：中国民间工艺美术大师
学　　历：大学专科
所在单位：庆阳凌云服饰集团有限公司
通讯地址：庆阳市西峰区南大街 188 号
成　　就：中国民间工艺美术大师。研究制定了庆阳香包技术标准；编制了《陇绣经典》收藏礼品集；设计制作了《唐诗剪纸六十首》（全三册）剪纸册；投资 300 万元建起庆阳香包刺绣技术培训基地；被庆阳市博物馆征集作品一千多件。《敦煌神韵》《连年有余》《五毒驱邪》《鲤鱼跳龙门》《福虎驱》五件作品获得外观设计专利知识产权。

0254 刘兰芳

性　　别：女
出生年月：1965-05-25
民　　族：汉族
政治面貌：群众
职　　称：省级民间艺术大师
学　　历：高中
所在单位：庆阳岐黄文化传播有限公司
通讯地址：庆阳市东门新村锦绣坊文化一条街 22 号
成　　就：自幼跟母亲学习制作女红，在 2002 年下岗后，创立庆阳岐黄文化传播有限公司，投身民俗文化事业。其《平安富贵绣花鞋》《颈椎枕》《九凤朝阳》《百凤朝阳》《丝绸之路福禄佣娃》等作品在国内大型展会中屡获金奖；2007 年被临夏县尹集镇宣传文化站聘为“河州民族民间刺绣艺术顾问”；2013 年 8 月荣获全省妇女小额担保财政贴息贷款“创业成功女性”荣誉称号；2014 年受文化部和史密森民俗学会选派赴美宣传推广庆阳香包，实现了庆阳香包走出去的目标。刘兰芳以培训手工生产工艺为主，累计培养了近 3000 名妇女，带动庆阳市七县区妇女创富增收。其领导的岐黄公司是庆阳市返乡青年创业基地，中国美术学院研究生实习基地。2013 年开始在肖金建设对外文化贸易基地（庆阳香包），现主要负责对外文化贸易工作。
简　　介：毕业于西峰三中后在庆阳地区汽修厂工作。后创立庆阳岐黄文化传播有限公司，投身民俗文化事业，庆阳香包非遗传人，省级民间艺术大师。

0255 王维耀

性　　别：男
出生年月：1947-05
民　　族：汉族
政治面貌：党员
学　　历：高中
通讯地址：庆城县东大街 4 号
成　　就：最早时期黄酒本是王门家族的祖传秘方，酿造黄酒的核心技艺一直在王门家族世代相承，一枝独秀，直到清朝后期黄酒生产方向向外扩展，但王门家族仍是黄酒酿造技艺的主要传承者。他自 1985 年马岭黄酒厂成立以来就担任厂长，也将这门技艺推向了鼎盛。

0256 白雪明

性　　别：男
出生年月：1970-10-23
民　　族：汉族
政治面貌：群众
职　　称：国家级非遗传人
学　　历：大学专科
所在单位：庆阳黄土民俗文化产业有限责任

公司
通讯地址：环县环城镇翼龙路 27 号
成　　就：2004 年 6 月被中国民间工艺美术委员会命名为“中国民间皮影雕刻艺术大师”；2005 年 9 月被中国美术学院聘为“中国皮影艺术的讲师”；2007 年 10 月被欧洲荷兰莱顿大学及中国音乐研究欧洲基金会聘请举办皮影展览并作“中国皮影艺术”的专题讲座；多次参加全国各类大型博览会的现场表演。
简　　介：他是集皮影设计、雕刻、鉴定、研究于一身的艺术家。他的皮影雕刻技法炉火纯青，塑造的艺术形象生动传神，其作品不仅成为许多博物馆的收藏品和各大城市旅游热销产品，而且漂洋过海，远销欧美等地，在世界上也享有盛誉。

0257　史呈林

性　　别：男
出生年月：1947-04-05
民　　族：汉族
政治面貌：群众
职　　称：国家级非遗传人
学　　历：高中
通讯地址：环县环城镇翼龙路 27 号
成　　就：著名道情皮影艺术家，第一至六届环县政协委员，第一、二、三届庆阳市政协委员，第一、二届环县道情皮影艺术家协会副主席，其名录入《中国名人大辞典》甘肃卷庆阳分卷。国家级非物质文化遗产项目（环县道情皮影戏）代表性传承人。

0258　刘爱邦

性　　别：男
出生年月：1952-11-15
民　　族：汉族
政治面貌：群众
职　　称：甘肃省皮影艺术家
学　　历：高中
所在单位：环县艺龙演艺公司
通讯地址：环县环城镇翼龙路 27 号
成　　就：环县道情皮影艺术家协会会员，“甘肃省皮影艺术家”，现为被环县艺龙演艺公司道情皮影艺术团聘为艺术指导。环县道情皮影艺术界的杰出人才之一。他数十年如一日，将道情皮影技艺作为终身事业，活跃在环江两岸，将传奇故事唱给观众，将百态世情演给乡亲，让民间艺术一如顽强的小草坚韧地繁衍生息。
简　　介：他出生在道情皮影艺术笼罩的家庭，从小就受到道情皮影艺术的熏陶，其父刘德为环县第三代道情皮影表演艺术家，是环县道情皮影艺人中为数不多的识谱艺术家，他演唱声音优美动听，咬字清晰，精于文线子的表演，影人出场前倾，下场后仰，在亮子上一举一动都灵动自然，形象逼真，深受当地群众的喜爱。

0259　敬廷孝

性　　别：男
出生年月：1951-11-22
民　　族：汉族
政治面貌：群众
职　　称：甘肃省皮影艺术家（市级非遗传人）
学　　历：高中
通讯地址：环县环城镇翼龙路 27 号
成　　就：环县“首批道情皮影保护传承人”，环县道情皮影艺术家协会会员，甘肃省皮影艺术家，市级非物质文化遗产项目代表性传承人。他出生在道情皮影世家，是敬家第四代传承人。自小受其父敬熙瑞和大哥敬廷玺的影响，11 岁小学毕业后，在自家戏班跟大哥敬廷玺学前台和司鼓，后又系统学习了四弦、二胡。26岁独立登台表演，成为“转一位”艺人。作为一名环县道情皮影艺术界的优秀传承人，他为环县道情皮影的发扬光大作出了很大的贡献，受到了业界的一致好评，是环县道情皮影艺术界的杰出人才之一。

0260 魏晓荣

性　　别：男
出生年月：1969-11-18
民　　族：汉族
政治面貌：群众
职　　称：甘肃省工艺美术大师
学　　历：高中
通讯地址：环县环城镇翼龙路27号
成　　就：2007年6月被庆阳市民间艺术协会命名为“庆阳市民间艺术大师”，2011年2月被甘肃省工艺美术师评审领导小组批准授予“甘肃省工艺美术大师”，2013年6月被庆阳市评为“庆阳市非物质文化传承人”，2004年作品《寿星》荣获第三届中国庆阳香包民俗文化节综合类银奖，2005年《人物》荣获第四届中国庆阳香包民俗文化节铜奖，2007年作品《马斩》荣获中国庆阳香包民俗文化节金奖。
简　　介：1984年至1987年在环县一中就读，高中毕业；1988年至2002年在环县粮油加工厂工作；2002年下岗学习雕刻皮影至今。

0261 高清旺

性　　别：男
出生年月：1963-03-14
民　　族：汉族
政治面貌：群众
职　　称：国家非遗传承人
学　　历：高中
所在单位：环县龙影文化产业公司
通讯地址：环县环城镇翼龙路27号
成　　就：2003年进入环县龙影文化产业公司，专职从事皮影雕刻，2003年被甘肃民间文艺家协会命名为甘肃省民间皮影艺术家，被共青团中央命名为“2002年度青年文化名人”；2005年8月其艺术历程和业绩被中华伏羲文化研究文艺创作专业委员会编入《中国民间艺术·民间艺术家卷》；2004年被中国民间工艺美术委员会命名为中国民间皮影艺术大师；2006年获甘肃省农村实用文化节人才副高级皮影制作艺术职称；2008年被评选为国家非物质文化遗产传承人。近年来，他的皮影作品在香包节、文博会、兰洽会等重大节会多次获奖，连续每年承担环县参加香包节大件皮影的制作，他已成为环县皮影雕刻技艺的第一人。其代表作品为《孙膑坐洞》《哪吒闹海》《御花园》《隆东迎亲图》《金山寺》《金殿·帅帐》《文昌阁》《九龙驹》《皇帝出巡》《昭君出塞》《龙凤山发兵》等各种不同人物。年平均雕刻作品6000余件，作品远销上海、兰州、广州、香港、台湾、日本及欧洲等地。
简　　介：自幼受外爷（梁实仓）影响，专门从事皮影雕刻。

0262 陈玉玲

性　　别：女
出生年月：1976-11-23
民　　族：汉族
政治面貌：群众
职　　称：中国民间皮影艺术大师
学　　历：大学专科
所在单位：环县龙影文化开发责任有限公司
通讯地址：环县环城镇翼龙路27号
成　　就：2003年6月被环县道情皮影艺术家协会吸收为会员；2006年5月被中国民间工艺美术委员会命名为“中国民间皮影艺术

大师”；2008 年 6 月被邀请在首都博物馆现场表演皮影雕刻制作技艺；2012 年 1 月为国务院总理温家宝现场表演皮影雕刻制作技艺。

简　　介：她毕业之后，由于对皮影的挚爱和热情，2001 年从师王勤政大师学习皮影雕刻艺术，由于美术功底好，其雕刻风格承师而有所创新，善于吸取借鉴众人之长，作品时时透出灵秀鲜活的生活气息，设计出更多迎合现代人群审美观的皮影作品。

0263 谷天鹏

性　　别：男

出生年月：1971-08-01

民　　族：汉族

政治面貌：群众

学　　历：高中

通讯地址：环县环城镇翼龙路 27 号

成　　就：他在环县民歌的演唱上苦下功夫，走访县内老民歌手将一些即将失传的民歌重新学习演唱，并记谱。在保留环县民歌的传统唱法上不懈努力，成为环县民歌演唱的代表性人物。代表歌曲有：《咱们的领袖毛泽东》《绣金匾》《扬彦麦》《十三个月》等。2007 年 6 月参加第二届庆阳民歌大奖赛，荣获优秀奖。同年 8 月参加中国原生态民歌大赛入围甘肃赛区总决赛。同年 10 月荣获环县道情民歌大赛民歌组一等奖。同时他还多次参加市县文艺活动汇演并获奖，参加春节文化活动等一些日常群众文化活动受到好评。

简　　介：1978 年至 1982 年在闫塬小学读书；1982 年至 1985 年在樊家川初中读书；初中毕业后跟父亲及兄长演唱民歌及道情至今。他出身于皮影世家，其父亲谷三贵为甘肃省皮影艺术家，环县道情皮影艺术家，受家庭影响，他自幼便酷爱各种道情乐器及道情演唱，在大哥谷天玺的影响下学唱环县民歌，近年来接受县内专业音乐老师指导，在民歌的原生态唱法上独树一帜。

0264 李雅平

性　　别：女

出生年月：1970-03-08

民　　族：汉族

政治面貌：党员

职　　称：皮影雕刻艺术师

学　　历：高中

所在单位：甘肃省环县龙影文化产业开发有限责任公司

通讯地址：环县环城镇翼龙路 27 号

成　　就：2003 年筹办了甘肃省环县龙影文化产业开发有限责任公司，产品经国家总局认定注册“龙影”牌商标，2009 年“龙影”牌商标被评为甘肃省“著名商标”的称号。部分产品申请了专利，2010 年 7 月开始扩大经营规模，注册资金 500 万元并筹建“龙影大厦”综合办公楼，占地面积 10700 多平方米，2012 年 7 月投入使用。2012 年 11 月被评为甘肃省皮影雕刻艺术师中级职称。2006 年担任庆阳市文化产业协会会员。2007 年第五届香包节上被评为庆阳市艺术大师。2008 年为甘肃省文化产业协会理事、甘肃旅游协会理事、环县道情皮影艺术家协会理事。2009 年被县委县政府评为全县优秀企业家。2009 年被庆阳市委市政府评为庆阳市文化产业领军人。2010 年当选为环县企业家协会会长，庆阳市商标协会副会长。2011 年 10 月当选为中国共产党环县第十六次党代会代表。2011 年 10 月当选为环县第八届政协委员。2011 年被甘肃省工业和信息化委员会评为甘肃省工艺美术大师。2012 年 6 月被评为环县“创业明星”。2012 年 4 月当选为甘肃省第十二次党代会代表。2012 年 2 月 27 日被庆阳市妇女联合会授予庆阳三八红旗手荣誉称号。

2013 年授予西部十佳骄子。

0265 谢正礼

性　　别：男
出生年月：1944-01-01
民　　族：汉族
政治面貌：群众
职　　称：甘肃省道情皮影艺术家
学　　历：高中
通讯地址：环县环城镇翼龙路 27 号
成　　就：2002 年 8 月被甘肃省民间文艺家协会授予“甘肃省道情皮影艺术家”称号；10 月赴北京参加首届高等非物质文化遗产教育教学研讨会，并在北大、清华等 8 所院校演出；2003 年 6 月当选为环县道情皮影艺术家协会副主席。2003 年 9 月参加广东“金狮杯”木偶戏曲大赛获铜奖；2007 年 9 月赴法国、比利时等国家进行文化交流演出，影响深远。
简　　介：7 岁跟父亲谢德贵学习二手和前台表演技能，30 岁领班独立演出。从小随父亲学艺以来，经过数年的刻苦练习和研究，很快成为一名出色的前台，不论是唱腔和线子都有其独特的一面，现带徒三人。他演唱基本继承了谢派的风格，主要的演出地点多在车道、毛井及周边地区，平时多唱秦腔，又演道情，其戏班名为秦道艺术团，精于武线子，在表演时，巧妙利用鼓点，动作快捷，手技精熟，武而不野，干净利落。

0266 王勤政

性　　别：男
出生年月：1954-01-01
民　　族：汉族
政治面貌：群众
职　　称：中国民间皮影艺术大师
学　　历：高中
通讯地址：环县环城镇翼龙路 27 号
成　　就：2002 年 8 月被甘肃省民间文艺家协会授予“甘肃省道情皮影艺术家”称号；2003 年 6 月被环县道情皮影艺术家协会吸收为会员；2003 年 10 月被中国民间工艺美术委员会命名为“中国民间皮影艺术大师”。2006 年 6 月被环县人民政府确认为“首批环县道情皮影保护传承人”。
简　　介：环县“首批道情皮影保护传承人”，环县道情皮影艺术家协会会员，甘肃省“道情皮影艺术家”，中国“民间皮影艺术大师”。

0267 敬登岐

性　　别：男
出生年月：1949-02-23
民　　族：汉族
政治面貌：群众
职　　称：甘肃省道情皮影艺术家
学　　历：高中
通讯地址：环县环城镇翼龙路 27 号
成　　就：2002 年 8 月被甘肃省民间文艺家协会授予“甘肃省道情皮影艺术家”称号；2002 年 10 月参加首届高校非物质文化遗产教育教学研讨会；2003 年 6 月被环县道情皮影艺术家协会吸收为会员；2006 年 6 月被环县人民政府确认为“首批环县道情皮影传承人”；2007 年 6 月被中国文联和中国民协联合评选为“非物质文化遗产杰出传承人”。1975 年参加省农民业余文艺表演，获优秀表演奖；1983 年庆阳地区皮影汇演戏班获一等奖；1980 年在皮影汇演（县城）中评为“四弦演奏一等奖”；2002 年在“首届中国环县皮影艺术节”上被评为“优秀演奏奖”。2003 年 9 月参加全国木偶皮影大奖赛（广州）获铜奖。
简　　介：自小受父亲（敬廷玺）的影响，11 岁开始跟随父亲学习道情皮影；1972 年到地区培训农村文艺骨干学习班学习小板胡；1974年至1978年在环县文化馆培训班学简谱、弦乐演奏等，后一直在敬家戏班演出，担任四弦、笛呐、司鼓演奏。四弦是环县道情皮影中的代表性自制乐器，他的四弦演奏在保持传统技艺和道情韵味的基础上，结合自己多年的磨炼和感悟，秉承父辈的改革创新精神，通过演奏指法和弓法的创新，适时对道情音乐旋律进行加花，使四弦的表现力大大提高，从而改变了四弦较传统、死板的“老式”演奏法，形成了四弦演奏的划时代革新。同时，由于他识谱，对民歌、音乐和其他戏曲音乐较熟悉，加上在“文革”中演现代皮影时较多地接受了样板戏音乐，所以在道情音乐演奏时，不改变老道情韵味和风格的基础上，加入一些新的交响乐素材，对环县道情皮影音乐的创新和发展做出了贡献。

0268 高清锋

性　　别：男

出生年月：1966-04-15

民　　族：汉族

政治面貌：群众

职　　称：市级非遗传人（农村实用人才中级职称艺术师）

学　　历：高中

所在单位：环县龙影文化产业有限责任公司

通讯地址：环县环城镇翼龙路27号

成　　就：中国民间皮影雕刻艺术大师，庆阳市非物质文化遗产代表性传承人，甘肃省农村实用人才中级职称艺术师，环县道情皮影艺术家协会会员，环县龙影文化产业有限责任公司首位雕刻大师。

简　　介：其代表作品有《皇帝出巡》《八仙过海》《鹿鹤同春》《昭君出塞》《桃园结义》《十二金钗》《龙凤呈祥》《四大美女》《双喜临门》《福寿财神》《金殿帅帐》《鸟兽神怪》等200多件。作品销往全国各地如：北京、上海、深圳、广州、兰州、香港、澳门等。

0269 胡振明

性　　别：女

出生年月：1940-12-01

民　　族：汉族

政治面貌：群众

职　　称：甘肃省道情皮影艺术家

学　　历：高中

通讯地址：环县环城镇翼龙路27号

成　　就：2003年7月随徐恒芳戏班赴山东济南九顶塔民族风情园商演；2003年随徐恒芳戏班赴兰州西北师范大学展演，取得了较好的影响；2006年10月被环县人民政府确定为环县道情皮影传承人；同月，被甘肃省民间文艺家协会授予“甘肃省道情皮影艺术家”称号。他2002年8月随解志林戏班参加“首届环县皮影艺术节”皮影汇演，荣获戏班三等奖，个人表演奖；2006年6月，被确认为环县道情皮影首批传承人。

简　　介：他小学毕业后担任过大队文书等职，20岁开始学习道情皮影戏，先后跟随韩治邦、刘德、魏元寿、梁世仓等四位老艺人学习四弦、打击乐，熟练掌握了后台场面各种乐器的演奏（后台转一位），主司鼓。对三弦、四弦、二胡、司鼓的演奏造诣颇深，在表演上独具风格，是戏班中重要的后台转一位表演艺人。现已从艺50年，保存有四弦、笛呐、二胡等乐器，徒弟有解志林、邓永斌等。

0270 周红芳

性　　别：女

出生年月：1974-12-08

民　　族：汉族
政治面貌：群众
职　　称：民间工艺美术大师
学　　历：高中
通讯地址：合水县西华池镇乐蟠小区 2 号家属楼
成　　就：多年来，她先后创作香包刺绣艺术作品百余件，20 多幅作品在省、市展出中获奖。由于她刺绣技艺高超，业绩突出，因而于 2007 年 6 月被中国庆阳民俗文化产业博览会组委会评为“先进个人”；2007 年 8 月被合水县精神文明建设委员会评为“合水县首届‘扶贫杯’十佳青年标兵”；2008 年 3 月荣获合水县妇联颁发的“庆‘三八’迎奥运”民俗才艺展示大赛、刺绣能手竞赛一等奖。她的主要代表作品刺绣类有：《梅兰竹菊》四条屏、《芦花双雁》四条屏、《四季红》四条屏、《松鹤延年》四条屏、《群象图》《鹰》《富贵祯祥》《富贵图》《金玉满堂》《孔雀展翅·花开富贵》《雄鸡》等百余幅。香包类有：《六娃闹春图》《吉祥如意》《十二生肖》《福寿娃》《心心相印》等八十多件。她的艺术作品针工细腻、针法考究、构图新颖、造型美观、内涵丰富，寓意深刻，具有一定的观赏性和收藏价值，成为广大消费者收藏或馈赠亲友的佳品。
简　　介：甘肃省民间艺术家、庆阳市民间工艺美术大师。

0271 张新月

性　　别：女
出生年月：1963-10-18
民　　族：汉族
政治面貌：群众
职　　称：甘肃省民间艺术家
学　　历：高中
所在单位：合水县疾病控制中心
通讯地址：合水县疾病控制中心
成　　就：精通传统刺绣针法，利用工作之余，长期从事刺绣艺术品制作，她的作品针工细腻、丝缕分明、平整舒展，常以家庭生活实用品为主。刺绣代表作主要有：鞋垫、枕顶、枕套、门帘、台布、沙发套、绣花鞋等。作品《红叶》曾获 2011 年中国庆阳农耕文化节民俗文化产品展销刺绣类铜奖。刺绣作品《荷花图》荣获 2013 年中国·庆阳农耕文化节民俗文化产品展销刺绣类金奖。2014 年 6 月第十二届中国·庆阳香包民俗文化节民俗文化产品展销刺绣作品《枕顶》荣获银奖。
简　　介：现就职于甘肃省合水县疾病控制中心，甘肃省民间艺术家、庆阳市民间工艺美术大师、合水县民间艺术家协会会员。

0272 王万红

性　　别：女
出生年月：1979-10-10
民　　族：汉族
政治面貌：群众
职　　称：国家级工艺美术大师
学　　历：大学本科
通讯地址：合水县西华池镇
成　　就：作品《梦幻天使》被台湾收藏，《牡丹园》《百梅图》《民俗风情》等作品被马来西亚、坦桑尼亚、印尼、阿联酋等国家宾客收藏。引起《华夏时报》《新西部》《甘肃日报》等多家媒体的关注与报道，接受甘肃电视台采访，并在“今晚新时空”栏目专题播出。2006 年 12 月 26 日特邀加入世界杰出华人协会，授予“世界杰出华人”称号并颁发荣誉证书，个人传略入编《世界杰出华人大辞典》。2007 年 3 月作品《玉兰花》荣获 2006 年度全省国税系统廉政文化美术摄影类作品展览二等奖。2007 年 5 月 17 日代表甘肃应邀参加深圳文化产业交流会。2007年10月17日作品《莫高窟吹笛飞天》荣获甘肃省国税系统"庆国庆迎奥运"文化活动绘画类一等奖。2008年4月份由中国文化艺术发展促进会、中国经济报刊协会、中华民族和谐发展促进会、亚太经济时报社、影响力人物杂志社、中国时代新闻人物征评活动组委会联合授予第六届中国时代新闻人物"中国骄傲·第六届时代卓越艺术家"称号，应邀出席在北京全国政协礼堂举行的颁奖盛典。2009年元月份由中国中外名人文化研究会、中外名人文化产业集团、中国爱国精神文明研究会、中国财富论坛杂志社，联合国美术协会、中国当代名人协会、道德模范大会组委会联合授予"我国德艺双馨模范"称号，应邀出席在北京举行的颁奖盛典。2009年3月被石家庄少年智力培训学校授予名誉校长，并被全国中小学教学改革研究中心、现代校长与管理艺术编辑部聘任为《现代校长与管理艺术》形象代言人。2009年3月个人投资成立了甘肃省庆阳市合水县万红绣坊艺术品有限责任公司，并在合水县北街开了第一家万红绣坊直营店。现为本公司董事长与产品研发、收藏总设计师，是万红绣坊形象代言人，是万红刺绣针法的创始人，也是中华民族文化的传播弘扬者。
简　　介：会计师、设计师、中国现代作家协会会员、国家级工艺美术大师、非物质文化遗产传承人、省级民间艺术大师。1999年至2010年供职于甘肃省合水县国家税务局。2009年至今为石家庄少年智力培训学校名誉校长。2009年3月起为万红绣坊投资人兼董事长至今。

0273 吕召晨

性　　别：男
出生年月：1977-11-16
民　　族：汉族
政治面貌：党员
职　　称：甘肃省民间艺术家
学　　历：大学专科
所在单位：合水县文化市场综合执法大队
通讯地址：合水县文化市场综合执法大队
成　　就：自幼喜爱雕塑，其作品深受庆阳当地传统文化影响，造型朴实，虚实结合，大刀阔斧又不失细腻，受现代雕塑艺术启发，如今作品都以抽象写意为主。代表作主要有：《狮子》《寿星》《济公》《飘》等。
简　　介：甘肃省民间艺术家、合水县摄影家家协会会员，合水县华阳书画院院士。

0274 曹巧林

性　　别：女
出生年月：1968-11-12
民　　族：汉族
政治面貌：群众
职　　称：省级民间艺术大师
学　　历：高中
所在单位：合水县文化馆
通讯地址：合水县文化馆
成　　就：从小酷爱艺术，主要从事香包刺绣方面的研究工作，并且成立了合水县林源香包刺绣有限公司，平均年产业增加值达到300多万元，就业人数达到了100多人，其中专职人员18人，为合水县文化产业做出了自己的贡献，被甘肃省民间艺术家协会评为"省级民间艺术大师"。
简　　介：现在是合水县文化馆职工。

0275 史海能

性　　别：女
出生年月：1978-02-11
民　　族：汉族
政治面貌：群众

职　　称：甘肃省民间工艺美术大师
学　　历：高中
通讯地址：合水县西华池镇
成　　就：自幼受奶奶及母亲的影响就学习做针线活，在2002第一届中国·庆阳香包节的筹备工作中参与绣制了合水县参展的主题作品《百象图》，从此便常年给县文化馆、合水县民俗文化总公司做活，主要从事刺绣、香包、肚兜、绣花拖鞋等种类的作品制作。其香包代表作有《九龙治水》《琴棋书画》《福娃》等；刺绣代表作有《松鹤延年》《四季梅花》《红枫叶》《牡丹图》《鸳鸯》等，部分作品在历届香包节展出中获奖。
简　　介：合水县民俗文化产业协会会员，2011年被命名为甘肃省民间工艺美术大师。

0276 邵霞

性　　别：女
出生年月：1973-09-08
民　　族：汉族
政治面貌：群众
职　　称：甘肃省民间艺术家
学　　历：高中
所在单位：合水县就业服务局
通讯地址：合水县就业服务局
成　　就：自幼在母亲的影响和指导下酷爱刺绣艺术，工作学习之余潜心向民间艺人、刺绣能手学习刺绣技艺，不断收集枕头、鞋垫、刺绣花样百余幅。从2003年开始，在合水县文化馆从事刺绣工作，她的代表作品刺绣类有：《百象图》《梅兰竹菊》四条屏、《芦花双雁》四条屏、《牡丹》四条屏、《梅花》四条屏、《松鹤延年》四条屏、《枫叶杜鹃》《枇杷秀玉》《鸳鸯戏牡丹》《福寿花卉》《春满乾坤》《富贵图》《金玉满堂》《花开富贵》《金鸡报晓》等百余幅。香包类有：《六娃闹春图》《双喜如意镜》《福寿娃》《抓鸡娃娃》等八十多件。2006年《芦花双雁》获第五届中国·庆阳端午香包民俗文化节刺绣类金奖，《松鹤延年》《福寿花卉》获优秀奖；《春满乾坤》2007年获中国·庆阳端午香包民俗文化产业博览会刺绣类铜奖；2006年7月被庆阳市民间工艺美术协会授予“庆阳市民间工艺美术大师”称号。2011年6月被甘肃省民间文艺家协会授予“甘肃省民间艺术家”称号。
简　　介：合水县民间艺术家协会会员。她的作品在继承古老的民间艺术传统基础上又有创新，构图奇特而新颖，造型美观而神奇，针法多变，线条流畅，内涵深厚，寓意深刻，有着强烈的艺术生命力，不仅是陇东人民气质的反映，更是嫁娶必不可少的装饰精品，而且具有浓郁的合水乡土气息。作品多次在庆阳香包民俗文化节上展销，深受中外宾客的喜爱，成为刺绣爱好者收藏或馈赠亲友的佳品。

0277 赵秀宁

性　　别：女
出生年月：1964-06-14
民　　族：汉族
政治面貌：群众
职　　称：甘肃省民间文化艺术家
学　　历：高中
所在单位：合水县黄河象民俗文化产业有限责任公司
通讯地址：合水县黄河象民俗文化产业有限责任公司
成　　就：她热爱刺绣艺术，热衷于民俗文化艺术交流学习。曾参与大型刺绣作品的绣制，并多次参加“庆阳香包民俗文化艺术节”且多次获奖。2002年、2003年、2004年分别参与了大型刺绣百米长卷《百象图》《群象图》《象兆福祉》的绣制工作，该作品在三届中国庆阳香包民俗文化艺术节上均获金奖；2004 年作品《红叶》荣获第三届庆阳香包民俗文化艺术节刺绣类作品二等奖。2005 年前往湖南长沙交流学习刺绣；2006 年被命名为甘肃省民间艺术家；2008 年作品《梅竹双雀》荣获第六届庆阳香包民俗文化艺术节刺绣类作品三等奖；2013 年作品《洋枕头》荣获中国庆阳农耕文化节暨第二十四届中国西部商品交易会民俗文化精品展三等奖。

简　　介：甘肃省民间文化艺术家、合水县民间文艺家协会会员。

0278 马琳琼

性　　别：女

出生年月：1973-02-01

民　　族：汉族

政治面貌：党员

学　　历：中专

所在单位：镇原县文化馆

通讯地址：甘肃省镇原县中街 29 号一单元 101 室

成　　就：她的作品多以花卉、动物及民间戏剧故事传说为题材创作。线条精炼、寓意深刻，极富时代气息和生活气息，作品风格典雅、古朴，剪工细腻平实，功力扎实。《抓髻娃娃》《二龙戏珠》《农耕》等在第二至第六届中国庆阳香包节中荣获金、银奖。

0279 惠富君

性　　别：女

出生年月：1976-07-19

民　　族：汉族

政治面貌：群众

职　　称：中国民间剪纸艺术大师

学　　历：大学专科

通讯地址：镇原县文化馆

成　　就：2004 年 5 月 1 日作品《生命树》在南京博物馆举办的“国际民俗民间艺术展”获金奖。作品《雄鸡迎春》经国家邮政总局审定，作为 2005 年有奖明信片附图在全国限量发行。2005 年 9 月其艺术历程和业绩编入人民出版社出版的大型文献史册《中国民间艺术集萃》一书。被中国民间工艺美术委员会命名为“中国民间剪纸艺术大师”。1993 年中宣部、国家计生委摄制组拍摄专题片，对其剪纸艺术进行介绍和宣传。1995 年参加第四届世界妇女代表大会，并现场表演剪纸技艺，作品被各国妇女代表收藏。2001 年在古巴、美国大使馆参加联谊会，并现场表演剪纸，作品多被收藏。当年 9 月赴韩参加“二十一世纪汉城中国书画艺术展”，并现场演示。2002 年作品《生命树》被中国诗书画院收藏。2004 年 5 月作品《生命树》被南京博物院收藏。同年被中国工艺美术学会命名为中国民间工艺美术大师，2006 年被省劳动厅、文化厅评为农村实用人才副高职称。2007 年 4 月作品《羽人舞龙》被扬州美术院收藏。她的作品与艺术历程等先后入编《中国考古文化丛书》《中国民间剪纸研究》《中国民俗剪纸史》《中国民间艺术》《大师祁秀梅》《剪纸技法》《甘肃省省志》《庆阳市市志》《2008 甘肃概览》《走进庆阳》《镇原史话》《当代镇原名人文典》日文版《生命之树》、日文版的《个人Ⅸ剪纸小画册》等。获国家级民间剪纸展览金奖 3 次、银奖 2 次，省市级艺术展览获金奖 11 次。

简　　介：自幼跟随祁秀梅学习剪纸。1995 年至 1996 年在中央美院民美研究室进修。2001 年至今，专门从事剪纸艺术创作。她是庆阳剪纸传承人的杰出代表，她的剪纸保持了庆阳剪纸意念造型、古朴典雅的艺术风格，刀法功力深厚，呈现出庄严、神秘的神味，同时融入了中国各流派剪纸的特长，使庆阳剪纸技艺得以发扬光大。

0280 成雪琴

性　　别：女
出生年月：1962-09-01
民　　族：汉族
政治面貌：党员
职　　称：中国民间剪纸艺术大师
学　　历：高中
通讯地址：镇原县文化馆
成　　就：2003年、2004年和2005年作品《鹊登梅》《抓髻娃娃》《双鸟青蛙》《农人·农户》《虎与人图腾》《二龙戏珠》等荣获中国庆阳香包民俗文化节金、银奖。2009年参加中国江西《金坛》中国第五届国际艺术展作品荣获优秀奖，并被收藏。2010年剪纸作品《龙人撒钱》参加陕西省举办的《中国剪纸艺术展》获三等奖。2005年被中国工艺美术学会民间工艺美术专业委员会命名为“中国民间剪纸艺术大师”，中国乡土艺术协会会员，2006年获省文化厅、省人事厅农村实用文化人才副高职称。现任镇原县民间艺术家协会秘书长。她的剪纸作品先后有十多幅在省、市级报刊上发表，有7幅作品在中国庆阳第一、二、三、四、五、六届香包民俗文化节上获金、银奖。部分作品被日本、台湾、香港等地的专家收藏。

0281 康宝定

性　　别：男
出生年月：1971-10-10
民　　族：汉族
政治面貌：群众
学　　历：高中
通讯地址：甘肃省定西市安定区文化馆
简　　介：香幡是集剪纸、纸扎、香扎和佛学于一体的综合民间艺术，它为其他门类艺术提供了技法参考、借鉴和启示；香幡也是一种史料，它为研究陇中的风土人情提供了难得的有价非物质史料，见证了当地人民的信仰，见证了当地人民的审美标准，见证了当地人民制作装饰品的聪明才智，也见证了陇中人民对逝者敬仰和善良的高尚品格。自幼跟随爷爷学习香幡制作。

0282 高发顺

性　　别：男
出生年月：1976-08-03
民　　族：汉族
政治面貌：群众
职　　称：市级非遗传人
学　　历：大学本科
所在单位：甘肃省定西市安定区青岚学区
通讯地址：甘肃省定西市安定区友谊广场
成　　就：毕业于西北民院美术系，在青岚学区工作，从教美术教育十六年，在教学之余长时间研究“定西八大景”有关历史渊源和相关传说，并且在当地老百姓中极力宣传“定西八大景”，还创作了有关“定西八大景”美术作品。经定西市政府2010年通过，被推选为“定西八大景”非物质文化遗产代表性传承人。

0283 李亚宾

性　　别：男
出生年月：1962-09-06
民　　族：汉族
政治面貌：党员
学　　历：大学专科
所在单位：定西市安定区永定路街道办事处
通讯地址：甘肃省定西市永定路33号
成　　就：他进一步全面细致深入地开展古书画修复装裱的研究和挖掘工作，将研究资料进行系统整理、归类和建档，通过各种媒体渠道进行宣传推介，取长补短。采取带徒弟、办学习班的形式使之代代相传，是古旧书画土法装裱艺术的传承人。
简　　介：现供职于定西市安定区永定路街道办事处，1985 年 11 月被定西地区定西县城关镇桃花浪书画社招为临时工，1986 年 6 月被定西县文化馆招为临时工作人员，1989 年 11 月 20 日被定西县财政局、文化局、人事局招为聘用制干部至今。

0284 刘茂林

性　　别：男
出生年月：1962-03-09
民　　族：汉族
政治面貌：群众
学　　历：高中
所在单位：甘肃省定西市安定区文化馆
通讯地址：甘肃省定西市安定区解放路 63 号
成　　就：常年从事演出工作，作品《回家》《可怜天下父母心》《我要上学》等作品均获奖，陇中山歌的传承人。
简　　介：甘肃省定西市安定区文化馆馆员，多年从事演出工作并多次获奖。

0285 朱熙武

性　　别：男
出生年月：1974-01-28
民　　族：汉族
政治面貌：党员
职　　称：副高
学　　历：大学专科
所在单位：定西市熙武曲艺研究院
通讯地址：安定区公园路统办楼
成　　就：2011 年 8 月在“第七届全国校园才艺选拔活动”全国总决赛中荣获成人组曲艺比赛一等奖。2011 年 7 月“第七届青春中国——甘肃省青少年才艺大赛”总决赛快板比赛中荣获二等奖。2011 年 4 月在“第七届青春中国——甘肃省青少年才艺大赛”定西赛区语言类比赛中荣获一等奖。2010 年 12 月在“伊和园杯”甘肃省首届庆典司仪大赛中获得“甘肃省十大金牌庆典司仪、最佳幽默奖”。2010 年 5 月《快板反腐倡廉“了”字歌》在“定西市纪委全市廉政文学作品征集评选活动”中荣获成人组三等奖。2008 年在“甘肃省工商联系统纪念改革开放三十周年文艺汇演”中荣获优秀表演奖。2008 年在“定西市委统战系统纪念改革开放 30 周年暨迎奥运庆祝活动”中荣获优秀节目奖。2010 年 12 月获“伊和园杯”甘肃省首届庆典司仪大赛金牌庆典司仪。2011 年获全市 2011 年度老有所为先进个人。
简　　介：现为中国曲艺家协会会员，定西市曲艺家协会副主席。

0286 景爱琴

性　　别：女
出生年月：1982-10-06
民　　族：汉族
政治面貌：党员
职　　称：副高
学　　历：大学专科
所在单位：定西艺梅民间文化艺术品有限公司
通讯地址：定西市安定区新城嘉苑 14 号门面
成　　就：2009 年其剪纸作品在中书协西部教育基地“迎春杯”展中获三等奖，同年剪纸作品《丰收喜悦》《白朗英雄传》在山西右玉全国剪纸艺术大奖赛中获优秀奖；剪纸作品《荷塘情趣》在第五届国际剪纸艺术展中获优秀奖。其套色剪纸作品《百戏图》《虎啸图》《二十四孝图》《十二生肖》等，参加了省内外各类展览，受到众多名家及剪纸爱好者的赞誉。

简　　介：定西艺梅民间文化艺术品有限公司董事长。中华民族文化促进会剪纸艺术委员会会员，中书协西部教育基地书画研究会会员，甘肃省定西市艺术学校特邀讲师。

0287 刘福

性　　别：男
出生年月：1938-12-22
民　　族：汉族
政治面貌：党员
学　　历：高中
通讯地址：安定区公园路统办楼
成　　就：五十余年来，他成为研究陇曲、弘扬陇曲、宣传定西的一个重要窗口。一是送戏下乡。行程一万多公里，到 3 市 9 县 30 多乡镇演出 1000 多场（其中义务 432 场）观众达 150 万人（次），演出过 40 本、百折戏（其中现代戏 11 本 36 小剧、百多首表演唱）。二是培训骨干。利用周六晚周末日共义务培训戏曲骨干 1562 人（其中 8 人被专业剧团录用，300 多人参加过本团演出）。三是创作剧目。共创作 32 本 50 小剧 190 首表演唱。四是研究陇曲。将发源于秦汉、形成于唐宋、兴盛于明清、流传于全省各地的甘肃曲子戏——陇曲，挖掘整理研究提高为“四板、十腔、四十调、板腔联曲、混合体格”的甘肃曲剧，搬上中央电视台和省市区舞台唱大戏，并正式出版了 58 万字的《陇中小曲》专著。
简　　介：9 岁开始学唱陇曲，是陇中小曲第五代传人，刘山三陇曲剧团创始人。

0288 刘巧灵

性　　别：女
出生年月：1965-03-04
民　　族：汉族
政治面貌：群众
学　　历：高中
通讯地址：甘肃省定西市交运集团门口巧灵发廊
成　　就：陇中秧歌铰儿的传承人，陇中秧歌铰儿据《中国戏曲剧种大辞典》介绍，从秧歌发展、演变成的戏曲剧种，在全国剧种中所占的比例之高，是相当惊人的。可以说，秧歌为百戏之源。按《柳边纪略》的记载，秧歌的演出时间是在元宵节夜晚，有一装扮“持伞灯卖膏药者”为前导，后面跟着三四名“童子”装扮的妇女，又有三四名假扮的“参军”，他们手中都持“尺许长”的“两圆木”。秧歌表演中有少数民族的成分，最迟在元代已经形成。民国河北《沧县志》提供的资料信息价值应引起足够的重视。其一，它怀疑秧歌“命名之义”乃“南人种稻插秧而歌”，并提示出“秧歌”的另一名称——“阳歌”。其二，它具体描述了与东北秧歌大同而小异的华北秧歌的形式特征，其中各角色的装扮和所持道具最值得注意。例如，“公子”所持的“乐子”，上可联系到宋杂剧中“竹竿子”的形制、作用，下可牵涉到“落子”（评剧）的形成，是解决戏曲史上有关问题的重要资料。至于“长袍短褂，皂靴羽缨”，亦当是少数民族的装束。秧歌起源于插秧耕田的劳动生活，它又和古代祭祀农神，祈求丰收，祈福禳灾时所唱的颂歌、禳歌有关，并在发展过程中不断吸收农歌、菱歌（民歌的一种形式）、民间武术、杂技以及戏曲的技艺与形式，从而由一般的演唱秧歌发展成为民间歌舞，至清代，“秧歌”已在全国各地广泛流传。陇中秧歌铰儿，又称秧歌铰子。它是陇曲的一种独特的表现形式。一是它有固定的唱调，但曲调很少，目前只收集到两个曲调。二是演唱时只用铰子击打节奏，不要乐队伴奏。三是演唱形式属于齐唱，或者是合唱。四是唱词丰富多彩，大多数由秧歌把式即兴编四句词儿说给大家，在秧歌队进村和演出结束即将离开时由全体秧歌队员齐唱。

0289 田新安

性　　别：男
出生年月：1970-03-15
民　　族：汉族
政治面貌：党员
职　　称：副高
学　　历：大学专科
所在单位：甘肃省定西市安定区文化馆
通讯地址：甘肃省定西市安定区解放路63号
成　　就：美术作品多次在大型展览中获奖，从小受外祖父的影响，绘制窗花、灶花等民间绘画，对陇中民间绘画深有研究，现在是定西市安定区文化馆馆员、甘肃省美术家协会会员，并出版美术类书籍一本，发表论文数篇。

0290 赵龙

性　　别：男
出生年月：1940-01-02
民　　族：汉族
政治面貌：群众
学　　历：大学专科
通讯地址：定西一中家属院3号楼
成　　就：七月十二节庆的传承人，对非物质文化遗产的保护与传承做出了贡献。他深入基层，走访考察，发现非遗项目中风俗轶事、民间故事、传奇掌故流传情况，取其精华，去其糟粕，补其残缺，整理编写，使其尽善尽美面世，流传后代。发现遗留中宝贵的点滴、“金瓯”的“碎片”，分析连缀复原其面貌。通过亲属、朋友、学生、群众集会宣传、宣讲使非遗经典广泛传播。继之前《大城里》又完成了《王家窝窝的传说》《有龙山北海观传奇》《安定八景诗话》《七月十二节庆》等，有些已在报刊发表。

0291 付忠民

性　　别：男
出生年月：1963-04-26
民　　族：汉族
政治面貌：党员
职　　称：副高级剪纸艺术师
学　　历：高中
通讯地址：安定区公园路统办楼
成　　就：作品有《中国历史七十二贤人》《毛泽东诗词》《仕女百图》《百子团圆图》《二十四孝图》等大幅作品，剪纸作品《丰收在希望》参加“甘肃省亿万农民精神健康文明展”并获得一等奖，作品《中国历史七十二贤人》已被定西市档案收藏，作品于2008年在全国剪纸大赛获得银奖并被全国庆祝新中国成立60周年各大城市剪纸作品巡回展所特邀，获得优秀作品奖。2011年5月作品《百子团圆图》荣获全国名家民俗剪纸品邀请展，荣获三等奖。2011年作品《红色革命》《毛泽东诗词》荣获庆祝建党90周年全国百名传承人剪纸大赛二等奖。
简　　介：现为中国民间文艺家协会会员、中国国际剪纸协会会员、中华文化促进会剪纸艺术委员会委员、定西市剪纸协会秘书长兼理事、副高级剪纸艺术师。

0292 刘巧霞

性　　别：女
出生年月：1972-11-19
民　　族：汉族
政治面貌：党员
职　　称：副高
学　　历：大学本科

所在单位：定西市中级人民法院
通讯地址：安定区公园路统办楼
成　　就：从艺 40 年，演出秦腔本戏 18 本、折子戏 30 折、陇曲本戏 6 本、小戏 15 折、现代小戏 15 折、塑造生、丑、旦、末各式人物百余名。市文联会员、省剧协会员、省民协会员。2007 年 11 月当选市剧协副主席、2012 年 10 月当选市曲艺家协会主席。2008 年荣获第二届"定西市十大杰出青年"提名奖。
简　　介：3 岁学唱，5 岁登台，9 岁师承西北著名旦角表演艺术家刘月娥老师，12 岁担任刘山三陇曲剧团教练、30 岁担任该团团长。特长编剧、导演、表演、演讲、陇曲板胡、二胡、扬琴、戏剧打击乐等。从 1984 年开始，协助父亲每周五、周六晚上 8—10 时和周日 9—17 时教戏。数十年来雷打不动，累计达 1.5 万个小时，相当于 9 年多的工作日。辅导的业余剧团有兰州、临洮、陇西和安定区的 24 家。2003 年担任刘山三陇曲剧团团长，协助父亲工作，把剧团发展得有声有色。

0293 肖林

性　　别：男
出生年月：1946-12-15
民　　族：汉族
政治面貌：党员
学　　历：大学专科
所在单位：甘肃省定西市安定区巉口镇文化站退休职工
通讯地址：甘肃省定西市安定区巉口镇文化站
成　　就：民间谚语传承人，编写了安定《民间谚语》，是一本传承安定民间文化民俗的著作。其中收纳了安定的民间谚语数百条，所收纳的谚语都是当地群众喜闻乐见的民间语言。《民间谚语》的出版，保护传承了安定的民间文化，也让读者直观了解了安定的民间民俗文化。在安定文化传承中起到了积极作用。
简　　介：曾任巉口镇文化站站长，书画作品多次参加省、市、区展览，有数十篇诗文发表于省内外报刊，2011 年当选为安定区第七届政协委员，2004 年被省文化厅评为"甘肃省基层文化先进个人"。

0294 王宪章

性　　别：男
出生年月：1958-09-09
民　　族：汉族
政治面貌：群众
学　　历：高中
所在单位：定西市安定区文化馆
通讯地址：定西市安定区文化馆
成　　就：多年从事制作闪高曳，有丰富的阅历和经验，为定西市非物质文化遗产贡献了自己的微薄之力，是闪高曳的市级传承人。
简　　介：定西市安定区文化馆馆员，省书协会员，民俗文化爱好者。

0295 何永红

性　　别：女
出生年月：1963-04-04
民　　族：汉族
政治面貌：党员
职　　称：副高
学　　历：大学专科
所在单位：定西市安定区文化馆
通讯地址：定西市安定区文化馆
成　　就：演唱的民歌、山歌、小曲等曾在省、地、县多次获奖。自筹资金在 2010 年由甘肃音像出版社出版发行个人演唱专辑，陇曲小曲《织手巾》，为挖掘整理地方民间音乐做出了积极的贡献。

简　　介：现任定西市舞蹈家协会副主席、安定区文化馆馆员。

0296 刘学信

性　　别：男
出生年月：1964-05-15
民　　族：汉族
政治面貌：群众
职　　称：副高
学　　历：大学专科
所在单位：甘肃省定西市安定区文化馆
通讯地址：甘肃省定西市安定区凤凰苑
成　　就：中国美术家协会会员，甘肃省工笔画协会副主席，甘肃省中国画学会理事，定西市美术家协会副主席，定西市青年美术家协会主席，工艺美术师，北京大都画院画师，定西市画院画师，定西市市管拔尖人才。

0297 杨红

性　　别：男
出生年月：1979-04-03
民　　族：汉族
政治面貌：群众
职　　称：副高
学　　历：大学本科
所在单位：甘肃省定西市安定区文化馆
通讯地址：安定区交通路 309 号
成　　就：2013 年文化部授予“文化优秀志愿者”称号，被定西市文广局评为“2013 年全市文广系统先进个人”。设计、版画、书法、剪纸、评论、摄影、文学等作品在文化部、中国文联、中国书协、中国美协、中国民协、省文化厅、省文联、省书协、省摄协、省美协、省民协、小小说月刊杂志社、天涯网等主办的大赛中多次获奖或入展（选）。设计、版画、书法、书画文论、文学作品等在《美术报》《美术观察》《书法报》《书法导报》《羲之书画报》《读者》《中国书画报》《文化月刊》《中国钢笔书法》《中国艺术报》《精品小小说》《当代书画》《小小说选刊》《甘肃日报》等发表（或转载）过 500 余（副）篇。
简　　介：毕业于西安美院美术学专业，副研究馆员（副教授、二级美术师）。“陇中板帘子”非物质文化遗产传承人。中国美协大赛获奖者、中国书协大赛获奖者、中国民协大赛获奖者。

0298 孙军祥

性　　别：男
出生年月：1951-11-02
民　　族：汉族
政治面貌：群众
学　　历：高中
通讯地址：通渭县平襄镇西街 2 号
成　　就：他在通渭草编发展中作出了优异的成绩。草编工艺工具材料简单，创造时既有形式规范，又有自由想象，男女老少都能从事草编工艺品生产，一看就会，因此已成为当今通渭大地家家户户随时可得的经济产业，人们不分白天黑夜、地点等环境影响，实属大众工艺生产者的艺术，近年来随着科技工艺的发展，在襄南草编能手孙军祥的带领下，年产值达万元以上的就有 11 家，大大发展了以手工为主的劳动生产，过去的家庭式发展向草编大户、加工厂、联门等形式过渡，形成正规的生产小型企业，并建立多个原料加工基地。21 世纪初，由于骨干技术人员各奔东西，已建立了家庭式作坊，有 60 余家，形成遍地开花，生产基地遍布各乡镇村，这些方式的采用使这一艺术得以传承。通渭草编的传承以社会性、松散型为特征，草编是广大人民生活中不可或缺的组成部分，尤其是伴随着广大农民兄弟的生活，每一个农民都与草编有联系，可以说头顶草帽，生死相依，技艺高超的孙军祥等就是其民间代表性传承人。

0299 刘胜余

性　　别：男
出生年月：1959-11-01
民　　族：汉族
政治面貌：群众
职　　称：省级非遗传人
学　　历：中专
通讯地址：通渭县平襄镇西街 2 号
成　　就：省级非物质文化遗产项目代表性传承人。“通渭剪纸”遍布甘肃省通渭县全境，群众基础相当雄厚。由于剪纸工具简单，材料价格低廉，流传广泛，易于剪裁，更具有极强的装饰性，深为老百姓所喜爱。尤其在平襄镇、马营镇、陇阳乡分布最为广泛。通渭剪纸虽然在春节时，大多居民还在张贴，腊月集上也在出售，但其繁盛状况已大不如前，其原因一是社会环境的改变，随着社会进步，人们的生活发生很大变化，居住条件大大改善，居民的窗户已从原来的木格窗子换成敞亮的玻璃窗，“窗花”失去了它的生存空间。年轻一代热衷于出外务工或从事其他工作，他们对古老的民间艺术已不感兴趣，剪纸和其他民间艺术一样，也面临着后继无人的局面。并随着老一辈艺人的辞世，剪纸——这一民间奇葩，已经到了快要失传的地步，尤其是窗花，有很多古老而精美的图案、花样濒临失传。

0300 陶树功

性　　别：男
出生年月：1935-09-11
民　　族：汉族
政治面貌：群众
学　　历：高中
通讯地址：渭源县清源镇新街 19 号
成　　就：对社火演出中的演出仪式、鼓舞阵形、秧歌表演等进行了研究。
简　　介：自小跟随父辈从事社火演出，总结出了渭源县南部社火的一些基本演出特征，并指导本村社火形成自己独有的演出技巧，曾多次在农历正月十四日会川镇社火大表演中获得好成绩。

0301 党凤琴

性　　别：女
出生年月：1990-02-18
民　　族：汉族
政治面貌：群众
学　　历：高中
通讯地址：渭源县清源镇新街 19 号
成　　就：她深入研究学习了大量民间剪纸知识，并创作了《神鼠偷油》《吉祥如意》《富贵牡丹》《福在眼前》等剪纸作品，2007 年剪纸作品《二十四孝》在中华民族文化促进会与定西市政府联合举办的“西风烈 · 全国剪纸艺术大赛”中荣获金奖，并被命名为“定西市十大剪纸艺术新秀”。
简　　介：从小受奶奶的影响对剪纸艺术情有独钟，并一直学习剪纸艺术。初中毕业后，在江苏专门学习过剪纸艺术，后又通过自学逐渐熟练掌握这一艺术，并取得成功。

0302 李国柱

性　　别：男
出生年月：1949-04-04
民　　族：汉族
政治面貌：群众
职　　称：副高级泥塑艺术师
学　　历：高中
通讯地址：渭源县清源镇新街 19 号
成　　就：2007 年泥塑作品《下棋》在第二

届甘肃民间文艺“百合花奖”民间工艺美术类评奖活动中荣获铜奖。2008年泥塑系列作品在中华民族文化促进会剪纸艺术委员会和西风烈中国剪纸艺术大赛组委会举办的剪纸艺术大赛暨民俗艺术展中荣获金奖。2008年泥塑作品入选甘肃省工艺美术精品展。2008年成为甘肃省工艺美术协会会员。2010年被甘肃省文化厅、甘肃省人力资源和社会保障厅评为副高级泥塑艺术师职称。2010年被渭源县文化馆艺术品培训部特聘为泥塑教师。2010年在甘肃省第十一届工艺美术“百花奖”评选活动中选送的胶塑作品荣获创作创新三等奖。2012年在“敦煌行·丝绸之路国际旅游节”华夏文明渭河源——甘肃渭源生态文化旅游节上进行现场泥塑演示，赢得了省、市、县各级领导和广大群众的高度赞扬。2013年县文明委授予他“渭水源头好儿女”荣誉称号。2013年被评为全市非物质文化遗产保护优秀传承人。

简　　介：自幼受父辈的言传身教，爱好泥塑艺术创作，已从艺四十多年，熟悉各种人物及动物的雕塑造型，尤其擅长人像塑造，深受群众喜爱。他独创的新型泥塑材料，使泥塑作品的硬度、韧性得到质的飞跃，便于永久保存。

0303 陆永福

性　　别：男

出生年月：1957-08-26

民　　族：汉族

政治面貌：群众

学　　历：高中

通讯地址：渭源县清源镇新街19号

成　　就：在春节期间举行大量的羌蕃鼓舞表演活动，将所掌握的所有技艺传承给大家，已将陆立平收为徒弟传承羌蕃鼓舞。对羌蕃鼓舞的唱词唱腔、演出阵形进行了初步研究，并做了文字性记录。

简　　介：十几岁时就跟随陆寿乾、陆海忠等老前辈参加羌蕃鼓舞演出。起初是演队伍里的女孩角色，后逐渐掌握演出技巧，成为现在的引旗手和歌者，主要演唱蕃曲（祈福曲）。

0304 赵霞英

性　　别：女

出生年月：1965-05-01

民　　族：汉族

政治面貌：群众

学　　历：高中

通讯地址：渭源县清源镇新街19号

成　　就：跟随师傅汪海娥，并带领徒弟张淑兰、张琴兰参加了紫松山花儿演唱会2次，参加并协助师傅举办了莲花山花儿演唱会，参加了农历五月十五的峡城花儿、农历六月初六的高石崖花儿会，以及周边地区举办的其他花儿会；在会期间随时给徒弟传授花儿演唱技巧；收集整理了部分花儿演唱资料。

简　　介：从上世纪80年代起就跟随师傅汪海娥到峡城花儿会、麻家集高石崖花儿会、莲花山花儿会、紫松山花儿会等众多花儿会上学习花儿演唱，到2000年时已能熟练演唱多种令的花儿，曾参加了省市县举办的大型文化活动，并取得一定成就。

0305 文俊德

性　　别：男

出生年月：1946-07-11

民　　族：汉族

政治面貌：群众

学　　历：高中

通讯地址：渭源县清源镇新街19号

成　　就：对传统刺绣图案和绣法进行了一定研究，并创作了《云角牡丹》《莲花》《王祥卧冰》《富贵平安》《五福捧寿》等一大批刺绣作品，并收徒传承这一手艺。
简　　介：小的时候就喜欢手工艺制作，后跟随奶奶、母亲尝试性地学习刺绣和剪纸艺术，并逐渐掌握这一手艺，后来常用刺绣和剪纸装扮自己的生活用品。

0306 漆旺平

性　　别：男
出生年月：1967-06-04
民　　族：汉族
政治面貌：党员
学　　历：高中
通讯地址：渭源县清源镇新街 19 号
成　　就：长期参加并组织群众排练《十炉香》《十二月》等民间秧歌参加首阳山伯夷叔齐祭祀活动，熟知祭祀仪式、礼仪、用品以及伯夷叔齐相关传说故事等，在近几年大量地宣传了首阳山伯夷叔齐文化和非遗保护知识，在当地有一定威望。

0307 朱雁翎

性　　别：男
出生年月：1951-11-25
民　　族：汉族
政治面貌：党员
职　　称：市级非遗传人
学　　历：高中
通讯地址：渭源县清源镇新街 19 号
成　　就：2008 年剪纸“毛泽东肖像”在西风烈·中国剪纸艺术大赛中荣获铜奖。2008 年在第二届定西市剪纸精品展中荣获银奖。被授予定西市十大剪纸传承人称号，被县文化出版旅游局授予渭源县民间艺术剪纸传承人。2010 年剪纸作品在全县首届“最美夕阳情、书画伴人生”老年人书画展中荣获优秀奖。2011 年剪纸作品在全省文化系统纪念中国共产党成立 90 周年作品展中荣获优秀奖。2013 年被评为全市非物质文化遗产保护优秀传承人。
简　　介：省民协会员、中华民族文化促进会剪纸艺术委员会会员、定西市民协副主席、渭源县民协主席、从事剪纸艺术十多年。

0308 陆海忠

性　　别：男
出生年月：1940-07-11
民　　族：汉族
政治面貌：群众
职　　称：市级非遗传人
学　　历：高中
通讯地址：渭源县清源镇新街 19 号
成　　就：从艺 50 余年，每年春节和过拉扎节时带徒弟陆永福和陆海清，以及舞蹈队员 50 多人表演打西蕃婆舞蹈，2008 年被渭源县文化出版旅游局和渭源县文联命名为渭源县首批非遗传承人，现为市级非遗传承人。作为羌蕃鼓舞现任代表性传承人，在表演内容、形式以及道具的制作和传承等工作中做出了重要贡献。组织羌蕃鼓舞队伍参加了“敦煌行”丝绸之路国际旅游节——2013 年甘肃·渭源生态文化旅游节，2014（甲午）年公祭华夏文明先祖大禹大典仪式的演出。
简　　介：上世纪六七十年代跟随先辈们从事“打西蕃婆”表演，逐渐熟知、掌握这一民间艺术，并和前任省级代表性传承人陆寿乾（已故）将这一民间艺术传承了下来。

0309 陈天福

性　　别：男
出生年月：1961-04-23
民　　族：汉族
政治面貌：群众
职　　称：市级非遗传人

学　　历：高中
通讯地址：渭源县清源镇新街 19 号
成　　就：上世纪七八十年代，重建灞陵桥时正在建筑队做临时木工，期间经过细心研究逐渐掌握灞陵桥结构特点和构造原理。随后开始用木头雕刻灞陵桥，经过多年的努力，他的作品逐渐被人们认可。后又开始钻研石雕、骨雕等技艺，并收邻村的邓宝平为徒传授这一技艺。作品《灞陵桥》曾获市级工艺美术二等奖，获县级工艺美术一等奖。
简　　介：现为木雕灞陵桥市级项目代表性传承人。

0310 郭云山

性　　别：男
出生年月：1970-06
民　　族：汉族
政治面貌：群众
职　　称：市级非遗传人
学　　历：大学本科
所在单位：渭源县第一中学
通讯地址：渭源县清源镇新街 19 号
成　　就：2011 年第七届“好娃娃杯”全国少年儿童书画、作文、作工选拔展示活动中荣获“特别贡献老师”奖;《与远古的对话——马家窑彩陶艺术》在 2010 年 7 月上海世界博览会全国美术课题大赛中被评为全国优秀课例奖。2008 年全国“西风烈 · 中国剪纸艺术大赛”中荣获银奖；2009 年庆祝中华人民共和国成立 60 周年甘肃省科技界书画摄影展中荣获三等奖；2007 年作品《腊月》在甘肃省第二届百合花奖民间工艺美术作品展中获奖；美术作品《独木桥》在 2008 年全市“扬正气、促和谐”廉政公益广告创作展播评选活动中荣获优秀作品奖；2012 年撰写的论文《决定考分的画面十大关系》荣获第十三届全国“校园杯”素质教育论文大赛一等奖；2009 年在第四届定西市少儿书画艺术展中荣获辅导一等奖；2010 年 11 月在“上海世博会中国美术作品展览”系列之“全国少儿美术作品展览”中成绩突出，被评为优秀辅导教师；2011 年被定西市教育局和定西市科学技术协会评为“全市优秀科技教师”；2008 年被授予渭源县民间艺术泥塑传承人称号。
简　　介：1993 年 7 月毕业于天水师专美术系，1993 年 8 月参加工作；2003 年 7 月毕业于西北师范大学继续教育学院，现任中学美术高级教师；兼任中国民间文艺家协会会员、甘肃省美术家协会员，定西市非物质文化遗产传承人。

0311 邓宝平

性　　别：男
出生年月：1973-04-10
民　　族：汉族
政治面貌：群众
职　　称：中华民间技艺传承人
学　　历：高中
通讯地址：渭源县清源镇新街 19 号
成　　就：最擅长渭源灞陵桥雕刻，作品深受广大群众喜爱，被授予“中华民间技艺传承人”称号。
简　　介：自幼酷爱木雕，拜陈天福为师学习木雕艺术。

0312 陆海清

性　　别：男
出生年月：1963-09-06
民　　族：汉族
政治面貌：群众
职　　称：市级非遗传承人
学　　历：高中
通讯地址：渭源县清源镇新街 19 号
成　　就：在春节期间举行大量的羌蕃鼓舞

表演活动，将所掌握的所有技艺传承给大家，已将陆应贵收为徒弟传承羌蕃鼓舞。着手研究羌蕃鼓舞的服装、配饰、道具等，在春节前购置了部分服装、配饰和羊皮鼓等。

简　　介：上世纪七八十年代就跟随陆海忠等在春节期间在本村及附近村社从事羌蕃鼓舞演出活动。陆海清在羌蕃鼓舞表演中主要担任老西蕃的角色，表演过程中整个阵形穿插、节奏变化都由他指挥。现为羌蕃鼓舞市级代表性传承人。

0313 王枝正

性　　别：男

出生年月：1962-08-15

民　　族：汉族

政治面貌：党员

职　　称：副高

学　　历：大学本科

所在单位：渭源县县志办

通讯地址：渭源县清源镇新街19号

成　　就：长期搜集整理民间故事，其中以民间爱情故事《羊娃》为代表，他的书画作品也多次参加省县书画展览，并获奖。

简　　介：毕业于临洮师范普师班，进修于甘肃教育学院中文系。现任定西市文史资料研究员、渭河文化联谊会会员、渭源县文联作协副主席、渭水源书画院秘书长、渭河国画院副秘书长。

0314 黄永春

性　　别：男

出生年月：1974-03-04

民　　族：汉族

政治面貌：群众

学　　历：高中

通讯地址：渭源县清源镇新街19号

成　　就：参加大量山会、庙会等活动的傩舞演出，其中有农历五月二十四至二十六日会川本庙庙会的祭祀演出，另外，在索陀龙王的马路（辖区）上，共三十六庙八寨两庄，演出达到70场次。演出期间，给徒弟黄吉庆传授了演出技艺。继承祖上意愿继续收集整了《黄氏神谱》四册，记载了大量神事仪式、礼仪、服装、道具、舞步等内容。

0315 汪海娥

性　　别：女

出生年月：1957-08-06

民　　族：汉族

政治面貌：群众

职　　称：省级非遗传承人

学　　历：高中

通讯地址：渭源县清源镇新街19号

成　　就：1986年荣获甘肃省文化厅举办的全省1986年民间音乐舞蹈调演一等奖；1986年曲目《莲花山情歌》荣获由文化部、广播电影电视部举办的1986年全国民间音乐舞蹈比赛丰收奖；1987年《莲花山情歌》荣获省文化厅举办的全省1987年民族民间舞蹈调演三等奖；1990年荣获地区文化处、文联举办的定西地区首届花儿歌手调演演唱特别奖；1990年荣获省民族事务委、省林业厅、省文联举办的1990年花儿歌手大奖赛二等奖；1992年荣获省民族事务委、省少数民族音乐协会举办的1992甘肃二郎山民间花儿歌手大奖赛一等奖；1992年荣获临夏州委宣传部、临夏州文化局举办的全州花儿民歌调演优秀奖；1994年荣获第四届中国艺术节兰州市指挥部举办的第四届中国艺术节“黄河文化展示会”花儿演唱比赛三等奖。

简　　介：渭源县峡城乡门楼寺村中庄社村民。省级非物质文化遗产项目“麻家集高石崖花儿会”代表性传承人。

0316 乔彩凤

性　　别：女
出生年月：1976-01-03
民　　族：汉族
政治面貌：党员
职　　称：副高
学　　历：大学本科
所在单位：渭源县广播影视中心
通讯地址：渭源县宣传部
成　　就：在从事广播电视节目的采访拍摄中，着眼于具有地域特色的历史文化，编导摄制了电视文艺专题《渐行渐远的风景——水磨房》《日渐式微的民间艺术——皮影戏》《活态的非物质文化遗产——会川本庙庙会》《渭水源头过大年》《多彩渭源》《藏羌古风舞动的旋律》等专题，对唤起社会各界对非物质文化遗产的保护营造了良好的氛围，由此，会川本庙庙会申报为市级非物质文化遗产项目，羌蕃鼓舞被列入省级非物质文化遗产项目，他在传承民间民俗文化中发挥了重要作用。

0317 庞学忠

性　　别：男
出生年月：1937-07-08
民　　族：汉族
政治面貌：群众
学　　历：高中
通讯地址：临洮县洮阳镇背斗巷 11 号
成　　就：每年在地方举行的各种庙会和拉扎节演出近百场，有数万群众观看了演出，受到广大人民群众的爱戴，每场演出后有好多观众为其挂红表示祝贺。
简　　介：1956年毕业于临洮县杨家庙学校，自小随父亲学习傩舞，在家乡各村先后进行过数千场次表演。经过多年的学习提炼，精通了傩文化的演变过程，表演艺术精湛。

0318 卢锁忠

性　　别：男
出生年月：1968-09-12
民　　族：汉族
政治面貌：群众
职　　称：甘肃工艺美术二级大师
学　　历：高中
所在单位：临洮县洮阳镇广场路隍庙西侧艺砚阁
通讯地址：临洮县洮阳镇背斗巷 11 号
成　　就：1991 年被香港独资企业聘任为雕刻师。1998 年进入兰州刘爱军洮砚艺术研究所进行深造。2000 年与刘爱军老师在兰州市博物馆成功举办了洮砚精品联展。2004 年加入甘肃省工艺美术协会，为会员。2005 年创作的洮砚《夜读》荣获“甘肃省第八届工艺美术百花奖”制作技艺二等奖、《乐者长寿》荣获“甘肃省第八届工艺美术百花奖”制作技艺三等奖。同年被评为甘肃省工艺美术二级大师。2006 年创作的洮砚《幸福》《丰收》《琴高乘鲤》在“第四届中国文房四宝名师名砚精品大赛”中荣获金奖；创作的洮砚《犀牛望月》获“甘肃省第九届工艺美术百花奖”制作技艺二等奖。
简　　介：出生于中国四大名砚之一“洮砚”的故乡——甘肃省卓尼县洮砚乡坑乍村制砚世家，在国家级传承人李茂棣、乔国荣等先辈们的熏陶下，自幼爱好雕刻和制砚艺术，16 岁开始学习洮砚的雕刻和创作。尤其擅长于传统砚的创作。2009 年结业于中国工艺美术协会举办的“中国工艺美术高级研修班（雕刻艺术）”。同年，当选为甘肃省卓尼县洮砚学会副会长、评委。2010 年被全国促进传统文化发展工程工作委员会授予“中华传统工艺大师”称号；被中华传统工艺师推广管理办公室授予“副高级工艺师”资格证书。2010 年经甘肃省文化厅评审，在上海参加了世博会甘肃活动周洮砚展览。2013年4月发起成立了临洮县洮砚协会被选举为会长。

0319 何小伟

性　　别：男
出生年月：1983-06-16
民　　族：汉族
政治面貌：群众
职　　称：县级非物质文化遗产传承人
学　　历：高中
通讯地址：岷县新民街56号
成　　就：在家族中互相流传，使这门手艺不失传。继续培养岷县铜铝铸造技艺传承人。
简　　介：县级非物质文化遗产项目代表性传承人。开展传承工作，无保留地将岷县铜铝铸造技艺传授给了下一代。

0320 李永强

性　　别：男
出生年月：1971-02-09
民　　族：汉族
政治面貌：群众
职　　称：市级非遗传人
学　　历：高中
通讯地址：岷县新民街56号
成　　就：积极开展传承活动，不断培养下一代传承人。制作了80多个柳编作品。
简　　介：市级非物质文化遗产项目代表性传承人。积极开展传授工作，无保留地传授技艺培养后继人才，制作更多的柳编作品，打出市场。

0321 王威学

性　　别：男
出生年月：1954-10-10
民　　族：汉族
政治面貌：群众
职　　称：省级非遗传承人
学　　历：大学专科
通讯地址：临夏市文广局
成　　就：其代表作品有《韩起功抓兵》《孟宗哭竹》《尕司令打河州》《父母慈善者儿孝顺》《解放大西北》等，其中《韩起功抓兵》在1990年由青海昆仑音像出版社发行磁带10万盘，畅销甘青两省，深受听众喜爱，把河州贤孝这一说唱艺术推向新的高潮，推广提高了河州贤孝的知名度。他为河州贤孝的发掘、整理、研究、传承工作做出了积极贡献。州市文化部门多次邀请为贤孝节目配音、演出，极大地发挥了作为一位省级非物质文化遗产传承人的价值，对河州贤孝的传承保护工作发挥了积极的作用。
简　　介：王威学深受临夏音乐的熏陶，酷爱民间音乐，从事音乐教学30余年，有较高乐理基础和教学经验。80年代起常听孟胜先生和老艺人们的演唱，求教与自学河州贤孝的演唱技能，2000年拜孟胜先生为师，传习三弦的弹奏技巧及演唱技能。

0322 马世贤

性　　别：男
出生年月：1965-11-02
民　　族：回族
政治面貌：群众
职　　称：甘肃省一级工艺美术大师
学　　历：高中
所在单位：临夏市工艺美术厂
通讯地址：临夏市文广局
成　　就：他自幼喜爱绘画，尤爱雕刻，16岁从师于甘肃省特级工艺美术大师马耀良先生，专攻葫芦雕刻。学习期间刻苦认真，细用揣摩，虚心求教，师法自然，终得马耀良先生的真传。他博采众长，融绘画、书法于葫芦雕刻中，自成一体。1983年供职于临夏市雕刻工艺厂，代表作有：《动物世界》《百鸟朝凤》《水浒》《五百罗汉》等。其以山水为代表的作品渗透着浓郁的绘画性和精湛的雕刻技艺，洋溢着明快的时代气息，雅俗共赏，深得雕刻界内外人士的喜爱。他的《十八罗汉图》获得1990年甘肃省工艺美术“百花奖”优秀创作设计奖。

简　　介：现为临夏市工艺美术厂负责葫芦雕刻业务的副经理，是临夏州葫芦艺术协会副会长。2005年被甘肃省工艺美术协会评选为甘肃省一级工艺美术大师。

0323 马尔洒

性　　别：男

出生年月：1971-12-13

民　　族：回族

政治面貌：群众

学　　历：高中

通讯地址：临夏县麻尼寺沟乡马角岭村

成　　就：2004年8月甘肃省民间文艺家协会、临夏回族自治州文联授予优秀花儿歌手称号；2005年7月在第二届青海民族文化旅游节西北五省花儿歌手邀请赛中荣获铜奖；2005年6月13日在首届甘肃省太子山槐树关花儿演唱大赛中荣获二等奖；2005年9月在临夏市委宣传部、市文化体育局举办的临夏市首届民歌花儿大奖赛中荣获一等奖；2005年12月荣获临夏州第二届“大中华杯”花儿民歌大奖赛一等奖；2006年6月在第二届太子山民歌大奖赛中获二等奖；2006年5月在中国西部花儿歌手邀请赛中获得铜奖；2006年8月荣获庆祝临夏回族自治州成立五十周年全州花儿歌手大奖赛三等奖；2007年5月在永靖县第二届“长乐杯”花儿歌手大奖赛中荣获二等奖；2007年6月在松鸣岩原生态花儿大奖赛中荣获二等奖；2007年6月在第三届太子山花儿会暨西北民歌花儿邀请赛中荣获金奖。

简　　介：从小酷爱花儿，对花儿有独特的演唱技法，颇受群众喜爱。他自编自唱的花儿不仅唱出自己的心声，也唱出了当地老百姓的心声，在当地，提起马尔洒无人不知，无人不晓。热爱花儿的他，用优美的歌喉亮相在国内大小的花儿歌手比赛的舞台上，荣获了不少荣誉。

0324 赵英才

性　　别：男

出生年月：1966-03-05

民　　族：回族

政治面貌：群众

职　　称：副高级砖雕艺术师

学　　历：高中

所在单位：临夏神韵砖雕有限公司

通讯地址：临夏县黄泥湾乡郭吴村

成　　就：他的作品构思巧妙，工艺精湛，古色古香，高贵典雅，富丽堂皇，极具民族特色和艺术魅力，被誉为临夏砖雕界“棰王”。从1984年起，他累计创作各种规格的砖雕作品2000多幅（件），面积达2万多平方米。主要作品和合作完成的砖雕艺术品有北京香妃寺、宁夏同心砖雕长廊、临夏大拱北砖雕长廊、临夏河沿头拱北砖雕群、街子拱北砖雕群等，在北京、江苏、陕西、四川、广东、青海、新疆、宁夏等地区有其设计创作、雕刻制作的作品百余处。其作品多次在上海世博会、第四届国际“非遗节”、首届国际文化产业大会等国际、国内展会上展演展出。他注重授徒传艺，积极培养砖雕艺术人才，为临夏砖雕这一传统文化艺术的发展和传承做出了突出贡献。2010年12月被甘肃省人力资源和社会保障厅评审为副高级砖雕艺术师。

简　　介：1984年7月至2006年11月长期

从事临夏砖雕设计、创新、雕刻；2006 年 12 月至今在临夏神韵砖雕有限公司工作。

0325 张作良

性　　别：男

出生年月：1969-04-23

民　　族：汉族

政治面貌：群众

职　　称：高级葫芦微雕艺术师

学　　历：高中

通讯地址：甘肃省临夏县河西乡常家村尕庄社

成　　就：2004 年 6 月《黄河铁桥》《白塔山》等反映兰州景点的八件雕刻葫芦作为甘肃特色工艺品，由省政府赠给美国驻华大使雷德先生及国际友人。2004 年 11 月作品《周恩来》《千手观音》参加了甘肃省文化厅主办的首届甘肃省民族民间文化艺术节甘肃省民族民间民俗艺术展览。2005 年 9 月 20 日雕刻葫芦作品《八十七神仙图》，经甘肃省工艺美术评审委员会评审，获甘肃省第八届工艺美术百花奖设计创新一等奖。2005 年 12 月 26 日获得甘肃省工艺美术协会授予的“甘肃省工艺美术大师”称号。2006 年 6 月 21 日获得由甘肃省文化厅、甘肃省人事厅、甘肃省职改办、甘肃省农村实用人才高级职称任职资格评审委员会颁发的甘肃省农村实用人才高级职称“高级葫芦微雕艺术师”。

简　　介：中国工艺美术家协会会员、甘肃省工艺美术协会会员、临夏州葫芦雕刻艺术协会会长、临夏县葫芦种植会会长。自小酷爱绘画，自学雕刻葫芦专业。依靠传统的绘画技艺，在葫芦雕刻上探索出了一套成功的绘画、雕刻及创作经验，作品大多取材古典戏剧、神话故事和民间传说，也有山水、花鸟、名胜古迹、民俗风情等。

0326 张全明

性　　别：男

出生年月：1967-10-13

民　　族：汉族

政治面貌：群众

职　　称：副高级砖雕艺术大师

学　　历：高中

所在单位：临夏神韵砖雕有限公司

通讯地址：临夏县黄泥湾乡郭吴村

成　　就：从 1988 年起，他累计创作各种规格的砖雕作品 1600 多件，面积达 18000 多平方米。主要作品和合作完成的砖雕艺术品有北京香妃寺、宁夏同心砖雕长廊、临夏大拱北砖雕长廊、临夏榆巴巴寺砖雕群、街子拱北砖雕群等，作品《长城》砖雕经甘肃省工艺美术评审委员会评审，荣获甘肃省第十届工艺美术百花奖创作设计二等奖，并在首届临夏砖雕艺术品展评会上荣获金奖，在青海、新疆、宁夏等地区有其设计创作、雕刻制作的作品百余处。2008 年 9 月作品《长城》荣获甘肃省第十届工艺美术百花奖创作设计二等奖；2009 年 6 月作品《和谐富贵》《莫高窟》《蛟龙出海》等 130 多件作品荣获由联合国教科文组织、文化部主办的第二届国际非遗节西北五省唯一优秀奖；2010 年 9 月作品《四季平安》《国色天香》《玉堂富贵》等 20 多件作品在上海世博会展出；12 月被甘肃省文化厅、人力资源和社会保障厅评审为副高级砖雕艺术师；2011 年 2 月被甘肃省工信委、甘肃省工艺美术协会授予“甘肃省工艺美术行业优秀技艺工作者”；2013 年 10 月其创作的作品获中国 · 临夏——马来西亚——吉兰丹州民族用品大奖赛金奖。

简　　介：1988 年 12 月至 2006 年 11 月长期从事临夏砖雕设计、创新、雕刻。2006 年 12 月至今在临夏神韵砖雕有限公司工作。现为甘肃临夏神韵砖雕有限公司设计生产经理、副高级砖雕艺术师。擅大型砖雕建筑及图案的设计、绘画、镂雕，其作品气势恢弘，动感十足，古朴典雅，作品构思巧妙，工艺精湛，巧夺天工，极具艺术魅力。

0327 张全光

性　　别：男
出生年月：1973-05-14
民　　族：汉族
政治面貌：群众
职　　称：副高级砖雕艺术大师
学　　历：高中
所在单位：临夏神韵砖雕有限公司
通讯地址：临夏县黄泥湾乡郭吴村
成　　就：主要作品有《松鹤朝阳》《淡泊》《吉祥如意》《苍龙教子》等，与其他砖雕艺术师合作创作完成的砖雕艺术品有北京香妃寺、天津北辰天穆寺、新疆昌吉民街、江苏淮安慈云寺、兰州白塔山公园、榆中沿川湖龙王庙、临夏河沿头拱北砖雕群等，其作品《博古架》被宁夏回族自治区博物馆馆藏，在京津沪、青海、新疆、宁夏等地区有其设计创作、雕刻制作的作品近百处。从艺20多年来，他累计创作各种规格的砖雕作品10000多件（幅），近20000平方米。他多次在宁夏回族自治区穆斯林职业技术学校、临夏县职业学校执教，教授学员临夏砖雕设计雕刻，为临夏砖雕这一传统民间艺术的传播、发展做出了较大贡献。2010年12月被甘肃省人力资源和社会保障厅评审为副高级砖雕艺术师。
简　　介：其作品精巧唯美，古朴典雅，构思巧妙，工艺精湛，出神入化，栩栩如生，雅俗共赏。

0328 江明海

性　　别：男
出生年月：1974-05-15
民　　族：汉族
政治面貌：群众
职　　称：甘肃省工艺美术大师
学　　历：高中
通讯地址：甘肃省临夏县后明丰4#8楼482室
成　　就：代表作品敦煌飞天《说法图》于2006年10月荣获甘肃省第九届工艺美术“百花奖”二等奖；2007年10月，雕刻葫芦作品《金陵十二钗》在甘肃省第二届“百合花”奖入选参展；2008年3月被桥寺乡聘为“葫芦雕刻培训班”授课老师，9月雕刻葫芦作品《金陵十二钗》荣获甘肃省第十届工艺美术“百花奖”一等奖；同时受到临夏电视台、甘肃电视台报道播出；《民族日报》采访报道；2011年4月代表甘肃省参加了“第二届西部非物质文化遗产博览会”展演，山西电视台、西安电视台播出；《人民日报》、《中国日报》、《兰州晨报》采访报道；2012年5月代表甘肃省参加“中国［深圳］第八届世界文化博览会”现场雕刻表演；2013年10月参加“中国·临夏——马来西亚·吉兰丹州民族用品展”评奖活动荣获银奖；2014年5月作品《敦煌神韵》在“临夏州书画，观赏石，雕刻葫芦，花卉盆景艺术展”荣获一等奖。
简　　介：甘肃省工艺美术大师，副高级雕刻艺术师，甘肃省工艺美术协会会员，临夏州葫芦雕刻艺术协会会员。自幼酷爱绘画艺术，1992年6月高中毕业后学习葫芦雕刻技艺，其作品线条飘逸洒脱，入木三分，布局严谨，巧妙构思，画面生动，意味深远，创意新颖独到。在传统雕刻手工艺不断遗失的情况下，葫芦雕刻作品像这样艺术价值极高的品种奇缺。葫芦雕刻以其丰富的文化内涵与精巧的艺术外形完美结合，倍受人们的青睐。他坚信雕刻葫芦会让越来越多的人喜欢欣赏，给人们带来艺术的陶醉，美的享受。

0329 王春雷

性　　别：男
出生年月：1986-04-12
民　　族：汉族
政治面貌：群众
职　　称：副高级雕刻艺术师
学　　历：高中
通讯地址：甘肃省临夏县土桥镇大刘村
成　　就：2006 年在当地领导的引荐之下，有幸结识了临夏州葫芦协会秘书长毛雄祖，拜他为师学习书法和中国画，不断提升自己的技艺，功夫不负有心人，在 2007 年临夏州首届葫芦艺术展牡丹奖上《五百罗汉》荣获一等奖，为此激发了他对雕刻葫芦的信心以及对它疯狂的热爱，使微雕葫芦精益求精，不断创新，相继在 2008 年甘肃省工艺美术百花奖上《一百单八将》荣获一等奖，《百鸟朝凤》荣获二等奖，2010 年甘肃省人事厅评定为副高级雕刻艺术师，2011 年被甘肃省工信委评定为甘肃省工艺美术行业优秀技艺工作者，2012 年四件作品被甘肃省工艺美术协会编入《甘肃工艺美术作品选》。
简　　介：非物质文化遗产传承人，自幼受父亲王守龙熏陶学习传统葫芦雕刻技艺，通过实践和不断求索，逐步加深对葫芦雕刻技艺的理解，认为葫芦雕刻不仅仅是一种技能，一种创造财富的手艺，更是博大精深的中华文化长河中的一条涓涓细流，年轻一代，有责任更好地传承葫芦雕刻这门非物质文化遗产，把它发扬光大，使这门艺术源远流长。

0330 唐占鸿

性　　别：男
出生年月：1962-09-16
民　　族：汉族
政治面貌：群众
职　　称：省工艺美术大师
学　　历：中专
通讯地址：临夏市新华小区 16 栋 3 单元 702
成　　就：自幼喜爱绘画，1982 年毕业于临夏师范学校，师从孔德良先生学习中国画，对山水、人物等绘画语言有深刻认识。1982 年从事美术教学工作。1984 年开始自学雕刻葫芦。1987 年经中国工艺美术大师阮文辉先生的指点，结合自己绘画功底，创作出风格独特的作品。自 1995 年起专门从事葫芦雕刻艺术，2005 年被甘肃省工艺美术协会评选为甘肃省二级工艺美术大师。2011 年被甘肃省工业和信息化委员会评为省工艺美术大师。其作品线条劲健、流畅，人物形象比例准确，神态入微，表现出人物内心喜、怒、哀、乐的细微变化，给人强烈冲击，引起观赏者的共鸣。主要作品有：《松下问童子》《童叟图》《画龙点睛》《伯乐相马》《饮中八仙》《竹林七贤》《香山九老秋兴图》《五老图》等。作品中老人智慧恬淡，童子顽皮聪明，神态毕现，雅俗共赏。

0331 高宝福

性　　别：男
出生年月：1966-06-12
民　　族：汉族
政治面貌：群众
职　　称：高级雕刻艺术师
学　　历：高中
通讯地址：甘肃省临夏县桥寺乡
成　　就：2005 年临夏州出版《雕刻葫芦》一书，书中收进了其两幅作品。同年，雕刻的葫芦《八十七神仙卷》荣获甘肃省第九届工艺美术“百花奖”一等奖。2009 年《河州》杂志专页选登了其八幅作品并介绍。9 月临夏县职业学校聘其为老师。2011 年 4 月代表甘肃参加了“第二届西部非物质文化遗产展演”，陕西电视台、西安电视台采访播出，《人民日报》《中国日报》《兰州晨报》采访报道。2012年4月雕刻葫芦《富贵长寿图》获“全国休闲农业创意精品西北赛区优秀奖”；5月代表甘肃省参加“第八届世界文化博览会”，现场雕刻表演；8月《甘肃工艺美术作品选》入选其四幅作品并附有简介。2013年10月参加“中国·临夏—马来西亚·吉兰丹州民族用品展示展销评奖活动”荣获金奖；12月被临夏县委县政府评为全县农民增收致富能手。

简　　介：甘肃省工艺美术大师，高级雕刻艺术师，甘肃省工艺美术家协会会员，甘肃省艺术界人才数据信息库会员，临夏州葫芦雕刻艺术协会副会长。从小酷爱美术，自学成才。

0332 文香莲

性　　别：女

出生年月：1969-08-15

民　　族：汉族

政治面貌：党员

职　　称：国家级非遗传人

学　　历：高中

通讯地址：甘肃省康乐县莲麓镇蛇路村

成　　就：2013年8月获首届中国西部百益杯花儿艺术节“全国花儿大奖赛”原生态组二等奖。2014年6月获省首届焉支山民歌大赛优秀奖。

0333 丁作枢

性　　别：男

出生年月：1938-11-15

民　　族：汉族

政治面貌：党员

职　　称：国家级非遗传承人

学　　历：大学专科

所在单位：康乐县莲花山花儿协会

通讯地址：甘肃省康乐县党校旧家属楼

成　　就：国家非物质文化遗产省级传承人。2013年8月获首届中国西部百益杯花儿艺术节“全国花儿大奖赛”原生态组二等奖。

简　　介：康乐县党校原校长。现任康乐县莲花山花儿协会主席。善于创作文学作品。

0334 刘才发

性　　别：男

出生年月：1963-04-04

民　　族：汉族

政治面貌：党员

职　　称：省级非遗传承人

学　　历：高中

所在单位：甘肃省永靖建筑公司二〇五处工程部

通讯地址：永靖县黄河文化广场文体中心

成　　就：刘才发承建设计了青海省贵德县阿什贡国家地质公园，青海省贵德县清真大寺，青海省贵德县古典建筑修缮，青海省尖扎县堪布拉国家森林公园内古楼、亭子、南宗寺等古典建筑，青海省尖扎县康杨清真大寺古典建筑修缮，青海省化隆县岗山大寺等，2006年获青海省贵德县古典建筑作品一等奖，2007年获青海省海南州修缮古典建筑一等奖，2007年获青海省贵德县古典建筑作品一等奖，2008年被评为永靖白塔乡古建筑艺术省级传承人。

简　　介：1968年至1973年在刘家塬小学读书；1974年至1977年在刘家塬中学读书；1978年至1981年在永靖五中读书；1982年开始跟随伯父刘登科学艺四年；1986年自己开始承接古典建筑工程，1990年在青海省尖扎县坎布拉国家森林公园承接二层古楼、六角亭，连续承接三年；1994年在青海省尖扎县修建南宗寺、尼姑寺，连续承接三年；1998年在青海省平安县承建河沟清真大寺；1999年至2002年在青海省贵德县承建清正大寺、河西清真大寺；2003年在青海省化隆县承接岗山堪达寺大经堂，连续承建两年；2006年至2011年连续五年在青海省阿什贡国家地质公园承建古典建筑。2012年在青海省贵德县成立自己的古典建筑加工厂和个人成就展览馆，2013年在青海省贵德县承建新农村项目古典建筑牌坊门一座。2008年被评为永靖白塔乡古建筑艺术省级传承人。

0335 范廷录

性　　别：男
出生年月：1937-12-04
民　　族：汉族
政治面貌：党员
职　　称：国家级非遗传承人
学　　历：高中
通讯地址：永靖县黄河文化广场文体中心
成　　就：在本乡镇及省州演出500多场，技巧及水平属永靖“七月跳会”之首。国家非物质文化遗产保护中心批准为傩舞（永靖七月跳会）国家级传承人。
简　　介：粗识字，身体状况良好，甘肃省永靖县杨塔乡松树湾村新庄社人。大半生放羊，务农，未出过远门。1947年开始跟师傅学跳傩舞，1986年开始傩舞表演，潜心钻研傩舞表演技巧，逐渐成为本村傩舞九辖（首领），组织本村傩舞队进行了200多场演出。2005年开始，积极配合县、乡两级政府进行了傩舞戏非物质文化遗产的申报工作。2008年，被国家非物质文化遗产保护中心批准为傩舞（永靖七月跳会）国家级传承人。

0336 沈文才

性　　别：男
出生年月：1950-03-04
民　　族：汉族
政治面貌：群众
职　　称：省级非遗传承人
学　　历：高中
所在单位：甘肃省永靖古典建筑公司七十六队
通讯地址：永靖县黄河文化广场文体中心
成　　就：共参加修建佛寺、清真寺、拱北、公园等古典建筑41座，独立完成各种建筑18座。2008年被评为永靖白塔乡古建筑艺术省级传承人。
简　　介：1958年9月至1962年6月在三塬镇两河小学读书；1962年7月至1968年11月在家务农；1968年12月至1982年3月跟随叔叔沈海福学习瓦工、泥水、木工雕刻、绘画等技艺，后又拜本村亲友甘肃古建大师胥德辉为师，参加由他组织的临夏州古典建筑公司；1984年5月至1989年10月在康乐县莲花山九角莲花殿、临夏红园拱北、积石山县大河家清真大寺、东乡拱北等地搞古典建筑工程（任掌尺）；1990年3月至1996年10月在敦煌搞月牙泉古典建筑工程（任总掌尺）；1997年1月至2001年8月在敦煌山庄搞施工及古典建筑工程（任总工程师）；2006年4月至2007年9月维修青海康杨清真大寺、同仁县隆务佛教寺院（任总掌尺）；任掌尺后独立完成20多处古建工程。2008年被评为永靖白塔乡古建筑艺术省级传承人。

0337 朱庭栋

性　　别：男
出生年月：1973-11-19
民　　族：汉族
政治面貌：群众
职　　称：省级非遗传承人

学　　历：高中
所在单位：甘肃省永靖县古建公司406处
通讯地址：永靖县黄河文化广场文体中心
成　　就：自1993年自己承接工程以来，先后共计修建三十多座建筑，大型的有兰州陈管营建筑群、兰州光月山五凰殿、青海化隆宝光寺、化隆支扎寺、青海共和县塔尔寺。2006年修建的青海循化县清真寺，因修建精美，深得专家学者好评。朱家古建技艺，已被中央电视台、甘肃电视台在文化频道作了报道，《丝绸之路》《民族日报》亦作了专题报道。2008年被评为永靖白塔乡古建筑艺术省级传承人。
简　　介：1981年在本村上小学，是朱家第六代传人朱良明之子。八岁开始学习山水画和习描木工雕刻图样，1987年初中毕业后，便跟随爷爷和父亲朱良明，到青海夏琼寺学习木工技艺，从基本的刨料、锯学起，抱着一颗要把祖传技艺学精的强烈愿望边学边干。干了五年后，自己独接工程，1993年承接兰州七里河蛟龙寺。1994年修建了青海化隆支扎寺，该工程由他自己设计，自己抓尺，竣工后，受到了同行们的赞许。后又分包了青海化隆县夏琼寺的经堂建筑工程，经二年竣工，从此以后，各项建筑一个接着一个。先后有甘肃白银仿古宾馆、兰州七里河菩萨殿、兰州法宁寺等。

0338 高永发

性　　别：男
出生年月：1973-10-22
民　　族：汉族
政治面貌：群众
职　　称：省级非遗传人
学　　历：高中
所在单位：甘肃省永靖县三塬镇高白村三社128号
通讯地址：永靖县黄河文化广场文体中心
成　　就：独立设计建设了以下建筑作品：平凉崆峒山古建筑群武；威鸠摩罗什寺古建筑群；宁夏中宁圆明寺大熊宝殿；兰州弘发寺古建筑群；青海乐都昆仑山、道观古建筑群；庄浪大佛禅院古建筑群；青海华隆县岗山大寺大经堂；兰州西湖公园长廊、凉亭；武威文庙木制牌匾复制；武威海藏寺山门、凉亭。总完成20万方木料古建筑工程，质量均达优。2007年被评为省级非遗项目“白塔乡古建筑艺术”传承人。
简　　介：1978年至1983年就读于塬中小学；1983年至1986年就读于永靖五中；1986年至1988年就读于永靖中学；于1991年随大哥高山云去天祝县华藏寺学习木工技艺，并修建大经堂，第二年到天祝天堂寺修建；两年下来，初步掌握了锯、刨、砍等木工基本知识，1993年开始钻研各种古典建筑的结构、绘图、预算，承包了叭咪山道观山门，在大哥的指导下圆满完成了此项任务；1994年去四川若尔盖县修建寺庙，此后，连续在甘肃、青海等地修建寺庙，最大的工程当属武威摩罗什寺，此工程至今还在修建中。经过这二十多年的学习和实践经历，掌握了各民族古建技艺，现在可以单独设计、施工一些大型古建筑，古典工程达九处之多，学徒有20多人，对下一代的培养和传授技艺很重视，同时也带领了一些外地学徒。

0339 崇伟东

性　　别：男
出生年月：1969-06-28
民　　族：汉族
政治面貌：群众
职　　称：省级非遗项目传承人
学　　历：高中
通讯地址：永靖县黄河文化广场文体中心

成　　就：设计建筑了甘肃兰州的阳河山寺、夏河县尼姑寺、古海寺、洒一盎寺、永靖报恩寺、抱龙山大圣殿、叭咪山歇马殿、静台念佛寺、普言寺、永靖王家祠堂山门、阿干镇铁也寺山门；青海循化县大四古清真大寺、道韦乡古雷大寺、白家寺、果洛县白玉大金瓦殿、兴海县羊曲寺、贵得县家秀寺、同德县尕毛寺、同仁县瓜什化寺。2007 年被评定为省级非遗项目传承人。

简　　介：1979 年至 1984 年就读于新建小学；1985 年至 1988 年就读于永靖中学；1989 年至 1994 年随祖父崇光福学艺；1995 年至今，继承祖父业绩，在甘肃、青海、新疆等地从事各种古典建筑艺术工程。1989 年至 1994 年随从祖父崇光福学习实践古典建筑艺术。其技艺来于祖父的言传身教，1989 年至 1994 年跟随祖父从事各类古典寺院道观建筑，主要在青海、兴海、夏河、湟中、塔尔寺等地。在施工过程中，祖父教会下料、绘图、比例、协调等各方面有关古典建筑的细节技术。期间，他虚心求学，积极向上，不耻下问，以满腔的热心投入到古典建筑艺术的海洋，不断积累相关的专业知识，自行设计，自行绘图，自行配料，并将古典建筑中不可或缺的雕刻工艺熟练掌握。现依然带领本村青年奔波于青海、兰州、新疆等地继续为我国古典建筑艺术的发扬光大做着不懈的努力。

0340 朱良发

性　　别：男
出生年月：1960-01-03
民　　族：汉族
政治面貌：群众
职　　称：省级非遗传承人
学　　历：高中
所在单位：甘肃省永靖县古典建筑总公司
通讯地址：永靖县黄河文化广场文体中心
成　　就：所建工程质量上乘，深得广大群众赞誉，已接受甲方送来的锦旗十多面。2008 年被评为永靖白塔乡古建筑艺术省级传承人。
简　　介：鲁班协会会员，甘肃省永靖县盐锅峡镇朱王村人。1970 年至 1982 年在校读书，1986 年至 1990 年在部队当兵，转业回家后，跟随父亲在青海海东各县区修建佛寺及清真寺，在父亲引导下，掌握了古建技艺的基本知识，父亲去世后，带领工匠从事古建 10 余年，苦心钻研，得到了设计、施工、创作、雕刻的精湛技艺，现在继续带人搞古建工程。

0341 芝生郁

性　　别：男
出生年月：1941-06-28
民　　族：汉族
政治面貌：党员
职　　称：省级非遗传承人
学　　历：高中
所在单位：甘肃省永靖县司法局
通讯地址：永靖县黄河文化广场文体中心
成　　就：每年参加财宝神演唱活动，与村里村外的财宝神艺人广泛交流财宝神演唱技艺，演唱水平大有提高。多次参加省、州、县表演活动。2005 年开始，为永靖县志办编辑出版《河州北乡秧歌》一书提供了大量详实的素材，与永靖县自然影楼合作出版《永靖财宝神演唱》光盘 1 盘。2008 年被评为河州北乡秧歌省级传承人。
简　　介：1949 年至 1954 年在本村私塾及陈张小学读书；1955 年至 1956 年在白塔学校读书；1957 年至 1962 年在永靖一中（莲花）读书；1963 年在家务农，1964 年至 2001 年在县法院工作，2001 年 8 月退休。“财宝神”

这一民间文化有着悠久的历史。逢年过节、婚嫁喜事，中老年人均以财宝神的唱词助兴赞誉，尤其春节玩秧歌（社火）中，老年人扮“财宝神”，给家家户户送太平。村里玩秧歌，芝生郁常扮这一角色，与对方人士说古论今，即兴作赋，歌颂新时代，每年春节期间各乡秧歌来县城报喜送太平，芝生郁演唱财宝神。近年，在村里或村外演唱财宝神达 200 场之多，12 名村里人在跟他学唱财宝神。

0342 刘世玉

性　　别：男

出生年月：1943-03-09

民　　族：汉族

政治面貌：党员

职　　称：省级非遗传承人

学　　历：大学专科

通讯地址：永靖县黄河文化广场文体中心

成　　就：从 1978 年开始演唱，30 多年来，或请秧歌、或玩秧歌，均为主要角色。现为本地财宝神演唱著名艺人。其唱词录音、动作等已制成碟片在本地区发行。2008 年被评为河州北乡秧歌省级传承人。

简　　介：1951 年至 1955 年在三合初级小学读书；1955 年至 1957 年在原白塔高级小学读书；1957 年至 1960 年在原白塔农业中学读书；1960 年至 1966 年在家务农；1966 年至 2002 年先后在三合、永靖二中、永靖五中、永靖八中任教（期间：1971 年在临夏师范培训半年，1976 年至 1977 年在甘南师范大学进修中文）；从 1979 年开始学习财宝神演唱，经常参加村内外秧歌表演，婚嫁喜事财宝神演唱。善机变，随口成句，颇受好评，成为本地财宝神演唱著名艺人，授徒二十余名。

0343 王正杰

性　　别：男

出生年月：1933-11-10

民　　族：汉族

政治面貌：党员

职　　称：省级非遗传承人

学　　历：高中

所在单位：甘肃省永靖县太极镇下古村刘家峡古典法器铸造厂

通讯地址：永靖县黄河文化广场文体中心

成　　就：生产的各种传统炊具、农具行销西北各地。生产的各种法器近几年覆盖全国，远及东南亚。因产品质量上乘，深受用户的青睐，故接受全国各地送来的锦旗近二百面。2006 年王氏传统铸造工艺因技艺独特，故受到银川电视台、甘肃电视台等多家媒体报道。1999 年 6 月 30 日《民族报》作了题为《铸古典法器，创千古流芳》报道。多次被评为永靖县优秀企业家。2008 年被评为永靖王氏铁器铸造技艺省级传承人。

简　　介：为王氏铸造祖先王宣、王训第十六代玄孙。现为永靖县刘家峡古典法器铸造厂厂长。1944 年至 1948 年读小学，新中国成立后，1950 年到兰州全盛农具厂任技师，学习现代铸造工艺。1954 年在兰州河北翻砂厂任技师。1954 年至 1960 年任甘肃永登农机修造厂技术指导、车间主任。1963 年至 1966 年在家务农。1967 年至 1987 年在永靖县农机厂工作，任技术指导、车间主任，1987 年退休。1979 年至 1982 年先后指导儿子王元来、王元才、王元恒、王元吉在自己家里办起第一个王氏铸冶小炉院，铸造炊具、农具，1983 年至 1985 年开始铸造小型法器。1986 年在下古村办起王氏第一家铸造厂——刘家峡古典法器铸造厂，以“优质价廉”的优势，满足了各地群众的不时之需。后以“铸古典法器，创千古流芳”为办厂宗旨，利用传统技艺，开始铸造大型法器，以造型古朴、字纹清晰、工艺精湛，深受全国各地善男信女的青睐。

0344 肖怀贤

性　　别：男
出生年月：1936-04-06
民　　族：汉族
政治面貌：群众
职　　称：省级非遗传承人
学　　历：高中
所在单位：甘肃省永靖县古典建筑总公司
通讯地址：永靖县黄河文化广场文体中心
成　　就：他一生共修建三十多个寺院，受到广大信徒及群众的交口称赞。2008 年被评为永靖白塔乡古建筑艺术省级传承人。
简　　介：永靖鲁班协会会员。10 岁随叔叔肖绍丞到夏河拉卜楞读书，小学毕业，便学习古建，先后参与夏河王府等工程；1952 年至 1954 年继续随叔叔去四川阿坝、甘南玛曲、绿曲、夏河，修建昂义寺、丁科寺、齐哈玛寺、曼尔玛寺、欧拉寺、乎尔玛寺等；1955 年至 1956 年，又在夏河拉卜楞修建扎仓，由他自己一人掌尺，全部竣工；1957 年转入青海，承建阿木去乎杨曾仓大佛殿；1958 年宗教改革，佛寺修建停顿；1978 年至 1980 年，改革开放初便前往四川若尔盖修建卓藏寺、甘南郭家寺、四川阿坝尕尔庆寺、参尼寺。1980 年下半年，转入青海，修建慈义母活佛寺、悟嘉活佛寺等；1981 年又到夏河县承建白石崖等五座寺院。跟随爷爷肖正良、叔叔肖绍承在四川、青海、甘肃甘南修建过五十个寺院，尤其修建过拉卜楞王府等拉卜楞寺一系列工程；他技艺超群，又能讲信誉。踏着先辈的足印，继承先辈技艺，开始大展宏图。组织了一个 200 多人的工程队，分赴各地寺院开工修建。10 几年下来，20 几座寺院修建告竣。

0345 胥恒通

性　　别：男
出生年月：1946-04-15
民　　族：汉族
政治面貌：群众
学　　历：高中
所在单位：甘肃省永靖县古典建筑总公司仿古一公司
通讯地址：永靖县黄河文化广场文体中心
成　　就：1985 年被评为全国古典建筑优秀工程。1986 年组建永靖县古典建筑公司。用“偷梁换柱”技巧，成功地修复了天水伏羲庙、太极殿的维修。此后继续成功的维修了甘肃敦煌上中下寺、秦安兴国寺、永登鲁土司衙门、兰州文庙、平凉崆峒山、张掖大佛寺、天水胡式南宅子、武威文庙等近几十项维修工程。兴建了临夏大拱北、麦积山古建筑群、兰州仁寿山古建筑群、兰州“四库全书”文溯阁等近五十项建筑。修建了甘肃莲花山九角花殿、红园古建筑群。1991 年获“全国文物样板工程证书”。2003 年获得“全国文物修建一级组织资格证”。省电视台、中央电视台等媒体作了专题报道。《甘肃日报》《民族报》《甘肃画报》等报刊亦作了专题报道。
简　　介：他是胥家掌尺第七代传人。1964 年中学毕业后，先后学习彩绘、油漆。从 1969 年开始任生产队会计数年。“文革”后，便随其叔父、著名木械大师胥德辉从事古典建筑，1980 年初便独立施工。1986 年组建永靖县古典建筑公司，30 年来，先后新建和维修近百项古典工程。

0346 李良栋

性　　别：男
出生年月：1944-11-08

民　　族：汉族
政治面貌：群众
学　　历：高中
所在单位：甘肃省永靖县古建总公司
通讯地址：永靖县黄河文化广场文体中心
成　　就：设计建筑了美秀寺、宗喀巴寺、活洛寺、白塔寺、幸福滩班禅讲经台、本本子寺、班禅办公室、塔秀寺、龙恩寺。多卡、让让、龙日家、岗龙、古地等大寺院。
简　　介：1952 年至 1957 年在白塔中学读书；1958 年至 1962 年在水电四局任木工当学徒；1963 年至 1977 年在家务农，1978 年至 1981 年在青海、黄海等地修建寺院任掌尺；1982 年至今，在果洛、青海等地修建寺院；其学习与实践技艺来自师父言传身教，跟随师父从事修建寺院道观过程中，师父教给绘图、握比例尺、下料、划料等各个环节程序，逐渐熟悉了大量的做工方法、技术、要求指标，在师父的指导下，掌握了各民族文化艺术的木雕知识和技艺。经过长期的实践劳作，有了独立思考、单独设计、自行雕刻、自行绘图的古建技术。他秉性善良，乐于施人。到目前，虽年逾古稀，仍率领三个儿子指挥着两百人的木工建筑队伍活跃在青海、果洛等地。

0347 朱良环

性　　别：男
出生年月：1954-02-02
民　　族：汉族
政治面貌：群众
学　　历：高中
所在单位：甘肃省永靖县古典建筑总公司
通讯地址：永靖县黄河文化广场文体中心
成　　就：设计建筑了：无梁殿修建（青海化隆县雄先乡大寺大殿）；明担大殿（青海化隆县昂思多乡尖扎嘛呢寺）；重担式（青海贵德县城下多巴清真大寺）；多角多层大金瓦殿（青海化隆查铺乡夏琼寺）；清式商街建筑群（青海湟源县城）；底层藏式，二、三层为抱刹十字歇山经堂（青海尖扎县瓦哈曲朗寺）；飞云阁（兰州市光辉村）；大佛寺（青海贵德县）；阿力克大寺建筑群（青海祁连县）；却藏活佛府邸（青海湟中县塔尔寺）；单双脊的清真大寺（青海化隆县群科乡）。本人建筑作品由中央电视台、甘肃省电视台在文化频道作了报道；《民族日报》亦对朱氏祖传技艺作了报道。
简　　介：1964 年至 1971 年在本村小学读书，1971 年至 1979 年在家务农，技艺来于祖上历代口传心授。自 1980 年至 1990 年跟随父亲从事搞寺院道观建筑，主要在青海化隆、尖扎、互助、湟中、同仁等县，在施工过程中父亲教给绘图、掌握比例尺、下料、划料各个关节程序，逐渐熟悉了大料的做工方法、技术要求指标，再加历代祖上遗留的各民族的建筑图纸和雕刻艺术图样，在父亲的指导下，用功学习，逐步掌握了各民族文化艺术的古建筑知识和技艺。经过长时期的实践劳作，有了独立思考、单独设计、自行雕刻、自行绘图的古建筑技术。目前，正带领两个儿子和众多工匠在青海、甘肃等地继续搞古建事业，为下一代传授技艺。

0348 姬祥学

性　　别：男
出生年月：1965-03-09
民　　族：汉族
政治面貌：群众
学　　历：高中
所在单位：甘肃省永靖县岘塬镇姬川村
通讯地址：永靖县黄河文化广场文体中心
成　　就：作为永靖“七月跳会”发神舞第十代传承人，到青海、河西、秦王川、兰州、永登、东乡、天祝、永靖周边地方演出两千场次，娱人娱神，祈求四季平安，国泰民安，五谷丰登，尊教爱国。现被聘请为永靖县黄河三峡艺术团法师鼓舞教练。

简　　介：祖传法师鼓舞，从小跟随九代师傅姬发意（伯父）演出，1996 年任姬川村第四社社长，1998 年至 2000 年任姬川村支部文书。他于 1986 年接掌第十代法师，唱法歌、打醮、跳法舞，不断吸收各种技艺，到各地演出达两千场次，走访了不同流派法师，广泛交流、学习发神舞动作，研究发神舞历史根源及表演技巧。现授徒三十余名。

0349 胥元明

性　　别：男

出生年月：1957-01-04

民　　族：汉族

政治面貌：群众

职　　称：省级非遗传承人

学　　历：高中

所在单位：甘肃省永靖县古典建筑总公司

通讯地址：永靖县黄河文化广场文体中心

成　　就：承建设计施工的主要工程有：敦煌月牙泉古建筑群、敦煌山庄、敦煌阳关博物馆、敦煌三危山、兰州白塔山法雨寺、兰州玉佛寺、榆中兴隆山山门、兰州沙井驿报恩寺等。2008 年被评为永靖白塔乡古建筑艺术省级传承人。

简　　介：1956 年至 1972 年在三塬乡刘家塬学校上学；1972 年至 1974 年在永靖县第二中学上学，高中毕业后，回家务农；1978 年开始，从事古典建筑职业；本家族历来就以古典建筑为传家手艺，为使这一传统工艺后继有人及自己有个谋生手段，便走上了这一行业。经过 30 多年的努力，在古典建筑方面继承了先辈们所具有的优良技术，并取得了一定的成绩，事业蒸蒸日上。

0350 王业财

性　　别：男

出生年月：1950-06-17

民　　族：汉族

政治面貌：党员

职　　称：省级非遗传承人

学　　历：高中

所在单位：甘肃省永靖县刘家峡中华盛达古典工艺铸造厂

通讯地址：永靖县黄河文化广场文体中心

成　　就：生产的各种法器遍布西北各地，甚至销往海外。产品独特别致，深得广大信士和宗教界的一致好评和青睐。近年来，接到全国各地锦旗牌匾 200 余件。铸造传统浮雕和精雕，开创了当今铸造史上的先河。2005 年至 2006 年，王氏传统铸造的许多铸造精品都曾在永靖、临夏、甘肃电视台报道。曾多次被县工商、企业局、安监局评为优秀企业。2008 年被评为永靖王氏铁器铸造技艺省级传承人。

简　　介：为王氏铸冶宣训二祖十八代玄孙。1962 年随父王大华在兰内燃机械厂从事铸造工作；1963 年至 1965 年随父调往兰州红旗机械厂从事铸造工作，1965 年底返乡；1982 年继续继承先祖铸造轨迹，1985 年自建厂为中华盛达古典工艺铸造厂；1995 年为兰州兰山公园铸造大肚弥勒铜像，2004 年为甘肃会宁红军会师塔前铸造“桃峰圣钟”一口，钟高 3.3 米，口经 2.2 米，勘称西北之最。2005 年为青海省西宁市班禅行宫铸造藏式佛塔一尊，同年 6 月，在青海扎麻隆凤凰山铸造九层 3 米 ×15 米大宝鼎一尊，被称全国第一大鼎。

0351 刘德福

性　　别：男

出生年月：1966-02-07

民　　族：汉族

政治面貌：党员

职　　称：省级非遗传承人

学　　历：中专

所在单位：甘肃省永靖县岘塬镇刘家村三社159号

通讯地址：永靖县黄河文化广场文体中心

成　　就：1986年在夏河拉卜楞寺修建大经堂前殿，任掌尺负责。1992年在青海共和县修建福神庙、普陀寺等八座寺庙，大殿、山门、钟鼓楼等，任掌尺。1995年修建四川阿坝卡西寺院、甘肃郎木寺卡西刚玛活佛囊谦山门及仙康等，任掌尺总负责。1999年在夏河拉卜楞寺修建马头明玉佛大殿。2002年精做仿古实木家具，修建地方寺庙、大殿等。2004年修缮临夏公馆、红园“一”字亭和后花园水榭、姊妹亭等，又在南滨河路上修出两座重檐舒心亭。在工程中担任总掌尺和机构设计。2008年被评为永靖白塔乡古建筑艺术省级传承人。

简　　介：1974年至1982年在永靖县三合中心小学（附设初中）学习；1983年至1988年在中央农业广播电视学校函授中专学习；自1982年初中毕业后在家务农；随后考入中央农业广播学校函授学习，同时跟随父亲开始学习民宅修建；中专毕业后，沿着刘顺先爷爷的足迹，外出到甘南合作、夏河、青海共和、四川阿坝州等地进行古典建筑修建，在建筑施工中担任总掌尺和技术设计。

0352 马金山

性　　别：男

出生年月：1949-07-07

民　　族：东乡族

政治面貌：党员

职　　称：国家级非遗传人

学　　历：高中

通讯地址：和政一号统办楼301

成　　就：东乡族唱把式。擅唱花儿宴席曲、打调，能用唤呐、二胡、咪咪演奏、伴奏。自幼跟父母学唱民歌，七八岁开始参加花儿会、宴席场表演。精通临夏花儿、打调、宴席曲舞，还善于演奏“咪咪”、唤呐、板胡等乐器。声音淳厚，动作幽默，演唱富有激情。代表性曲目有《东乡令》《尕阿姐令》《尕苍蝇叼走了饭》《夸新姐》《说厨子》《碌破了毛线绑》《白杨树上樱桃黄》《我的眼睛是千里眼》等。对传统曲目进行改造创新，不断地编唱反映新生活的新曲目，是他的演唱宗旨。80年代以来，他多次荣获省、州文艺表演一、二等奖。他表演的花儿、打调节目也回响在省、州广播电台。1985年，他为中国音乐集成录制了10多首珍贵的东乡族传统花儿、打调曲目，使东乡族花儿曲艺正式步入中华文化宝库。2008年，他被授予第二批国家级非物质文化遗产代表性传承人称号，并受邀到北京参加颁证仪式。2013年6月6日被中国非物质文化遗产保护中心授予第二届中华非物质文化遗产传承人薪传奖。

简　　介：中国民间文艺家协会会员、副高级花儿演唱艺术师、甘肃省临夏回族自治州政协委员。

0353 马卓玛

性　　别：女

出生年月：1974-05-14

民　　族：回族

政治面貌：群众

学　　历：高中

通讯地址：甘肃省临潭县城关镇南大街3号

成　　就：创办了临潭县宏图刺绣有限公司。刺绣作品多次参加州、县展览并获奖励。

简　　介：自小喜欢研究洮州刺绣，经过多年研究，她的刺绣作品色彩搭配艳丽、形体生动表现力强。2010 年起她组织了一批热爱洮州刺绣的妇女创办了临潭县宏图刺绣有限公司，创作出了一大批深受当地民众喜欢的刺绣作品。

0354 褚小花

性　　别：女

出生年月：1978-03-18

民　　族：汉族

政治面貌：群众

学　　历：高中

所在单位：临潭县城关镇

通讯地址：甘肃省临潭县城关镇南大街 3 号

简　　介：从小喜欢剪纸，她发挥想象，创作设计和制作了千余幅优秀的剪纸艺术品，对临潭剪纸艺术的挖掘、传承和发展做出了一定的贡献。作品多次参加省州民间艺术展。

0355 张昌庆

性　　别：男

出生年月：1975-05-13

民　　族：汉族

政治面貌：群众

学　　历：高中

通讯地址：甘肃省临潭县城关镇南大街 3 号

成　　就：2011 荣获“冶力关洮州花儿大奖赛”第三名；2012 年获得“洮州民俗文化节”三等奖；2014 年获“洮州民俗文化节”二等奖。

简　　介：自小喜爱洮州花儿民间艺术。

0356 孙玉桂

性　　别：女

出生年月：1970-08-25

民　　族：汉族

政治面貌：群众

学　　历：高中

所在单位：临潭县新城镇

通讯地址：甘肃省临潭县城关镇南大街 3 号

成　　就：2012 年荣获冶力关第十五届“洮州花儿大奖赛”三等奖，2013 年荣获第二届“洮州民俗文化节”三等奖。

简　　介：自幼喜爱洮州花儿，唱腔优美，押韵唱词多为赞美国家、党和歌颂家乡的。

0357 李得贤

性　　别：男

出生年月：1951-04-16

民　　族：汉族

政治面貌：群众

学　　历：高中

通讯地址：甘肃省临潭县城关镇南大街 3 号

成　　就：善于串编“花儿”，是有名的“串把式”。擅长本子“花儿”和双套“花儿”，与妻子李四辈女能完整编唱《三国》《十二牡丹》《十二象》等系列花儿，唱腔优美浑厚。

简　　介：他出生于“花儿世家”，自幼受家庭影响，喜爱“花儿”艺术。

0358 张梅英

性　　别：女

出生年月：1975-12-02

民　　族：汉族

政治面貌：群众

学　　历：高中

通讯地址：甘肃省临潭县城关镇南大街 3 号

成　　就：2013 年、2014 年连续两年获得“冶力关旅游节洮州花儿大奖赛”一等奖。

简　　介：自幼喜欢洮州花儿，是继李四辈女、晏三妹后新一代“洮州花儿”的代表和传承人，在近年来州、县级所举办的花儿大奖赛中获奖无数。张梅英其唱腔甜美、吐字清楚、唱词压抑、内容多以歌颂歌颂党和国家好政策为主。

0359 李四辈女

性　　别：女
出生年月：1953-01-10
民　　族：汉族
政治面貌：群众
学　　历：高中
通讯地址：甘肃省临潭县城关镇南大街3号
成　　就：2000年代表临潭县参加了兰州举办的“西北五省”民歌演唱会，在高手如林、名家荟萃的高层次演唱会上充分发挥个人优势，唱出了洮州西路“花儿”的风韵，获得了甲级名次，为临潭争得荣誉，个人的知名度也不断提高。
简　　介：自幼喜爱洮州花儿，早期在各庙会上一展歌喉，展示风姿，初露头角，和“花儿”世家之子李得贤以花儿相悦，结为夫妻。婚后夫妻相互支持，相互学习，切磋技艺成为洮州西路有名的“花儿”夫妻，先后八次参加莲花山等地“花儿”大奖赛，在丈夫李得贤的支持下，5次荣获次个人奖、5次团体奖，为羊永乡和个人争得了荣誉，名声在邻县广为传扬。

0360 晏三妹

性　　别：女
出生年月：1972-07-17
民　　族：汉族
政治面貌：群众
学　　历：高中
通讯地址：甘肃省临潭县城关镇南大街3号
成　　就：连续5次荣获“冶力关‘花儿’大奖赛”一等奖，被喻为临潭的“花儿皇后”。
简　　介：她是近年来成长起来的著名“花儿”新秀，是临潭的实力派“花儿”歌手。擅长北路“花儿”及莲花山“花儿”演唱，嗓音清脆甜润，吐词真切，唱词颇有新意，具有鲜明的时代特色。

0361 牛永祥

性　　别：男
出生年月：1963-10-20
民　　族：汉族
政治面貌：群众
学　　历：高中
通讯地址：甘肃省临潭县城关镇南大街3号
成　　就：临潭铜器铸造的传承人，技艺娴熟、工艺精湛，所铸造的铜锅、铜鼎、铜钟等器皿近万件深受川、藏、甘、青等寺院及民众的喜爱，为临潭及个人赢得了较好声誉，也为这门传统工艺的传承和创新做出了巨大的贡献。
简　　介：他出生于铜器铸造世家，从小受家族传统工艺的熏陶，对铜器的铸造方法与技术有着深刻的了解与创新。

0362 张建华

性　　别：男
出生年月：1965-01-01
民　　族：汉族
政治面貌：党员
职　　称：甘肃省工艺美术师
学　　历：高中
通讯地址：卓尼县政府统办楼2楼
成　　就：1990年被接收为甘肃省自然科学专门协会工艺美术学会会员；1991年由甘肃省轻纺厅授予“甘肃省优秀工艺美术专业技术人员”荣誉称号；1992年被接收为中国工艺美术协会雕塑专业委员会会员；1994年被甘肃省职改办授予“甘肃省工艺美术师”称号；2005年被甘肃省工艺美术协会授予“甘肃省工艺美术大师”称号。
简　　介：1963年至1966年从兄张建才处学习洮砚雕刻技艺；1984年至1999年在卓尼县洮砚厂任技术员，传授洮砚雕刻技艺；1999年至今在家自己从事洮砚雕刻。

0363 安拉目九

性　　别：男

出生年月：1963-04-01

民　　族：藏族

政治面貌：党员

职　　称：副高级雕刻大师

学　　历：高中

通讯地址：卓尼县政府统办楼 2 楼

成　　就：2005 年由甘肃省工艺美术协会授予“甘肃工艺美术一级大师”称号并加入甘肃工艺美术家协会会员。2008 年由甘肃省文化厅、人事厅授予“农村文化人才副高级雕刻大师”称号。

简　　介：1984 年从事藏传佛教寺院建筑工艺雕刻；1986 年拜胞兄安玛尼为师学习雕刻经板、洮砚和民间工艺品；1991 年至今同胞兄在禅定寺雕刻佛像、藏式家具、民间工艺品。

0364 王玉明

性　　别：男

出生年月：1966-09-01

民　　族：藏族

政治面貌：党员

职　　称：农村实用文化副高级

学　　历：高中

通讯地址：卓尼县政府统办楼 2 楼

成　　就：从 1992 年创立“洮砚工艺加工研究会”以来，培养出省级大师 3 名，高级技师 20 名，学徒工近百人。创作代表杰作有《八仙过海》洮砚，《西厢记》《红楼梦》《画龙点睛》《草原八俊马砚》《四大美女砚》等，技术达到最高境界，被推荐为洮砚工艺研究会会长，被县政府评为“十大杰出青年”称号。2005 年被甘南州评为农民技师中级职称；2005 年被授予甘肃省一级工艺美术大师称号；2006 年获得农村实用文化副高级职称。

0365 安玛尼

性　　别：男

出生年月：1950-04-01

民　　族：藏族

政治面貌：党员

职　　称：农村文化人才副高级雕刻大师

学　　历：高中

所在单位：卓尼县禅定寺 53 号

通讯地址：卓尼县政府统办楼 2 楼

成　　就：1995 年事迹编入《中国民间名人录》一书。1997 年由甘肃省人事厅、省残联共同授予“全省自强模范”荣誉称号。2001 年事迹编入《中华之光—共和国英才风范大典》一书。2002 年事迹编入《爱心行动》一书。2005 年由甘肃省工艺美术协会授予“甘肃工艺美术一级大师”称号并加入甘肃工艺美术家协会会员。2006 年作品“大威德金刚”选入《中国残疾人民间艺术家优秀作品集》一册，同年由甘肃省文化厅、人事厅授予“农村文化人才副高级雕刻大师”称号。由国家发改委授予“全国优秀创作者”称号。

简　　介：1971 年开始自学藏族民间佛教佛事用品雕刻；1980 年在禅定寺雕刻佛经印板 20 余万字；1986 年创作藏文木签活字排版印刷；1989 年聘任为洮河林业局洮砚雕刻厂总设计师；1991 年至今在禅定寺雕刻佛像、藏式家具、民间工艺品。

0366 高健德

性　　别：男

出生年月：1966-05-01

民　　族：藏族

政治面貌：党员

学　　历：大学专科

通讯地址：舟曲县峰迭新区文广大楼

成　　就：2001 年县政府组织 100 余人参加铁坝乡举办的原生态歌舞演唱会。在继承古老的天干吉祥节礼仪和原生态唱词的基础上，不断挖掘和丰富古老的吉祥节礼仪体系，一直都在为挽救保护这古老独一无二的吉祥节形式和其在曲告纳乡发挥积极作用。

简　　介：在铁坝小学任教，属舟曲县曲告纳乡天干沟村，传承吉祥节 15 年。

0367 房显庆

性　　别：男

出生年月：1951-07-01

民　　族：汉族

政治面貌：党员

学　　历：中专

通讯地址：舟曲县峰迭新区文广大楼

成　　就：继承父业，自幼学习宗教礼仪，对舟曲东山转灯的渊源有更深的理解，所带徒弟有房长红、房长春等。在每年农历正月十四至十六日组织几百人或近千人参与民间民俗祭祀活动。在继承古老的东山转灯礼仪和原生态唱词的基础上不断挖掘和丰富古老的东山转灯礼仪体系，一生都在为挽救保护这古老独一无二的东山转灯形式和其在东山乡发挥积极作用。

0368 王才让草

性　　别：女

出生年月：1966-05-01

民　　族：藏族

政治面貌：群众

学　　历：高中

通讯地址：舟曲县峰迭新区文广大楼

成　　就：1992 年 5 月，与织锦带能手潘七斤一起，赴日本参加纪念中日邦交 20 周年暨第 11 届大中国博览会。1994 年在兰州举办的第四届中国艺术节上，推出了富有舟曲羌藏文化特色的锦带和织锦工艺。历届兰洽会以及州庆“香巴拉旅游艺术节”上，都推介舟曲羌藏锦带文化。

简　　介：在家务农，舟曲县博峪乡河坝村村民，织锦带属家族传承，在继承古老织锦带工艺流程的基础上，不断挖掘和丰富古老的织锦带工艺流程体系，一直都在为挽救保护这独一无二的古老织锦带工艺流程发挥积极作用。

0369 苗卓玛

性　　别：女

出生年月：1977-12-01

民　　族：藏族

政治面貌：群众

学　　历：高中

通讯地址：舟曲县峰迭新区文广大楼

成　　就：2000 年与县政府组织 60 余人的民间团队，参加首届甘南“香巴拉”旅游艺术节；2003 年代表舟曲县参加甘南州五十年大庆，获全州第二名；2004 年参加大型的歌舞晚会“香巴拉”在呼唤。

简　　介：下岗职工，在继承原生态的多地舞姿和唱腔唱调的基础上，充分利用本人自学的民族歌舞基本知识，发掘了丰富多样的本谱和原生态歌舞艺术，现为博峪原生态顾问及民间艺人。

0370 杨面衣

性　　别：女

出生年月：1971-07-24

民　　族：藏族

政治面貌：群众

学　　历：高中

通讯地址：舟曲县峰迭新区文广大楼

成　　就：2001 年与由县政府组织的 100 余人参加了铁坝乡举办的原生态歌舞演唱会，受到了广大群众的赞同和认可。

简　　介：在家务农。1994 年至今从事此活动，吉祥节是民间遗留传统节日，最早为祭祀和纪念山神的原始宗教仪式，它由民间疾苦和瘟疫故事演化为以歌、舞为一体的表现形式。

0371 郭殿臣

性　　别：男
出生年月：1951-06-01
民　　族：藏族
政治面貌：党员
学　　历：高中
通讯地址：舟曲县峰迭新区文广大楼
成　　就：其父亲郭彦安是当地德高望重的人士，继承父业通过把宗教礼仪和民间摆阵舞相互融合的方式，向当地群众传播民间摆阵舞。2002年7月组织编排大型民间舞蹈“摆阵舞”参加巴寨沟朝水节庆典仪式；2004年参加大型的歌舞晚会“香巴拉”在呼唤；2008年6月组织编排大型民间舞蹈“摆阵舞”参加隆重巴寨朝水节庆典活动。
简　　介：自幼学习藏传文化和宗教礼仪，对舟曲的民间摆阵舞的渊源有着更深的理解。在继承古老的摆阵舞姿和原生态唱腔、唱调的基础上，不断挖掘和丰富古老的摆阵舞歌舞体系，一直在为挽救保护这古老而独一无二的舞蹈形式和其在舟曲巴藏巴寨沟地区的传播发扬发挥着积极作用。

0372 房明轩

性　　别：男
出生年月：1942-07-03
民　　族：汉族
政治面貌：党员
学　　历：大学专科
通讯地址：舟曲县峰迭新区文广大楼
成　　就：在每年农历正月十四至十六日组织几百人或近千人参与民间民俗祭祀活动节日。在继承原生态的东山转灯民间礼仪和艺人原生态唱词的基础上，充分利用本人自学的有关东山转灯的基本知识，发掘了丰富多样的本谱和原生态礼仪艺术，现为东山原生态民间艺人。
简　　介：1950年9月至1954年7月在原西固县坪里初小读书；1954年9月至1956年7月在舟曲县广坝完小读书；1956年9月至1962年7月在舟曲一中读书；1964年元月至2002年12月退休于坪里学校。1984年至今在舟曲县东山乡石家山村学习和研究并传承东山转灯。

0373 扎西

性　　别：男
出生年月：1947-08-01
民　　族：藏族
政治面貌：群众
职　　称：省级非遗传承人
学　　历：高中
通讯地址：甘肃省甘南州迭部县更古行政村吉崖那自然村12号
成　　就：甘肃省甘南州藏族民间谚语省级传承人，他讲述的藏族民间谚语大部分来自尕藏的口头传授，并在以后的生活中从同村或家族亲人口中积累了许多丰富的、经典的民间谚语，以至流传至今。
简　　介：只上过小学，在家务农，主要以口述的形式传播藏族民间谚语，在迭部各地举行的各种大、小民族传统活动上口述藏族民间谚语，使民间谚语在本地广泛流传，在迭部当地藏族民族的生产、生活、节庆等活动中，以口述历史流传下来的民间谚语为主，向大家讲述世界的形成，人类的起源、雪域藏乡的形成、迭山山脉的形成等等。对抢救、继承和发展藏族优秀的民间文学做出了贡献。

0374 次九（子九）

性　　别：男

出生年月：1952-03-01

民　　族：藏族

政治面貌：群众

职　　称：省级非遗传承人

学　　历：高中

通讯地址：甘肃省迭部县电尕镇更古行政村更古自然村19号

成　　就：甘肃省甘南州省级非物质文化遗产项目藏族民间故事的省级传承人。次九，曾用名子九，迭部县电尕镇更古行政村更古自然村人，在家务农。子九青年时期由阿高口头传授迭部藏族民间故事，因个人爱好和生活实践，又在民间搜集、整理了大量民间故事，并以口头说唱的形式利用各种聚会娱乐场所，在劳动间歇之余对亲朋好友或当地群众进行讲述，以至流传至今。子九讲述的迭部藏族民间故事寓意含蓄、语言诙谐活泼，在一定程度上保存了迭部藏族人民的思想认识水平、人伦观念和社会道德风尚，对抢救、继承和发展藏族优秀的民间文学做出了贡献。

0375 格尔丹

性　　别：男

出生年月：1978-10-02

民　　族：藏族

政治面貌：群众

学　　历：中专

通讯地址：玛曲县步行街

成　　就：从小喜爱藏族民间音乐，从11岁开始学习藏族民间弹唱，在个人自学后拜师弹唱大师华尔贡学唱藏族民歌弹唱。经过几十年的刻苦努力和上百次地参加演出，现如今已成为家喻户晓的藏族弹唱歌手，出版磁带及光碟70多张，创作弹唱歌曲300多首。其中出版专辑《前程似锦1》《前程似锦2》《民间情歌弹唱》《藏族民间传统爱情故事尼玛才让》《藏族民间传统故事喜马拉雅回望》等，传播了藏族传统文化，让更多的人学习和了解弹唱艺术，使这门非物质文化源远流长。

简　　介：现是玛曲县弹唱协会会员。

0376 华尔贡

性　　别：男

出生年月：1949-06-01

民　　族：藏族

政治面貌：党员

职　　称：副高

学　　历：大学本科

通讯地址：玛曲县人民医院家属院

成　　就：1981年获甘南州第一次文代会创作一等奖及业余演唱二等奖。1981年获由玛曲县团委、县工会、县文教局颁发“在发展民族弹唱艺术和表演艺术中做出突出贡献奖”。1992年获玛曲县民间弹唱一等奖。2006年荣获由省作家协会、省格萨尔研究领导小组、甘南州委宣传部、甘南州文联四家联合颁发的“甘南藏族自治州黄河首曲格萨尔文艺奖”贡献奖。

简　　介：著名藏族民间弹唱歌手，外科副主任医师。1970年毕业于西北民族大学，历任甘肃省玛曲县人民医院副院长、党支部书记、院长等职。现任政协玛曲县副主席，兼任甘肃省文联民艺协会第四届理事会副主席，甘肃省音像出版社特邀演员，甘南州文联民艺协会副主席，青海省海南州“扎念”弹唱协会顾问及玛曲县人民医院管理顾问。

0377 青知布

性　　别：男

出生年月：1945-10-27

民　　族：藏族

政治面貌：群众

职　　称：副高
学　　历：高中
通讯地址：玛曲县赛日隆小区 8 号楼
成　　就：牛角琴是流传在玛曲草原的一种古老的藏族拉弦乐器，音筒用粗大的野牛角制作。该琴同音双声，音量较小，一般用于独奏，音色细腻、柔和、优美。他从小就喜爱民间音乐，拜勒知布活佛（已故）为师，学习演奏牛角琴，并自学洞箫。1970 年参加工作，任玛曲县邮递员。青知布以他精湛的琴技和独特的风格，曾参加 1986 年甘肃省民间音乐舞蹈比赛和 1988 年甘肃省邮电职工文艺会演，荣获优秀表演奖。演奏的曲目有《山顶琴声》《挤奶姑娘》《天鹅游湖》《羁马欲奔》等。

0378 扎群

性　　别：男
出生年月：1968-10-06
民　　族：藏族
政治面貌：党员
学　　历：大学专科
所在单位：夏河县藏学研究院
通讯地址：甘肃省甘南州夏河县柔扎村 6 号
成　　就：他在 12 年多的绘画生涯里精益求精，默默奉献，先后创造了 100 多幅作品，其中唐卡有 60 多幅，壁画、素描等 70 余幅。现为中国少数民族美术促进会会员，中国民俗摄影家协会永久性会员，甘肃省美术协会会员，甘肃省藏学研究会会员。在民族出版社出版的《藏文〈格萨尔〉精选本》中绘制了 96 幅唐卡。在 2008 年第十七期《东方文化周刊》中对他有专篇介绍。2010 年被聘为制作大型唐卡《宗喀巴大师功德大全》的设计顾问大师。2010 年 10 月参加了由甘肃省文化厅主办的全省非物质文化遗产展览。
简　　介：师从吉合先，现有徒弟群培旦、巴达吉、楞本才让等。1989 年至 1991 年在青海学习藏族绘画艺术；1992 年开始独立作画。

0379 张可吉

性　　别：女
出生年月：1935-03-04
民　　族：藏族
政治面貌：群众
职　　称：省级非遗传承人
学　　历：高中
通讯地址：甘肃省甘南州夏河县柔扎村 6 号
成　　就：积极配合非物质文化遗产项目调查。辅导艺术团藏族民歌演员提高演唱技巧。夏河县藏族民歌省级传承人。
简　　介：师从父母，祖上均为民歌艺人，是夏河非常有名的藏族民歌手。1963 年至 1964 年参加民兵连，代表甘南到兰州参加业余文艺调演；1965 年至 1967 年在甘南州各县乡镇参加各类文艺演出；1968 年至今在家务农，在周边地区为农牧民表演。

0380 达老

性　　别：男
出生年月：1938-05-04
民　　族：藏族
政治面貌：群众
学　　历：高中
通讯地址：甘肃省甘南州夏河县柔扎村 6 号
成　　就：他能熟练演唱本地民歌（原生态）曲调，所唱曲目可达几百首以上，并能即情即景发挥，随意现编现唱。
简　　介：夏河县城有名的藏族民歌手，师从拉卜楞镇上塔哇村老艺人才老和尕藏。徒弟扎西东珠、豆格草（女）。1958 年至 1963 年参加民兵连，在县武装部下属武工队平叛大队工作。1964 年至今在家务农，并为周边为农牧民群众演唱。

0381 马万荣

性　　别：男
出生年月：1975-06-15
民　　族：藏族
政治面貌：群众
职　　称：中华传统工艺名师（高级工艺师）
学　　历：中专
所在单位：万荣洮砚艺术工作室
通讯地址：临洮县洮阳镇背斗巷 11 号
成　　就：作品《正果》砚荣获 2006 年第四届中国文房四宝名师名砚精品大赛金奖。作品《嫦娥奔月》砚荣获甘肃省第九届工艺美术百花奖制作技艺二等奖和创新设计三等奖。作品《恒心》荣获甘肃省第九届工艺美术百花奖创新设计二等奖。《琵琶行》砚荣获甘肃省第九届工艺美术百花奖创新设计二等奖。《福从天降》荣获甘肃省第九届工艺美术百花奖创新设计三等奖。《一生清白》砚经甘肃省工艺美术评审委员会评审，荣获甘肃省第十届工艺美术百花奖制作技艺三等奖。《母爱》砚经甘肃省工艺美术评审委员会评审，荣获甘肃省第十届工艺美术百花奖创新设计二等奖。2010 年被评为中华传统工艺名师高级工艺师职称。《行云流水》砚荣获中国文房四宝精粹博览会传统一等奖。第十一届甘肃省工艺美术（百花奖）唐人诗意砚荣获制作技艺一等奖和两个三等奖。《心诚则灵》砚荣获卓尼县洮砚展览评比大赛创新设计一等奖。中国工艺美术协会会员。
简　　介：1995 年至 1996 年跟随李茂棣学习洮砚雕刻基础；1996 年至 1997 年跟随王玉明老师在西北师范大学洮砚艺术商社制砚，并在校进修了绘画雕塑等方面的知识；1998 年在兰州九州洮砚厂制砚，在李国琴老师的指点下对中国传统仕女雕刻打下了坚实的基础，并担任车间主任；2002 年担任甘肃省临洮县洮河源洮砚有限责任公司高级工艺师；2004 年去兰州拜刘爱君老师学习洮砚设计造型艺术；2006 年任甘肃省临洮县海洋厅艺有限责任公司洮砚厂总设计师；2006 年至今，到临洮雕刻洮砚，并开始传授洮砚雕刻技艺，先后带徒弟 50 余人。1994 年高中毕业后，随国家级非遗传承人李茂棣、省工艺美术大师刘爱军、省工艺美术大师王玉明学习洮砚雕刻，并先后在北京社会学院、清华大学、四川大学、苏州工艺美术学院进修，主攻工艺美术研习，经过多年的学习与实践，洮砚雕刻技艺逐渐成熟，并形成了自己独立的雕刻风格。

0382 车兆峰

性　　别：男
出生年月：1966-03-18
民　　族：汉族
政治面貌：群众
职　　称：市级非遗传承人
学　　历：高中
通讯地址：临洮县洮阳镇背斗巷 11 号
成　　就：自幼随其父学唱皮影戏，打、念、捉、唱样样精到，深得临洮皮影戏的技法精髓，是临洮灯影腔的代表性传人。《白蛇传》是其代表性的演唱剧目，深受群众喜爱。
简　　介：1974 年 9 月至 1979 年 7 月在站滩小学读书；1979 年 9 月至 1982 年 7 月在站滩初中读书；1982 年 8 月至今在家务农；他自幼接受车尚仁的指导，参与皮影戏的演出，20 岁正式与父亲一道从事皮影戏走乡串户的演出。23 岁后，父亲病故，从此皮影戏的演出就由他负责。每年在全县各乡镇演出 100 多场。

0383 司探微

性　　别：男
出生年月：1970-01-08
民　　族：汉族
政治面貌：群众
学　　历：高中
通讯地址：临洮县洮阳镇背斗巷 11 号
成　　就：吸收甘谷陶塑的制作工艺，结合祖上传承的制作方法，进行大胆创新，独成一派，创造出的作品具有时代感。主要作品有狮子、猴子、祥龙、大象驮宝瓶、狮子驮宝瓶等形象各异的鸟兽。在借鉴雕塑、绘画艺术的基础上创作完成了具有独特艺术价值的陶塑作品——“祥龙绕四海”。2007 年 9 月份，他制作的脊兽参加了定西市首届民俗民间艺术展览。
简　　介：1978 年在五爱小学读书；1983 年在洮阳初中读书；1986 年随伯父、父亲学习脊兽制作，2003 年自筹资金办厂。自幼接受伯父、父亲司孝智、司占魁的指导，参与一些简单陶塑的制作，18 岁正式和伯父一道从事传统陶塑的捏制、烧造。

0384 马俊珍

性　　别：女
出生年月：1954-10-18
民　　族：汉族
政治面貌：党员
学　　历：高中
通讯地址：临洮县洮阳镇背斗巷 11 号
成　　就：1980 年 90 道仿古地毯在同行业中被评为全国质量第一；1981 年“飞天牌”仿古地毯荣获中国工艺美术品优质产品百花奖；1983 年又获轻工部优质奖；1982 年临洮县地毯厂的产品还荣获全省仿古地毯质量第一名。如今，临洮地毯生产传统工艺与现代化生产互相结合，相互促进，使地毯业如奇葩绽放新蕾，似美锦流光溢彩。产品远销美国、英国、德国、法国、日本、瑞士、巴西、港澳等 10 多个国家和地区，深受广大国内外消费者的欢迎。

0385 吴宝强

性　　别：男
出生年月：1940-05-15
民　　族：汉族
政治面貌：党员
学　　历：中专
通讯地址：临洮县洮阳镇背斗巷 11 号
成　　就：策划各种大型文化活动，彩陶研究、奇石收藏、花儿演唱活动。
简　　介：1959 年临洮师范毕业参加工作，历任小学教师，1962 年调临洮县手艺局工作到退休。现任甘肃省马家窑文化研究会常务副会长、党支部书记，甘肃省文艺家协会会员。

0386 蒲永生

性　　别：男
出生年月：1967-03-28
民　　族：汉族
政治面貌：群众
学　　历：高中
通讯地址：临洮县洮阳镇背斗巷 11 号
成　　就：在兰州举办画展 2 次；甘肃电视台作过专题报道；《中国经济报》第一版专题报道；《神州诗书画报》头版登载；在 2007 年《纪念中国人民解放军建军八十周年》全国书画大赛中获金奖；同年在甘肃省文化厅、丝绸之路协会等单位举办的全省书画巡展中，其书法作品被陇西县人民政府永久收藏，水陆画被定西市群艺馆收藏。作品载入《中国现代书画篆刻界名人录》大典。

简　　介：从 15 岁开始学艺，师从祖父、父亲，学习水陆画、唐卡绘画技法，19 岁开始在各寺庙进行水陆画创作。30 余年来，专心致志，以寺庙彩绘、木雕、泥塑、大型绘画为主。

0387 袁志义

性　　别：男
出生年月：1949-05-05
民　　族：汉族
政治面貌：群众
职　　称：省级非遗传人
学　　历：高中
通讯地址：岷县新民街 56 号
成　　就：积极开展传承活动，不断培养下一代传承人，并收集了庙会十八路湫神祭典一年祭祀活动的相关内容 2 万多字和图片资料，每年深入十八个乡镇及周边县调查十八路湫神祭典活动。
简　　介：省级非物质文化遗产代表性项目传承人。

0388 梁作栋

性　　别：男
出生年月：1947-05-16
民　　族：汉族
政治面貌：群众
职　　称：市级非遗传人
学　　历：高中
所在单位：岷县东关小学
通讯地址：岷县新民街 56 号
成　　就：引导大家爱国爱教，学习经典内容内涵，词拍、词调的音律、念法。熟悉经卷的规律和应做的事情。
简　　介：现已退休，市级非物质文化遗产项目岷县宝卷代表性传承人。

0389 包炳乾

性　　别：男
出生年月：1956-06-16
民　　族：汉族
政治面貌：群众
职　　称：市级非遗传人
学　　历：高中
通讯地址：岷县新民街 56 号
成　　就：积极开展了传承活动，不断培养下一代传承人。无保留地给传承人传授木版窗花年画技艺。
简　　介：市级非物质文化遗产项目代表性传承人。

0390 白绪娥

性　　别：女
出生年月：1975-01-04
民　　族：汉族
政治面貌：群众
职　　称：甘肃省花儿歌手
学　　历：高中
通讯地址：岷县新民街 56 号
成　　就：由于在花儿方面出色的演唱，于 2003 年被甘肃省民协评为“甘肃省花儿歌手”。2006 年 7 月代表甘肃参加了“第二届中国青海民族文化旅游暨西北五省（区）花儿歌手邀请赛”，并荣获了三等奖。在 2006 年“青海省民歌邀请赛”中荣获二等奖。在 2007 年“中国原生态民歌邀请赛甘肃赛区”中荣获优秀奖。
简　　介：1980 年起开始学唱花儿至今。

0391 季文才

性　　别：男
出生年月：1962-03-06
民　　族：汉族
政治面貌：群众

职　　称：市级非遗传人
学　　历：高中
通讯地址：岷县新民街 56 号
成　　就：将当归生产加工技艺传承下去，积极从事每年的当归加工，使这一技艺毫无保留地传给下一代，培养后继传承人。
简　　介：市级非物质文化遗产代表性项目当归生产加工技艺传承人。

0392 李明智

性　　别：男
出生年月：1967-10-09
民　　族：汉
政治面貌：群众
职　　称：市级非遗传人
学　　历：高中
通讯地址：岷县新民街 56 号
成　　就：采取收徒方式，积极开展传授工作，制作出更多的建筑陶艺加工技艺精品。参加省内外各种展览活动，提高岷县彩陶复制技艺的影响力。
简　　介：市级非物质文化遗产项目代表性传承人。

0393 杨景艳

性　　别：男
出生年月：1951-01-03
民　　族：汉族
政治面貌：群众
学　　历：高中
所在单位：岷县中寨镇中寨学区
通讯地址：岷县新民街 56 号
成　　就：为“巴当舞”的后继传人付出了辛勤的汗水。在全市民族民间文化工作岷县现场会议期间，作为民俗文化最古老的器具展出。巴当舞参加了 2004 年甘肃省特色文化大省宣传周活动，获得了二等奖，同时还参加了 2005 年甘肃省春节联欢晚会。
简　　介：18 岁跟随父亲学艺至今。他的家乡在岷县中寨镇窗崖社。“巴当舞”流传在本镇的几个村子，他从小就受到父亲的耳濡目染，现任春巴。

0394 何三海

性　　别：男
出生年月：1949-12-06
民　　族：汉族
政治面貌：群众
职　　称：市级非遗传人
学　　历：高中
通讯地址：岷县新民街 56 号
成　　就：开展了传承活动，无保留地将岷县铜铝铸造技艺传授给了下一代。培养了岷县铜铝铸造技艺传承人。制作了铜铝铸品 20 多件。积极配合非遗中心的非遗工作。
简　　介：市级非物质文化遗产岷县铜铝铸造技艺代表性项目传承人。

0395 孙淑芳

性　　别：女
出生年月：1960-09-09
民　　族：汉族
政治面貌：群众
职　　称：市级非遗传人
学　　历：高中
通讯地址：岷县新民街 56 号
成　　就：继续培养年轻一代岷县黄酒生产技艺传承人，更好地将这一传统技艺传承下去。
简　　介：市级非物质文化遗产项目代表性传承人。

0396 何胜清

性　　别：男

出生年月：1970-09-16
民　　族：汉族
政治面貌：群众
职　　称：县级非遗传人
学　　历：高中
通讯地址：岷县新民街 56 号
成　　就：准备在家族中互相流传，使这门手艺不失传。继续培养岷县铜铝铸造技艺传承人。开展传承工作，无保留地将岷县铜铝铸造技艺传授给了下一代。
简　　介：县级非物质文化遗产项目代表性传承人。

0397 杨茂春

性　　别：男
出生年月：1967-02-04
民　　族：汉族
政治面貌：群众
学　　历：高中
通讯地址：岷县新民街 56 号
成　　就：不但全面地接受了严格的巴当舞训练，而且是年轻春巴里最优秀的代表，也是大春巴杨景艳的得意门生，在巴当舞的传承中起着承上启下的作用。
简　　介：在年轻的春巴中他是最优秀的继承者，现在对传统巴当舞的唱腔、舞蹈、祭祀程式以及巴当舞藏语含义都已基本掌握，是优秀的传承人之一。

0398 王俊耀

性　　别：男
出生年月：1955-02-16
民　　族：汉族
政治面貌：群众
职　　称：市级非遗传人
学　　历：高中
通讯地址：岷县新民街 56 号
成　　就：积极开展传授工作，无保留地传授技艺，继续培养后继人才。
简　　介：市级非物质文化遗产项目传承人。

0399 於兰芳

性　　别：女
出生年月：1945-01-09
民　　族：汉族
政治面貌：群众
职　　称：市级非遗传人
学　　历：高中
通讯地址：岷县新民街 56 号
成　　就：培养了年轻一代岷县传统宴席加工制作技艺的传承人，更好地将这一传统技艺传承下去。
简　　介：市级非物质文化遗产项目代表性传承人。

0400 何维琳

性　　别：男
出生年月：1960-03-16
民　　族：回族
政治面貌：群众
职　　称：县级非遗传人
学　　历：高中
通讯地址：岷县新民街 56 号
成　　就：从事金银首饰加工已二十多年，培养了年轻一代传承人，使这一传统手工技艺传承下去。
简　　介：县级非物质文化遗产项目代表性传承人。

0401 王绪长

性　　别：男
出生年月：1949-02-09
民　　族：汉族
政治面貌：群众

职　　称：市级非遗传人
学　　历：高中
通讯地址：岷县新民街 56 号
成　　就：开展了传承活动，培养了下一代传承人。无保留地传授技艺培养后继人才。采取收徒方式，积极开展了传承工作，不断研究各种图案花型，制作出更多的建筑陶艺加工技艺精品。并参加省内外各种展览活动，提高岷县彩陶复制技艺的影响力。
简　　介：市级非物质文化遗产项目代表性传承人。

0402 李志明

性　　别：男
出生年月：1949-05-09
民　　族：汉族
政治面貌：群众
职　　称：市级非遗传人
学　　历：高中
通讯地址：岷县新民街 56 号
成　　就：积极开展传承活动，不断地培养下一代传承人。不断研究发掘岷县彩陶复制技艺各种图案、花型。参加了甘肃省第十三届体育运动会闭幕式大型节目梦幻彩陶道具制作。采取收徒方式，积极开展传承工作，无保留地传授技艺培养后继人才，多钻研出更多的岷县彩陶复制技艺精品，提高知名度。参加省内外各种展览活动，提高岷县彩陶复制技艺的影响力。
简　　介：市级非物质文化遗产项目代表性传承人。

0403 徐正平

性　　别：男
出生年月：1972-01-16
民　　族：汉族
政治面貌：党员
职　　称：县级非遗传人
学　　历：高中
通讯地址：岷县新民街 56 号
成　　就：开展传承活动，培养更多的洮砚技艺人才。不断研究发掘洮砚制作技艺雕刻技艺。多出精品，继续参加省内外洮砚展览，提高洮砚制作技艺的知名度。
简　　介：县级非物质文化遗产项目代表性传承人。

0404 温永堂

性　　别：男
出生年月：1979-03-09
民　　族：汉族
政治面貌：群众
职　　称：市级非遗传人
学　　历：高中
通讯地址：岷县新民街 56 号
成　　就：积极开展了传承活动，培养了下一代传承人，使岷县传统织麻布技艺得到了传承。
简　　介：市级非物质文化遗产项目代表性传承人。

0405 马冬梅

性　　别：男
出生年月：1962-10-05
民　　族：汉族
政治面貌：群众
职　　称：县级非遗传承人
学　　历：高中
通讯地址：岷县新民街 56 号
成　　就：岷县点心加工技艺传承人之一。冬梅食品有限责任公司作坊式加工现有占地 6000 平方米，2008 年被县委县政府评为“十佳非公有制企业”荣誉称号，2009 年 10 月份省工商局授予其“甘肃省著名商标”称号，

2010 年中国质量诚信企业协会授予其“全国质量诚信 3A 级品牌企业”。被县委县政府授予其“重点产业化龙头企业”，被县工会评为先进职工之家。

简　　介：岷县点心加工技艺传承人之一。

0406 裴陆平

性　　别：男

出生年月：1962-10-16

民　　族：汉族

政治面貌：群众

职　　称：市级非遗传人

学　　历：高中

所在单位：岷县工商银行

通讯地址：岷县新民街 56 号

成　　就：引导大家爱国爱教，学习经典内容的念法，熟悉经卷的规律和自己应做的事情，把岷县宝卷积极传承下去。

简　　介：市级非物质文化遗产项目岷县宝卷代表性传承人。

0407 杨续红

性　　别：男

出生年月：1983-05-16

民　　族：汉族

政治面貌：群众

职　　称：市级非遗传人

学　　历：高中

通讯地址：岷县新民街 56 号

成　　就：积极组织在中寨镇七个村之间传承巴当舞，使得这一古老的民间舞蹈不致失传。培养了年轻一代巴当舞传承人。

简　　介：市级非物质文化遗产代表性传承人。

0408 颜金桃

性　　别：女

出生年月：1938-09-06

民　　族：汉族

政治面貌：群众

职　　称：市级非遗传人

职　　称：副高

学　　历：高中

通讯地址：岷县新民街 56 号

成　　就：开展传承活动，积极参加每年组织的剪纸大赛，使传统剪纸发扬光大，培养了岷县剪纸传承人。

简　　介：市级非物质文化遗产岷县剪纸代表性传承人。

0409 石玉英

性　　别：女

出生年月：1929-12-06

民　　族：汉族

政治面貌：群众

职　　称：市级非遗传人

学　　历：高中

通讯地址：岷县新民街 56 号

成　　就：积极开展传承活动，培养了下一代传承人。

简　　介：市级非物质文化遗产代表性项目岷县点心加工技艺传承人。

0410 陈奋娃

性　　别：男

出生年月：1967-02-05

民　　族：汉族

政治面貌：群众

职　　称：省级非遗传人

学　　历：高中

通讯地址：岷县新民街 56 号

成　　就：作为九宫八卦灯会的传承人，继承了其父陈顺的祖传布阵方式，将这一古老的民间活动形式发扬并传承给下一代，使九宫八卦灯会后继有人。

简　　介：省级非物质文化遗产代表性项目传承人。

0411 徐芳龙

性　　别：男

出生年月：1975-04-05

民　　族：汉族

政治面貌：群众

职　　称：省级非遗传人

学　　历：高中

通讯地址：岷县新民街56号

成　　就：作为铜铝铸造技艺的重要传承人之一，铸造了一批精美的铜铝制品，部分铜铝制品销往藏族及少数民族地区，同时带出了一批优秀的铸造传承人，使这一技术传承发扬。所生产的铜铝制品于2007年9月参加了定西市首届工艺美术展览。2014年参加了“绚丽甘肃美在民间”全省民间工艺美术系列活动，并获得了优秀奖。

简　　介：省级非物质文化遗产铜铝铸造技艺代表性传承人之一。

0412 姜召娃

性　　别：女

出生年月：1963-03-04

民　　族：汉族

政治面貌：群众

职　　称：甘肃省花儿歌手

学　　历：高中

通讯地址：岷县新民街56号

成　　就：她演唱的花儿属岷县洮岷花儿北路派的演唱风格。由于岷县方言等方面的原因，大多数人唱花儿吐字都不太清楚，而她的演唱除了继承北路派花儿舒缓平稳的特点外，最大的特点是吐字清楚，而且方言特色鲜明，是岷县北路派花儿演唱的代表。在花儿歌词的创作方面，她不但会唱长篇的本子花儿，而且在即兴对歌中也是技高一筹。由于在花儿演唱方面表现突出，被甘肃省民协评为“甘肃省花儿歌手”。在岷县举办的花儿歌手大奖赛中多次获奖。

简　　介：农民。从小受到家庭及环境的影响对花儿非常喜爱，产生了浓厚的兴趣，在岷县的大小花儿会场上进行了多年演唱，结识了很多花儿歌手，经常性地进行花儿演唱技艺交流。

0413 李茂棣

性　　别：男

出生年月：1942-11-03

民　　族：汉族

政治面貌：群众

职　　称：国家级非遗传人

学　　历：高中

通讯地址：岷县新民街56号

成　　就：通过不断学习，考察端砚、歙砚等名砚，不断学习名师名砚制作技艺，他把端砚、歙砚的制作技艺引进到洮砚的加工制作，使洮砚的工艺更加完美。由以前普通实用小砚，发展制成现代镂空、悬雕、高浮雕等具有实用和观赏性相接合的完美洮砚，主要制作特点是镂空龙凤砚，刀功细腻，砚体完美。代表作有：《九九归一砚》《东方醒狮砚》《中华民族大团结砚》《凤鸣九洲砚》《红楼梦砚》。

简　　介：第三批国家级非物质文化遗产项目洮砚制作技艺代表性传承人。

0414 马文科

性　　别：男

出生年月：1960-04-04

民　　族：汉族

政治面貌：群众

学　　历：高中
通讯地址：岷县新民街 56 号
成　　就：对洮砚从原料加工到每一道工序都毫无保留地传给了下一代传承人，使洮砚的制作技艺后继有人，而且传统的龙凤洮砚制作充分显示了其高超的雕刻技艺。
简　　介：成年后跟随赵新合师傅学艺，创作了百十件精品洮砚，在洮砚制作行业影响较大。

0415 岳继贤

性　　别：男
出生年月：1937-09-16
民　　族：汉族
政治面貌：群众
职　　称：市级非遗传人
学　　历：高中
通讯地址：岷县新民街 56 号
成　　就：继续挖掘青苗会的祭典活动，不断整理、丰富群众的文化活动。继续培养后继人才，配合文广部门开展活动。继续挖掘青苗会的祭典活动，收集整理青苗会的祭祀活动的文字资料和图片资料。
简　　介：市级非物质文化遗产项目传承人。

0416 颜金桃

性　　别：女
出生年月：1938-09-06
民　　族：汉族
政治面貌：群众
学　　历：高中
通讯地址：岷县新民街 56 号
成　　就：开展传承活动，积极参加每年组织的剪纸大赛，使传统剪纸发扬光大，培养了岷县剪纸传承人。

0417 苟建忠

性　　别：男
出生年月：1942-11-09
民　　族：汉族
政治面貌：群众
职　　称：市级非遗传人
学　　历：高中
通讯地址：岷县新民街 56 号
成　　就：积极开展传承活动，培养了下一代岷县高台——铁芯子传承人。
简　　介：市级非物质文化遗产项目代表性传承人。

0418 杨永平

性　　别：男
出生年月：1954-03-09
民　　族：汉族
政治面貌：群众
职　　称：市级非遗传人
学　　历：高中
通讯地址：岷县新民街 56 号
成　　就：开展传承活动，无保留地传承黄酒生产技艺技艺。培养了年轻一代传承人。
简　　介：市级非物质文化遗产项目代表性传承人。

0419 张治文

性　　别：男
出生年月：1963-10-06
民　　族：汉族
政治面貌：群众
职　　称：市级非遗传人
学　　历：高中
通讯地址：岷县新民街 56 号
成　　就：开展了传承活动，培养了传承人。
简　　介：市级非物质文化遗产代表性项目岷县传统小吃牛肉骨头加工技艺传承人。

0420 高树青

性　　别：男
出生年月：1942-08-06
民　　族：汉族
政治面貌：群众
职　　称：市级非遗传人
学　　历：高中
通讯地址：岷县新民街 56 号
成　　就：积极开展传承活动，培养了下一代传承人。采取收徒形式，开展传授工作，无保留地传授技艺，培养了年轻一代传承人。
简　　介：市级非物质文化遗产代表性项目岷县传统擀毡技艺传承人。

0421 王虎善

性　　别：男
出生年月：1946-01-09
民　　族：汉族
政治面貌：群众
职　　称：市级非遗传人
学　　历：高中
通讯地址：岷县新民街 56 号
成　　就：开展传承了活动，培养了年轻一代岷县传统榨油技艺传承人。
简　　介：市级非物质文化遗产项目代表性传承人。

0422 严郭德

性　　别：男
出生年月：1944-03-16
民　　族：汉族
政治面貌：群众
职　　称：市级非遗传人
学　　历：高中
通讯地址：岷县新民街 56 号
成　　就：继续挖掘青苗会的祭典活动。不断收集整理青苗会祭祀活动的相关资料。继续培养青苗会后继人才，积极配合文广局开展有关活动。
简　　介：市级非物质文化遗产项目代表性传承人。

0423 李满平

性　　别：男
出生年月：1972-02-16
民　　族：汉族
政治面貌：群众
职　　称：市级非遗传人
学　　历：高中
通讯地址：岷县新民街 56 号
成　　就：把洮砚制作技艺继续传承下去。结合其他砚的制作技艺，提高洮砚的制作水平。培养了年轻一代洮砚制作技艺传承人。大力宣传洮砚文化产业知识，吸引更多的学员加入到洮砚行业，把洮砚文化品牌发扬光大，从而带动一部分农民发家致富。
简　　介：市级非物质文化遗产项目代表性传承人。

0424 李晓琴

性　　别：女
出生年月：1968-08-06
民　　族：汉族
政治面貌：群众
职　　称：市级非遗传人
学　　历：高中
通讯地址：岷县新民街 56 号
成　　就：积极开展传承活动，培养了下一代传承人。
简　　介：市级非物质文化遗产代表性项目岷县点心加工技艺传承人。

0425 潘吉平

性　　别：男

出生年月：1973-04-16
民　　族：汉族
政治面貌：群众
职　　称：市级非遗传人
学　　历：高中
通讯地址：岷县新民街 56 号
成　　就：积极参加了县里各大小花儿会场演唱活动，使花儿这一艺术之花发扬光大。培养了花儿传承人。
简　　介：市级非物质文化遗产项目花儿代表性传承人。

0426 刘虎合

性　　别：男
出生年月：1962-12-16
民　　族：汉族
政治面貌：群众
职　　称：市级非遗传人
学　　历：高中
通讯地址：岷县新民街 56 号
成　　就：开展了传承活动，培养了年轻一代传承人，举办了羊皮鼓舞祭祀活动。
简　　介：市级非物质文化遗产项目代表性传承人。

0427 张巧会

性　　别：女
出生年月：1969-08-06
民　　族：汉族
政治面貌：群众
职　　称：市级非遗传人
学　　历：高中
通讯地址：岷县新民街 56 号
成　　就：开展了传承活动，积极参加每年组织的剪纸大赛，使传统手工技艺岷县剪纸发扬光大，培养了岷县剪纸代表性传承人。
简　　介：市级非物质文化遗产岷县剪纸代表性传承人。

0428 徐哲

性　　别：男
出生年月：1970-06-04
民　　族：汉族
政治面貌：群众
学　　历：高中
通讯地址：岷县新民街 56 号
成　　就：自幼热爱洮砚雕刻技艺，并积极向老一辈洮砚雕刻师学习传统技艺，同时，个人积极努力，在传统镂空技法的基础上，结合端砚、歙砚等名砚的浮雕技法和玉雕法等，将传统洮砚的制作推上了一个新的台阶。制作、设计、加工文学名著第一砚“红楼梦砚”、“百龙千禧砚”等巨型砚，得到了红学界泰斗冯其庸先生的亲笔题名，倍受社会各界及同仁的高度赞赏。

0429 刘康

性　　别：男
出生年月：1963-11-16
民　　族：汉族
政治面貌：群众
职　　称：市级非遗传人
学　　历：高中
通讯地址：岷县新民街 56 号
成　　就：开展了传承活动，培养了年轻一代传承人，举办了羊皮鼓舞祭祀活动。
简　　介：市级非物质文化遗产承人。

0430 严瑛

性　　别：男
出生年月：1943-04-16
民　　族：汉族
政治面貌：群众
学　　历：高中

通讯地址：岷县新民街 56 号
成　　就：继续挖掘青苗的祭典活动，不断整理文字资料和图片资料。继续培养后继人才，配合文广部门开展活动。
简　　介：上会经理，在祭祀活动期担任大总管。积极开展传承活动，不断培养下一代传承人。

0431 王生茂

性　　别：男
出生年月：1946−03−04
民　　族：汉族
政治面貌：群众
职　　称：省级非遗传人
学　　历：高中
通讯地址：岷县新民街 56 号
成　　就：每年在春节前夕大量制作木版窗花及年画，在县城及乡下市场销售。多年来给乡邻传授木版窗花年画制作技艺，在鼎盛期（上世纪 80 年代）木版窗花年画制作达到 50 多家。制作工艺一直未间断。
简　　介：省级非物质文化遗产代表性项目岷县木版窗花年画传承人。

0432 张金世

性　　别：男
出生年月：1953−04−06
民　　族：汉族
政治面貌：群众
职　　称：市级非遗传人
学　　历：高中
通讯地址：岷县新民街 56 号
成　　就：采取收徒方式，积极开展传授工作，无保留地传授技艺培养后继人才，使这一传统手艺传承下去。
简　　介：市级非物质文化遗产代表性项目岷县传统擀毡技艺传承人。

0433 刘郭成

性　　别：男
出生年月：1964−10−10
民　　族：汉族
政治面貌：群众
职　　称：国家级非遗传人
学　　历：高中
通讯地址：岷县新民街 56 号
成　　就：他演唱的花儿属岷县洮岷花儿南路派的演唱风格。南路派花儿曲调结构简练朴实，节奏自由舒展，以上下两乐句成段，属六声商调式，演唱时多用假嗓，男女同腔同调，起腔突发，高亢粗犷，悠扬婉转，回环往复。加上他先天的嗓音条件，其唱法代表了岷县洮岷花儿南路派最典型的唱腔 .
简　　介：第三批国家级非物质文化遗产项目花儿（二郎山花儿会）代表性传承人。

0434 李胜平

性　　别：男
出生年月：1965−05−16
民　　族：汉族
政治面貌：群众
职　　称：市级非遗传人
学　　历：高中
通讯地址：岷县新民街 56 号
成　　就：积极组织在中寨镇七个村之间传承巴当舞，使得这一古老的民间舞蹈不至于失传。培养了年轻一代巴当舞传承人。
简　　介：市级非物质文化遗产项目代表性传承人。

0435 司张喜

性　　别：男
出生年月：1943−09−06
民　　族：汉族
政治面貌：群众

职　　称：县级非遗传人
学　　历：高中
通讯地址：岷县新民街 56 号
成　　就：他从祖上继承这一技艺开始，进行了大量的加工制作，除了制作农耕生活用品外，还特别制作了麻布坎肩、麻布裤子、麻鞋，深受群众喜爱。2007 年 9 月 25 日参加了定西市首届工艺美术展览。
简　　介：岷县传统织麻布技艺代表性传承人之一。

0436 李玉祥

性　　别：男
出生年月：1972-01-16
民　　族：汉族
政治面貌：群众
职　　称：市级非遗传人
学　　历：高中
通讯地址：岷县新民街 56 号
成　　就：结合学员基础，传习了洮砚的理论知识。教学员学习绘画方面的知识，使学员的绘画基础大有提高。参考其他砚的制作技艺，结合到洮砚制作技艺中，提高洮砚艺术价值。大力宣传洮砚文化知识，吸引青少年学员加入到洮砚行业，把洮砚这一文化品牌发展壮大。
简　　介：市级非物质文化遗产项目代表性传承人。

0437 谈礼

性　　别：男
出生年月：1941-09-16
民　　族：汉族
政治面貌：群众
职　　称：市级非遗传人
学　　历：高中
通讯地址：岷县新民街 56 号
成　　就：继续挖掘十八位湫神的祭典活动。收集整理十八位湫神的原始资料并整理相关图片资料。培养了十八位湫神祭典后继人才。
简　　介：市级非物质文化遗产项目代表性传承人。

0438 龚红星

性　　别：男
出生年月：1969-05-09
民　　族：汉族
政治面貌：群众
职　　称：市级非遗传人
学　　历：高中
通讯地址：岷县新民街 56 号
成　　就：开展了传承活动，不断培养下一代传承人。一年做传统宴席 600 多桌。采取收徒形式，开展传授工作，无保留地将传统宴席加工制作技艺传承下去。
简　　介：市级非物质文化遗产项目代表性传承人。

0439 刘尕文

性　　别：男
出生年月：1973-01-16
民　　族：汉族
政治面貌：群众
职　　称：市级非遗传人
学　　历：高中
通讯地址：岷县新民街 56 号
成　　就：积极参加县里组织的各类花儿演唱活动，使花儿这一艺术之花发扬光大。通过参加花儿大赛发现培养了花儿传承人。参加了两次省内组织的花儿比赛活动，获得了铜奖。
简　　介：市级非物质文化遗产项目花儿代表性传承人。收集整理原生态花儿歌词100首。

0440 赵成德

性　　别：男
出生年月：1963-04-04
民　　族：汉族
政治面貌：群众
学　　历：高中
通讯地址：岷县新民街 56 号
成　　就：1981 年起在家乡率先第一个办起洮砚厂，培训技术人才，组织刻砚。1984 年又扩大成立了岷县洮砚厂，1993 年走出家乡，在甘肃省兰州市成立了甘肃省洮砚开发公司。至今发展成立了甘肃华夏文化艺术博览中心，建立了第一个“中国洮砚”馆，开设了以“砚”文化为主题的“砚苑茶楼”。在岷县、兰州、北京、上海等地多处设立了洮砚门市部。他能全面掌握洮砚的雕刻技艺和制作工艺并具有相当高的艺术造诣，尤其在洮砚雕刻的创意设计上有独到之处。创意的洮砚汇集了古代和现代手法，雕刻内容既有历史的表现力又有时代气息和魅力，以及将两者结合融为一体的展现，使洮砚更加形象逼真，款式新颖，造型雄伟，巧夺天工，充分体现了洮砚的艺术风格和地方文化特色。
简　　介：自幼喜爱洮砚雕刻艺术并一直受祖辈赵新合的熏陶和指导学刻洮砚，十五岁继承祖业开始刻砚，十八岁便能独立雕刻相当讲究的洮砚，对洮砚有很深的研究，且在洮砚行业有非常大的影响力，被当地人称为“赵砚凹”。

0441 何道海

性　　别：男
出生年月：1964-07-05
民　　族：汉族
政治面貌：群众
职　　称：省级非遗传人
学　　历：高中
通讯地址：岷县新民街 56 号
成　　就：作为铜铝铸造技艺的重要传承人，是目前加工时间最长、加工技艺精湛、加工规模最大的一家铸造作坊负责人。所生产的铜铝制品于 2007 年 9 月参加了定西市首届工艺美术展览。
简　　介：省级非物质文化遗产岷县铜铝铸造技艺代表性传承人之一。

0442 金俊昌

性　　别：男
出生年月：1973-03-16
民　　族：汉族
政治面貌：群众
职　　称：县级非遗传承人
学　　历：高中
通讯地址：岷县新民街 56 号
成　　就：开展传承活动，培养更多的洮砚技艺人才。不断研究发掘洮砚制作技艺雕刻技艺。多出精品，继续参加省内外洮砚展览，提高洮砚制作技艺的知名度。
简　　介：县级非物质文化遗产项目代表性传承人。

0443 王赐成

性　　别：男
出生年月：1968-09-04
民　　族：汉族
政治面貌：群众
职　　称：省级非遗传承人
学　　历：高中
通讯地址：岷县新民街 56 号
成　　就：积极开展传承活动，不断培养了下一代传承人。不断研究发掘各种图案、花型。印制了具有特色的窗花 50 副，被县非遗中心永久存档。参加了全市传承人的培训，与其他县传承人进行了木版窗花年画的交流。积极配合县非遗中心的工作。
简　　介：木版窗花年画省级非物质文化遗产代表性项目传承人。

0444 杜鹏

性　　别：男
出生年月：1971-11-21
民　　族：汉族
政治面貌：群众
学　　历：高中
所在单位：粮食局
通讯地址：岷县新民街 56 号
成　　就：多年来进行了岷县点心加工技艺的传承活动，培养了年轻一代传承人，使这一传统手工技艺得到了很好的传承。

0445 陈志贤

性　　别：男
出生年月：1943-10-16
民　　族：汉族
政治面貌：群众
职　　称：市级非遗传承人
学　　历：高中
通讯地址：岷县新民街 56 号
成　　就：挖掘整理了青苗的祭祀活动，不断整理了文字资料和图片资料。培养了年轻一代后继人才，使这一传统文化传承下去。
简　　介：市级非物质文化遗产项目代表性传承人。

0446 杨勇

性　　别：男
出生年月：1970-02-16
民　　族：汉族
政治面貌：群众
职　　称：市级非遗传承人
学　　历：高中
通讯地址：岷县新民街 56 号
成　　就：积极组织在中寨镇七个村之间传承巴当舞，是这一古老的民间舞蹈不至于失传。
简　　介：市级非物质文化遗产项目代表性传承人。

0447 张玄文

性　　别：男
出生年月：1957-10-16
民　　族：汉族
政治面貌：群众
职　　称：市级非遗传人
学　　历：高中
通讯地址：岷县新民街 56 号
成　　就：开展了传承活动，培养了年轻一代传承人。举办了羊皮鼓舞祭祀活动。
简　　介：市级非物质文化遗产项目代表性传承人。

0448 岳俊义

性　　别：男
出生年月：1952-09-16
民　　族：汉族
政治面貌：群众
职　　称：市级非遗传承人
学　　历：高中
通讯地址：岷县新民街 56 号
成　　就：培养了后继人才，整理九宫八卦灯会的有关文字图片资料。积极配合文广局开展有关活动。采取收徒方式，准备每年举办一次九宫八卦灯会，使这一传统文化传承下去。
简　　介：市级非物质文化遗产项目代表性传承人。

0449 郎学会

性　　别：女
出生年月：1977-05-16
民　　族：汉族
政治面貌：群众
职　　称：市级非遗传承人
学　　历：高中
通讯地址：岷县新民街 56 号
成　　就：开展传承并参加了县上举办的花儿演唱活动。深入边远山区群众中演唱赛歌，为群众送去丰富的精神食粮。参加了两次省里组织的花儿比赛活动。
简　　介：市级非物质文化遗产项目花儿代表性传承人。

0450 董明巧

性　　别：女
出生年月：1973-01-16
民　　族：汉族
政治面貌：群众
职　　称：市级非遗传承人
学　　历：高中
通讯地址：岷县新民街 56 号
成　　就：参加了县里举办的花儿演唱活动。深入边远山区群众中演唱赛歌，为群众送去丰富的精神食粮。参加两次省里组织的花儿比赛活动。不断培养年轻的花儿歌手，使花儿得到更好的传承，发扬光大。
简　　介：市级非物质文化遗产项目花儿代表性传承人。

0451 汪拉高

性　　别：男
出生年月：1960-05-18
民　　族：汉族
政治面貌：群众
学　　历：大学专科
所在单位：合作市恒大商贸开发有限公司
通讯地址：合作市东二路恒达饭店
成　　就：2007 年被评为民间艺人副高职称。1975 年 9 月高中毕业至今从事藏式绘画、雕塑、古典建筑绘画专业。先后承接了青海格鲁派宗教寺院隆务寺、观亭寺；四川省阿坝州格尔底寺、康沙寺、达扎寺、岗芒寺；碌曲县郎木寺、合作市九层佛阁、合作寺院等五十多座寺庙及单位的绘画，为弘扬中华民族优秀的建筑绘画艺术及藏传佛教文化瑰宝做出了应有的贡献，他精巧的描绘艺术得到了社会各界的一致赞誉，被称为民间“画王”。

0452 王林波

性　　别：男
出生年月：1974-08-10
民　　族：汉族
政治面貌：群众
学　　历：高中
通讯地址：合作市西街 277 号
成　　就：2006 年被评为民间艺人副高职称。1989 年 9 月高中毕业至今从事藏式彩绘专业。先后承接了四川省阿坝州格尔登、格莫、苏哇、增达、德尔和年则寺院，青海久治德合朗寺院，玛曲县夏修、参智合寺院，夏河县拉卜楞、博拉、扎西、荣吾寺院，合作市卡加曼寺院、二郎庙以及当周草原迎宾门、主席台等主体彩绘。

后　记

在甘肃进行全面性的文化资源普查属于首次，将普查成果汇编成大型的文化资源名录在国内也属于前列。《甘肃省文化资源名录》是按照《甘肃省文化提升行动协调推进领导小组工作方案》和《甘肃省文化资源普查和分类分级评估工作实施方案》要求推出的重要成果。经过甘肃省文化资源普查和分类分级评估工作领导小组办公室组织40多名专家学者，在甘肃省文化资源普查平台数据库基础上，历时两年精心编排，终于完成书稿，这是参与全省文化资源普查的所有工作人员集体智慧的结晶。

甘肃省委原常委、省委宣传部原部长连辑，甘肃省委常委、省委组织部部长梁言顺，甘肃省委常委、省委宣传部部长陈青，先后领导和部署了本名录的编辑出版工作。省委宣传部原副部长、省社科院原院长范鹏研究员协调推进了本名录的编写。甘肃省社科院院长王福生研究员组织实施了本名录的策划设计、内容编排、审定并最终定稿。甘肃省社科院副院长马廷旭研究员负责了审稿、统稿和出版发行事宜。刘玉顺同志全程负责了书稿编排工作。

在《甘肃省文化资源名录》面世之际，感谢甘肃省文化提升行动协调推进领导小组各位领导的大力支持与关心，感谢参与普查工作的各市（州）县（区）、有关省直厅局的鼎力相助，感谢参与普查的专家学者和基层工作人员的辛勤付出，感谢中国书籍出版社为本名录的出版所做的努力，感谢所有关心关注本名录的人们。《甘肃省文化资源名录》是从盘清全省文化资源家底的角度入手，收录范围极其宽泛，有部分内容还存在缺项，有的资源没有资源简介，有的资源缺图片等等，给该书的出版留下了遗憾（该套丛书普查数据截至2012年12月31日）。同时，由于我们的水平有限，可能还有错讹疏漏之处，恳请读者随时批评指正，以便在将来进一步完善和修订。

甘肃省社会科学院

2017年7月

甘肃省文化资源名录
总书目

甘肃省文化资源名录

总书目